小学校国語科教育の実践・研究

神田和正

溪水社

序文

広島の地にあって、三十七年もの間、小学校に勤め、小学校国語科教育の実践・研究に取り組んでこられた神田和正氏が、このたび自らの実践・研究に関する記録・報告・論考等を集成して、「小学校国語科教育の実践・研究」として刊行されることになった。本書は、常に真摯に取り組まれ、いつも意欲的に開拓をめざして営まれた、神田和正氏の小学校国語科教育実践・研究の豊穣な結実を告げる大きい成果として注目される。

著者神田和正氏は、昭和二十八（一九五三）年三月、広島大学教育学部小学校教育科（東千田）を卒業（第一期生）し、広島市立中島小学校に赴任された。後、広島大学附属東雲小学校に移られ、長い年月、教諭として、教務主任として、また副校長として勤められた。つづいては、安田女子大学に勤められ、現在に至っている。私は、神田和正氏の学生時代、小学校教育科の講義をも担当し、氏の学部卒業論文の相談にも乗った。昭和三十七（一九六二）年十二月、広島市内の小学校の先生方（有志）の研究会（広島小国研）が発足したが、私共は爾来研究仲間（同志）として、国語科教育実践・研究の道を共に歩みつづけた間柄である。

この研究会は、毎月一回、土曜の夜に開かれた。研究会としては、平成十一（一九九九）年までに、学び合い、考究し会ったことを三冊の著書（[1]「『野口英世伝』の研究」〈昭和四七年、明治図書刊〉・[2]「読書指導相談事典」〈昭和五三年、共文社刊〉・[3]「戦後作文教育文献解題」〈平成十一年、溪水社刊〉）にまとめて刊行することができた。この間、神田和正氏は始終精励された。

新著「小学校国語科教育の実践・研究」は三章から構成されている。

第一章　国語科教育の改善・新生を求めて　には、神田和正氏の求められ、めざされた小学校国語科教育、国語科学習指導の望ましいあり方の探究とそれに基づく〝提言〟とも言いうるものが収められている。平明な述べ方ながら、それぞれに要を得た、核心を衝く考究がなされている。

第二章　国語科教育の実践・研究　には、文学教材・説明文教材を取り上げ意欲的に学習指導を進められた報告等が収められている。読解指導のあり方、進め方について、そのつど全力傾注がなされ、授業者としての力量を確かで豊かなものにされたことに改めて感じ入ることが多い。

第三章　国語教育個体史から―回想・随想―　には、回想・随想十七編が収められており、恩師松永信一先生・先達輿水実先生との出会いを初め、多くの出会いについても述べられている。神田和正氏の実践者行路のあたたかく晴朗であったことがうかがわれる。

自らの実践・研究を通して、国語科教育研究者としての力量を深められた神田和正氏は、安田女子大学に招かれ、大学における授業にも全面的に生かされた。

自ら自己の実践・研究を的確周到に総括して成った、「小学校国語科教育の実践・研究」の刊行を心から祝福すると共に、これからも、氏独自の探究活動を積み上げていかれるよう祈念いたしたい。

二〇〇四（平成十六）年七月二十六日

広島大学名誉教授
鳴門教育大学名誉教授
野　地　潤　家

まえがき

現在、五十二年めの教師生活を続けている。この生活も本年度（平成十六年度）をもって、一応のピリオドを打とうとしている。そこで、過ぎ去った五十一年余の中の三十七年間勤めた小学校における教育実践を振り返り、目に見える形で少しでも残して置きたいと思うようになった。実践の中でも終始力を入れてきた小学校国語科教育に焦点を当ててまとめることにした。

ここに載せたものは、教育誌・紀要・冊子などに、折に触れ求めに応じ、必要にせまられて執筆し公表したものばかりである。したがって著書として統一に欠けており、執筆上の規制もあって十分に追究されていないものも多く、意に満たないものでもある。しかし、こうして一冊の著書として編集することによって、自己のこれまでの歩みの確認ができ、自己の小学校国語科教育の実践、研究の土台が築かれるように感じる。今後に余命が残されていれば、真に自己の小学校国語科教育が生み出せるようにも思える。それは、保育園、幼稚園も含めた（子ども成長過程）初等国語教育の在り方の追究である。

本書の出版に際しては、広島大学教育学部小学校教育科に在学中から今日まで、五十六年余にわたってご指導ご援助いただいた野地潤家先生（広島大学名誉教授、鳴門教育大学名誉教授、教育学博士）のお世話になった。先生のお陰で本著書が実現したわけである。

実は、私の著書については、すでに二十数年前から野地潤家先生から勧められていた。こうしたことから、折に触れ著書のことは頭に残って離れなかった。とくに節目に当たる広島大学附属東雲小学校を勧奨退職したとき、安田女子大学を定年退職したときなどである。これまでの実践、研究をまとめようとして、書名を考えたり、編集計画をメモしたりした。しかし、目の前のこと（学校、学級の仕事、平素の授業、学校の研究会など）に追われ、実現できないままいたずらに年月が過ぎてしまった。

安田女子大学を停年退職（七十歳）したあとは、引き続き非常勤講師として授業を担当させてもらっている。しかし、著書の出版への熱意は次第に薄れてきていた。

昨年七月三十一日の午後、安田女子大学を停年退職したこともあってご挨拶に伺った。このとき、野地潤家先生から著書の出版のお話があった。これまでの小学校国語科教育の実践、研究の歩みを示すものをすべてコピーして見せてほしいということであった。

家の中や小さな倉庫に積み上げていたダンボール箱や本棚などから探し出し、確認できたものが付録の小学校国語教育執筆目録である。これらは、文献・教育誌・紀要・冊子などに公表したものだけである。この外にも様々な実践・研究の各種の資料があった。整理・活用もされないまま眠っているわけで、自己のこれまでの怠慢を悔ゆるのみである。

今回は小学校国語教育執筆目録に載せた論文・記録を取り上げ、三つの章にまとめて出版した。これらは、教育誌・紀要・冊子などに載せてもらったもので散逸しやすいものである。こうして一冊にまとめて目を通すことで、自己の仕事の一部ではあるが見通すことができ、達成感も味わうことができる。また大きな喜びも湧き上がってくる。これも野地潤家先生のお陰である。心よりお礼申し上げる。

また、本著書に対して序文をお願いした。快く引き受けていただき、過分のお言葉をいただき重ね重ねお礼申し上げたい。

最後になったが、本書の刊行に当たって、溪水社の木村逸司社長、西岡真奈美様に多大のご高配、ご協力をいただいた。心より感謝申し上げる。

平成十六年五月二十四日

著者

『小学校国語科教育の実践・研究』　目次

第二節 国語科学習活動の改善・新生を求めて

第二章　国語科教育の実践・研究

第一節　文学教材の読解指導

第三章　国語教育個体史から――回想・随想――

小学校国語科教育の実践・研究

第一章　国語科教育の改善・新生を求めて

第一節　国語科教育の改善・新生を求めて

1　子どもの姿を直視しよう

一　問題の多い文章に触れて

わたしの学校では、子どもたちが生活ノートの反省欄に、その日の反省を毎日書いている。その記録された反省を読みながら、ひとりひとりの子どもの国語能力について考えさせられることが多い。子どものものの見方や考え方が含まれる内容もさることながら、表現にかかわることばに関する事項においてもたくさんの問題があることに気づくのである。子どもの生き方にもつながるものの見方や考え方は、非常に大事なことでゆるがせにできないが、ここでは、国語の表現能力に関係することばに関する事項、それも、「ことばのきまり（文法）」に焦点を当てて、これからの指導のあり方を考えてみたいと思う。

つぎのような子どもの反省記録がある。

①きょうは、社会の時間は、手をすこしあげて、先生が、あてられなかったので、はっぴょうは、できませんでした。②べんきょうのときには、よくはっぴょうしようと思います。③それと、ぼくは、わすれなかったけど、きょうかしょや、べんきょうどうぐをわすれたら、先生にたたされました。④ぼくは、しゅくだいや、べんきょうどうぐをわすれないように、したいと思います。⑤そして、きょうも、人の、いうことをよく聞きました。⑥ぼくは、算数の、ときもよく、人の話をきいてノートに、かいたりもんだいをこたえたり、しました。

（三年　男子　傍線と文番号は筆者）

この反省記録を細かく検討すると、文法上の問題がたくさん見つかる。このように問題を含む文章を書く子はその気になって調べれば学級の中にかなりいるものである。しかも、その問題は放置されてはならないものが多く、その解決のための対策が要求される。

こうした問題を含む文章を見る視点としては、小学校国語指導資料Ⅲ「書くことの学習指導Ⅱ」（文部省、一九六四年）の付録にある「各学年の作文能力の測定の実際」（二五二ペ）がたいへん参考になる。とくに、文法の面からの視点を考えるに当たっては、「記載面の測定の基準」（一六二ペ）と「文章構成面の測定の基準」（一六四ペ）が参考になる。これからの文法指導を考える場合には、こうしたものを手掛りとして、指導の中に生かしていきたいものである。これは、ひとりひとりの子どもの能力を的確におさえるだけでなく、それぞれの子どもについての指導の方向や手だてまでも与えてくれるものになるのではなかろうか。

それでは、これを手掛りとしながら、前掲した子どもの記録を分析し測定してみよう。

〈記載面の測定〉

(ア)　助詞「は、へ、を」の使用度と正しさ
正しい表現も誤りもまじっている。（二点）
とくに、①の文に誤りが目立つ。

(イ)　長よう促音の使用度と正しさ
大部分が正しい表記である。（三点）

(ウ)　句読点のうち方
正しいうち方と誤りがまじっている。（二点）
とくに、⑥の文に誤りが目立つ。

(エ)と(オ)は省略

〈文章構成面の測定〉

(カ)　重複文の使用度とその主述関係（混乱・省略・重複）

正しい主述関係と誤りがまざる。（二点）

とくに、①と③の文に誤りが目立つ。

(キ)　接続詞の使用度とその使い方

適切な使い方が少ない。（一点）

とくに、⑤の文のつながりがおかしい。

(ク)　接続助詞の使用度とその使い方

適切な使い方と誤りがまざる。（二点）

とくに、①の文に誤りが目立つ。

(ケ)　指示語の使用度とその使い方

適切な使い方が少ない。（一点）

(コ)　改行のしかた

適切な改行と誤りがまざる。（二点）

とくに、③と④の文章はひとつで改行は誤り。

この外にも、ことばそのものの問題や文章の構成の問題なども取り上げて問題にしなければならないが、内容とかかわる面が大きくなってくるし、紙面のつごうもあるので、ここでは省略する。

こうして見ると、この子どもの文章には、文法的に不じゅうぶんな点が多い。三年生だから、これでよいとはいえない。三年生は三年生なりに、文法的に正しい表現力を身につけておかなければならないわけである。なぜこのようなことになったかという原因の追求と今後どのような対策を立てて臨んだらよいかを明らかにしていかなければならない。

以上、子どもの実態を直視することから、問題を提起し、今後の指導のあり方を考えてきたが、いつもこのような方法はとれない。前掲した子どものような記録が出てこないためのきめ細かい指導を常に考えておくことが大事である。こうしたことについて以下、考えてみようと思う。

二　指導の系統と指導場面を明確に

前掲した子どものような記録を書かないようにするためには、まず、それぞれの単元でおさえなければならない文法指導の体系を明確にしておくことが必要である。この体系はそれぞれの教材と結びついて、毎時間のいろいろの学習面で実現され、子どもの文法の力をつけ、表現力や理解力を身につけていかなくてはならない。このために、その時間、その時間での文法指導場面を明らかにしておく必要がある。これは、具体的であればあるほどよい。

文法の指導については、教科書もかなり意図的に示している。それは、教科書の中に配分されている「ことばのきまり」学習である。三年生に限って、その例を見てみよう。この教科書には、①から⑧までに分けて「ことばのきまり」として、一ページから二ページ分をとり、ことばの学習をするようになっている。

①　発音、格助詞、連体修飾語

②　連用修飾語、ことばの意味
③　連体修飾語、主述関係、送りがな
④　敬体と常体、文末の変化（断定、伝聞、様態）
⑤　重文構造
⑥　指示語、表記（かぎ）
⑦　接続詞、指示語
⑧　連用修飾語、接続助詞

（学図・小学校国語・三年より）

これらは、すべて本文との関連を保って学習ができるように配慮されていて、学習活動から浮き上がらないようにしてある。わずか一ページのものではあるが、この学習内容を、子どもが完全に身につけてくれれば、先に提示した記録のようなものは生まれてこないであろう。記録文の問題点としてあげたことは、この「ことばのきまり」のところで、ほとんど触れられているからである。こう言っても、問題のある文章が生まれてくるのが指導の現実である。子どもの意欲や能力や経験などがからんでくるからである。ここで、折に触れ、ひとりひとりの子どもに当たっての指導の必要が生まれてくる。

子どもの学校でのあらゆる学習場面、とくに、ことば、文、文章を使っての学習場面に目を向け、その表現や理解活動に文法がどのように重要な役割を果たしているかを明らかにしていかなければならない。こうしたことに対して、指導者だけでなく子どもも共に意識を高めていかなくてはならないと思う。

では、どういう学習場面が考えられるか、具体的に考えてみよう。前掲した生活ノートはその一例である。この外に、学級日誌の記録、各委員会の記録、各係の記録、連絡黒板への記録などの特別活動に関係した記録があり、国語科以外の学習では、ノートへの記録や報告のための記録などがある。これらは、書くことに限られているが、聞くこと、話すこと、読むことにも当然含まれる。国語科では、話すこと、書くこと（作文）の表現学習の場面と、聞くこと、読むことの理解学習の場面がある。

こうした学習場面で、文法指導の上から着目しなければならない大事なことは、ことば、文、文章の「伝達の機能」を発揮させるということである。すなわち、自分が、話したり、書いたりしていること、すなわち表現していることが、正しく相手に伝わっているかということと、表現されたことを聞いたり読んだりして、すなわち理解して正しく伝わっているかということである。

こうしたことがいろいろな学習場面であいまいのままで済まされていないであろうか。大いに反省してみなければならない。今後は、文法の生きた学習場面に着目し、そこでの指導に力を注ぐことと、文法を特別に取り上げて指導する場合も文法の生きて働く学習場面をつくり上げていかなければならない。生きた学習場面として、新指導要領では外れたが、学級新聞の編集発行や学習時の発表や話し合いは絶好の指導場面である。

三　指導者としての心構え

以上、述べてきたことを実現するためには、指導者自身の文法に対する意識なり能力なりが指導に当たって大きくものをいう。これは書かなくても当然わかりきっていることであるが、これからの指導のあり方を問題とする場合、その決意を固める意味から書かざるを得ないわけである。

子どもの学習場面で、子どもの指導的立場に立つ者が、正しい文法に支えられた表現ができ、理解ができなくて、どうして子どもの問題に気づいたり、よい方向に導いたり、生きた学習場面を作り上げたりできようか。

こう考えてくると、指導者としての自分の無力を改めて思い知らされる。と同時に、子どもと共に伸びる指導者になるように意欲を盛り上げなければならないと思うのである。

（昭和46年1月15日）

2　教科書の教材・その活用

昨年度は、新指導要領の線に沿って編集された新教科書によって、国語科の指導をした。担当していた学年が六年生であったので、六年生の上・下二巻の教科書（わたしの場合は、学図、小学校国語）を使った。

一年間の指導を終わって、一か月あまりが過ぎた今、この一年間の指導によって果たして児童のひとりひとりに国語力を身につけさせることができたかどうかを考えるとき、反省させられることが実に多いことに気づくのである。これが何に原因しているのかを考えると、指導者である自分自身に係わるもの、学習者である児童に係わるもの、教科書に盛られた教材に係わるものがある。この三者は、お互いからみ合っていて、切り離すことができないものであるが、ここでは、教材という側面から考えてみたいと思う。

一　主体的に取り組ませるための教材研究

教科書の教材に取り組むに当って、この一年間心がけたことは、ひとつひとつの教材から、児童にとって血となり肉となるものを自分の力で吸収させていくということである。すなわち、ひとつの教材に対面して、まず自分の力で学習して得たものは何であったかということを明らかにさせようとした。つぎに、教師の指導で教材の学習を進めていく過程で自分の得たものを検討させ、修正させ、補充させて、より豊かで確かなものにさせようとした。この学習の過程の中では、できるだけ学習結果を記録させて、自分の学習のあとがはっきりわかるように心掛けさせた。自分の学習に対して自覚のないところには、よい学習結果は得られないという考えからである。

以上のような考えで、教科書の教材をひとつひとつ消化させたわけであるが、このような考えで教材研究や指導に取り組むと、それぞれの教材の中に、児童にとって血となり肉となるものを必ず見つけだすことができた。

一年間に扱った教材を順にあげると次のようになる。

上　巻

（序詩）　蔵王の山に

1　自然をたずねて

——作者の気もちを読みとり朗読して味わう

春を持つ心　（随筆）

◎雲仙から阿蘇へ　（旅行記）

2　わたしたちの詩集

——効果的な表現をくふうして書く

若葉　　パレットの色　連結器

◎にぎりこぶし　　ならの若葉（詩）

「ならの若葉」の感想　（感想文）

3　野ばら

——作品を読んで考えを深める

◎野ばら　（物語）

4　ことばづかいについて

——目的を決め計画をたてて話しあうことばづかいについて　（会話文）

5　未知の世界へ
――要点を考え必要なことを読みとる
◎南極点に立つ　（報道文）
◎わたしはかもめ　（報道文）
◎📖最後の授業　（物語）
6　世界の国旗
――文章の組み立てを考えて正確に読む
◎世界の国旗　（説明文）
（序詩）　石ころ
7　わたしの意見
――書くことによって考えを深める
考えることと書くこと　（解説文）
三十じょうのへや　（意見文）
8　分銅屋のえんとつ
――人物の人がらや気もちを深く読みとる
◎分銅屋のえんとつ　（物語）

下　巻

（序詩）　法隆寺の秋
1　希望を語る
――組みたてを考え正しいことばづかいで話す

すじみちをたてて　（説明文）
ぼくのゆめわたしのゆめ　（意見文・発表）
豊かな読書＝教育実習生担当＝
本とのめぐりあい　（論説文）
大自然にいどむ　（事実物語）

2　宇治川の戦い＝教育実習生担当＝
――古典に親しみ朗読をくふうする
宇治川の戦い　（古典物語）

3　調査の報告
――目的に応じて必要なことを落とさずに書く
ろうかの歩き方について　（報告文）
報告を書くには　（説明文）

4　カルガンの星の歌
――構想を理解し表現を味わって読む
◎カルガンの星の歌　（物語）

（序詩）　小さい古墳

5　日本のことば
――事実と意見を読みわけ書き手の考えを読みとる
◎「しくしく」と「ちくちく」　（解説文）
◎ことばの成りたち　（説明文）

6　キュリー夫人

――業績や考えを読みとり生活に生かす
◎キュリー夫人　（伝記）
7
卒業にあたって
――目的に応じて書きかたをくふうする
わがおいたちの記　（記録文）
先生への手紙　（手紙文）
あの日の印象　（記録文）
◎　いわおの顔
◎その手をごらん

以上の中には、ことばのきまり教材や、作文の練習教材はのせていない。単元名や文題の上に◎印をつけているものは、児童とともに活気のある学習が展開でき、しかも、多数の児童が学習結果に満足した教材である。自分としても一応納得のいく指導が少しではあるができたといえるものである。

こうしてみると、わたしの場合、読むことの教材に傾斜がかかり、聞く・話す教材と書く（作文）教材が軽く扱われる傾向があることがわかる。これは、教材研究がじゅうぶんにできたものとそうでないものということにも関係している。また、国語科の中でも読む領域への取り組みの意欲ということも係わってくる。しかし、こうしたことは、好ましいことではない。

教材の面からみると、指導する場合に不適当だとか、使いにくいとか、他にもっとよいものがあるとかということがある。一般的な言い方になるが、読む教材の場合は、文章べったりでできる気安さがあり、教材そのものも重厚なものが多い。子どもにも読みとれた喜びも与えやすい。聞く、話す教材の場合は、扱い方が非常にむず

かしい。活動の中でこそ生きた指導ができるわけだが、教科書の教材だけではどうにもならない。補充教材（録音したものなど）や聴覚機器などの活用が望まれるのだが、思うようにいかない。このようなことから、教材化がむずかしくなかなか学級の児童にこれこそというものがないわけである。作文の場合も教材化がむずかしいもののひとつである。教科書にのせてある一つ二つくらいの作文では学級の児童に物足りない場合が多い。教科書の教材を使ってどのような作文指導をするかについては限界があるように思う。

聞く・話す教材と作文教材とについては、以上のようなことから、教科書教材べったりでない幅広い指導が望まれるわけである。教材の面からいえば、学級の児童に最もふさわしい教材探しや教材づくりの必要がある。これがじゅうぶんにできない場合は満足のいく結果が得られないように思う。わたしの場合も例外ではなく、児童にとって最も好ましい教材を見つけ、また、作ることができなかったわけである。

二　教材を生かすために

教科書に盛られたひとつひとつの教材をほんとうに生かすためには、そのひとつひとつの教材を深く明確に理解することが必要である。至極当然のことであるが、なかなかできないことで、いいかげんで済まされている場合が多い。

教科書の教材ひとつを決定するためには、指導目標や児童の実態に照らして、教科書編集者のあらゆる面の努力が払われている。たくさんの教材候補の中から選ばれたり、教材の書きなおしが繰りかえされたりする。この過程で検討されるのは、児童の人間形成に役立つものであるか、内容、形式などその時期の児童にふさわしいものであるか、児童の国語力を望ましい姿でじゅうぶん身につけるものであるか、指導者に指導しやすいものであるかなどについてである。このような教科書編集者の教材理解が指導者にもほしいものである。

教科書に盛られた教材は、それひとつで指導目標を達成できるものもあるかもしれないが、多くの場合万能ではない。これは、前述した教材の深く確かな理解をすれば直ちにわかることとことである。そこで、万能でない面を補う必要が起ってくる。教科書教材での学習指導の積み上げと同じに、担当する児童に最もふさわしい教材探し教材づくりである。とくに、前述したように聞く、話す学習や、作文の学習の場合、このことが必要になってくる。この場合に、教科書教材の位置づけ（限界）を考えておかなければならないことはもちろんである。

こうして書き終わってみると、意に満たないことが多い。ここに教材理解と教材活用の面での具体的な実践を出すべきであったと思う。この点については、別の機会に発表したいと思う。

（昭和47年4月18日）

3　子どもを引きつける導入の方法

一　子どもを引きつける導入

新しい単元（または題材）の学習に取り組む第一歩の導入場面である。子どもたちは身じろきもせず教師のことばに耳を傾ける。目はこれからの学習への期待と意欲に燃えて輝く。子どもたちの学習の見通しや計画が的確に記録され、発表される。教師の「さあ始めよう。」の一言で、子どもたちはそれぞれの学習計画に従ってひとり残らず学習を開始する。

これは、教師の適切な導入によって子どもが学習に引きつけられている典型的な場面として叙述したものである。こうした導入を常に頭の中に描きながら新しい単元（題材）に取り組むのであるが、なかなかこうはならないのが現実である。一クラスの子どもの実態は一様でなく、教師の意図した導入に乗ってくる子どもとそうでない子どもとが必ずいる。時には、完全に乗ってこなくてやりなおしたり、強制を余儀なくさせられたりすることもしばしばある。

前述した典型的な場面に一歩でも近づくために、何を明らかにし、それをどのようにしたらよいかについて以下考えてみたい。それも高学年に限定して考えたい。

二　導入の方法を創造するために

まず、明らかにしておかなければならないこととして、次のようなことがあろう。

(1)　学習における導入の位置づけを明らかにすること。

(2)　導入の中に含まれる要素としてどんなものがあるかを明らかにすること。

(3)　導入の中における教師と児童の係わりを明らかにすること。

これらのそれぞれの事項について簡単に触れておこう。

(1)　学習における導入の位置づけ

導入には、次のように学習のそれぞれの段階に位置づけられるものがある。

○　一つの単元（題材）の学習段階を導入・展開・整理と三段階に位置づけるのが一般的であるが、ここにおける導入である場合。この三段階に発展を加える場合もある。

○　一時間の授業を導入・展開・整理の三段階に位置づけるが、ここにおける導入である場合。

○　時間で区切るのでなく、単元の中の小さなまとまりで導入・展開・整理の三段階に位置づけるが、ここにおける導入である場合。この場合は、一時間の中でも導入が複数で出る場合も起きてくる。

一つの単元（題材）の学習を完成するためには、こうした導入を明らかにしておかなければならない。それぞれの場でその内容なり、そこにおける方法は違うであろう。

(2)　導入の中に含まれる要素

導入の中に含まれる要素として次のようなものが考えられる。

○　動機づけ（モチベーション）をする。

学習をしようとする気持ちを起こさせるわけであるが、この場合、子どもの好奇心を刺激したり、必要感を起こさせたり、興味や関心を強くしたりして学習意欲を喚起する。

○　学習の見通しをつける。

学習の内容を概観したり、全体を見通したり、学習の順序を考えたり、学習の到達目標を設定したりする。

○　学習の計画を立て、方法を見つける。

見通しのところで考えたことをもとに、学習の問題を見つけたり、学習の順序や方法を考える。

以上、学習の中における導入の位置づけと要素を考えてきたが、これは学年によって、その内容とか質とか方法とかが違ってくる。それでは高学年に限定して考えるとどうなるであろうか。

(3)　導入における教師と子どもとの係わり

導入における教師の役割を量的に置きかえて考えてみると、高学年になるに従って少なくなるのが理想である。ということは、子ども自身の力で学習のそのときそのときの導入を乗り切ることができるようにさせることが望ましいということである。

一つの単元（題材）に出合ったとき、教師の動機づけなしにその子の持つ好奇心、興味・関心、必要感、問題意識などが働き、学習意欲を持つ。そして、この学習意欲に支えられて、単元（題材）を見通すことができ、問題を幾つか発見でき、解決の計画を立てたり方法を見つけたりすることができるようにならなければならない。

こうした導入段階における学習活動が子ども自身でできることが望ましく、これがこれから一生続くであろう子どもの学習の基礎にもなっていくのである。

このような子どもに育てるためには、教師の学習に対する意識や態度、子どもの実態把握の細やかさなどが大切になってくる。こう考えてくると、高学年といえども教師の役割は相変わらず大きい。

このことを明らかにするために国語科の読書単元の導入の場合を例にとって考えてみよう。

読書単元に対する教師の意識・態度の違いによって、その導入は大きく変わり、その学習活動全体も大きく変わってくる。

導入において、子どもの読書の様子を聞いたり、読書の実態を聞いたり、第一次感想を書かせたりして、読書単元に即した出発をするのであるが、これらが教材を読みとるときに全く生かされず、教材をそのまま読みとることに終始している場合が多い。教材を読みとったら終わりである。これでは、木に竹をついだようなもので、最初の導入は全く生かされていないわけである。

これとは違って、子どもの読書生活全体を見通して、それにつながる指導をする場合は、子どもの読書活動は活発になり、その内容も充実したものとなる。この導入は当然子どもの読書生活を見通した次のようなものになるであろう。

○　読書の意義を問い、自分の読書生活を通して明らかにさせる。
○　自分の現在までの読書生活を反省させる。
○　どういう読書生活が望ましいか考えさせる。
○　これらをもとに実際に読書を経験させる。

教科書の教材はここに位置づけられる。

これらは子どもの理解に合った形に具体化されなければにならない。「あなたは、これまでにどんな本を読みましたか。」「それらは、あなたにどんなに役立ちましたか。」「あなたの読書は今のままでよいと思いますか。」などのようにである。

こうした導入をするに当たって明らかにしておかなければならないことは、子どもたちの実態である。たとえば、「読書の意義を問い、自分の読書生活を通じて明らかにさせる。」ということであれば、次のようなことが明らかになっていなければならない。

○　読書の意義をどのように明らかにしているか。

　何の目的意識もなしに読んでいる子どもがいるであろうし読書生活の全くない子どももいるであろう。

○　読書材の程度や種類や範囲はどのようになっているか。

　読書材の程度や種類の高いものを読んでいる子どもとそうでない子ども、読書材の種類や範囲の違う子どもと様々の様相を呈している。

こうしたことを踏まえて導入計画が組まれなければならないし、その中における教師の語りかけや発問が創造されなければならない。

以上の段階が明らかになることによって、次の「自分の読書生活を反省させる」につながっていくことになる。さらに、これらが土台になって教材を読み、他のものまでも読み続けていくことによって、子どもの読書生活はいっそう向上することになるのである。

ここで、導入を考える場合の重要な視点が出てきた。すなわち、一つの単元（題材）の導入、あるいは一時間の導入、一まとまりの導入を考える場合、常に単元（題材）全体をしっかり把握しておくことが必要であることである。導入は、単元（題材）全体の学習の成否の鍵をにぎっているともいえるのである。

三　導入の実践例（「未知の世界へ」の場合）

ここでは、国語科の教科書の一単元を取り出して、その導入のあり方を具体的に考えてみたい。その単元は「未知の世界へ」（学図・小学校国語・六年上）である。

この単元の構成は、二つの教材文とてびきと練習とことばのきまりから成っている。二つの教材文は「南極点に立つ」と「わたしは〝かもめ〟」である。「南極点に立つ」は、日本隊が初めて南極点に立ったことを報道する新聞記事と、そのことをくわしく知らせる解説文と、南極点到達の歴史年表が盛りこまれている。「わたしは〝かもめ〟」は、初の女性宇宙飛行士であるワレンチナ＝テレシコワさんの宇宙飛行に焦点を当てた解説文の中に、そのことを報道する新聞記事を折りこみ、さらに宇宙開発の歩みの年表を盛りこんでいる。てびき・練習・ことばのきまりは、二つの教材を手掛りとしてそれぞれの学習活動ができるようにしたものである。

この単元の目標を見ると次のようになっている。

未知の世界にいどむ人間の姿と、その意義を伝えた文章を読み、科学的関心を育て、視野を世界に広げる。

1　報道的な文章を読み慣れさせる。
2　要点を考え、必要な事項を読みとることができるようにする。
3　書いてあることの要点をまとめて、要約することができるようにする。

ここで用意された二つの教材と目標とを並べて、この単元でねらうべきことを自分の学級の実態に照らして、はっきり把握しておくことが必要である。

国語科のねらいからすれば、報道文、解説文、年表を的確に読みとることができるようにするという技術的な目標が、先ず考えられる。それも三者別々のものでなく相互に関連し合った的確な読みとりでなければならない。

これだけでなくもう一つ大事なことを押えておかなければならない。それは単元名と単元の目標の前文に書かれている価値目標に関係することである。すなわち、この文章を読むときの子ども自身の未知の世界に対する興味・関心と読みの姿勢である。これらは文章に積極的に取り組んでいく原動力になるもので、単元の導入や学習過程の節々に行なう導入にとくに関係する大事なものである。このことを言いかえると、目の前にある文章に立ち向かう児童の心構えというものである。こうした心構えを導入のときに常に持たせていくことが、学習を生々としたものにさせ、国語の技術も確かに身につけさせることができることにもなるわけである。

この心構えをもう少し細かく見てみると、「わかっていたこと」「わかったこと」「よくわからないこと」「もっと知りたいこと」「調べてみたいこと」を区別する活動となって表われてくることがわかる。この活動を学習の進行に従って明らかにしていくと学習は意味のあるものになってくる。それだけでなく次々と他の新聞記事や関係のある図書を探して読もうとする意欲を起こさせたり、調べる活動へ結びついたりする。したがってこの心構えは導入のときから大切にしなければならないことである。

このような心構えについて、わたしの学級の子どもの実態は次のようなものであった。

報道され解説されている内容そのものについての事前の調査では、あまり興味・関心を示していなかった。示す者は限られた一部の子どもであり、それも男子だけで女子は皆無であった。したがって、自分で積極的に新聞を読み、また、図書を探して解説文（説明文）を読むということをする子どもはほとんどいないという状態だった。こうしたことから、知る楽しさ（ほんとうの読み）を経験させることの必要を感じた。

学習の進行に従って書かれている内容に対する子どもの興味・関心が次第に出てきた。新聞の切り抜きを持ってきたり、図書室で図書を探す子どもが現われた。

以上のことを踏まえて、次のように単元の導入を組み立てた。

まず、二つの教材の内容に関係のある図書を図書室から探して用意した。宇宙開発関係のものに限って、二、三紹介すると、次のようなものである。

『月世界への道』（佐藤春夫・槇有恒監修　岩崎書店）、『宇宙を開発した人々』（関口直甫著　さ・え・ら・伝記ライブラリー　さ・え・ら・書房）、『地球は青かった／宇宙への出発』（岸田純之助著　少年少女二十世紀の記録　あかね書房）、『少年朝日年鑑』（毎日新聞社）、そのほか宇宙のＳＦ物語などである。南極探検に関係するものも集めると二十数冊がそろった。

単元の導入（一時限）の概略を再現してみよう。


「ここに図書室から先生が借りてきた本があります。どんな本を借りてきたか紹介しましょう。」

本を見せながら書名を言い、あらかじめ用意しておいたＴＰの書名を一つずつ示していく。

全部紹介し終ったところで――

「この中にみなさんが、もう読んだという本がありますか。」

児童の反応を確かめて、人数をＴＰに書きこむ。

「あまり読まれていませんね。こうした本もどしどし読んでほしいですね。」

「さて、今紹介した書名を見て、はははあと気がつくことがあるでしょう。」

教科書の二つの教材の内容に関係があること、未知の世界を切り開くことなど発表させる。

「これから勉強する単元の名前は『未知の世界へ』というのです。用意された文章は『南極点に立つ』と『私は〝かもめ〟』です。こうしたことから、これからの勉強を予想してみましょう。」

「未知の世界へ」「南極点に立つ」「わたしは〝かもめ〟」と板書する。学習の予想をノートさせる。このあとで発表させる。子どもの予想は、内容に関すること、学習の計画や方法に関すること、学習上の留意事項などが出てくるが、黒板に整理して示す。子どもは自分のノートと対比して修正し補充していく。

「まず、この教科書にある二つの文章で『わかっていたこと』『わかったこと』『もっと知りたいこと』『調べてみようと思うこと』などをはっきりして読みとっていきましょう。読んでいく途中でここに用意した本がきっと読みたくなります。これらの本は教室に置いておきますから、自由に読みなさい。」

果たして子どもを引きつける導入になっているかどうか。ご検討を願う。

（「授業研究」一四二号　昭・50・6）

4　国語科における評価
――あいまいさの克服――

一　国語科の授業はむずかしい

先生方からよく聞くことばに、「国語科の授業はむずかしい。」というのがある。子どもたちの多くからは、「国語の勉強はいやだ。」ときらわれる。

先生方や子どもたちのこうしたことばの中に、そのまま見逃すことのできない国語科の重要な問題が潜んでいる。なぜこのようなことばが出てくるのであろうか。

まず考えられるのが、国語科の授業時間数である。教科の時間数の中で一番多いのは国語科である。毎日一時間以上の授業をしなければならない。二年生は、毎日一時間ずつしても三時間があまり、これを配分して一日二時間が一週間の半分（三日）もあるという計算になる。今回発表された新指導要領では、一年から四年までが八時間となり、毎日一時間やった上で二時間のあまりとなる。五、六年は、六時間で毎日一時間ずつすればおさまることになる。

こうした毎日の授業が、先生方や子どもたちに心理的に影響したり、学習負担を感じさせているのではないかと思われる。

次に考えられるのが、国語科の授業のあいまいさである。学習活動として、聞いたり話したり、読んだり書いたりはしているが、そこではっきりと、「わかった」「できた」「できるようになった」ということが、何であったかということが、先生方にも確認できないし、子どもにはもちろん確認できない場合が多いのではないかということである。このために、先生方には、授業の効果が確認できず、焦りやむずかしさが感じられることになる。子どもには、自己の向上がはっきり自覚できないために喜びも意欲も感じることがないままで終わっている。

こうした国語科の授業のあいまいさの克服こそ大事である。「国語科の授業は易しい。」「国語科の勉強は好きだ。」という先生方や子どもたちがあふれるようにしなければならない。こうしたことが、国語科の時間の多いことを苦にしない、いや、むしろ足りないと思うことにもつながっていく。

二　あいまいさの克服のために

あいまいさを克服するために、指導者としては、学習における子どもの到達目標をできるだけ具体的にはあくしておくことが必要である。また、その到達目標は、子どもにもはっきり確認でき、しかも、自覚できるものであることがより望ましい。

ここにいう到達目標とは、指導要領にあげられている基礎的・基本的な事項をいうのであるが、そのままでは、前述した具体的な目標にならない。子どもの学習場面に即して具体的にしておくことが大事である。

わたしの場合は、国語科の全学習活動を通じて常に心掛けることと、単元学習のひとつひとつの中で心掛けることとに大別して、そこにおける到達目標の具体化を考えている。

現在、四年生を担任しているが、この学年の国語科の全学習の中で、とくに力を入れてきたことが二つある。それは国語科の目標であり、しかも子どもの発達段階にも合っているものであるが、その一つは、漢字の完全習得であり、その二つは、音読（朗読）の習熟である。この二つとも、「できた。」とか「できる。」とかいうことが、目や耳を通してはっきり確認できるものである。このため、子どもの「やるぞ。」という気持ちを高めることもでき、学習の効果をあげることもできる。

単元学習の中では、その単元に示されている目標を、その単元内で行う学習活動に即した到達目標として具体化しておく必要がある。このために、教材の中の何を理解させ、教材の学習を通して何ができるようになればよいのか、などについてはっきりしておかなければならない。こうしておかないと、子どもに「わかった」「できた」「できる」ということを自覚させることはできない。この自覚は、クラスのみんなにも認められることによっていっそう強固なものとなり、「やるぞ」という意欲もわき上がってくる。

以上、述べてきたことを、いくつかの実践例によって考えてみたい。

三　学年の発達段階を踏まえた重点的指導

子どもの学習活動を創造していく場合、その学年の発達段階を無視したものは学習効果をあげることはできない。常に学年の発達段階を踏まえて学習活動を組み、そこにおける到達目標を明確にしておく必要がある。わたしの場合は四年生であるが、この四年生の発達段階を踏まえた重点的指導として考えたものは、前述したように、漢字の完全習得と音読（朗読）の習熟との二つである。漢字の習得にしろ音読（朗読）の習熟にしろ、この学年の学習で、基本的な技能なり態度なりが一応形成されるために大事だと考えたからである。

まず、漢字の習得の到達目標として次のようなものを考えた。

①　教科書に新しく出てきた漢字と読みかえの漢字を、声に出してきちんと読むことができ、ことばとしての

意味を的確に言うことができる。

②　教科書に新しく出てきた漢字と読みかえの漢字を、筆順に従い、点画や結構などに気をつけて正しく書くことができ、ことばとして文や文章の中に使うことができる。

③　これまで学習して身につけた漢字をことばとして、文や文章を書くとき（作文・学習ノート・生活ノートなど）に、正しく書くことができる。この場合の漢字は、三年生までに学習した漢字も含んでいる。

こうした到達目標は、次のような学習活動の中でさらに具体化され、はっきりと「わかった」「できた」「できる」として確認されるわけである。

①の漢字の読みについては、音読（朗読）の練習の過程や発表の中で確認できる。ことばとしての意味については、読解の過程や結果の発表の中で確認できる。こうした確認は自分ではなかなかむずかしく、子ども相互か指導者の指摘によってできるものである。従って、クラスの子どもひとり残らず確認ができるような学習活動を常に心がけるようにしている。

音読の場合について述べてみよう。指名読みをさせているときに、漢字を読みまちがっても、そこで直ぐに訂正させないで、最後まで読ませてしまう。他の子には、その子が読み終わるまでじっと聞かせている。そして、漢字の読み誤りがあったかどうか尋ね、その反応によって子どもひとりひとりの読みを確かめるのである。その上で読み誤りを訂正させ、全員が声を出して正しい読みをし、全員のものとする。こうした指名読みは、そのときそのときで目的があるわけで、いつもこの調子ではないことを念のため断っておく。

②の漢字が正しく書けることについては、書き取りテストを行って確認してきた。ただこのときとくに意を用いたことは、まちがいかどうかを自分で確認できるようにさせるということであった。四年生の段階でこのことは、漢字を書く態度にも関係する大事なことである。とくに、自分のまちがいが確認できるということは自己評

価にもつながることでもある。

テストの終わったあとで、教科書を見ながら赤鉛筆を持って自分で訂正させた。その後で提出させ、それぞれのものを確認し点数をつけた。きちんとできているものは掲示してほめてやると同時に、他の子どもにも確認させ、よい点を学ぶように激励した。できない子については、個別に呼んでまちがいを正したり、放課後残して練習させたりした上で、次のテストで「やればできる。」ということを体験させるようにした。こうした漢字の学習は、結果がはっきり見えるため、指導者の方で力を入れれば入れるほど子どもの方も乗り気になってくるものである。こうした時期に徹底した指導を加えることが大事である。

③のことは、国語科の学習のみならず、他の教科の学習や教科以外の学習での書くことすべてに関係するもので、漢字の完全習得の結果を確認することのできる場である。子どもの書く作文、学習ノート、生活ノート、学級日誌、各係の記録や伝言などに注意を払い、これまで習ってきた漢字がきちんと使われ、書かれているか確認するわけである。こうした確認は、機を逃さず子どもの目の前でするのが最も効果がある。しかし、ひとりひとりが漢字習得について違う実態の中で、ひとりひとりの確認をし、機を逃さず示してやるということは容易なことではないが、たとえひとりについて年に一度であっても効果のあることである。

こうした指導を加えるためには、指導者の方もうかうかしておれない。平素の板書から子どもに渡すプリント類まで、自己の漢字使用について気を配らなくてはならない。これは厳しくはあるが、自己の指導能力を高めることにもなり、子どもへもよい影響を与えることにもなるのである。漢字の指導においては、子どもと共に学習の厳しさに耐えていかなければならない。

次に音読（朗読）の習熟のための到達目標として、次のようなものを考えた。ここでは主として音読のみにしぼって書くことにする。

①　ことばの一つ一つをはっきり発音して音読することができる。
②　ことばの一つ一つをまちがいなく音読することができる。
③　文や文章として句読点や行かえなどに気をつけ、書かれている内容がはっきりわかるように音読することができる。
④　聞き手のことを考え、聞き手によくわかるように工夫しながら音読することができる。

音読というのは、声に出してまちがいなく読めればいいというものではない。書かれたことば、文、文章から内容を理解しながら、それを声に出して読むものである。書かれている内容についてことば、文、文章で理解することのできない子どもは、音読させてみればすぐにわかる。ことばの一つ一つの発音があいまいであったり、まちがったりする。文や文章の中のことばが抜けたり、順序が入れ替わったり、余分なものが入ったりする。こうしたことから、音読は、その子の読解力と深い関係のあることがわかる。

音読を鍛えることによって、その子の読むことへの集中力をつけたり、ことば、文、文章について意識づけたり、読みの速度をつけたり、読解力をつけたりすることができる。音読の機会をひとりひとりに多く持たせ、自己の向上を知り、その上で、自己の音読について自己評価し、相手によくわかるように工夫しながら音読することのできるような子どもに育てていきたいと思う。

四　単元の学習の中でも

単元学習における学習目標は、とかくあいまいになりやすい。伝記の学習を例にこのことを考えてみよう。

四年生の教科書に「山にささげた一生」（学図・小学校国語・四年下、四六～五八ぺ）というのがある。立山・剣連峰のガイドを一生の仕事とした志鷹光次郎の伝記を中心にすえた単元である。この単元の目標を指導書に見ると、次のようになっている。

★自分の仕事に対して、誠実に生きぬく態度をつちかう。
1読みとったことがらについて、感想や意見をもつことができるようにする。

2読みとったことについて話しあい、一人一人の受けとりかたの違いについて考えることができるようにする。


教科書の教材のあとについている手引きには、次のように書かれている。

◆読んで感じたことや思ったことを、話しあったり、書いてまとめたりしてみましょう。
1一～四のそれぞれのところで、心をうたれたところは、どこですか。その中で、どこがいちばん心に残ったか、話しあってみましょう。

2光次郎の考えかたや、人がらのわかるところを、ぬき出してみましょう。このような考えかたや人がらを、どう思うか、意見を出しあいましょう。

3この文章を読んだ感想や意見を、四百字以内で書いてみましょう。


こうして並べてみると、教科書の手びきの方が教材や子どもにより密着して書かれていることがわかる。しかし、これは、学習活動が示されているので到達目標ではない。そこで、こうした手引きをもとにして、子どもがどのようなことがわかり、どのようなことができればよいのかということを具体的に明らかにしておかなくてはならない。

まず、手引き1についてである。このような学習活動ができるためには、次のような到達目標が必要である。
① 書かれている文字を、ことば・文・文章として声に出して読むことができる。
② 読めない文字やわからないことばを見つけ、自力で調べて読めたり理解したりすることができる。
③ 書かれていることば・文・文章を手掛りとして、書かれている内容を読みとること（イメージ化）ができる。
④ 一～四までのそれぞれの中で、心をうたれたところを見つけ、そこに線を引いたり書きぬいたりすることができる。心をうたれるところとは、ことば・文・文章で書かれているところであり、ここだというところをはっきりしておかなくてはならない。線を引いたり書きぬいたりした中から、一番心に残ったところを選び出すことができる。
2については、①から④までを踏まえて、次のような到達目標が用意されることになる。
⑤ 光次郎の考え方や人がらのわかるところ（ことば・文・文章でおさえて）を見つけ、そこに線を引いたり書きぬいたりすることができる。この場合も、文章の中のここだというところをはっきりしておかなくてはならない。
⑥ ⑤で線を引いたり書きぬいたりしたところに対して、自分の思いや考えを書くことができる。この場合、⑤でのことば・文・文章をしっかりはあくしたものであることが大事である。
3については、①から⑥までの到達目標を踏まえての学習になるわけだが、いきなり感想文を書かせないで、次のものを踏まえておきたい。学習活動についてもいろいろと工夫の必要なところである。
⑦ 四のところで、光次郎の一生に触れていることばや事柄（文や文章）を見つけ、そこに線を引いたり書きぬいたりすることができる。

⑧　一から三の中で、光次郎の一生ととくに係わりのあることを見つけ、結びつけることができる。

⑨　⑦と⑧について、自分の思いや考えを書くことができ、それらをまとまった文章に書き表すことができる。

こうした到達目標（十分ではないが）を学習活動の中に設定し、その一つ一つについて、ひとりひとりの子どもの到達の様子を確認することによって、「わかった」「できた」「できる」という子どもをより多く生み出すことになる。また逆に、「わからない」「できなかった」「できない」というつまずいた子どもの発見も可能で、そのつまずきの原因も発見でき、対策も考えることができるのである。このようにあいまいさの克服は容易ではないが、努力しなければならない。

（「初等教育資料」三六二号　昭・53・5）

5　国語科との関連で効果を上げる

一　小学校の教師の学習指導

小学校の教師は、大部分の者が全教科を教えている。大きな学校になると理科、音楽科などの専科教師が置かれる場合もあるが、大部分の者は、これらの教科も指導し、多い者は八教科を指導しなくてはならない。

こうした場合、それぞれの教科の指導の効果をあげるために、各教科相互の関連を十分に考えて指導するとよい。新指導要領の総則七の(1)には、「各教科、道徳及び特別活動について、相互の関連を図り、発展的、系統的な指導ができるようにすること。なお、低学年においては、合科的な指導が十分できるようにすること。」とある。こうした主旨を十分に生かした各教科の指導を考える必要がある。小学校の教師の場合の全科担任制をこうしたところに生かすことができる。このことについて、理科と国語科の場合を例にとって考えてみようと思う。

二　理科と国語科の関連

理科と国語科とは、どのように関連しているであろうか。まず、国語科の側から考えてみよう。国語科の話題・題材の中に、かなり理科的内容のものが盛り込まれている。主として説明文の読解学習の場合であるが、外にも観察記録文などを書く作文学習もある。こうした学習においては、理科の学習の結果を言語として確実に身につけていなくてはならないし、そうでなくては、十分な「理科」とか「表現」に結びつかない。

現行の指導要領の第一国語・第三の七に話題・題材の選定に当たっての十項目があるが、その中の理科に関係のある項目を探すと、次のようなものがある。

② 理論的思考力や科学的態度を養うのに役立つもの

③ 創造力や情操を豊かにするのに役だつもの

⑤ 自然や人生に対して正しい理解をもたせるのに役だつもの

⑥ 正しい判断力や創造的精神を養うのに役だつもの

これらのことを踏まえて教科書が編集されると当然理科の内容も入ってくることになる。

次に、理科の側から国語科との関連を考えてみよう。理科における実験や観察の対象である自然の事物、現象については、言語として明確に把握しておかなければならないことが多い。こうしたものの貧弱な児童は、理科学習の結果もよくない場合が多い。また、自然を調べた結果とか、自然を愛する豊かな心情とかは、言語による表現を通して、より確かで豊かになっていく。こうした言語の基礎的能力を身につけさせるのが国語科の学習である。理科の学習の中で言語への配慮が行われることによって言語能力を高めることができる。これは広い意味での国語教育といわれるものである。

新指導要領の第四節理科・第三の一に低学年の指導に当たっての内容の取扱いが書かれている。その中に「特に言語、数量、造形などに関する諸活動との関連を図り、指導の効果を高めるよう配慮する必要がある。」と書かれている。こうしたことは低学年だけに限らず、全学年を通してたいせつなことである。

三　国語科の立場から

国語科の立場から、私の場合、理科との関連を全学年にわたって次のように考えている。

(1)　国語科で扱う教材の内容として関連のあるものを明確にする。

理科の学習の中で使われていることばや事柄（文や文章）を具体的にしかも正確に理解して、確実に身につけておくことは、国語科における「理解」や「表現」の能力をいっそう高めるものとなる。

(2)　国語科の学習において身につけた言語能力や言語技能が生きて働く場（関連する場）を明確にしておく。

理科の学習において、その内容をことばや文・文章で理解したり、表現したりするときに、国語科で身につけた言語能力や言語機能が生きて働く（発展する）ようでなければならない。このためには、それが生きて働く場を明確にしておくことがたいせつである。

四　一つの学習場面で――風車（3年）――

風車の実験が三年生にある。この実験に、風の強さとおもりの関係、風車の位置とおもりの関係を考えて、風の強さによって風車の回り方に違いがあること、風車の物を動かすはたらきの違いは、おもりの重さで比べられることを理解させようとするものである。

この実験の結果を、図に示させたり気づいたことを文や文章としてメモさせたりした。ここでは、とくに気づいたことがらについて取り上げ、考えてみたい。グループ毎に実験のあとで話し合いをし、書かせたいものである。

(1)　**風の強さとおもりの関係について**

①○○君が見にきてから、じっけんがよくできなかった。
②ねん土が一つずつ多くなると、重い方がかたむくのでこまりました。
③強い風のときは、風車がよく回り、ねん土がゆれて回りました。
④ねん土が少ない方がよく上がった。
⑤強い風の方がねん土がたくさん上がりました。
⑥強い風と弱い風のちがいは、たいへん大きい。

(2)　**風の位置とおもりの関係について**

①一回目よりも、もっとよく上がった。
②50㎝の方がねん土がたくさん上がった。
③近い方がよく回っていた。遠い方は、あまりよく回らなかった。
④近い方が30㎝上がった。遠い方は1～2㎝くらいでした。
⑤50㎝の方が3こ多く、120㎝の方のさいごの14こが5㎜ぐらい。
⑥50㎝の方が多く上がった。120㎝は風車の回るはやさがおそかった。

図にかかせた上での気づきメモなので、簡単な上、不十分なものばかりである。しかし、こうした記録から、指導上の大事なことがいろいろと考えられる。

指導のねらいから外れたものとして(1)の①がある。内容としては実験による事実がほとんどで、ほんとうの〝気づき〃になっていないものが多い。その中で(1)の⑥が一応気づきになっているが、「大へん大きい」の具体的な事項が書かれていない。これは図の方ですでに示されていることからこうなったものであろう。事実を通して思考したことが気づきとして書かれることが望ましい。こうした気づきを通して、この実験のねらいとか、観察の視点の甘さが指摘できる。教育実習生の指導であるというところにも原因があるが、言語によるねらいや視点を明確にして児童に的確につかませておくことがいかに大事かを教えてくれる。

この日の生活ノートに何人かの児童が、この実験のことを取り上げていた。その一つをのせておく。三年生の女子（11月2日）である。

> 今日、教生の先生のさいごのじゅぎょうがありました。理科のさいごのじゅぎょうをやられる先生は、○○先生です。
> 風車の力を調べるために、ねん土でどれくらいまで持ち上げられるかじっけんしました。
> わたしたちは、強い風では17こあがり、弱い風は、4つでした。そして、いちでは、50センチは、17こで、120センチは13こでした。
> 風車の風の力は、とてもすごいことがわかりました。

この児童の実験の定着はかなりのものである。すべての児童にこうした定着が実現される授業を創造したいものである。

（昭和53年11月7日）

6　「表現」と「理解」の関連指導
――関連単元のあり方とその指導――

一　関連単元の登場

指導要領の「表現」と「理解」とを関連させた指導事項を受けて、全教科書（一年生上巻を除く）に関連単元（総合単元と呼ぶところもある）が登場してきた。それぞれ十分に考えられ検討された上で構成された単元になっていると思うが、一読したところ、その意図や考えが明確に伝わってくるものは少ない。そのために、その単元の意図や考えを十分に消化して取り組むことが必要である。その単元に組み入れられた教材を使ってただ読ませ、ただ書かせるだけでは、関連させた意味がなくなるばかりでなく、児童の学習意欲さえも失わせてしまうおそれがある。今以上に国語科ぎらいをつくってはならない。

関連単元のねらうものは、言語による「表現」や「理解」に生きて働く言語（音声・文字）能力を、その単元の学習を通して身につけさせることである。単独の単元で学習するよりも関連させることによってより効果があがるということも必要な条件である。

しかし、多くの場合、「表現」や「理解」に生きて働く言語能力の見極めが不十分であったり、関連の効果が考えられなかったりしていて、ばらばらの活動が行われているようである。関連単元と言われているものの教材配列を見るとき、このおそれが多分にあることに気づかれるであろう。

ある物語を読んで、その感想を書いたり、後日談を書いたりする学習展開は、よく考えられる単元構成（関連単元）である。こうした単元の学習をさせたあと、どういう言語能力を高めることができたのかと問われて、「表現」にも「理解」にも共通する言語能力として、こういうものを高めることができたと明確に言える場合は少ない。物語文を読んで感想文を書くという場合に限って、その関連のあり方を考えてみたい。

二　関連単元のあり方

物語文を読んで、感想文が書けるということは、かなり高度で複雑な言語能力を必要とする。校内の感想文大会（コンクール）などにおいて、自由に書かせた感想文を読んで、常に満足する結果が出ているであろうか。書かせる度に、ひとりひとりの児童への指導の不徹底であったことを思い知らされる。クラスの二、三割程度は一応読めるものになっているが、あとは、粗筋を述べたものや、部分を取り上げたもので、中味のないものが多い。入選者を選ぶのが目的であればこれでよいであろうが、そうとは言えない重要な問題がひそんでいる。

すなわち、物語文を読むという「理解」の学習活動をどう積み上げてきたか、その「理解」の学習活動を感想文を書くという「表現」の学習にどう結びつけているかという問題である。この結びつきは、そんなに簡単なものではない。その学習活動の基底にある言語能力を明確にする過程の中で考えなくてはならない。

最終の目標である「感想文を書くことができる。」という立場から、この問題を考えてみよう。次のような事項があがってくる。

1　物語文が表現に即して、確かに豊かに読まれていること。

2　読まれた物語文の内容に対して、自己の感想が明確になっていること。

3　自己の感想を表現しようとする意図（意欲）があること。
4　自己の表現意図にしたがって、読まれた物語文の内容や感想を選び、それを構成すること。
5　自己の構成にしたがって、相手を考えた感想文として叙述すること。

非常に要約した形で示したが、この中の1と2とは「理解」の言語能力である。4と5とは「表現」の言語能力である。3は、両者を結びつける原動力（興味・関心・意欲・目的意識）になるものである。この五つの項目が一つ一つ別々のものでないことは直ちにわかる。どれ一つが欠けても最終のねらいである「感想文を書くことができる。」に結びつかない。

1の事項について、もっと細かに考えてみよう。1の事項ができるためには、次のような事項ができていなくてはならない。

① 一つ一つの語句、一つ一つの文を意識して、文章（物語文）をきちんと読むことができる。とくに音読を重視する。
② 一つ一つの語句、一つ一つの文の意味がわかり、文章を手掛りとして場面や情景を描くことができる。
③ 場面や情景を描くことを通して、登場人物の言動や気持ち、性格を想像することができる。
④ 場面や情景、登場人物の言動や気持などについて、優れた表現をしているところや自己の感想のあるところを選び、そこを視写したり、暗誦したりすることができる。

この中の①から③までが、「理解」の言語能力である。これらが完全にできていることを前提として④の言語能力が大事である。とくに④の言語能力は、先の2の事項「読まれた物語文の内容に対して、自己の感想が明確になっていること。」と密接につながっていく。この「明確になっていること」のために、自己の感想がはっきりと書けるほど明確になっているということが必要である。できるだけ、書いて明確にしておくことである。

以上の二つの事項（④と2）が児童の必要感を伴って記録されるためには、3の事項「自己の感想を表現しようとする意図（意欲）があること。」が結びついていないとできない。このような土台ができて初めて「表現」の学習へと進んでいくのである。

「表現」の学習に進んだ場合、以上述べてきたことが踏まえられていればできるかというと、そうではない。表現できるだけの言語能力が必要である。4と5とにおいてあげた事項については、次のような表現能力が含まれる。

⑤　自己の表現意図を明確にすることができる。
⑥　表現意図に即して、物語文の内容（表現に即して）やその感想を選ぶことができる。
⑦　選んだ内容や感想を表現意図に即して構成することができる。
⑧　構成に基づいて、まとまった感想文を書くことができる。
⑨　書き上げた感想文を表現意図に即して推敲することができる。

以上述べてきたことからわかるように、物語文を読んで感想文が書けるようになるということは、物語文の内容が表現に即して確かに豊かに読みとれているということと表裏一体のものである。こうした筋道をしっかりと見究めて、関連指導を展開していくことが大事である。

三　関連単元のための地固め

これまで述べてきたことは、感想文が書けるようになるために必要な言語事項を一連のものとして考えてみたわけで、学年的配慮は考えていない。こうした一連のものを児童の身についた言語能力とするためには、一つ一つの言語能力について、学年発達段階を十分に踏まえた細かな学習内容と指導計画とが必要である。

感想文に結びつく細かな言語能力（①から⑨まで）の一つ一つについて十分な力をつけないで、安易に関連づけようとしてはいないであろうか。こうしたことからも、平素から指導している「表現」や「理解」の単独単元のあり方も検討してみなくてはならない。

「表現」や「理解」の指導のあり方、「表現」や「理解」の関連指導のあり方を原点から見直させてくれる本に最近出会った。次の二冊の本である。

一冊は、芦田恵之助先生の「尋常小学綴り方教授巻一」（育英書院、大正七年）であり、他の一冊は、青木幹勇先生の「表現力を育てる授業」（明治図書、昭和五十五年）である。


（昭和55年12月30日）

7　関心・態度を養う国語科授業

一　国語科における関心・態度（その一）

国語科における関心・態度については、学習指導要領に次のように示されている。

「国語を正確に理解し表現する能力を養うとともに、国語に対する関心を深め、言語感覚を養い、国語を尊重する態度を育てる。」（小学校学習指導要領・第二章・各教科・第一節国語・第一目標、傍線引用者）

このことは、各学年におろされて次のようになっている。三年生の場合を取り上げて見てみよう。

「(1)　文章や話の要点が分かるように、事柄ごとにまとまりのある簡単な構成の文章を書いたり、話をすることができるようにするとともに、分かりやすく表現しようとする態度を育てる。」

「(2)　内容の要点を正しく理解しながら、文章を読んだり、話を聞いたりすることができるようにするとともに、いろいろな読み物を読もうとする態度を育てる。」（上掲書・第三学年・1目標、傍線引用者）

こうした各学年の目標は「2内容」におろされて、さらに具体化されており、言語能力と共に関心・態度にかかわる記述が多数見られるが、ここでは省略する。

ここにのせた国語科の目標や各学年の目標を読んでもわかるように、関心・態度は、国語科で身につけさせなくてはならない言語能力と深くかかわりあっている。そのかかわり方は一心同体といってよいものであろう。そこで、国語科の授業において、関心・態度のことは常に念頭に置いておかなければならないものである。

二　国語科における関心・態度（その二）

国語辞典の使い方を学習し、そのあとの国語科の授業において、国語辞典を常に用意し言葉調べをさせたころ、次のような詩を書いて持ってきた児童がいた。この児童は、平素からいろんなことに興味を持ち、図書室の本を調べたり、書店で本を買ったりする子である。また、興味があれば、大人の読む本を自分の金で買い求めて、それを見せてくれる児童でもある。

小学国語辞典は知しきのもと

国語辞典には、
わからない言葉が、
いっぱいつまっている。
約二万五千語のっている。
すごいな。
ひき方をおぼえれば、
ひけばひくほど、
国語辞典がすきになる。
むずかしい言葉が、
いっぱいつまっている。
知しきの本。
国語辞典は、
むずかしい言葉が
本とうによくわかる本。

（四年男児）

この詩は、国語科における関心・態度のあり方をいろいろと教えてくれる。まず、言語における関心と、言語獲得への意欲を読み取ることができる。このことは、この児童の知識欲に支えられた読書の広がりと深く係わっている。

こうした意欲に支えられて、次々と自分の知識としての言葉を蓄えていく、その蓄え方も、雑然としたものでなく、興味のある内容に従って整理されたものになっているはずである。

こうしてこの児童の言葉は、いろいろな事柄を理解し、表現する場合に生きて働き、確かな言語能力を身につけることになっていく。

以上は、授業の結果として表れたものであるが、一時間一時間の授業場面でも、はっきりとその姿がとらえられなくてはならない。

わたしの公開授業「大きな木がほしい」の理解学習と表現学習の過程においてとらえてみよう。（研究会要項の指導案と本誌国語科の提案参照）

〔理解と学習場面〕

○音読に表れる関心・態度（後に詳述する。）
・一つ一つの言語が理解されて発音されている。
・文や文章（記号も含めて）に書かれた内容を確かに理解しながら音読している。
・音読の姿勢や態度がきちんとしている。

○読みとりの結果に表れる関心・態度
・言語・文・文章への線引きが的確にきちんと引かれている。
・ノートに抜き書きされ、つけ加えられた言語・文・文章が的確であり、それぞれがきちんと書かれている。
・ノートに書かれた感想や気づきが、いいかげんなものでなく、的確で心をこめて書かれている。

○発表に表われる関心・態度
・使用される言葉が的確なものである。
・発表される内容が整った文や文章で表記されている。
・聞き手を考えた音量や速さで発表している。

〔表現の学習場面〕

○作文学習への関心・態度
・自己の想像（空想）に結びつく生活場面をたくさん見つけている。

・自己の想像（空想）を表現しようと待ちかまえている。
・自己の想像（空想）をどんどん書き続けている。
・自己の想像（空想）と他の児童のものと比べて、自己の中に生かそうとしている。

○書写への関心・態度
・一つ一つの文字を正しくていねいに書き、表記にも気をつけている。
・原稿用紙の使い方がよくわかって書いている。
・書き上げたものを、もう一度読み返して、整った文や文章にするための努力をしている。

こうして書き並べてみると、授業において達成しようと思う言語能力と深くかかわっていることがわかる。これらの姿を授業の中で、しかもひとりひとりについて確認することは容易ではないが、これをしなければ、児童の言語能力は身につかない。ここに表れた姿を素早く確認し、しかも、それを児童自身のものとすることが必要である。自己評価による確認、教師の指導による確認などである。

三　音読による関心・態度

音読は、「表現」「理解」の接点に位置して児童の言語能力を高める手だてとしてたいへん有効である。さらに、児童の関心・態度を養うのにも有効にはたらくものである。

ここでは、国語科の学習の中で有効な音読について、三つの面から考えてみたい。初めは、「表現」「理解」の接点に位置して、どちらにも関係が深いこと。次は、関心・態度を養うのに有効であること。最後に、平素の授業の中に、音読をどう取り入れたらよいかということである。

(1)　「表現」「理解」の接点に位置する

教科書の文章のまとまった部分を取り上げて、それを一度も読んだことのない児童に音読させてみると、その子の言語能力のさまざまなことがわかる。また、一度・二度と音読練習をさせ、意味の把握をさせると、音読が飛躍的に上手になっていくことがわかる。

次のページにのせている文章は、二年生の教科書に出ている説明文の一部である。三年生になったばかりの児童に音読させて、次の観点からひとりひとり記録してみた。その結果が次のページの表である。（名簿順はかえて示してある。）

①文章を読み終わる時間　②発音や発声　③語や文として意味を考えながら読んでいるか　④つまずきの様子

（立ち止まり、くり返し、読み落とし、読み誤り、付け加え）

わたしたちの　手は、朝　おきてから　夜ねるまで、さまざまな　しごとを　して　います。ゆっくり　休んでいる　ときが　ない　くらいです。手は、いったい　どんな　しごとを　して　いるのでしょう。

顔を　あらう　ときは、手で　水を　すくいます。ごはんを　食べる　ときは、茶わんや　はしを　もちます。この　すくう　もつと　いうのは、手の　しごとです。

自てん車に　のる　ときは、ハンドルを　にぎります。てつぼうで　あそぶ　ときにも、てつぼうを　しっかりにぎります。手は、にぎると　いう　しごとも　して　います。

えんぴつを　もって　字を　書く　とき、はんたいの　手は、どうして　いるでしょう。ノートや　紙が　うごかないように、おさえて　いますね。手は、おさえると　いう　しごとも　して　います。（二八八文字）

（光村・こくご　二下「赤とんぼ」七四〜七六ぺ）

音　読　調　査

（第３学年１組）

番号（男）	時間（秒）		発音	語・文	つまずき					番号（女）	時間（秒）		発音	語・文	つまずき				
	一回目	二回目			立ち止まり	繰り返し	読み誤り	読み落とし	付け加え		一回目	二回目			立ち止まり	繰り返し	読み誤り	読み落とし	付け加え
1	55	55	◎	◎	0	0	0	0	1	1	55	49	◎	◎	2	0	0	1	1
2	74	55	○	△	6	5	2	1	2	2	60	52	◎	◎	1	2	0	2	0
3	79	62	○	△	2	4	0	0	1	3	73	51	○	△	2	4	3	0	1
4	51	45	○	◎	2	0	1	0	0	4	83	64	○	△	3	1	1	0	0
5	67	49	○	△	7	3	0	0	0	5	54	41	◎	△	0	1	0	1	1
6	58	46	◎	◎	1	0	1	0	0	6	56	59	◎	◎	1	0	1	1	0
7	60	50	◎	◎	3	2	0	0	0	7	60	52	◎	◎	4	0	1	1	0
8	52	50	○	◎	2	0	1	0	1	8	65	45	◎	◎	3	2	0	0	0
9	80	47	○	△	5	1	1	2	0	9	65	48	○	○	4	1	0	0	1
10	50	48	◎	◎	0	0	0	0	0	10	50	45	◎	◎	2	1	0	0	1
11	65	50	○	○	6	2	0	0	1	11	48	45	◎	◎	1	0	0	0	0
12	58	48	◎	○	3	2	0	1	1	12	72	44	○	△	8	1	0	0	1
13	63	51	○	○	3	2	1	2	0	13	54	48	◎	◎	0	0	0	0	0
14	61	49	○	◎	1	3	1	1	0	14	83	47	○	△	3	10	0	0	1
15	65	45	○	○	7	1	1	0	0	15	76	54	○	○	4	0	1	0	3
16	54	47	◎	◎	1	2	0	0	0	16	60	64	◎	◎	1	0	0	0	2
17	69	56	◎	◎	6	1	0	1	2	17	60	45	○	○	5	0	2	0	0
18	65	60	◎	◎	6	0	0	1	1	18	67	49	◎	◎	1	1	0	0	2
19	57	55	◎	◎	5	0	1	1	0	19	60	51	◎	◎	2	1	0	0	2
										20	67	46	◎	◎	7	2	1	0	2
平均	62.3	50.9								平均	63.4	50.0							

発　音　◎明りょう　○聞きとれる　△不明りょう　つまずきの数字は回数
語・文　◎つかめる　○ところどころ　△つかめない

この表による結果の考察については、研究発表の中で触れることにする。この表から、また、児童の音読の姿から、ひとりひとりの児童の言語能力について教えられることが多かった。とくに、一年から二年までの音読指導の徹底と三年生における音読と黙読とを関連させた指導の必要とについて考えさせられた。

(2)　音読は、関心・態度を養うのに有効

先の文章の内容を理解させ、その上で二、三度音読練習をさせると、児童の音読結果が見違える（聞き違える）ほど向上することがわかる。それは、自分でもはっきり自覚できるものである。こうしたところに、関心・態度を養う鍵がかくされているように思う。

(3)　平素の授業の中に取り入れる

すでに紙数も尽きてしまった。二の項と同様に研究発表の中で述べることになる。（二の項を参照されたい。）

（「初等国語」一八号　昭・57・6）

8　今後に生きる言語能力を目指して

一　二年生は言語能力を身につけさせる大事な時期

二年生は、入学後一年を過ぎ、すっかり学校生活になれてくる。一年生までは、不安であったことがきれいに無くなり、落ち着きと安定を示してくる。こうした二年生は、健康であり、よく動き、よくしゃべる。学校生活は楽しさがいっぱいという感じで生き生きとしている。こうした時期に言語活動を活発にさせ、その中で今後に生きる言語能力の基礎をしっかりと身につけさせなくてはならない。

二年生の言語活動については、広く国語教育の立場から、また、国語科の授業の立場から考えなくてはならないが、ここでは、国語科の授業の立場から考えることになる。それも、さらに焦点化して「言語教材」指導のアイデアということであるから、かなりしぼられてくる。しかし、狭い部分にとらわれていては生きた言語能力は身につかない。二年生の学校・家庭・社会における言語活動を常に視野に置いて指導のアイデアを生み出すように努力したいものである。

二　二年生の「言語教材」の特色

ここでの「言語教材」というのは、教科書の中に「言語単元」として独立して置かれたものをいう。広い立場からの「言語教材」は、教科書の表現・理解の単元に付随して置かれたものや、教科書以外のものも含まれるが、ここでは取り上げない。

この「言語教材」（言語単元）が二年生の教科書にどのような形で取り上げられているかを見ると、およそ次のようになっている。

一社を除く他の四社の教科書は、それぞれ「言語単元」を特設してのせている。その中で、上・下巻に一本ずつのせているのが二社、あとは、上巻に二本のせたもの、下巻に二本のせたもの（それぞれ合計三本）が、それぞれ一社ある。「言語単元」をのせていない一社は、理解・表現の単元の中に含めた扱いをしている。言語活動を通して言語能力を身につけさせることを原則としているためであろう。他の社は、指導要領の第三「指導計画の作成と各学年にわたる内容の取扱い」2の(1)の事項「言語事項に示す発音、文字及び文法的事項並びに表現及び理解の能力の基礎となる事項のうち、繰り返して学習させることが必要なものについては、特にそれだけを取り上げて学習させるように配慮すること。」を生かしたものである。

それぞれの「言語単元」に用意された「言語教材」を見ると、児童の喜びそうな言語活動をさせながら、意図する言語能力を身につけさせようという配慮が見える。しかし、説明的なものが多く、「ああそうか」ということで終わってしまいそうである。その上内容も自己の生活体験上のものが多く、興味ももてないという心配もある。単元の学習計画を立てるに当たって、いろいろと配慮し、教材の扱いにも工夫をこらす必要がある。ここでは、二つの典型的な単元を取り上げて、具体的に考えてみたい。

三　「文を作りましょう」の場合

「ことばの　べんきょう」として、「文を　作りましょう」という文章をのせた単元（『たんぽぽ』光村・二年上、三九～四七ぺ）がある。この文章は、文章を読みながら、そこで提示された問題をやっていけば、自然に言語能力が身につくよう書かれている。しかし、問題（課題）の意図やねらいをしっかりと把握しておかないと学習が上滑りして、きちんとした言語能力が身につかない。次のような教材である。先ず「1」を取り上げる。

ふでばこから　えんぴつを　一本　とり出して、よく　見て　みましょう。そして、①えんぴつの　②ようすや　③思ったことを、④書いて　みましょう。

たかしくんは、つぎのように　書きました。

⑤　みじかい　えんぴつ　です。

⑥　なんべんも　けずった　えんぴつ　です。

⑦　おにいさんに　もらった　えんぴつ　です。

つぎの　ものに　ついても、⑧書いてみましょう。

けしゴム　　国語のノート　　うんどうぐつ

（絵）　　（絵）　　（絵）

（文章中の傍線と番号は執筆者。さし絵三枚略す。）

名詞に修飾語を付けてくわしく表現できるようにと意図している。自分の持っている鉛筆を見て、その様子や思ったことを書くようにしている。例示された⑤～⑥の文のうち⑤の「みじかい」は前文の②「ようす」に当たる。⑥⑦の「なんべんも　けずった」と「おにいさんに　もらった」は、③「思った　こと」に当たる。ここに出された思ったことは、過去のことを思い出したわけであるが、現在、鉛筆を見ながら思うこともあるわけで、自分の鉛筆を見ながら、三つの例示以外のことも考えさせたい。このとき、頭に浮かんだことを直ぐに発表させないで、前文にある④「書いて」を生かすことが大事である。ノートやカードに書かせておかないと定着しない。

⑧「書いて　みましょう。」として、三つの例が出されているが、それぞれに書かせ、自分で確かめ、完全なものを残すようにさせたい。書かせる場合のワークシートの例を示しておく。大きなます目のノートでは、文全体が見えないであろうから、ワークシートの方がよい。

○くまのかたちをした
○とてもよくきえるいい
○一どなくなったことのある
　} けしゴム です。

このようにしてノートに書いたものを文として声に出し読み返させ、自分の耳で聞くようにさせる。「くまのかたちをしたけしゴムです。」「とてもよくきえるいいけしゴムです。」のように文として読ませる。確認は、板書したり、カードに書いたものを示したりして一人ひとりさせることが大事である。

ここの場合の中核は、文章をそのまま読み取ることではなく、見たこと（ようす）、思ったこと（思いや思い出）を言葉として出させ、文を完成することである。

「2」は、次のようになっている。

二まいの　絵を　見て、文を　作りましょう。じゅんじょに　したがって、二つの　文で　書いて　みましょう。
○はじめに、①なにが　②どう　して　いますか。
・赤い　じどう車が、はしって　います。
○つぎに、③なにが　④どう　しましたか。
・赤い　じどう車が、トンネルを　ぬけました。
（文章中の傍線と番号は執筆者。さし絵二枚略す。）

これは、主語と述語の整った文を書く学習である。「何が」「どうしている。」、「何が」「どうした。」ということを書かせようとしている。こうした例示の場合、きちんと押さえておかないと次の二つの課題でとまどいが起きてくる。それは「①なにが」「②どうして　いますか。」「③なにが」「④どう　しましたか。」に対応する言葉が、例示の文の中のどれかということをしっかりと押さえることである。次のように示して（カードによって）示すとよい。

なにが　どうして　いますか
赤い　じどう車が、はしって　います
なにが　どう　しましたか
赤い　じどう車が、トンネルを　ぬけました。

ここで「赤い」は、「なにが」に含まれるが、「1」の学習と関連させて「ようす」をあらわす言葉であることに気づかせるとよい。時間があれば、「じどう車が」にいろいろな言葉を付け加えさせてみるとよい。この場合、さし絵から離れて書かせると、学習が散慢になるので注意が必要である。

以下全単元に触れることはできないが、こうした学習で大事なことは、児童の体験をいろいろ思い出させるためのきっかけになるもの（さし絵・写真・ビディオなど）が多く用意されることである。

四　「あいさつのことば」の場合

この単元のねらいは、単元名の下に書いてある「――ことばのいみを考えてみましょう」ということに集約されているのであろうが、これだけでは物足りない。広く国語教育の立場から、児童の将来を見すえた学習活動をさせたいものである。「ことばのいみを考えましょう」ということで、ここにのせられている文章を読めば、一読後「ああ、そうか」で終わってしまう恐れが多分にある。こうならないために、ここにのせられている「前書き」と「後書き」を児童の体験も交えてじっくりと読ませたい。

まず、前書きは、次のように書かれている。

> みなさんは、毎日、①どんなあいさつをしていますか。朝おきたときの「おはようございます。」からはじまって、③夜ねるときの「おやすみなさい。」までの間に、②いろいろなあいさつをしていますね。
> このようなあいさつのことばには、④どんないみがあるか、考えてみたことがありますか。
>
> （学図・小学校国語・二年下　傍線と番号は執筆者）

これを読んで児童の頭に何が残るであろう。この文章の中で、児童の頭の中にはっきりととどめ、考えさせないといけない部分が傍線を引いたところである。

まず、「①どんなあいさつをしていますか。」で、平素挨拶している言葉を思い出させたい。次の文で二つの具体的な例を出しているので、「おはようございます。」をノートに書かせ、「おやすみなさい。」までの言葉を思い出させ、ノートに書かせる。このとき、「たくさん思い出してみよう。」と激励してやる。思い出せないでとまどっている児童については、教科書を見て書かせてもよい。

ノートに書き終わったところで発表させるのであるが、発表したものを整理して下のように板書して（模造紙を貼り合わせた上にカードを貼って、ずっと掲示しておけるようにしておくといっそうよい）示し、それぞれのものをはっきり確認できるようにしてやるとよい。この表が、「②いろいろなあいさつをしていますね。」ということを心底理解することにつながり、次の文の中の「③このようなあいさつのことば」「④どんないみがあるか」を強く受け止めることにもなる。次の時間からの学習に課題をもって取り組むことができるようになる。

学習を進める過程で左のような表を完成させ、学級経営の生活指導の中で常に意識させるようにする。そのために、後書きの読み方が大切である。後書きの文章は、次のようになっている。（文章中の傍線と番号は執筆者）

〈板書例〉（模造紙に完成して常掲できればなおよい）

あいさつことば――おたがいの心をむすぶ

いつ　朝・ひる・ゆうがた・夜
どこで　おうち・学校・外で

だれに	年上の人・友だち・年下の人
どのように	はっきりした声・あい手を見て いみを考えて・心をこめて

（年上の人に）	（友だち・年下の人に）
おはようございます	おはよう
いってまいります	いってきます
いってらっしゃい	行っておいで
こんにちは	こんにちは
いただきます	いただきます
おあがりなさい	食べなさい
さようなら	さようなら
ただいまかえりました	ただいま・かえりました
こんばんは	こんばんは
おやすみなさい	おやすみ
ありがとうございます・	ごめんなさい
ごめんください	

〈後書き〉

朝、会ったとき、友だちどうし「おはよう。」と元気に声をかけあうのは、①気もちのいいものです。おてつだいをしたとき、「ありがとう。」と言われると、②うれしくなるでしょう。
あいさつは、③おたがいの心をむすびつけるだいじなことばです。

挨拶が明るく、しかも、心をこめて行われたときの気持ちを確かめようとするのが、①と②の部分である。こうした気持ちは、ここで初めて確かめるのでなく、学習活動の過程の中で、また、学級指導の中で確かめ、そして、自覚させるように導いていきたい。

「③おたがいの心をむすびつける。」については、目に見えるものでなく心の中のものなので理解させることがむずかしいが、児童が挨拶した時の体験を取り出して自覚させることになる。

「○○さんは、今朝、先生にとても気持ちのいい挨拶をしてくれました。先生も○○さんの明るく元気のいい声につられて、とてもいい挨拶が出来ました。先生の心の中が洗われるようでしたよ。」とか、「○○君は、誰にでもきちんと挨拶していますね。こんな○○君を見ていると、とても心のきれいな人なんだなと思います。自分はどうかなと考えてみてください。」のように、具体的な場面をとらえて、常に児童に語りかけることが大切である。

五　言語能力を高める根本にあるもの

教科書の中に「言語単元」が設定され、そこに「言語教材」がのせられているが、そこにある「言語教材」の意図をしっかりと把握することが大事である。この意図の把握が不十分であると、読ませるだけで終わり、児童の言語能力を高めることが出来なかったということになる。

　次に大事なことは、教材の意図に対する児童の実態の把握がある。この教材によって、どういう言語能力を高めようとしているのか、その言語能力は、このクラスではどういう状態なのかを、一人ひとりについてしっかりと把握しておかなければならない。

　最後になったが、教師の言語感覚の問題がある。児童の平素の言語生活（とくに学校における学習・遊びなどにおいて）を敏感にとらえているか、また、とらえたものをどう高めどう伸ばそうとしているかの姿勢がある。同時に、自己の言葉遣いの改善向上も考えておかなければならないことである。教師の言葉は常に児童の手本になっている。


（「実践国語研究」五八号　昭・62・7）

9　中学年における年間指導計画づくり

はじめに

「楽しい国語科の授業」というのは、どんな授業のことをいうのであろうか。児童がいかにも楽しそうに言語活動をしていて、見る人にもその楽しさが伝わってくるような授業であろう。しかし、いくら楽しそうであっても、そこにひとりひとりの言語能力の高まりや深まり、定着などがなくては、授業としての価値はない。ここでは、「楽しさ」というものをどのようにとらえるかが大事である。

国語科の授業を通して身につけさせなければならない言語能力が、児童にもしっかり自覚され、授業によって「わかった」「できた」「できる」「やるぞ」という喜び、確信、意欲がもたれることによって生まれる「楽しさ」を大事にしていきたいものである。このような授業を日々積み上げていくために、年間指導計画が必要である。

ここでは、中学年（三、四年）に焦点を当てて考えていくことになるが、次のような項目で考えてみたい。

(1)　中学年の児童の特質
(2)　国語科学習の見通し
(3)　学習（言語）活動の工夫
(4)　他教科・他領域との関連

これらは、「楽しい授業をつくる年間計画のポイント」にも当たるものである。

一　中学年児童の特質

1　一般的特質

一年生に入学してから二か年を過ごし、学校生活に慣れてきた三年生は、学校の中で最も活気があり、何事にも意欲的に取り組む。その活力は無限を感じさせるものがあり、いろいろな面で大きく伸びる学年である。したがって、この学年は、「伸びられるだけ伸ばしてやる」学年であると考えている。

四年生になっても三年生の特質は持続するが、三年生程がむしゃらでなくなる。それは、自己が見え、他人が見えてくるからである。そこで自己と他人とのかかわりの中で「自己をいっそう高め充実する」学年であると考えている。ここで注意しないといけないのは、他人とのかかわりの中で自己を比較し劣等感を持たせないようにすることである。

中学年における三年と四年を区別すれば以上のようであるが、中学年という区分で見れば、最も大きく成長し充実する時期である。それだけに年間計画もしっかりとしたものを持ち、日々の授業を充実していかなければならない。

2　言語能力の特質

中学年の言語能力の充実ぶりは目を見張るものがある。先述した一般的特質に支えられているものであるが、中学年を担任した人であれば誰もが感じるところであろう。いくつか具体的な事例を取りあげてみよう。

ア　語彙が増え表現が豊かになる

「何でもやってやろう」「何でも知ろう」「自分にもできる」と思っている児童は、いろいろな場でよく聞き、よく話す。また、よく読み、よく書く。そこでは活発な言語活動が行われ、児童の語彙は増し、表現力は豊かになっていく。自然に習得するものも多いが、平素の授業との結びつきを考えて指導すれば、いっそう充実したものになる。

イ　音読が確かなものになる

低学年においてたどたどしかった音読が、いっそう確かなものになる。漢字が多くなるに従って一目で読める文字の数が増してくるし、語句として読めるために、内容の把握も容易になってくる。視写と関係していっそう確かな読み取りができるようにさせる時期である。

ウ　確かに速く書けるようになる

視写をさせたり、自分の気づきや感想などを書かせたりするときに、確かに速く書けるようになる。このとき、文字が確かに速く書けるということと、文章の内容を記憶しているということや自己の考えた内容があるということなどが深く関連し合っている。

エ　読書をよくする

いろいろなものを求めている児童は、ちょっとしたきっかけで読書するようになる。しかし、その場限りになる場合も多い。そこで、ほんものの読書（読書の必要性やよさを自覚させる）にするようにしなくてはならない。このようになった児童は、質や量ともに驚くような読書をする。

以上、思いつくまま書いてきたが、中学年の傾向としてとらえたものである。これらは、中学年の国語科授業を楽しいものにさせる土台になるもので、それぞれ受け持った児童のひとりひとりについて確認しておかなくてはならない。

二　国語科の学習の見通しをもつ

自分がこれから一年間指導する国語科の指導計画は、自己の担任学年（学級）がはっきりしたところから始まる。そこで、次のような事項についての確認や修正・作成が行われることになる。

まず、自分の学校の国語科教育課程があるかどうかの確認である。各教育委員会単位で作成されたものもある。これらと教科書（現在のものは六十年度まで使用される）とを照らし合わせて、一年間の見通しを持つことである。教育課程がない場合は、教科書の指導書にある一覧表が手がかりとなる。この一覧表と教科書とを照らし合わせ、一年間の見通しを持つ。そこでどのような目標で、どのような教材があり、どのような学習活動が用意されているかということをつかむ。

次に、指導要領や小学校指導書（国語編）によって、その学年で指導しなければならない指導内容を知り、それらの中からとくに重点的に指導しなければならないことを確認しておき、指導計画の中に明確に示しておかなくてはならない。中学年にしぼってあげてみよう。

〔言語事項〕

◎適切な音量や速さで話すことができる。
○片仮名の読み書きができる。
◎漢字の読み書き、使い方ができる。
○ローマ字が読み書きできる。

○いろいろな符号の使い方ができる。（句読点やかぎなど）
◎語彙や語句の量と範囲を拡大し、辞書が利用できる。
○文や文章の構成がわかり、指示語や接続語の役目もわかる。
○敬体と常体を使い分けることができる。

〔表現〕

○書こうと思うものを整理し、中心点を明確にして書くことができる。
○書こうと思うものをよく観察して、客観的に文章に書くことができる。
◎文と文のつづき方、段落と段落のつづき方に注意して文章を書くことができる。
◎正しく視写したり聴写したりすることができる。
◎話す中心点を明確にして話すことができる。

〔理解〕

◎段落ごとの要点を読みとることができる。
○段落ごとの要点を読みとり、段落相互の関係を考えて、文章の内容を確かに読みとることができる。
○文章の内容について自分の気づきや感想、意見などが書ける。
◎表現に即して登場人物の言動や心情を豊かに読みとることができる。
○読みとった登場人物の言動や心情に対して、自己の感想を書くことができる。
◎文章の内容が相手にきちんと伝わるように音読することができる。
○話の内容を的確に聞きとることができる。

以上の項目の中で、◎印は、いつも気をつけて指導しなければならないものである。ひとりひとりの学習結果を確かめ、また、他教科や他領域の学習においても気をつけておかなければならないものである。

こうして考えてくると、長期的にその学年を通じて指導しなければならないものと、そのとき（単元）そのときに重点的に指導しなければならないものとがはっきりとしてくる。このようにして次ページに示すような一覧表を作成し、常時見えるようにしておく。さらに、それぞれの単元の学習前やあとで書きこみが出来るような空白もとっておくとよい。指導目標の達成度や適・不適、学習活動の適・不適、次単元への発展などを書き込むのである。

三　学習活動の工夫（創造）

年間指導計画に沿って単元を設定し、そこで学習活動を進めるとき、「楽しさ」や「言語能力の向上・定着」を常に考えるとすれば、学習活動の工夫（創造）が必要である。この工夫（創造）で最も大事なことは、児童の学習の結果を残して、児童にはっきりと見える（読める）ようにすることである。そこでは学習ノートやワークシートが大事な役目を果たす。二つの事例で考えてみよう。

1　漢字の学習

漢字の学習は、どの学年でも大事である。筆順とか字形とかに気をつけて書かせ、必要なときには、きちんと書けるようにしておかなくてはならない。こうした指導で中学年はとくに大事な時期である。三年生で急に漢字の数（百九十五文字）が多くなる。漢字を使った熟語も多くなる。うっかりしていると筆順や字形がいいかげんに

年間指導計画例（三年・十月）

月	時間数	単元名 教材名（文種）	学習目標	学習活動（○印は主要なもの）	指導要領 言語	指導要領 A表現	指導要領 B理解	他教科 他領域 関連	備考
10	1	（序詩）すいっちょ	★リズム感のある詩を音読し、学習意欲をもりあげる。	1虫の声をくふうし、連を考えながら音読する。 2正しく視写する。		キ	ア	詩のノート	
	10	9はたらく楽しさ ―書くことをえらんで整理し、くぎりを考えて書きましょう 夕食作り（生活文） わかりやすい文章を書くには（解説）	★働くことのたいせつさを知り、進んで働こうとする意欲を育てる。 ○書くべき事柄を整理し、区切りや中心点を考えて書くことができる。 ○描写と説明をおりまぜて書くことに慣れる。 ○読点の役割を理解し、適切に使いながら文章を書くことができる。	1「夕食作り」を読み、仕事の一まとまりが、どのように文章上に表れているかを理解する。 2脚注と照らし合わせながら、表現に参考となることを読みとる。 ③「わかりやすい文章を書くには」を読み、これを生かして作文を書く。 4構想を中心に、自作の点検をする。	クキ	カウイア	ケ	生活ノート（日記） 学級文集 学校文集	
	12	10おしゃれな牛 ―気もちを考えながら楽しく読みましょう（物語）	★物語を楽しんで読み、ユーモアを理解する。 ○場面の情景や気もちを想像し、自分の感想を書くことができる。 ○気もちやようすがよく表れるようくふうして音読することができる。	1昭さんや主人の気もちを想像してみる。 ②楽しかったところ、昭さんの気持ちの表れているところを抜き書きする。 3気もちやようすがよく表れるように役を決めて読みかたのくふうをする。 4かぎやその他の符号の意味を理解し使ってみる。	ク		カウア	図書館利用（自由読書） 読書感想文大会（十一月）	
	2	◇ひと口かんそうを話す	★よく考えて、大事なことを落とさないように話したり、聞いたりすることができる。	・「おしゃれな牛」を読んで、ひと口感想をまとめて話す。	イア	ケイ	サエイ		
	1	ラジオ ことばの教室 おもしろいなァ おこってるの？（笑っているの？）	○人物の気持ちや場面の様子を想像しながら音読することができる。		イ		カア	学芸会（三月）	
	2	ラジオ図書館 フェージャかえっておいで ベロ出しチョンマ	○人物の気持ちや場面の様子を想像しながら聞くことができる。 〔継続聴取〕		イ		カア	図書館利用（自由読書）	
	1 2	書写 （毛）はらい （硬）書きじゅん	○左右のはらいの筆づかいができる。 ○むずかしい漢字の筆順を間違いなく書くことができる。		アウ			係の掲示 日記やノート	

四年生の場合は、テレビ番組（「かきくけ国語」）がある。

ひらけていく海

かん字れんしゅう

波波　岸岸　球球

表表　洋洋　深い深い

万万　第第　炭炭

陽陽　調べる調べる　岩岩

問問　波海岸地球表面太平洋深い

波海岸地球表面太平洋深い

一万第一海草石油石炭起こす太陽

一万第一海草石油石炭起こす太陽

圧力調べる岩発見問題

圧力調べる岩発見問題

（三年男「ひらけていく海」学図・三年下、三四～四二ぺ）

なり、間違った漢字を身につけてしまうということがあるからである。

そこで、次のようなことに気をつけて指導するようにしている。

ア　出合いを大切にする

文や文章を読むとき、初めての漢字に出合う、このときを大事にしていきたい。その漢字が読めるか、言葉として意味がわかるか、そして、書き順に従って正しく書けるか。この三つをしっかりと身につけなくてはならない。そこで、次のような漢字練習ノートを用意し、精神を集中し心をこめて書かせるようにしている。このノートに書くときに、「今が大事なときで、ここで正しく覚えてしまおう」と言い、漢字の練習をさせている。

このノートに書く前の通読の段階で、新出・読みかえ漢字を使った語句の読みと意味については確認しておく。

新出の漢字は、大きく書かせる。とめ、はね、はらいなどをいいかげんにしないためである。最初は教師の板書による示範に合わせ、児童は人指し指で書き、ノートに二文字ずつ書いていく。

新出漢字がきちんと書けるようになれば、新出・読みかえ漢字を使った言葉でノートに書かせる。これも二回ずつである。以下に示したノートには読みがなが書かれていないが、読みかたを書かせておくとよい。さらに、言葉としての意識をはっきりさせるために、言葉と言葉の間はあけて書かせるようにするとよい。「波　海岸　地球　表面　太平洋　深い」のように。

イ　積み上げを大切にする

このノートは、国語科用のファイルにとじ、一年間の学習を集積するようにしている。また、教室常掲漢字一覧表に習った漢字としてしるしがつけられる。これらは、学期末や一年間が終わろうとするときの評価・反省の資料として利用できる。

漢字の学習は一度学習したからそれでよいというものではない。また、何度も書いて覚えればよいというものでもない。理想としては、言葉の表記としていろいろな形で、繰り返し目に触れ、使用（書く）することが大事である。言葉の表記として目に触れ、書くことの少ない漢字については、ドリルの方法で練習の場を設定し、完全に身につくようにする。

2　読みとりのノート

校内研修で国語科の研究授業を見せていただくことが度度ある。この授業において教師と児童の問答で四五分が終わってしまうことがよくある。また、教師は児童の発言を取りあげて黒板に一ぱい板書して示されることがよくある。これでいいのであろうか。

研究授業は、単元の学習の中での山場が選ばれる。これまでの学習の成果を出し合って、その成果を問う場が選ばれるために、どうしても問答になることはわかる。また、その確認のために板書をしてしっかりと示されることもわかる。しかし、何か物足りないのはなぜであろう。問答したり、板書されたりすることが、ほんとうに児童のものになっていないのではないかという不安である。問答の前にひとりひとりの学習が十分になされており、それが記録として残っており、それをもとに発表をしているか。板書されたものと、自分の学習したもの（記録したもの）が対比され確認され修正されているかなど、ひとりひとりに自分の学習の結果が確認（評価）されて

読み取りノート

P78	その間光次郎はじっと岩の上でふんばり、みんなの動きを見守ってはげましの声をかけた。「さあしっかりおちついて行け」光次郎の全身は氷のよろいを着たようになった。だが、岩をふみしめた足は、びくとも動かず、雪を浴びながら、すっくと立ち続けた。こうして、一行は冬の剣岳登頂に成功したのである。	光次郎は全身が氷のよろいを着たようになったりして寒かっただろう。でも、こんなことにもたえ、先頭にたって初めての冬の剣岳登頂に成功し、すごいと思う。
	第三場面　読み取り	気づき・感想
P79	光次郎は、立山・剣連峰についてわが家のように何もかも知りつくした。	何もかも知りつくすくらい立山・剣連山によくのぼり続いたと思う。僕だとそんなに続かないと思う。
P79	注意深い光次郎は何一つ見のがさない。気象の変化も、雲の動きを観察して、ぴたりと当てた。どのような場面でも冷静さを失わず細かく気を配って人々の安全を守った。登山者は心から山歩きを楽しむことが出来た。	◎登山者は心から山歩きを楽しめるなんて光次郎はとってても登山者のことをよく考えていたのだろう。とってもやさしい人だと思う。

（四年男「山にささげた一生」学図・四年下）

いなくてはならない。学習の歩みや結果を記録しておくノート、自己の学習について評価し反省することのできるノートを常に残しておくような学習を年間計画の中で考えておくことが必要である。

前ページに示すものは、「山にささげた一生」（学図・四年下、七二〜八四ぺ）の読みとりノートの一部である。上段の読みとりは、文章の中でとくに心をうたれたり考えさせられたところを抜き書きしている。ここには、相互に発表して確認したものと、自分がどうしても書きたいものとがある。下段には、書き抜いた部分やその前後の部分での気づき・感想を自由に書かせた。これは、相互に発表させて読みを深める手掛りとなるものである。自分の気づき・感想を確かめ、修正や書きこみがされる。最後に四百字の感想文を書いたが、そのとき、この気づき・感想が役立つ。全体を読み、選択し、それを中心に感想文をまとめさせた。このノートもファイルにとじこんでおかせる。

四　国語教育の立場

国語科授業を楽しいもの充実したものにするために、最後に考えておいてほしいことがある。それは、文章の内容や言語活動とかかわりのある他教科や他領域（道徳と特活）との関連である。国語科の授業は、教科書が中心の教材になっており、その「教科書を教える」ということになりがちであるが、「教科書で教える」という立場を忘れないでほしい。教科に示された言語活動を手掛りとして、いろいろな言語活動を導入したり、国語科の授業で学習したことを他教科や他領域の学習の中でも生かしたり確認したりすることが大事である。

前に提示した年間指導計画例の下段に他教科・他領域との関連として欄をもうけている。ここに示している以外にも、次のようなものも考えられる。

○学級新聞（通信）＝教師発行のものや児童発行のもの
○研究・調査レポート＝社会科や理科が中心
○学級会＝話し合い・係の活動
○学習の計画や反省の記録＝全教科のノート

児童の日常の言語活動に広く目を向けて考えれば、さらにさまざまなことがあがってくるであろう。広く国語教育の立場から考えられるのは小学校担任の強みである。

（「教育科学国語教育」別冊第一号　昭・59・5）

10　「全国特色ある国語教育研究校」のここを学ぶ

『全国特色ある国語教育研究校一九八七年版』を読み終えた。「ここに学ぶ」事項は非常に多く、また、多様である。すべてを拾い出し体系化すれば、今日の国語教育の在り方が一望できるように思う。しかし、それをここで果たすことはむずかしい。そこで、わたしが現在考えている国語科教育の課題を視点にすえ、「ここに学ぶ」事項を抽出してみたい。

わたしの国語科教育の課題として最も重視しているものは、おおよそ次の四点である。

1　説明文指導を通して、確かな言語能力（理解力・表現力）を身につけさせる。

2　説明文指導を通して、論理的思考力と論理的表現力を身につけさせる。

3　説明文指導を通して、調べ読み（情報読み）の意欲や能力を身につけさせる。

4　説明文指導を通して、生涯学習（教育）にかかわる自己学習力（教育力）を身につけさせる。

こうした課題を踏まえて、もう一度関係する学校の報告を読み返してみると、次のような「学ぶべき」事項が浮かび上がってくる。標題に説明文の指導を明示したものは五校であるが、これ以外にも説明文の指導を取り上げたものが四校あり、全部で九校となる。それらの九校に限って「学ぶべき」事項を考えてみたい。

一　確かな言語能力を

標題に説明文の指導を明示している五校（向山小・竜洋北小・新庄北小・中島東小・三郷小）の中から、「学ぶべき」事項を拾い出してみる。

重要語句の指導では、重要語句の文章の中での位置づけや役割を大事にし、語句の理解では、体験を通しての理解を大事にしている。五校以外の尾倉小の重要語句指導はきめ細かである。

説明文の指導に欠くことのできない基礎的・基本的事項としての漢字指導（教科書では説明文に多くの指導すべき漢字を配当している。）、音読指導（確かに読み、くせのない読み、明瞭な読みの指導ができる。）、視写指導（確かな文章表現力に結びつく。）、書き込み・ワークシート・ノート指導（一人ひとりの学習結果が残り、自己評価・自己向上の確認などができる。）などがしっかりと指導されている。これらのことは一人ひとりに確実に身についていなくてはならない。

二　論理的思考力や表現力を

説明文の指導に当たっては、筆者の論の展開（文章の構成）やそれに基づいた表現への配慮などにも目を向けることが大事である。こうすることによって、自己の表現（報告・説明・意見・論文など）に生かすことができるようになる。

このため、指導に当たっては、筆者の文章構成に目を向け、指導過程や学習過程に創意や工夫が加えられる。こうした学校は六校（白糖小・向山小・竜洋北小・新庄小・中島東小・尾倉小）あった。これらの学校の中には、自己の説明文を書くまでの方向づけをしたものがあり、今後重視されなくてはならない。

三　調べ読み（情報読み）の意欲や能力を

教科書の説明文を読むことを通して、知識・情報などを獲得して自己の仕事や生活に生かしていく能力は、今後ますます重要である。こうした方向に触れているのは二校（向山小・竜洋北小）である。

この外の学校の取り組みの中に、筆者の感動や意見に注目したり、児童の興味・関心・疑問などを大切にするものがあったが、これらは、調べ読み（情報読み）の出発点に当たるもので大事にしたいものである。

四　自己学習力（教育力）

国語科の学習を通して人間形成を考えることは、単元学習展開において価値目標を明示することで明らかである。今日の教育課題として自己学習力（教育力）が取り上げられている。このことは多くの研究校の標題にも取り上げられていることでもわかる。

説明文の指導に限って見ても五校（中央小・向山小・滝洋北小・尾倉小・三郷小）がある。

今後の教育の在り方として個性重視の教育が叫ばれ、「一人ひとりが伸びる」「一人ひとりが生きる」授業が大事にされようとしているが、こうした視点からは触れることができなかった。

こうして書き終わってみると、目の届かなかった点も多く、お叱りを受けそうであるが、お許しいただきたい。

わたしにとっては、大変いい勉強をさせていただいたことを記して終わりとしたい。

（「教育科学国語教育」四〇五号　昭・64・1）

11　小学三年の「言語事項」指導計画作成の重点

一　新指導要領に見る改善のポイント

今回発表された新小学校学習指導要領の編成に当たって、前もって示された改善事項は七項目あった。これらの項目は、すべて言語事項とのかかわりで考えなければならない内容を含んでいる。しかし、全面実施までの移行期間である三年間（平成元年～三年）に焦点を当て、また、第三学年という学年に限って考えるために、とくに強調すべき四点について述べることとする。その四点とは、次の事項である。

① 低学年の言語に関する基礎的な学力の充実
② 「話すこと」「聞くこと」の指導の徹底
③ 漢字の学習負担の増大への対応
④ 書写指導の徹底

以上の四点は、相互に関連し合っているが、以下一応項目ごとに述べる。

二　低学年の言語に関する基礎的な学力の充実

低学年（一・二年）における国語科の授業時間が一時間増え、週九時間になった。このことをもって低学年の国語科の強化・充実が言われている。しかし、どのように強化し充実するのかを明確にしておかなければ、増えた時間を持て余すことになってしまう。さらに、中学年（三・四年）へつなぎ、そこでの学習の充実も考えておかなくてはならない。

ここで言われている言語に関する基礎的な学力というのは、児童の今後の話し方や聞き方、書き方、読み方の基礎的な学力のことで非常に重要である。これから第三学年の言語事項に限って考えていくが、低学年の言語事項は見逃せない。低学年の指導を踏まえての学習でなければ効果は上がらないからである。

第三学年は、小学校の段階で非常に大事な時期である。とくに、言語能力をしっかりと身につけさせる上で、指導の適期であり、そのチャンスを失ってはならない。小学校に入学して低学年の時期を過ごし、学校にも慣れてきてそれぞれが生き生きと活動し始める。親と子のつながりからも脱して、周囲の友だちも意識し始め集団としての活動も始まる。こうした時期での言語活動は非常に活発である。このチャンスを逃がさず、低学年で身につけた基礎的な言語能力をフル回転させて学習の充実を図りたいものである。ここで気をつけないといけないことは、活発で行動的になるために学習がいい加減になったり雑になったりしてくるので、これへの対応である。とくに、言語事項の内容にある厳密さを要求するものについては十分に考えておく必要がある。低学年の言語事項との関連で第三学年で押さえておきたい事項は、次のことである。

①　「聞くこと」「話すこと」の基礎になる発音や声の大きさに気をつけることを身につける。
②　文や文章の中で使われる漢字を読んだり書いたりすることを徹底していく。
③　使用場面をはっきりさせた語句を増やし、しっかりと身につける。
④　書写における姿勢や用具の持ち方に対する指導を徹底していく。

これらの言語事項の内容について、それぞれが独立して（取り立てて）指導される場合もあるが、主として「A

表現」「B理解」の学習活動の中で指導される。教育課程の編成の上でもこのことは大事である。

以上のことを念頭に置いて、これからの三年生の移行期に留意すべき点について考えてみたい。

三　「話すこと」「聞くこと」の指導の徹底

三年生児童の発表意欲は、低学年時代の自己中心性を残しながら大変旺盛である。この活力は生かしていかなければならないが、他人の発表をじっくりと聞かない場合が多い。こんなことから現行の内容である「その場の状況に応じて適切な声の大きさや速さを考えて話すこと。」は、全く実現しないので、三年生には無理ではないかと思えるくらいである。新しい内容にも表現の一部を修正してそのまま残っている。こうした状況を配慮してか、前の学年との継続指導や「表現」や「理解」の内容にも、充実した形で示されている。次に掲げるものである。

こうした内容を踏まえ、見通しをもって指導に当たることが大事である。これらの内容が含まれる学習活動は、国語科の学習だけではない。指導要領の総則でも触れられているが、学校生活の全場面でも指導していくことを

	表現 話すこと
一年	ア　尋ねられた事に答えたり、自分から進んで話したりすること。 イ　経験した事の順序を考えて話すこと。
二年	ア　相手の話の内容を受けて話したり、自分から進んで話したりすること。 イ　事柄の順序を考え整理して話すこと。
三年	ア　相手の話の内容を受けて話題に合わせて話すこと。 イ　話の要点が分かるように、区切りを考えて話すこと。

理　　解	言　語　事　項
聞くこと	発音・音声
ア　話し相手を見ながら聞き、内容を聞き取ること。 イ　話の内容の大体を聞き取ること。	(ア)　はっきりした発音で話すこと。 (イ)　姿勢、口形などに注意して発声すること。 (ウ)　声の大きさに気を付けて話すこと。
ア　話を最後まで聞き、内容を正しく聞き取ること。 イ　話の順序を考えながら、内容を聞き取ること。	(ア)　発音に注意して、はっきりと話すこと。 (イ)　姿勢、口形などに注意して発声すること。 (ウ)　声の大きさや速さに気を付けて話すこと。
ア　分からないところは聞き返して、話の内容を正確に聞き取ること。 イ　話の要点を聞き取り、自分の立場からまとめてみること。	(ア)　発音のなまりや癖を直すようにして話すこと。 (イ)　その場の状況に応じて適切な声の大きさや速さを考えて話すこと。

考えておく必要がある。この際、児童相互が平素の生活場面で意識し合うように指導できれば、いっそう効果が上がる。

四　漢字の学年負担の増大への対応

漢字の指導については、前々から早く教えて使用回数を増やし、完全に自分のものにしてしまうということが言われている。今回の改訂では四年生までに学ぶ漢字が増え、五・六年が減っている。学年間の移動も大幅に行われており、新しく入った漢字や削減された漢字もある。ここでは、漢字の配当が増えた四年生までの新配当漢字を示す。次にのせるものである。

学年別新配当漢字

（　）内は現在の配当学年
新は新たに加わったもの

学年	漢字	字数
一年	貝玉草竹（二年）	現行　七六字 新　八〇字
二年	園角活岩兄言公細週線直内肉万（三年） 姉（四年） 弓矢丸羽（六年）	現行　一四五字 新　一六〇字
三年	委央漢区宿真相想速談倍筆練（四年） 羊（六年） 皿昔笛豆箱（新）	現行　一九五字 新　二〇〇字
四年	果訓無児祝特得未（五年） 街泣径好笑仲兆（六年） 札松巣束梅（新）	現行　一九五字 新　二〇〇字

今回の改訂では、これらの漢字の扱いについてかなり弾力的な扱いが許されている。すなわち、「学年ごとに配当されている漢字は、原則として当該学年で指導することとするが、必要に応じて一学年前の学年又は一学年後の学年において指導することもできること。」また、「当該学年より後の学年に配当されている漢字及びそれ以外の漢字を必要に応じて提示する場合は、振り仮名を付けるなど、児童の学習負担が過重にならないよう十分配慮すること。」（傍線執筆者）とある。さらに、言語事項の示し方の中で、それまで示されていた各学年の「〇〇〇字ぐらいの」が消えている。上記のことが考えられたためであろう。

現在の教科書で移行期を通すことになるが、表で示した新配当漢字に照らして、漢字で書ける語句を確認したり、他の読み物や他教科の学習などで確認したりして指導できる。このような指導の機会は、注意していればいくらでも見つかる。「この漢字は、三年生の漢字ではないけれど、皆さんは今一番いろんなことをよく覚えられるときだから覚えましょう。」と励まし意欲づけるとよい。漢字に対しては積極的に取り組む方が三年生の実態に合っているのではなかろうか。

五　書写指導の徹底

書写の面でとくに目につくのは、三年生までに示されている姿勢や用具の持ち方である。毛筆書写の時間が増え、毎週一時間の指導が必要になってきたが、このこととも関連して文字が正しくきちんと書けることを身につけさせなくてはならない。ここではとくに姿勢と用具の持ち方にかかわる内容のみを取り上げる。

このことは、三年生までに新しく出てきた事項である。この姿勢と用具の持ち方については、最近、とくに乱れてきていることであり、現場においてもあまり指導されていない。年間を通して授業を見る機会が多くあるが、この点については気になって注意して見ている。しかし、指導が徹底していない場合が多く気になっていることであった。

書くときの姿勢や用具の持ち方については、これから生涯にわたっての学習に深くかかわって影響することを考えれば、いいかげんではいけない。きめ細かく、気長に指導を徹底していく必要がある。教室の前面によく常掲してある姿勢や用具の持ち方の写真（絵）は、ただ貼り出しておけばよいものではない。どれくらい活用されているのであろうか。

〈書写：姿勢や用具の持ち方〉

一年	二年	三年
(ア) 姿勢や用具の持ち方を正しくして書くこと。	(ア) 姿勢や用具の持ち方を正しくして書くこと。	(ア) 姿勢や用具の持ち方に注意して、筆順に従って文字を正しく書くこと。

姿勢については、わたしの学校の生活・行動目標の中に「目は30㎝、足は60度、腰は90度のよい姿勢をしている。」というのがある。机の上のノートと目の距離は30㎝、椅子に坐ったときの腰は、足と背中の角度が90度になる、前に出された足は、かかとをそろえてつま先が60度に開いているということを目指している。よい姿勢の具体像を写真（絵）や実物によってはっきりと示し、それぞれに体験させ実行させることが大事である。

用具の持ち方については、鉛筆がその中心となろう。この持ち方は、箸の持ち方の延長として以前はあまり問題はなかった。しかし、幼児期において箸を殆ど使用しなくなった現在においては、小学校入学と同時に、指導が必要になってきた。この際無理強いはいけない。正しい姿勢で正しい鉛筆の持ち方で文字を書けば、正しくきちんとした文字が書けることを体感させたい。さらに、気長くよいところを認め賞賛して指導したい。三年生になれば、「視写」や「作文」と関連させ、生きた場での指導も考えておかないといけない。

（「教育科学国語教育」四一三号　平・元・6）

12　楽しい国語教室の創造

――単元学習の見直しと建て直し――

一　国語科教育は今のままでよいか

最近読んだ国語教育関係の文章・論文で心に強く残っているものが二つある。一つは、「月刊国語教育研究」5月号の巻頭言であり[(1)]、他の一つは、『国語教育わたしの主張』の中の「主張Ⅴ―あとがきに代えて」[(2)]である。その部分を以下引用する。(傍線は筆者)

国語の授業を見ていて、なるほどこういうことを学んでいるのか、おもしろいなと思う授業は極めて少ない。子どもも実際に「国語」をきらっている。教科の好き嫌い調査を見ると、国語はたいてい最低の位置にある。このことを私は、教育学研究者の立場からかねがね憂慮し、問題にしてきた。国語の授業は、何といっても全教科の中で時間数が最も多く、あらゆる学力の基礎となるものを築く中心教科と考えるからである。学校ぎらいの子どもが今増えているが、その責任の一端は、国語の授業にあると見るべきではないのか。

その上、読みの能力も、日本の学校で十分に育てられていないということを、ある日米の比較研究が報告している。国語教育の研究は極めて活発で、こうした問題についての論議も各所で行われているようだが、どうも最近は、一時間の授業をどう進めるかといった方法や技術の研究に関心が集中して、国語教育の根本問題に対する切りこみが足りないように、私には思われる。(柴田義松)

国語科は、今や二流教科から三流へとずり落ちて、底をついたという。学習者にもっとも人気のない教科となってしまった。国語教室には、どうしようもない嫌怠気分がただよっている。こういう気分には、子どもたちは敏感である。だから何となく、適当につきあっていく時間として彼らに意識されている。（中略）

何とかしなければならない。国語教室に生気を呼びもどさなければならない。「国語教室の見学」に西尾実が見たような迫力を呼びもどさなければならない。力一杯に挑んでみて時間終了と同時に全身から力が抜けていくような快い疲労感を教師側が感じなければならない。そうでなければ子どもたちの間に一杯になっているマンネリズムを追いはらうことはできないだろう。新しい工夫とは、小手先きの技術ではない。単元計画から建てなおしていかなければならない。前提となっていること――国語科とは何か、国語で教えるとはどういうことか――を改めて問いなおすべき時期に来ている。（倉澤栄吉）

国語科教育の現状についてお二人の提言を引用した。お二人の間には七年という経過があるのだが、こうした提言は、以前からも繰り返し言い続けられてきたことである。これからも言い続けられるであろう。それだけに重要なことで、折りに触れ自己の実践を振り返ってみることが必要である。

国語教室に活気が満ち、そこに学ぶ子どもたちが学習に真の楽しさを感じ、国語科の授業を大好きにさせるためには、どうすればよいであろうか。柴田氏の提言にある「国語教育の根本問題への切りこみ」と倉澤氏の提言にある「国語科教育への問いなおしと単元計画の建てなおし」に視点を当てながら考えてみたいと思う。とくに「単元の建てなおし」に焦点を当てて「楽しい国語教室」の在り方を探ってみよう。

二　素材の読みを豊かに

斉藤隆介の作品に「モチモチの木」というのがある。この作品が発表されたあと(3)、この作品を含めた短編集『ベロ出しチョンマ』(4)が出版された。さらに、滝平二郎の絵による絵本『モチモチの木』(5)が出版され、斉藤隆介の全集も出版された。最近、低学年用の短編集『モチモチの木ものがたり』(7)も出版された。『ベロ出しチョンマ』の出版された年に、斉藤隆介の作品を宇野重吉の語り聞かせ(8)として発行している。また、教科書の教材として取り上げられている。昭和五十二年版の光村図書・教育出版・日本書籍の教科書である。光村図書と教育出版は三年生の教科書に、日本書籍は四年生の教科書にのせられた。昭和五十五年版では、日本書籍のみで、三年生の教科書に移され現在に至っている。(6)

このように、「モチモチの木」は、さまざまな形で発表され、多くの子どもたちの目に触れ、読まれ、親しまれてきている。子どもたちだけでなく、滝平二郎の絵や宇野重吉の語り聞かせ、さらに、全集などで大人にも見られ、聞かれ、読まれ、親しまれてきている。その読者は子どもから大人まで幅広い。こうした幅広い読者を得ていることやさまざまな表現（絵・音声言語・劇化など）に発展することは、国語科学習の教材として生かすことができる素材である。以下、単元学習の中での中心教材として、「モチモチの木」をどのように読めばよいか、そして、どのように単元構成をすればよいかについて考えてみたい。

この作品を一人の人間（教師としてではなく）として、どう読んだか、何を感じ何を得たかが読みの出発である。一人の人間（大人）としてできる限り深く豊かに読むことが望まれる。文章に即して以下のように読まれるとよい。

・登場人物の一人ひとりを確かに豊かにイメージ化する。年齢・身長・顔つきなどの外形的なこと。
・移りゆく場面に即して登場人物の言動をイメージ化し、それぞれの人物の立場・心情・人柄などを確かに豊かにイメージ化する。
・作品の主題を把握し、自己の生き方も考えてみる。
・作者の表現の工夫を味わい、自己の表現も豊かにする。

ここでは、最後の「作者の表現の工夫」を取り上げて、深く豊かな読みの手掛りを得てみよう。次のようなことに気づく。

①　五つの場面に区切って、それぞれに小見出しがつけられている。

∴おくびょう豆太　　∴ヤイ木ィ！　　∴霜月二十日のばん（旧版は霜月三日のばん）

∴豆太は見た　　∴よわむしでも、やさしけりゃ　〔以上文献(5)による〕

②　文末は常体で歯切れのよさを感じさせる。

セッチンぐらいいけたっていい。小便もできないのだ。濡らされるよりいいからなァ。

かわいかったからだろう。みごとにやってのける。

③　登場人物の爺さまくらいの語り手を想定した語りかけの表現である。

宇野重吉の語り聞かせがあるが、彼の語りで作品が生きる感じがする。これは滝平二郎の絵によって作品が生きるのと似ている。（音声言語化や絵画化）

④　片仮名が効果的に使用されている。

とくに豆太の会話に工夫が見られる。豆太がモチモチの木にともった灯を見たとき、「モチモチの木に灯がついている。」と言っている。ここだけ平仮名を使い、あとは心内語も含めて片仮名を使用している。

このように作者の表現の工夫から多くのことを学ぶことができ、自己の表現意欲もかき立てられる。宇野重吉の語り聞かせを聞くことによって「自分もこのように語ってみたい。」と思い、真似てみる。さらに斉藤隆介の他の作品も語ってみるというように次々と発展していく。そして、自分の語りを聞いてくれる子どもの姿が浮かんでくる。こうして教師の立場に立つと一つの学習場面が浮び、さらに、別の学習場面が浮んできて一つの単元が創造でき、素材であった「モチモチの木」が中心教材として固まってくる。

三　教材を中心に豊かな言語活動を

教師の立場から「モチモチの木」を読んでいると、子どもを想定したさまざまな言語活動を浮かんでくる。思いつくままあげてみよう。

・読んだ感想をもとに小グループで話し合う。
・読んだ感想を相手（友だち・先生・登場人物など）を決めて書く。
・語り手になって音読（朗読）する。
・紙芝居・ペープサート・人形劇など工夫して上演する。
・斉藤隆介の他の作品を読む。

いずれも教材である「モチモチの木」を確かに豊かに読んでいることを土台にしているものである。作品そのものを読み味わったことについて一人ひとり確認していくことも大事ではあるが、そこに止まらないで、自己の読みの結果をさまざまな言語活動を通して表現させたいものである。これは一つの単元学習であり、楽しい国語教室の創造にもつながっていく。

（「ひろしま国語教育の創造」第一六集　平・4・5）

注

（1）「月刊国語教育研究」（一九九一・五月号〈通刊二二八号〉巻頭言　平成三・五・一五）
（2）『国語教育わたしの主張』（国土社　一九九一・四・三〇〈初版一刷〉）
　本書は、一九八四年に国土社より刊行されたものであるが、現代教育一〇一選の三十七として新たに出版されたものである。
（3）日教組機関紙　教育新聞　一九六三
（4）『ベロ出しチョンマ』（名作愛蔵版　理論社　一九六七）
（5）『モチモチの木』（創作絵本6　岩崎書店　一九七一）
（6）斉藤隆介全集　全十二巻（岩崎書店　一九八二）
　「モチモチの木」は第一巻にのせてある。
（7）『モチモチの木ものがたり』（名作ランド　理論社　一九八六）
（8）「天の笛」（宇野重吉語り聞かせ　風濤社　一九六七）

第二節　国語科学習活動の改善・新生を求めて

1　「聞くこと・話すこと」の指導をするに当たって心がけたいこと

これからの「聞くこと・話すこと」の指導について考えようとする場合、まず、考えなければならないことは、何であろう。当たり前のことであるが、それは、「聞くこと・話すこと」の場面を明らかにすることである。すなわち「聞くこと・話すこと」の活動は、「話しことば」が使われ、音声を媒介として、表現され理解される。それに、人間が直接対面して行なわれる活動である。この二つの条件をまず明らかにしておくことである。

こうした二つの条件をしっかり踏まえることによって、「聞くこと・話すこと」の指導は、どうなければならないかが生まれてくると思う。これから、この二つの条件から生起する問題、それも、わたしのこれまでの指導の反省から生まれてくる問題について、二つのことを述べてみたいと思う。

一　「聞くこと・話すこと」の指導は、生きた場面で行なわなければならない

子どもの「聞くこと・話すこと」の活動は子どもの生活場面の中の大部分で行なわれている。その「聞くこと・話すこと」の活動の実態に、ちょっとその気になって調べてみると、実に多くの問題を含んでいることに気づくのである。例えば、使っている「ことば」や「ことばづかい」が未消化で不完全なものであるとか、「話すこと・聞くこと」における表現や理解があいまいのまま、ひとりよがりのまま済まされているなどである。

こうしたことに対して、学校での、それも国語科での指導が、どれほどの力を及ぼしているであろうか。考えこまざるを得ないのである。子ども自身の力による自然習得が大部分ではなかろうかとさえ思えるのである。

しかし、この問題については、意欲的に取り組んでおられる方々も多いはずである。例えば、教科書の「聞くこと・話すこと」の単元を、ただの読解のみで終わらせないで、生きた「聞くこと・話すこと」の学習にし、それを実際の生活の中まで発展させたり、「ラジオ国語教室」を毎回欠かさず聴取させ、それを生きた場面で生かそうとしたり、学級会などで「ことばづかい」の問題を討議させて「ことば」や「ことばづかい」の浄化に取り組んだりしているなどである。

これらは、これらなり、絶対欠かせないことであり、この中には、今後の方向をも含んでいて、今後とも力を入れなければならないことである。こうしたことに加えて、さらに次のようなことを考えておかなければならないように思うのである。

それは、「聞くこと・話すこと」については、国語科のわくの中に止まっていてはならないということである。新指導要領では、国語科においては基本的事項の指導のみにとどめるようになった。また、「指導計画の作成と各学年にわたる内容の取り扱い」（第三・5）には、

「――前略――また、聞くこと、話すことの指導のうち、基礎的な態度や習慣の育成については、国語科だけの指導にとどまらず、学校の教育活動全体を通じて絶えず指導するようにし、その際、各学年の内容の取り扱いの(2)に示す事項に留意するものとする。――後略――」

とある。知識・技能などの基本的なものについては国語科のわくの中で、指導し、それを活用し、それにまつわる態度や習慣は、学校教育の全体の中で指導するというわけである。

小学校の場合、指導者と子どもとの接触の機会は多い、これは「聞くこと・話すこと」の指導の機会が多いと

いうことにもつながる。したがって、その場その場での生きた指導も可能である。学習指導の場面で生活指導の場面でのちょっとした心がけで、それぞれの子どもに対する生きた指導ができるわけである。

「聞くこと・話すこと」の指導に当たっては、生きた学習場面を作ってやることと同時に、生きた場面での指導が大切である。

二　指導者は、「聞くこと・話すこと」の生きた実践者でなければならない

先に、生きた学習場面を作り、生きた場面で指導することの必要を強調したが、このことで一番大事なのは、指導者自身の「聞くこと・話すこと」の実態である。それは、子どもの学習・生活場面での指導者自身の「聞くこと・話すこと」の活動が立派でじゅうぶんに効果をあげているかどうかということである。

聞くことについては、子どもの発言（話しかけ）をどのように聞きとめているか、また、その聞き方や態度はよいか。話すことについては、子どもにどのように問いかけ（話しかけ）聞きとらせようとしているか、また、その話し方や態度はよいか。というようなことである。この中には、使われている「ことば」や「ことばづかい」、発声や抑揚、さらには、態度としての「心づかい」などの細かな問題も含まれている。

こうしたことに対する指導者自身の心構えなり、平素の実践の姿なりが、指導しようとするすべての子どものまなこに写り、耳からはいり、子どもの心に触れていくのである。

先に引用した新指導要領の「指導計画の作成と各学年にわたる内容の取り扱い」（第三・5）から再度引用すると「聞くこと・話すことの指導に当っては、音声言語による教材を活用して指導の効果があがるようにすること

が必要である。――後略――」とある。この中にある「音声言語による教材」については、すでに様々なものが用意されていて、その活用について実践されている方々も多いことと思う。まず、「ラジオ国語教室」がある。これは録音されたものもある。教科書に準拠した録音教材も市販されているし、「聞くこと・話すこと」の活動を中心にしたものや、言語要素を中心にしたものなどの録音教材もかなり出まわっている。こうしたものを活用することによって、指導の効果は高められよう。

しかし、ここで忘れてはいけないものがあるではないかと思う。それは、いくらすぐれた音声言語による教材が出てこようとも、指導者自身の「聞くこと・話すこと」の生きた実践以上のものはないのではないかということである。このためにも、指導者自身の「聞くこと・話すこと」の生きた手本を子どもたちに示せるような不断の努力がこの時点で必要とされるのではないかと思うのである。

一年生の「学校ごっこ」の中や、六年生の学級会での委員の司会の中などに、自分の「聞くこと・話すこと」の姿を見いだし、あわてた経験をお持ちの方は、多いのではなかろうか。

（昭和45年10月26日）

2　話の内容を正しく聞き取れない子

一　学習の中の聞くこと

児童の学校における国語科の学習（とは限らないが、一応限定して述べる）から聞くことを取り去ったら、その学習はたちまち停滞してしまうであろう。教科書（本）を読み、文章（文字）を書くとき以外は、教師の話や児童の話を聞きながら学習が進められる。教科書（本）を読み、文章（文字）を書くにしても、無目的で機械的に行われているのではなく、その前には教師の導入や指導が行われ、児童相互の話し合いが行われているであろう。また、読みとり、書き終わったあとも、教師の指導や助言や児童相互の発表があろう。こうした学習の場において教師の話や児童相互の話の内容が正しく聞きとれない児童は、常にとまどい混乱し学習が停滞してしまうであろう。このような児童はクラスの中に必ずおり、予想外に多いのではなかろうか。

学習を進める場合、教師は児童の聞きとりを何を目安として判断しているであろうか。挙手によるとか、指名されて発表された内容によるとかして、学習が進められていることが多い。こうした判断のしかたについて一歩立ち入って考えてみたい。それは、教師の判断が話の内容とその受け取り手である児童の聞きとりの実態との関連を押えたものであるかどうかということである。児童の聞きとりの判断は、話の内容（場も含めて）と児童の実態（聞きとり能力も含めて）との相関において常にとらえていくことがたいせつだと思う。さらに、この二つを結びつけるその場の話しことばにも目を向ける必要があろう。

二　話の内容と聞きとり

児童が学習を進める場合に聞きとる内容として考えられるものは、次のようなものが考えられる。

○　何かをさせることをねらった指示的な内容
○　知識や情報を与え思考を促す内容
○　まとまった話を与え経験や心情を豊かにさせる内容

である。これらを児童に聞きとらせるためには、その内容が児童の実態（能力）に即したものでなければならない。すなわち、それが児童の興味・関心に合ったものであること、児童の理解できる話しことばで話されること、話の内容そのものが児童の能力に合っていることなどである。

こうした配慮なしに話される場合は、話の内容が聞きとれない子を生むことになる。しかし、こうした点が配慮されても正しく聞きとれない子がいたり、様々な聞きとりが出てくるところに問題があるわけで、これらに対してどうしたらよいかについて考えてみたい。

三　内容が正しく聞きとれない子の発見

まず、話の内容が正しく聞きとれない子の発見ができなければならない。このためには、次のような手掛りが考えられる。

(1)　平素の学習態度の中から見つける。

落ち着きがない、ぼんやりしている、挙手をしない、きょろきょろしているなどの事実から。

(2)　発表内容により見つける。

的外れや違う内容のものなどの発表から。

(3)　そのときの学習結果より見つける。

それぞれの記録（メモ）したものや調査・テストなどから。

(4)　国語科や他教科や学力調査（知能検査なども）などの結果との関連によって見つける。

などである。(1)は平素の観察によって見つけることができる。(2)(3)(4)は、児童の表現したもので見つけることができるわけであるが、これは表現を伴うので、この点も考慮しておかなければならない。正しく聞きとれていても表現でつまずく子がいるからである。

ここでは、(3)の場合について二つの例を提示し、さらに考察を加えてみよう。

一か月の海外視察旅行から帰られた教頭先生から、みやげ話を聞いた。十一月十四日（木）の朝会で全校児童が聞いたのである。このあとで学級の児童（複式学級一・二年男女各十名）に聞きとったことを書かせてみた。一つ一つの話にまとまりがあり、児童のことも充分に考えられた話ではあったが、一、二年の児童には少しむずかしかったようで、書かれたものは断片的なものやあいまいなものが大部分で聞き違いもかなりあった。表現への抵抗があったためか、まったく書けなかった子（一年女子一名、二年男子一名）もいた。聞き違いやあいまいなもののいくつかを次にのせてみよう。（以下傍線は引用者）

①　中ごくの　がっこうは、みぎてを　ひだりの　むねにおいて　ちょうかいを　する。（一年男子）

②　いぎりすの　学校に　いったら、こくばんの　よこにいぎりすの　はたが　かいて　あった。（一年男子）

アメリカの学校では各教室の黒板の上に国旗を掲げ、毎朝その国旗に対して敬礼をしていることを話されたものが、聞き違えられたり、あいまいになったものである。

③　きょうとう先生は、ふねに　のったら、　およそ　四・五人ぐらい　のれると　いわれた。（二年女子）

アメリカに行くのにジャンボ・ジェット機に乗られたときのことを話されたものであるが、このように間違って聞きとられている。表現のつまずきもある。

こうした結果がなぜ出てくるかを考えなければならない。話し手側の問題としては、話の内容そのもの、選ばれた話しことばそのもの、話し方（表現、構成、技術など）そのもの、補助的な資料に何を使ったかなどが、これでよかったかということがある。受け手側の問題としては、話の内容に対して興味・関心があったか、理解しながら（イメージを描きながら）聞いていたか、聞こうとする意欲があったかなどがある。これらは一つ一つ独立したものでなく、相互に関連し合って働くもので、原因をさぐるとき、その一つだけが要因になっていることはない。

つぎに述べる例は、新美南吉の「がちょうの　たんじょうび」を読み聞かせたとき（十一月十三日・水）のものである。がちょうの誕生日に、おならをしないと約束して出席したいたちが、おならを我慢したために気絶してしまう話である。この話は、短くてやさしいので、一、二年の児童でも容易に聞きとれる内容である。しかも、「おなら」を取りあげているので児童は興味をもって聞いてくれる。

このため、つぎの一年男子（先の①の子）以外の児童は一応聞きとれていた。聞いたあとでおもしろかったことを書かせたわけであるが、先ほどの一年男子の子は、つぎのように書いていた。

①　がちょうの　たんじょうびに、いたちが　どうしておならを　しないのかと　おもいました。

この子の場合、いたちがうさぎと「おならをしない。」という約束をしていることを聞き落として（忘れて）いるわけである。

こうした童話を聞きとるときは、いたちがどうしてこんな約束をしなければならないか、いたちがどういう気持ちでいたか、いたちに対するみんなの気持ちがどう変わったかなどの豊かな聞きとりが要求されるが、この子の場合、こうした聞きとりに欠けているわけである。自分のこれまでの経験（自分のことば）を駆使して、豊かにイメージを描きながら聞きとる能力に欠けているわけである。

まず、次のようにしっかり筋を追いながら聞きとることができなければならない。

② がちょうの　たんじょう日が　きょうなので、みんながきました。いたちは　おならを　するので　よびたくないけど、おこっては　いけないので　とうとう　よびました。いたちが　おならを　がまんして　いたので　とうとう　きぜつしました。やっぱり　いたちは　よばなければ　よかったと　いう　ことです。（二年男子）

こうした筋を踏まえて登場人物の立場に立って次のように聞くことができなければいけない。聞いたことをもとにして自分のものが加わってくるのではあるが。

③ わたしは、がちょうの　たんじょう日だからと、ひっしで　おならが　でないように　がまんした　いたちがかわいそうに　思います。がまんしすぎて　ひっくりかえる　くらいなら　させても　いいと　わたしは　思います。（二年女子）

さらに、つぎのように自分の立場を別のところに置いて聞きとることのできる子もいる。

④ ぼくたちの教室に　よく　おならを　する　人が　いたら　こまるなあと　思いました。（二年男子）

⑤ わたしが、あんなに　おならを　したら、みんなから　わらわれるので　とっても　はずかしいと　思いました。（二年女子）

⑥ いたちは、「ちょっと　しつれいします。」と　いって、どこかで　してくれば　いいのに、ほんとうに　あたまが　わるい。（一年男子）

六人の典型的な例をここに引用したが、この外の児童のものも詳細に見るとそれぞれにその子らしさを表していることがわかる。

二つの場合を出したが、こうした事例から、どんな場合でも正しく聞きとれない子、話の内容によって聞きとれない子がいることがわかる。さらに、一つの話でも、児童により様々な聞きとりをするものだということがわかる。こうしたことをはっきりして、クラスの中の正しく聞きとれない子の指導をしていかなければならない。

四　話の内容が正しく聞きとれない子の指導

以下でとりあげる子は、どんな場合の話でも、その内容が正しく聞きとれない子である。それも身体的（聴覚）、知能的に欠陥のない子を対象としてその指導のあり方を考えてみたい。

こうした児童にたいせつなことは、本人の話を聞こうとする意欲を起こさせること、聞きとり方を身につけさせることである。これと同時に、指導者自身（話し手）の話し方と対象児への配慮、クラスの児童の話し方を中心とした他人への思いやりのある学級のふん囲気づくりがたいせつである。

(1)　話を聞こうとする意欲を持たせること

正しく聞きとれない子の多くは、話の内容について興味・関心がなかったり、問題意識がなかったりする。このために聞き落としがあったり、あいまいになったりする。

そこで、まず、これらの子の興味・関心の所在を知らなければならない。わたしのクラスの場合は、男子一名、女子三名が該当する児童である。男子の場合は、テレビの動画にとりつかれ、最近はサッカーに熱を上げている。女子の場合は、なかなか興味の対象がつかめないのであるが童話には興味を持っている。こうしたことが正しく聞きとらせることの手掛りを与えてくれる。

問題意識を持たせるためには、話す前に問題を示して、これから話すことでそれが解決できることを予告してやる必要がある。あとで発表してもらうことを前提として話し、その子の発表の中から問題解決のできることば、解決につながっていくことばを見つけだして示してやることがたいせつである。そのつもりで聞いてやれば、解決につながることばは必ず出てくるものである。板書などではっきり示すことができればいっそうよい。

(2)　聞きとり方の指導をすること

話の内容を聞きとることは、それ自体たいへんむずかしいことである。文章を読むときのようにいつまでも残る文字のようなものがない。すぐに消えてしまうのである。したがって、一つ一つのことばを聞いてそれを記憶し、文とし文章として聞きとらなければならない。しかも、それらは聞いたとおり頭の中に残すのでなく、自分のことば、文、文章に置きかえて、まとめ、必要か、重要か、価値があるかを決め、選別しなければならない。これを瞬時に行うわけである。非常に高度の思考作用が要求される。

正しく聞きとれない子は、こうした思考作用がうまく行われないわけである。こうした高度の思考作用は段階を追って学習していかなければ身につかない。一度に高度のこと（例えば前述した、教頭先生のみやげ話のような）を要求して、それができないからといって、その子を責めてはならない。たくさん話された中から一つでも頭に残り、それが文字として表現されたとすれば、その子にとってはそこが出発点である。

一、二年の児童への聞かせ方として、もっと考えておかなければならないことがあったと反省している。例えば、教頭先生の話を聞いたわたしのメモを板書して、「このお話の中で、あなたが一番すきなお話はどれですか。」「このお話の中で、あなたにとって一番たいせつなことがあったのはどれですか。」「このお話の中で、あなたの頭の中に一番はっきり残っているのはどれですか。それを書きなさい。」などと聞くことである。事前に話の内容をうかがって、話の骨組程度のことをプリントして与え、それを見させながら聞かせることもできたはずである。こうした努力は、話の内容のまとめや選択ができ、メモができるようになることにつながっていく。

聞きとり方の指導では、場に応じた聞きとらせ方、内容に応じた聞きとらせ方があり、それぞれ学年（能力）に応じたものでなくてはならない。とくに正しく聞きとれない子については、こうした点への配慮は欠かせない。この二つはお互いに関連し合うものである。前述した「がちょうの　たんじょうび」について考えてみよう。

場としてはお話を聞く場である。児童はどんなお話か期待に胸をふくらませて待ちかまえている。このときの気持ちはくつろいだものである。お話は楽しいものである。話される内容は、身近な動物たちが出てくるものであるし、身に覚えのあるおならが中心になっている。いたちへの同情や他の動物たちへの共感も聞きとったことをもとにしてわいてくる。

こうした内容についての児童の反応は、その場その場での表情とか態度（動作）とか感嘆詞とかによってつかめるが話の途中の児童の反応はなかなかとらえにくい。そこでアナライザーの利用による聞きとりの確認と指導を今後考えてみたいと思っている。場面場面で話を中断して発問と選択肢によって反応を確認していくのである。

(3)　聞きとれない子への配慮

非常に大事なこととして、教師の話しことばや話し方、聞きとれない子への配慮を考えなくてはならない。聞きとれない子への配慮についてはこれまで述べてきた。こうした配慮が土台となって教師の話しことばや話し方が磨かれる。わたしたちはいっそう努力していかなければならない。

もう一つ学級づくりに関係があるが、クラスの児童お互いが思いやりをもって話したり聞いたりする態度が育っていることがたいせつである。聞きとれない子に対して、こうではないかと尋ねてやり、話せない子には、話したいことを聞きとってやる態度づくりをしたい。紙数も尽きたのでこの項については後日を期したい。

（「教育科学国語教育」二〇二号　昭・50・3）

3　作文の時間をどうするか

――わたしの実践から――

一　問題を考えるに当って

シンポジウム㈡の問題「作文の時間をどうするか」をもらった。私がこれまでにガムシャラに歩んで来たささやかな「いとなみ」を反省しながら、この問題を掘り下げてみたいと思う。

ガムシャラにやっている時は、時間など問題ではなかった。何時でも、何処でも作文の時間があった。強引に作ったのかも知れない。しかし、教育の現場にすべてこのガムシャラが通用するとは思えない。一人よがりは行き詰りになるばかりである。

ここで、私の実践したことの概要を取り出して、これからの在り方を考えたいと思う。

二　私の作文の時間

私は次のように作文の時間を見つけている。私の作文指導は、非常に広い範囲にわたっている。作文の指導を以下の如く考えているためである。「子供の全生活、全学習活動の結果が作文を書かせるのだし、そうすることによって子供の全生活、全学習活動が一層深化し、発展するものだ。」指導態度としては、「出来るだけ個人に徹した指導をする。」という、大変欲張ったものである。
具体的な指導の場としては、次のようなものを考えて実践して来た。

1　日記による指導（個人、学級の日記）
2　学級内の手紙交換による指導
3　特設時間内での指導
・作文（主として生活文）させる
・文話による指導
・文集を中心にした相互評価
4　各教科のノート、その他の記録による指導
5　教科外活動の記録による指導

指導の場を見ていただければ、子供の作文の時間が何時、何処にあるかわかっていただけると思う。「何時でも、何処でも作文の時間はある」「何時でも、何処でも作文の指導が出来る」と言えよう。蛇足だが、子供の書くことを中心に考えると、

1　子供が書こうと思うことを、自由に自分の好きな時間に書く場合
2　特別に指定されたものを、指定された時間内に書く場合

が、考えられる。

「何時でも、何処でも作文の時間はある」のに特設時間をもうけているのは、特設時間以外で出来ないこともあり、国語の時間数内ではどうしても出来ない結果になったためで自然発生的な形になっているが、この特設時間は是非必要である。ただ特設の時間を時間表に固定したものだけで済ませるのでは効果は上がらない。固定し

ない自由な特設時間というのもあってよいと思う。何時でも取れるものもほしい。これは教科指導の総時間数を増加せよというものではない。

作文の過程を大雑把に考えてみると「準備する」「作文する」「推考する」ということになる。作文の時間を広く考えれば、これらの過程すべてが作文の時間であると言える。そうなれば僅かな時間で作文の時間であると考えるわけにはいかない。教師の念頭には常に作文に通ずる指導ということがなければならないことになる。

ここで、教師の指導時間ということが問題になって来よう。

1　特設時間内での指導
2　教科学習内での指導
3　教科外学習内での指導
4　休けい時間内の指導
5　放課後の指導（帰宅後も含む）

1、2、3は主として一斉的な指導、4、5は主として個人的な指導になると思う。このように考えて来ると、作文の時間は成程、「何時でも、何処でもある」のだが、指導しなくてはならない教師の負担は大変なものになる。ここらに大きな問題がある。

三　これからの作文の時間

色々の問題を提起して来たが、これからの作文指導はこれらの問題を克服して進まなければならない。そのためには以下述べるような根本的な態度で望まなくてはならないと思っている。

㈠　作文の指導の目標、内容を一層明確に把握せよ。
㈡　全教育活動の中における作文の位置づけを明確にせよ。
何時でも、何処でも作文の時間があるという漠然としたものでなくて、やはりチャンスをつかむことも大事ではないか、特に特設しようとする時間の取り方は明確にされなければならない。
㈢　特設された時間の利用をはっきり系統づけよ。
㈣　教師の指導の時間を有効に生かす方法を考えよ。
指導技術の研究が特に要求されよう。

（「作文教育」第七号　昭・33・9）

4　作品例について——広島県作文集を読んで——

はじめに

読んでいくうちに、これが発行される意図とか、読者に何を期待されるのか、編者はどのような意図をもってやられたのかなど、知っておかなければならないことが続出してきました。このような状態で、果たして的確なことが言えるものかどうかを恐れております。期日もきておりますので、思いつくままを並べてみました。

一　全体を一読して

1　作文を国語科という殻の中に閉じ込めないで、作文の持つ機能を充分に生かして、他教科の中にも、生活指導の中にも解け合わせる意図がうかがわれて賛成です。私も幅広い作文教育を考えたいと思っています。そうすることによって、生きた作文教育、ひいては、本当の国語教育ができると思うからです。

2　この中に盛られている豊富な作品群の一つ一つが、内容、表現ともに素晴らしいものであることに感心させられました。このように作品を集め精選する努力が、作文を指導していく上で、作品を選択していく上での一つの目安を示してくれるものになるのではないかと思います。こうしたことは作文を指導している人たちが痛切に感じていることではないかと思います。

3　これは、一つ一つの部面を違う人で分担されて編集されたものでしょうか。編集全体に統一が欠けるように思います。

選ばれた作品だけを読ませて、その中から何物かを汲み取ることを読者に期待されているものなのでしょうか。説明不充分で読者に対して不親切であると思います。紙数の関係があってのことか、あるいは編集の意図なのかわかりませんが、広い読者を得られるためには、大変残念なことだと思います。

この点では、〝他教科と作文〟の所の行き方はよいと思いました。特に指導過程が短かいものですが、作文の最後に出してあることは、非常に参考になると思いました。その上に、編者が書かれたものと思いますが、最初と中ごろに出てくるもので、読者にはっきりとした考となり、批判を生み出させると思います。

二　他教科と作文

提示された三つの分野の中で、特にこの分野に引かれましたので、これに焦点を合わせてみました。そのわけは、〝いろんな機会に作文させることができる〟〝いろんな機会をとらえて作文の指導ができる〟と考えていましたし、興味を持って読ませてもらったからです。

1　クラスの子どもたちだれでも書け、指導者も比較的指導しやすいものがほしいと思います。それは特別なものでなく、意識張ったものでなく、子どもたちの平素の学習の中で、指導者が平素指導しているものの中に見つけ出さなければならないと思います。日記や学習ノートにそれが見つけられないものだろうかと考えていました。

その点で、つぎの三つの作品は、たいへん示唆を与えるものだと思います。
（八六）ページ　　ぼくのりか
（九五）ページ　　一アール
（九八・一一一）ページ　　社会科での学習記録

〈指導過程もあわせ読んで〉

2　指導過程のあること、編集者の意図が出ていることは前にも触れましたが、これがあることによって、全体が生きてきているのではないかと思います。他のものは何か物足らないし、編者の意図が読者に読みとってもらえないことが起りはしないか心配です。

（「この子をどう導くか　文集に学ぶ」第Ⅳ集　昭・37・1）

5　子どもを伸ばす授業
——詩の学習を通して——

一　この時間には、何をどこまでするか

最近見た数多くの授業の中で、とくに感銘深く心に残っているのは、ある大学の先生が、昨年の十月、私の学級（第六学年）の子どもを使ってされた授業である。

その授業は、国語科の「詩を書こう」という単元を取りあげられて、されたものである。このときの一時間（四十五分）の授業を、限られたわくの中ですべて語り尽くすことは、とうていできないが、その要所要所を紹介してみよう。

子どもたちの不安と期待のいりまじった緊張した顔を、ひとりひとり見渡しながら、先生は、ゆっくりした口調で自己紹介をされていく。中にユーモアをまじえながら話される自己紹介に、子どもたちの気持ちは、次第にほぐれ、笑い声さえ出るようになった。

ここで、先生は、授業にはいっていかれた。

まず、きょうの学習は、みんなの書いた詩をなおすために、その「なおし方」を勉強するのだという、学習の目標をはっきりと示された。つづいて、この目標を達成するために、クラスの子どもの代表作をプリントしてあるものを使って、つぎのような順序で学習を進めることを述べられそれを板書された。

一、めいめい読んでなおす。
二、自分の一番好きな詩を選んで投票する。
三、みんなで読んでなおす。

ここまでのことで、子どもは、この時間の学習目標や学習方法をつかんだことになるわけである。いよいよ、詩をめいめいでなおす段階にはいった。ここで、先生は、詩をなおすことに結びつく四つの観点を示され、それを板書された。

一、作者の言いたいところはどこだろうか。
二、読んで、うまいなというところはどこだろうか。
三、書き加えたり、省いたりするところはないだろうか。
四、わかりにくいところはないだろうか。

これらのそれぞれについて、記号を示され、その記号を使って、気づきを記録しておくように指示された。個人個人の学習には、十分間がとられた。プリントに向かって熱心に鉛筆を走らせる子どもを見ていると、十分間はまたたくまに過ぎてしまった。これから一番好きな詩を挙手によって投票するのである。この投票結果によって、本時に取りあげる順次が決まるわけである。

最高点十四票を獲得した詩は、つぎのような詩である。

　　そろばんの検定試験（女子の作品）
「ようい、はじめ。」
手がふるえる。

――あっ、ここ、割り切れない。
あと何分かな。
通れるかな。
すべるかな。
――あっ、割り切れた。
通れるかな。
できた。
全部できたのだ。
みんなやっている。
へやは、シーンとしている。
「はい、やめ。」
さっきの、このにくらしい声が、
こんどは、
やさしいおじさんの声に聞こえた。

二　詩がうまれかわるまで

まず、この詩をとりあげて、子どもといっしょになおしていかれた。この学習を通して、子どもに「詩のなおし方」をわからせようとされたのである。ここのところを、ややくわしく再録してみよう。

先生　「この詩で、作者が言いたかったところはどこでしょう。それを言ってもらいましょう。」
児（男）「『あっ、ここ、割り切れない。』から、『全部できたのだ。』までのところだと思います。」
児（女）「わたしは、『はい、やめ。』から、最後までだと思います。」
先生　「そうですね。この詩は、どこといって決めにくいかもしれませんね。はっきり言えなくてもいいでしょう。詩全体の中に、作者の気持ちが散らばっています。作者に聞いてみましょうか。どうですかね。」
児（女）「わたしは、『さっきの、このにくらしい声がこんどは、やさしいおじさんの声に聞こえた』のところが一番言いたかったところです。」
先生　「そこだと思った人。わあ！　ずいぶんいますね。大当たりでしたね。」（児童にこにこする。）
先生　「つぎに、この詩でうまい所はどこでしょう。」
児（女）「書き始めの『ようい、はじめ』のところです。」
先生　「詩は、あまり枝葉のところは書かないで、自分が感動したところから、ズバリはいるのがいいですね。」
先生　「これは、なかなかいい詩だが、書き加えるところ、はぶくところで気づいた人はありませんか。」
児（男）「八行目の『通れるかな』を消したほうがいいです。」
先生　「私もそうしました。いいですね。ついでに、『通れるかな』は『通るかな』にしたほうがいいですね。」
児（男）「『みんなやっている。』『へやは、シーンとしている。』を入れかえたらよいと思います。」
先生　「そうですね。それでもいいですが、作者はどう考えるか、作者の態度を尊重しましょう。」
児（女）「入れかえてもいいです。」
先生　「簡単に、妥協しないほうがいいよ。（児童ドッと笑う。）わたしは、そのままでいいと思います。ただ、『みんなまだやっている。』というように『まだ』ということばを書き加えたほうがいいでしょう。」
先生　「欲を言えばね。最後のところが、ゆっくりしすぎていますね。『おじさんの声が、やさしく聞こえた。』と短かく整理するともっとよくなりますよ。これは欲を言ったので、なかなかいい詩ですよ。」

三　見通しのない授業ほどつまらないものはない

このようにして、子どもの詩は、つぎのように生まれ変わったのである。

そろばんの検定試験

「ようい、はじめ。」
手がふるえる。
――あっ、ここ、割り切れない。
あと何分かな。
通るかな。
すべるかな。
――あっ、割り切れた。
できた。
全部できたのだ。
みんなまだやっている。
へやは、シーンとしている。
「はい、やめ。」
おじさんの声が、
やさしく聞こえた。

こういう調子で、詩がひとつひとつりっぱなものに生まれ変わっていった。つぎの時間は、きょうの学習の「なおし方」を参考にして、自分の詩をなおすことを予告されてこの授業は終わった。

授業が実施されてから、半年以上もたった今でも、私の心を離れないことは、この授業の進め方と方法のすぐれていることである。

進め方としてすぐれている点として、授業の最初に一時間の学習の目標を、子どもにしっかり把握させられたことをあげたい。「詩のなおし方」がわかるということは、この授業でたいせつなことだということを、子どもがひとりひとり確認しているわけである。もう一つは、一時間の間にどういう学習をするのかをはっきり示されたことである。どこまで到達すればよいか、そのためにどういうことをすればよいかがわかり、子どもには学習の見通しがついたわけである。見通しのない学習ほどつまらないものはないのである。

方法としてすぐれている点はたくさんあるが、二つだけあげよう。まず、詩をなおしていく場合に、四つの観点を示され、それが、自分の詩をなおしていく場合の「なおし方」につながるように配慮されていることである。つぎに、ことばひとつひとつの使い方について、細かく気づかされようとしておられたことである。

この授業が終わって、先生にお礼の手紙を書かせたのであるが、大部分の子どもが、「きょうの授業は、たいへんよくわかったし、たいへん楽しかった。」と書いていた。

授業というものが、どういうものでなければならないかを改めて考えさせられたのである。一時間の授業を終わったときに、すべての子どもが「きょうの学習はよくわかった。楽しかった。」と自覚してくれることが、どれくらいあるだろうか。子どもをほんとうに伸ばすカギは、こんなところにあるように思うのである。

（「家庭学習」八月号　昭・41・8）

※当時　鹿児島大学教授　蓑手重則先生の授業、教員養成学部教官研究集会において

6　「表現」における基礎指導
――視写・聴写によって――

一　「表現」における基礎指導

「表現」における基礎指導を問題とする場合、「表現」の指導内容と、「表現」と関連して指導する「言語事項」の指導内容とを明らかにしておく必要がある。

「表現」の指導内容の中には、話す学習活動と書く学習活動との二つ（五・六年に朗読の内容があるが）によって達成されるものがある。この両者は、有機的にからみ合っており、指導の際に常に関連させて考えておかなければならないものである。しかし、ここで問題としていこうとしているものは、とくに、書く学習活動に関係のあるものである。

「表現」と関連して指導する「言語事項」は、今回の指導要領では、基礎と言われているものである。こうした基礎をしっかり身につけさせることによって、「表現」の指導内容をいっそう充実したものとして達成することができる。そのためには、どのような指導計画を立て、どのような実際指導をしていけばよいであろうか。

以上述べてきたことを課題として表わすと、「文章による表現力を高めるための基礎指導の指導計画と実際指導のあり方はどのようにすればよいか。」ということになる。

二　「表現」における文章による表現力の基礎

「表現」の中に盛られている文章の表現力の基礎を考えていく場合、指導要領の「言語事項」の指導内容と、これを支えるものとの両面を考えておかなくてはならない。

まず、「言語事項」であるが、その中には、文字、表記法、語彙・語句、文・文章構成、言葉づかい、書写の各事項について触れられている。これらの内容と、各学年系列を明確にしておくことが大事である。

つぎに、これらの言語事項を支えるものとして、児童の実態とも言える生活経験や諸能力を把握しておくことが大事である。生活経験の中では、とくに児童がこれまで習得してきた、語彙や語感が問題となる。諸能力の中では、とくに、集中力、弁別力、洞察力、思考力などが問題となる。これらは、他教科、道徳、特別活動などとも関連して考えなくてはならないものである。

このような考え方に立って、「表現」「言語事項」「それを支えるもの」を相互に関連させた効果的な学習活動を考えた場合、今回の指導要領で強化された「視写・聴写」が浮び上がってくる。

三　視写・聴写の強化

視写・聴写については、四十三年度指導要領には、次のようにある。

ウ　聞いたり読んだりしたとおりに、やさしい語や文を正しく書くこと。（第一学年　内容　C書くこと　(1)）

ウ　聞いたり読んだりしたとおりに、文や文章を正しく書くこと。（第二学年　内容　C書くこと　(1)）

以上の二事項で、三年以上には記述がない。今回の指導要領には、次のようになっている。

オ　正しく視写したり聴写したりすること。（第一学年　内容　A表現　(1)、第二学年　内容　A表現　(1)）

キ　正しく視写したり聴写したりすること。（第三学年　内容　A表現　(1)）

ク　表現の優れている文章を視写したり、自分の書く文章にも優れた表現の仕方を取り入れたりすること。（第四学年　内容　B理解　(1)）

ク　表現の優れている文章を視写することによって、理解及び鑑賞を深めるとともに、優れた点を自分の表現にも生かすこと。（第五学年　内容　B理解　(1)）

このように視写・聴写が強化されていることがわかる。とくに、四年と五年では、「理解」と「表現」との関連で取り上げられているのである。

視写・聴写が強化された裏には、その効果が考えられているはずである。とくに、文章による表現力の基礎を高める上で欠かせないものである。それは、視写・聴写の中に含まれる学習効果を考えれば理解できる。思いつくままあげてみよう。

1　書写の能力を増す。（筆まめな子を育てる。）

2　文字（とくに漢字）の生きた使用になれる。

3　語彙や語句の生きた使用になれる。

4　文や文章の構成が整ったものになる。

5　句読点の打ち方や改行の仕方などが明確になる。

6　表現の優れているところや内容の大事なところが理解できるとともに、自己の表現にも生かせる。

このように、「言語事項」の指導内容がすべて盛りこまれた学習活動になっている。しかも、「表現」や「理解」

の学習活動の中に適切に折り込むことによって、基礎能力をいっそう高めると同時に、「表現」や「理解」の指導内容も達成できるのである。

こうした視写・聴写の学習活動は、思いつきでさせるのでなく、継続してすることが大事である。時には、取り立てて練習し、これまでのものをいっそう強化する必要も起きてくる。このために指導計画は是非とも必要になってくる。

四　視写・聴写をどのように計画に盛りこむか

指導計画を考えるために、つぎの三つの点は常に念頭に置いておきたい。

1、学校における全教育課題の中での位置づけ

2、学年における全教育課題の中での位置づけ

3、計画に即した学習の場の構成（生きた場の構成）

①「表現」と「理解」との学習活動の中で、視写・聴写をさせ、表現力を高めるようにする。（原則）

② 継続するものと取り立ててするものとを明確にしておくようにする。

以上の点を踏まえて、視写・聴写を計画表に位置づけてみた。ここでは、第三学年の一学期の場合のみを一例として示すことにする。

第三学年　視写・聴写計画表（第一学期）

単元名	領域	視写・聴写	学習活動など
かたつむり	理解	視写（全文）	音読の強化（朗読）
アントワープの木ぐつ	理解	視写・聴写（部分）	音読の強化（朗読） 表記の強化
話しあいのきまり	理解 表現	（作　文）	考えを書く えんぴつ対談
ふしぎなくもの糸	理解	視写・聴写（部分）	音読の強化 作文の強化
かいこのかんさつ	表現	視写（部分） （作文）	作文の強化 ことばのきまり
シルベスタおじさん	理解 表現	視写・聴写（部分） （作文）	作文の強化 原稿用紙の記入
かん字の組み立て	理解	（文字の理解）	（書写とも関連）
夏休みの手紙	表現	（作　文）	（書写とも関連）
広島へ行って	理解 表現	視写・聴写（部分） （作　文）	音読の強化 作文の強化

（学図・小学校国語・三年上）

スペースの関係で詳しく記述できなかったが、表について補説しておく。「領域」は、その単元の指導事項がどの領域のものであるかを示している。「表現」と「理解」が両方ある場合は、両者の関連的な指導を意図している。「視写・聴写」の項は、「学習活動など」の項と関連して見ていただきたい。視写・聴写をさせることが、文章による表現力の基礎を高めていると同時に、その学習における基本的な能力も同時に高めていることも活動の中に入れて考えようとしている。

この表の中には、不備な面が多い。時間数もその一つである。これらのものを補うのは、単元の指導計画である。つぎに、その展開例をのせておこう。

五　視写・聴写の実践例

三年生の四月単元に「アントワープの木ぐつ」というのがある。この単元の領域は「理解」である。指導内容としては、「ア　文章の内容が表わされるように工夫して音読すること。」「カ　人物の気持ちや場面の情景を想像しながら読むこと。」が中核となる。この指導計画の中に視写・聴写をどのように位置づけたらよいであろうか。

1、教材の内容から視写・聴写に適したところを見つける
教材の内容から視写・聴写として取り上げたらよいところを探してみると、次の二か所が見つかる。

一つは、アントワープの公園の場所である。公園の情景とおじさんとおばあさんの出会いの様子が記述されている。もう一つは、おばあさんの家である。そこで男の子がぽっくりをはいて歩いて見せてくれる様子とおじさんとおばあさんの気持ちが記述されている。

この二か所を視写させたり聴写させたりすることによって「理解」の指導事項を達成すると同時に、前述した文章表現の基礎も身につけさせることができる。
2、学習計画の中に位置づける

それでは、学習計画のどこに位置づけたらよいであろうか。基本的には、気持ちや情景を読み取る過程の中に位置づけたい。そこでは視写を中心とし、聴写は、視写のあと、取り立指導として実施し、読解の確認と視写の確認とをしたい。つぎに指導計画を示す。

指導計画案（九時間扱い）

一時　導入・題名から読みの意欲を高める。
　・全文を読ませ、話のあらましをつかませ、新出読みかえ漢字の指導をする。（音読の練習をするように指示する。→家庭学習）
二時　展開・場面と登場人物を確認させる。
六時　・情景と登場人物の気持ちを、場面の展開に即して読みとらせる。
　この過程の中に**視写**を取りこむ。（音読との関連を考えておく。）
七時　確認・視写したところを**聴写**（教師の読み）する。
　・聴写した文章について、自分の感想を書き加える。（作文に発展）
八時　整理と練習・気持ちをこめて全文を読む練習をする。
　・「れんしゅう」をする。
九時　評価・ペーパーテストによる評価をする。

以上の実践結果については、ここでは述べられなくなったが、研究会の研究発表で述べた。

（「初等教育」第二号　昭・53・5）

7　一つの作文を前にして
――この子の表現力をどう伸ばすか――

一　わたしの課題

本年の二月二十七日（月）、わたしの住む広島市にある原小学校の校内研修会に招かれた。この原小学校は、学校における研修主題として、「ひとりひとりを生かし意欲と実践力のある子どもに育てる」を大きく掲げ、この実現のため、五十八年度は、国語科を中心に「文章による表現力を高め生活を見つめる力を深める」ことに努力してきた。

わたしの参加した研修会は、二つのねらいがあった。一つは、三年と五年より提出された作文に対して、どのように朱筆を入れるかというものであり、あと一つは、五十八年度の研修のまとめと今後の方向づけであった。ここでは、前者の作文への朱筆の入れ方に焦点を当てながら基礎学力の問題について考えてみたい。

この時に提出された作文は、三年と五年から一つずつである。この作文のそれぞれどのように朱筆を入れるかということが、わたしの課題である。ここでは紙面の関係で五年生のもののみを取り上げて考えていくこととする。

作文は、次ページにのせたものである。まず、一読していただきたい。どのようなことに気づき、考えられたであろうか。五年生の作文としては、その量、質ともに物足りない感じを受けられたのではなかろうか。

この作文を書かされた担任の先生の話によると、一時間（四十五分）の中で書いたものであること、平素書いている日記の中から取材して書くように指導されたが、この子の場合、書くことが無くなかなか書き出せなかったということである。この作文は、学校の文集にのせるという目的もあり、その処理の方向も示されていた。

この作文を前にして、この子の表現力を高めてやるために、どのように朱筆を入れるかがわたしの課題である。

石けんでかめ作り

五年　○　○○（男）

学校で、石けんで何を作くろうかと思った。

そして、はとを作ろうかと思ったけど、むつかしいから、何にしようかと思って、図かんを見てたら、かめが、目についたから、かめにした。

かめにして、作っていった。

こうらとか、かお、手、足、とかを作くっていって、こわれているところが、なかなかくっくかない。早くくっついてほしいと思った。

そして、いろつけをした。なに色にしようかと思った。こうらが、ちゃいろで、からだは、みどりにした。でも、ふつうのみどりじゃあ、だめだからすこしこいくした。

そして、ニスをぬった。

そしててんじした。へんだから、わらわれると思った。

二　作文をどう見るか

作文に朱筆を入れるためには、その作文について、どこをどのようにしたらよいかを具体的に把握できていなくてはならない。まず、このことについて見てみよう。

一・二段階は次のようになっている。（文章中の記号は筆者。以下同じ。）

> 学校で、石けんで何を作くろうかと思った。
> ↑そして、はとを作ろうかと思ったけど、むつかしいから、何にしようかと思って、図かんを見てたら、かめが、目についたから、かめにした。

一文めで気づくのは、「で」「で」の重なりと、「作くろう」の送り仮名の間違いである。「で」と「で」の重なりについては、このことに気づかせ、どうしたらよいかを考えさせる。そうすると「学校の図工の時間に」ということが補足されるであろう。「作くろう」の仮名の送りすぎについては、文中にもう一か所ある。しかし、正しく送っているところも二か所ある。これは、「送り仮名の間違いが二か所あります。」と言うことで本人に気づかせることができる。

二文めは、ずいぶん息の長い文である。このような文については、一つ一つの事柄を切って書くようにすることが大事である。この文を句点で示したところで三つに切って書くとはっきりしてくる。このとき、最初の「そして」は、語の使い方としてこれでよいかを考えさせる。前の文とのつながりで、「そこで」とするか、いろいろ考え迷った様子を書くようにする。「そして」の上に一字あけてあるが、段落かどうかの確認もする。「むつかしい」と一語で片づけているが、「どこがどのようにむつかしい」のかは、はっきりと思い出させたいところである。「かめにした。」のところを一文にするわけだが、これだけでは物足りない。そこで、必然的に「どうしてかめにしたのか」ということが付け加えられる。

三・四段落は、次のようになっている。

> かめにして、作っていった。
> こうらとか、かお、手、足、とかを作くっていって、こわれているところが、なかなかくっくかない。早くくっついてほしいと思った。

一文めの「して」は、前文の「した」を受けているのであろうが、「決めて」としたほうがよい。二文めは、文の内容から考えて、二つに分けたほうがはっきりする。前半部分では、「とか」の位置や使い方に注意させたい。「こうら、かお、手、足など作っていった。」でよいのだが、後半と関連して、詳述してほしいところである。後半部では、「こわれているところ」は「どこ」なのか、また、「なかなかくっつかない」は「どのように」くっつかないのか詳述してほしいところである。こうすると、最後の文の「早くくっついてほしいと思った。」が生きてくる。

五・六段落は、次のようになっている。

> そして、いろ《色》つけをした。なに色にしようかと思った。こうらが、ちゃいろ《茶色》で、からだは、みどり《緑色》にした。でも、
> ふつうのみどり《緑色》じゃあ（では）、だめだからすこし《少》こいくした。
> そして、ニスをぬった。

この段落は、特に問題はなさそうであるが、〰をつけた部分に「どうしてその色にしたのか」「どうしてこいくしたのか」について書いてほしいところである。六段落は、「ニスをぬった。」として片づけてあるが、ニスを塗れば目に見える変化やニスの塗り方などで書くことがあるはずであり、ニス塗りの体験をしっかり思い出させたい。この子の文章の特色の一つであるが、「そして」が多用されている。時間的展開を押えてのことであろうが、「そして」を取ったり、別の言葉を考えさせたりすることによって内容に深まりが出てくることに気づかせたい。一・二段落で一か所触れているが、この段落を詳述することでさらに考えさせていくことである。

最後の段落（七段落）は、次のようになっている。

> そしてて゛んじした。へん《変》だから、わらわれると思った。

「そして」は、「ニスをぬり終わって」とか「みんなに見てもらうために」とかを具体的に書くことによって、使わなくてよいことをわからせたい。この段落は、この作文で最も大事なところである。この作文を書かせた原動力がここにあるように思う。とくに「へんだから」という言葉で片付けているところである。「何が」「どのように」変なのかを思い出させたい。「何となく」ということもあろうが、それでは、原小学校の「生活を見つめる力」は育っていかない。

「何が」に当たることは、形や色、作り方などがあろうし、「どのように」は、展示された友だちの作品と見比べたうえで、自分のものが形や色、作り方などで、どのようになっているかということになる。このことは、作文を書いたあとで思い起こさせることではない。図工の時間にこのような見方をしておかなくてはならないことである。

児童の言葉による表現力を高めることは、国語科によって指導すべきことではあるが、他の教科や他領域（道徳や特別活動）でも、ものの見方・考え方・感じ方を言葉によってしっかりと押えておくことが大事である。全教科を一人で教える小学校の教師は、このことが可能である。

三　この子をどう伸ばすか

一つの作文を表現の形式と内容の両面から見てきた。たいへんなことだが、このように徹底した見方をし、それぞれについて子どもに示せないと子どもの基礎能力は身につかない。示し方については、その子の能力に応じてということになるが、次の二つのことは、はっきりと言える。

一つは、表現の形式面である言葉の使用、文や文章の構成、表記上の間違いは、はっきりと示して気づかせないといけないということである。（×・―・……・＜印）

あと一つは、ものの見方・考え方・感じ方の不足をはっきりと示し気づかせないといけないということである。（〰印）

このように推敲を加え、清書し、文集にのり、それを読むことによって、この子の表現力はいっそう伸びていく。

（「実践国語教育情報」第二号　昭・59・5）

8　読書感想文＝書かせ方と「評」の仕方

一　読書の感想を大事にする

毎日毎時間の授業（国語科以外も）の中で、児童の抱く様々な感想や意見を大切にし、それの表現（口頭や文章で）をきちんとさせることが、望ましい読書感想文を書くことにつながっていく。

国語科の授業の「理解」の学習に限って言えば、文章（文学的・説明的いずれの文章も）を読解するときの感想を大切にし、記録させることが大事である。初発の感想や終末の感想は書かせることが多い。この場合、二つの間に向上が認められないという嘆きをよく聞く。その原因はいろいろあろうが、二つの間の読解学習での感想が大事にされていないことが大きく浮び上がってくる。文章の部分部分で抱く感想が記録され、検討され深められることが必要である。

読解過程の節々で抱く感想は様々なものがあるが、それらを記録させ、文章を読み終わったときに、それらの一つひとつを検討させ、さらに、全体を通して見直し、初発の感想と対比させることによって、自己の感想の高まり深まりが自覚される。これは、文章を読むことの本質に触れることであり、喜びでもある。

こうした心構えは、一冊の本を読むときにも発展するように、指導者は常に心掛けておかなくてはならない。

二　読書感想文の書き方を教える

読書感想文ということで、一つの作品を意識する。しかし、常に作品をねらうわけではなく、指導ということを考えれば、文章読解の過程で抱く感想を記録化し、それを充実させることが感想文の第一歩である。

児童の抱く感想は、表面的で浅いものから、表現をしっかりとらえた深いものまである。中には、自己と対比し自己の向上を自覚し願うものまである。それぞれに応じてさらに高いもの深いもの目指して表現させることが大事である。

一つの作品として仕上げるものであれば、それぞれの部分的・全体的な感想を、どういう順序でどう記述すれば、読み手に自己の感想を明確に強く訴えることができるか、教え工夫させることが必要である。こうしたことが果たして十分に教えられているかどうか。

三　指導のポイントを押えた「評」を

「評」というと児童の程度に合わせたものが多いのではなかろうか。文章内容を取り上げて同調したりほめたり、表現や表記の誤りを正したりする。これはこれでよいが、これまで述べてきた指導のポイントを押えた「評」をしたいものである。

深い感想を抱く表現（言葉）を示す。感想内容についてもっと深いものを示す。文章表現や構想の在り方についてヒントを与えるなどである。


（「実践国語研究」七二号　昭・62・9）

9　小学校・読むこと　B文学的視点から

一　国語科における文学教材の読解指導

小学校の国語科で扱う文学教材は、戦前の文学中心のころにくらべると、ずいぶん減っている。しかし、依然として相当の割合を占めている。また、その割合が減ったからといって、文学教材が軽くみられるようになったというわけではない。これは、国語の内容が広がったためであって文学教材の国語科における重要度は依然として高い。国語科の内容の広がりに圧倒されることなく、以前に増して真剣に取り組まなくてはならない分野である。

ここで、小学校における文学教材の読解指導について、どのように考えたらよいか明らかにしておきたい。それは、(1)文学教材の読解指導のねらい、(2)文学教材の読解指導の内容・程度、(3)文学教材の形態、の三つである。

これらのことについて、西尾実は、つぎのように述べている。「日常生活として行なわれている談話・文章の教育を、国語教育の基盤領域とするならば、談話ことば・文章ことばに比べて、特殊的・専門的発達を示しているることばの芸術としての文学は、高次な領域としなくてはならないであろう。しかし、文学は人間いかに生きるべきかの問題と取り組む文化活動である関係から、ことばの機能としては特殊的・専門的発達を示す領域であり、その創作は特殊才能によるものではあっても、それを鑑賞するという文学活動は、すべての人間に開かれている門戸である。この門戸を通じて文学活動に参加することは、あらゆる人間に許されている権能であり、生きる幸福を享受する一つの手段である。この意味で国語教育における文学教育は、高次な専門領域でありながら、鑑賞の門戸を通じて、すべての人間が参加すべき文学活動として学習されなければならない。[1]」「義務教育における文学教育は、鑑賞と呼ばれる文学活動を経験させることがその主眼でなくてはならない。しかも、その鑑賞活動を健全なものにするためには、鑑賞は個人的な直観的作業であって、直接指導の余地はほとんど無いにしても、生活経験の未熟な小・中学生の鑑賞には、その前提となるべき文字や語句に対する知識が補われなくてはならないし、また、鑑賞からの発展的作業が、あるいは生活問題意識として、あるいは創作意欲として、あるいはまた研究意欲として個人差をもって要求されるにつれて、それぞれの要求に適応した何らかの学習に進展させなくてはならないし、また、それによって、よりよき鑑賞力が準備される。[2]」また、輿水実は、つぎのように述べている。「文学の教育。文芸教育ともいう。とくに、詩や、劇や、物語や文学的随筆・評論を読んだり書いたりする教育。むかしは文学の創作にまでいくことをねらったが、最近は鑑賞を主にしている。鑑賞教育の独自性が主張されている。文学教育と言語教育との関係については、文学は言語作品の醇なるものであるから、文学教育はそのまま言語教育であり、とくに国語教育の教材にすぐれた文学作品を第一としなければならないという立場と、文学は単に言語作品の一部面で、言語生活が基盤であるから、言語教育が基礎的なもので、学年が進んだ場合に別に文学教育を立てればよいという立場とある。文学教育の目的は、『人間の生き方の一つとしての芸術活動の一分野である文芸活動を経験させて、その人間形成に資し、社会生活の充実と発展に参与させることである』（西尾）といっている。文学鑑賞は人間の生き方の勉強であって、したがって、広い読書によって支えられなければならないというのも、文学教育の新しい傾向の一つである。[3]」

以上、おふたりの考えを引用したが、先にあげた三つのことは、明確に述べられている。これをふまえて、さらに、自分なりに受けとめてみよう。

文学教材の読解指導のねらいとしては、人間形成に関与する部面と、読解能力（言語能力）向上に関与する部面の二つがある。この二つのものは、お互いに独立したものでなく、相互に有機的にからみ合っている。そして、これらのことがらは、一口に文学の鑑賞ということばでまとめられるものである。

文学教材の読解指導の内容・程度については、文学教材の読解を通して、その子なりに鑑賞を経験させ、よりよい鑑賞力への準備をさせるということになる。その子なりということは、その子の言語能力の発達や、精神的・身体的発達などを基盤に置いて考えるということである。

文学教材の形態については、いろいろな分類があるが、ここでは、小学校段階において考えてみたい。つぎのようなものである。(4)〔低学年〕童話、寓話、昔話（説話・民話）、これらを脚色したもの、詩〔中学年〕童話、物語、脚本、伝記（逸話）、詩〔高学年〕物語（少年少女文学・随筆）、伝記、脚本、詩歌、これを読解することによって、読解力を高め、さらに、鑑賞にまで高めることによって、人間形成に資するのである。これらそれぞれの読解に当っては、その形態に従って、読解の方法なり鑑賞の方法が違ってくるのは当然である。

二　文学教材の読解指導における問題点

文学教材の読解指導における一場面を考えた場合、そこには、解決しておかなければならないさまざまの問題があることに気づく。一単元、一題材の指導計画を構成しようとするとき、一時間一時間の指導課程を構成しようとするとき、また、これらのことを実際に移したとき、指導をし終えたときなどに、さまざまな問題が出てくる。こうした問題を整理し、解明していかなくては、児童の力をつける読解指導にはならない。ここにいくらか整理した形で、列挙してみよう。

(1)　教師が児童の読解の実態をふまえて、文学教材をどう読みとるか

この場合は、文学教材がすでにあるものとして考えようとしている。したがって、文学教材の選択という大きな問題が、この前にあるわけである。しかし、ここでは、その点に触れない。「どのように読みとるか。」の「どのように」の中には、つぎの二つのことがしっかりふまえられていなければならない。一つは、この文学教材をどう読解させるかであり、一つはこの文学教材を通して、児童の心情をどうゆり動かすかということである。これを言いかえると、前者は文学教材の読みとり方をどう身につけさせるかであり、後者は、子どもの心情をどう豊かに育てあげていくかという人間形成に関与することである。すなわち、読解と鑑賞ということばで要約されることがらである。

こうした二つのことは、文学教材の表現に飽くまでも密着して行なわれなくてはならないし、その表現を手掛りとして、子どもに追求させなければならないものである。

(2)　児童の読解の実態をどうつかむか

児童の読解の実態に密着しない読解指導は、いたずらに空転するばかりである。児童の読解の実態をふまえて、それによって指導法をくふうしなければならない。それならば、児童の実態をどのようにつかんだらよいだろうか。これについては、いろいろな観点が立てられよう。たとえば、つぎのようなことである。

ア　読解の背景になるもの（生活環境・経験、読書環境・経験、興味・関心、言語能力、読解能力など）

イ　読解過程におけるもの（読解の手掛り、読解の順序、読解のつまずき、読解の誤りなど）

ウ　読解後の人間変革につながるもの（読後感想、個人の言動など）

これらを細かく見れば、さらに、いろんなことが出てくるであろう。こうしたことについては、既にある調査・

研究が多くのことを教えてくれる。しかし、それで充分であるとはいえない。この上に、現場人として、現在自分の受け持っている児童の個人について、実態把握が必要である。この両者は、今後とも積み上げられ、整理される必要がある。

(3)　三者をどう結び合わせ、指導計画・過程を構成するか

今まで述べてきた三つのことがら、すなわち、読みとり方（読解技能＝言語能力）、心情を豊かにすること（鑑賞＝人間形成）、児童の読解の実態の三者をいかに構成していくかという問題は、指導の効果をあげるために、ぜひ考えておかなければならない。

そこで、構成上大事なこととして、まず、三者それぞれをできるかぎり明確にしておくということである。すなわち、文学教材における読解・鑑賞において、どんな能力・技能・態度が必要であるかということについて、明らかにしておきたいものである。これについては、輿水実の「機能別・形態別の読みにおける読解技能の適用表」(4)とか、平井昌夫の「読解力発達の要因と読解力の分析」(5)など、大いに参考になるものである。

つぎにしなければならないことは、それぞれ明らかにしたものをどう構成するか、ということである。こうすれば絶対間違いない、と言えるものがあるだろうか。一応概念的にはつかめているとしても、個々の児童にぶつけた場合に、うまくいかないことが多い。ここで、児童の実態をふまえて担当教師の創意とくふうが要求されてくる。その結果については、充分に検討され積み上げていかなくてはならない。自分のものとして身につけるだけでなくて、お互いのものを出し合い、みんなのものにしなければならないと思う。

(4)　教師のねらいをどう児童に伝えるか

国語教室における文学教材の扱いを見る機会がたびたびある。その場合、いつも思うことは、指導者のねらいが何であるか、児童に伝わっていないということである。そのために、児童が非常に迷っているし、先生の顔色を読もうと一心になっている姿に出会うのである。こうしたことは、文学教材の場合にことに多いように思う。これでよいのであろうか。児童にはっきりと残るものがあるであろうか。いつも疑問に思うのである。その原因は、やはりこれまで述べてきた(1)(2)(3)が明確でないというところにある。また、文学教材の表現が忘れられているることにも原因がある。表現から出発し、表現に帰る。そのうえで、文学教材を越えたもの（人間形成）を求めなければならないと思う。児童の理解・想像・感想・意見・批判などが、表現によって確かめられる方向に進まなければならないと思うのである。

こうしたことから、児童の読解・鑑賞に対する自信や自覚が生まれ、文学鑑賞の意欲も生まれてくるものである。

(5)　文学教材の読解から文学作品の読解まで

国語科における文学教材の読解指導は、児童が自分自身でいろんな文学作品をつぎつぎと読解していき、しかも、それを通して自己の人間形成へのかてとしていくような方向に向かわなければ本物とは言えない。しかし、こうした方向へのつながりが、現在どれくらい考えられているであろうか。この種の児童の読書と、国語教室における文学教材の読解とは完全に遊離しているのではなかろうか。児童の中の能力ある者が、自分の興味に従って読書しているに過ぎないと言っては言い過ぎであろうか。

国語科における文学教材の読解指導の結果が、児童の文学作品の読書生活のなかで生きて働くようでなければならない。そのためには、二つを結びつけることを考えなければならない。それは、文学教材に関連のある。文学作品を広く集めておく必要がある。指導を進めていくに従って、時に応じ、能力に応じて文学作品を与え紹介できたらすばらしいことである。こうしたことへの選択・整理についてはいろいろの視点があるが、ここでは詳述できない。手掛りを与えてくれるものとして、「日本総合図書目録児童書編」(6)や「読書科学　特集　性格形成の適書目録」(7)や「読書指導事典、作品編」(8)などがある。しかし、できるかぎり実物を読んでみたいものだ。しかし、これは、ひとりでは無理で、多くの人たちの協力が必要である。

以上、文学教材の読解指導上の問題点に触れてきた。しかし、問題提起のみに終わって、その解決は充分述べていない。そのために、以下具体的事例をとりあげ、その解明に少しの紙数をとりたい。しかし、たくさんの問題すべてにわたって触れることはできない。そこで、これから述べることは、それらの問題の中の極く限られた一部である。一つの試みとして述べてみようと思う。

三　文学教材の読解指導上の留意点

文学教材の読解指導において、児童の持つ感想は非常にたいせつである。児童の感想によって、その子の読解の程度がはっきりわかる。この感想が、実際には、どのように扱われているであろうか。感想が、指導者の発問によって引き出される。児童相互に感想を出し合う。個人個人で感想をまとめる。これらの学習活動によって、児童の感想を広げ、高め、深めようと努力しているわけである。しかし、果して効果をあげているであろうか。第一次の感想から、最終次の感想の間に、果して広がりや高まりや深まりがあるだろうか。しかも、こうしたことが、クラスの児童すべてに及んでいるであろうか。こうしたところに疑問を持つのである。

一、二の児童の感想をとりあげ、指導者の修正や付加によって進んでいることはないだろうか。児童相互の話し合いのみで終わっていないだろうか。安易な気持ちで直ちに感想文に結びついていないだろうか。これは極端な例かもしれない。そうであれば幸いである。ここには、指導者不在、指導皆無の学習が浮かびあがってくる。子どもの感想に対して、指導者はいかにあるべきだろうか。ここにおいて、児童の感想の実態を明らかにすることが必要になってくる。すなわち、読解指導による児童の感想の変化を追求することである。ここから、読解指導上の留意点も生まれてくる。

私は、児童の感想を中心に置いた読解指導過程の中で、彼等の感想の持ち方および感想の変化について追求しようと試みた。指導過程と子どもの感想の実態とを明らかにし、指導の方法と留意点を求めようとしたわけである。またこの指導でねらったことは、単なるクラスの全体的な扱いでなく、全体的な扱いの中で、とくに個人にわたって読解の結果としての感想を広め、高め、深めさせようとした。また、その広まり、高まり、深まりが、はっきり自分のものとして定着していくように配慮した。そして、次のように進めたわけである。

(1)　この指導に使った文学教材

「ジラルダンとぼく」（日書・小学国語、ルイ＝フィリップ原作「ずる休み」による）作品に盛られた内容は、これまでの教科書に取りあげられているものより変わっている。表現が文学的であるために説明の必要がある。以上二つの点で特色ある作品である。

(2)　この指導でのねらいと学習活動

ア　作中人物の心理を的確に読みとらせる。そのために、作中人物の言動、心理描写に注意させた。また、それぞれの場面における児童のイメージを大切にした。ここで大事なことは、表現に密着し表現の中から見つけ出させるよう助言することである。

イ　まず、作中人物の立場に立って、その心理を考えさせ、つぎに、自己の生活経験と対比させて、さらに深く作中人物の心理に立ち入らせた。こうした過程を通して主題にせまらせようとした。これらのことは、すべて感想メモカードに記録させた。この感想メモカードに記録されたことを整理し、その中に手掛りを求めて読解・鑑賞の指導を進めていった。すなわち、児童の前に幾人かの感想を提出し、自己の感想を確認したり、修正したり、補足したりさせたわけである。これらはすべて、表現に沿って、それぞれを検証させようと努力した。さらに、感想メモカードは、個人個人でまとめて、自己の感想文として発表させた。

ウ　特殊な表現のしかたを取りあげ、理解させた。たとえば、「このゆうわくのことばが、ぼくの耳のどの辺にとまったか、はっきりしないが、それが、確かに、心ぞうと関係あるあたりにとまったことは事実だった。」「ぼくたちの手と足が、ぼくたちをゆかいにさせるために使えるのは、とても幸福だ、と、しみじみ感じた。」などである。これらは、特別に取り出して扱ったのではなく、(ア)(イ)の段階において扱っていったのである。

(3)　感想メモカードを見て（指導上の留意点にも触れながら）

ア　指導前の感想メモカード　指導にはいる前に、感想メモカードを与え、自由に読みとらせていった。この結果を見ると、つぎのようである。

感想の集中したところ、すなわち、児童が何かの感想を書いている場面は、つぎのところであった。かっこ内は、感想を書いた子のクラス全員に対する割合である。「ね、午後から学校を休もうじゃないか。」（75％）「このゆうわくのことばが、ぼくの耳のどのへんにとまったかは、はっきりしないが、……中略……いつもよい生徒になっていることにあきあきしていることを、今、はじめて気がついたのだ。」(70%)「ひょっとすると、あのみんなは、……中略……ぼくたちは、どうしたら、みんなに追いつけるだろう。」(43%)「『きょうやった勉強は、なんだったっけ。』ジラルダンが、ぼくに聞いた。」(33%)

以上、30%以上に集中した場面を取りあげてみた。こうして見ると、児童の読解の特色が出てくる。興味本位に筋を追う子が多い。また、それは、安易な徳目と結びつき易い面も出ている。これらは、文学作品の鑑賞を深めていく読みの障害となるものである。読みを狭い枠の中にはめこんでしまう恐れがあるわけである。児童の感想の集中した場面は、作品の中では大事なところで、児童は、それなりにおさえているわけであるが、そこの場面に至る過程とか、その場面からあとの過程にも眼を向けさせなければならない。クラスの児童を見た場合。こうした所に眼を向けている子は、限られた一部の者であった。しかし、こうしたものも大事にしていかなければならないと思う。つぎの二つの場面がそれである。「ぼくたちがねころんでいる大地こそは、あらゆる生物を守り育てる母であるという感じを、しみじみ味わったぼくたちのむねの中では、わかわかしい動物の血が、やむことなしにおどっていた。」(5%)「少しくたびれたので、今度はねころんだ。ところが、……中略……動物の生活はさびしいものだ、ということが、わかったのだった。」(23%)

それぞれの感想結果を見ると、つぎの大きな二つのタイプがある。すなわち、作中人物に対して、批判的に立ち向かうタイプと、作中人物にすなおに同化するタイプとである。どちらも文学教材の読解において大事なことであるが、前者の場合、批判のみが先走りすぎると、感想に制限が加わり狭いものになる恐れがある。また、後者のところにいつまでも止まっていてもいけない。両者のタイプを合わせた幅広い姿勢が要求されるし、そのように児童を指導しなければならない。感想の中には、主題にせまるものが程度の差はあるがかなりあった。主題を見つけるための読解は、高い能力が要求されるが、児童は直観的につかまえているわけである。しかし、これでよいわけではない。これらを表現の上で検証し、はっきり示してやらなければならない。

イ　指導後の感想メモカード　前記の感想メモカードは、指導中や指導後に、児童の手元に置きそれを修正したり、付け加えさせたりした。その結果を見ると、つぎのとおりである。

新しくカードを求めて、新しい感想を書き加えた者は65％あった。また、最後のカードの記述内容を修正したり、付加した者は85％あった。それらの内容を見ると、つぎのようであった。新しいカードに書いている場合は、全体を通した感想が多く、部分的な感想は少なかった。部分的な感想の中に児童の感想の集中しなかった場面での感想が出ることを期待したわけであるが、それは出なかった。児童の姿勢が、主題追求の方向にあまりに向き過ぎていたせいであろう。記述内容の修正や付加したものは、実にさまざまな形であらわれてきていた。特に多かったものは、作中人物の立場になってその心理を深く理解させようとしたため、それに関係した記述が非常にたくさん出てきた。これは、表現内容を充分に読みとらせるという点で、非常によかったのではないかと思う。反面、自己の立場に置き換えて、自己反省をしたり、自己の決意を書き加えた子が相当出てきた。読み進む方向としては当然のことである。しかし、これらを見るときは、読みの深さとの関係で見ていかなければいけないように思う。

四　今後の課題

これまで、具体的な一つの実践場面を取りあげて述べてきたが、最後にこの実践には、今後はっきりしておかなければならない幾多の問題があることを列挙して終わりとしたい。

○　感想メモカードを中心に述べてきたのであるが、感想を持つまでの問題が、ここには、かくされている。それは、言語能力とか読解指導の問題である。

○感想文にまで高める過程があるわけであるが、ここでは取りあげることができなかった。

○実践全体を通して、自己の指導計画・指導過程との関連を見ることが大事である。その上で、自己の指導計画・指導過程・指導方法が検討されなければならないであろう。

○児童の感想を中心とした実態をどう受けとめ、それをどう分析するかは、本研究の大きな問題であった。実態把握の方法についても今後の研究課題として残っている。

○教科書教材から、多くの文学作品への移行・発展を考えた場合、つぎにくるものは、この教材に対して、どんなものを用意し、読ませたらよいかということである。選択に当ってといろいろな立場があろうし、これらについても考えなければならないように思う。

（「国語科教育の研究」　昭・41・3）

注（1）『国語教育辞典』（朝倉書店　昭三七・三五・三・五〈四版〉　五七一ペ）
（2）『国語指導法事典』（明治図書　昭三七・六　三ペ）
（3）同　　上（四五二～四五六ペ）
（4）『国語スキルのプログラム学習』（輿水実著　明治図書　一九六二・一〇　一一〇ペ）
（5）『読解の練習学習』（平井・百瀬共著　明治図書　一九六四・八・三〈三版〉　三八～五八ペ）
（6）「日本総合図書目録　1965」（児童書編　日本書籍出版協会　昭三九・九・二〇）
（7）「読書科学」（第6巻第4号・第7巻第1号　牧書店　昭三八・二・二〇）
（8）『読書指導事典』（作品編　平凡社　昭三七・八・三〇）

10　『ことば』をたいせつにする

日々の実践を通して常に思うことは、この学習を通して「どれほどのことを子どもたちが身につけることができたか。」、また、「どれほどのことを子どもたちに身につけさせることができたか。」ということである。このことは、本腰を入れて実践しその結果を考えようとすればするほど不充分なことに気づくし、その実態把握のあまさやむずかしさに思い知らされるのである。日々の実践における一時間一時間の積み上げが、やがては子どもをひとりだちできる人間に育てあげていくものでなければならない。こうした方向を見つめながら、一時間一時間の指導内容（学習内容）は、子どもにとって価値のある明確なものであり、これによって子どもが向上しているという姿が把握でき、子ども自身も自覚できるようなものでなければならない。

以上、述べたことは、いろいろな教育活動を通して平素考えていることであるが、至極当然のことである。しかし、こうしたことが実現されないままに過ぎてしまっているのではないかということが心配である。このことについて、以下、国語科学習指導中の文学教材による指導を通して考えてみようと思う。

文学教材による学習は、どのように行なわれているであろうか。多くの場合、表現内容が読みとられ、それを踏まえた感想が語られる。この過程の最初の段階で第一次の感想が書かれ、最終の段階で第二次感想が書かれることもある。このような学習過程の中で、とくに問題としたいことは、「表現されていること、また、表現の奥にかくれているものをどう読みとらせているか。」ということである。

文学教材は、文字や記号によることば、文、文章によって、作者の設定した主題を中心としたことがらが表現されている。したがって、学習者にとっては、ここにあげたことば、文、文章が読みとりの手掛りであり、これを理解することが読みとりの第一歩である。とくに、表現されていることばのひとつひとつを理解すること、ことばとことばの関係（文・文章）を理解することは、読みとりの根本である。しかし、平素の文学教材による指導でこれが忘れられているのではないだろうか。ひとつひとつのことばや、ことばとことばの関係を充分に理解しないで、場面や情景をえがかせたり、登場人物の気持ちを読みとらせたり、主題を考えさせたり、感想を語らせたりしてはいないだろうか。

ひとつひとつのことばの中に、また、ことばとことばの関係の中に、作者のイメージ・感覚・感情・感想・思考・思想などが豊かに盛りこまれている。こうしたものを充分に読みとらせ味あわせるためには、表現されているものをたいせつにすることが大事である。しかし、現実は、子どもの直観による読みとり箇所や皮相的な読みとりによる感想が、そのまま放置されている場合が多い。これらは、表現の上で実証され確認されなければ、ほんとうに子どものものにならない。ひとつひとつのことば、ことばとことばの関係の上で実証され確認されることによって、読みとりの仕方がわかり、深く読みとれたことから読む喜びもわいてくる。

少し抽象的になりすぎたようである。今まで述べてきた考えを「きくのせい」（学図・小学校国語・四年下、一一〇〜一二〇ぺ）によって具体化してみよう。

この学習のねらいとしては、「細かいところにも気をつけて深く読みとろう。」ということにする。そして、まず、読みの抵抗を子どもの実態に即して除去する。その上で、読みとったことやそれにもとづく自分の感想をノート（あるいは教科書）にメモ（ノートの場合は二段に区切ったもの）させる。このメモをもとにして話し合いながら（小グループの場合もある）読みとりを実証し確認させていき、自分の感想もより深めより豊かにしていくのである。

ここでは、紙数の関係で読みとりに焦点を当てて述べていく。それも、物語の一部分のみ示すことになる。

まず、冒頭の段落である。

予想される子どもの読みとりとしては、

・これはむかしの話である。

・中国のジュンテンという所の話である。

・バリシサイという人は、たいへんきくの花がすきな人である。

といったことが考えられる。これに対して、指導者としては、次のような発問を用意しておかなければならない。

・「むかし」というのは、どこでわかるか。また、いつごろのことだと思うか。これのわかるところはないか。

・中国のジュンテンというのは、どこにあるのか。どういう所だと思うか。これのわかるところはないか。

・バリシサイは、きくの花がたいへんすきだというが、どんなにすきか。そのことがわかることばや文や文章はないか。

これらの発問は、指導者が出さなくても、子どもが自分の力で気づき、考え、読みとって発表してくれることが望ましいわけである。例えば、「バリシサイがほんとうにきくの花がすきだということは、いろいろな所に出てきます。それらを拾ってみましょう。『めずらしいきくがあると聞けば、どんな遠い所へでも、なえを買いに行きました。秋になると、シサイの家の庭には、きくの花が、いちめんにさきみだれました。すがすがしいそのかおりにひたっていると、シサイは、ほんとうにしあわせな気もちになるのでした。』『遠い所』というのは、『あるとき、シサイは、キンリョウという所まででかけて、』というのでよくわかります。こんなにきくの花がすきだったのです。」というようにである。とくに「キンリョウ」のことばを理解することによって、「きくの花がすき」ということは、いっそうよく理解できるわけである。しかし、このきくずきも、トウ少年（実はきくのせい）

と対決することによって、自分本位のものであることに気づかされる。バリシサイとトウ少年とのちがいも、こうした深い読みとりによっていっそう浮き彫りされよう。

このように、読みとりといっても、その中には、様々の読みとりの実態があることを考えておかなければならない。部分的な読みとり、部分と部分を関係づけた読みとり、全体構成の中での読みとりがある。また、角度を変えて、表現（ことば・文・文章）をそのまま読みとる場合、表現の奥にかくされているものまでも読みとる場合がある。こうしたことにもとづいて、子どもの感想が生まれてくる。指導を進める場合読みとりを前面に出す場合と、感想を前面に出す場合があるが、どちらをとる場合でも、子どもの読みとりがどの次元で行なわれたものであるかの見きわめが大切である。

（「広島実践国語教育」創刊号　昭・44・11）

11　「読むこと」を子どものものに

ひとつの文章をくい入るように読む子どもたち。自分の読みとったことを様々な角度から、どんどん発表し合って自分の読みとりを確かめ合う子どもたち。子どもたちの目は輝き、子どもたちの耳はお互いの発表をのがさず吸収する。ここには、ひとりの落後者もいない。子どもたちの前にある文章は、たちまちのうちにそのエキスを吸いとられて、子どもたちの栄養となり、それは、子どもたちひとりひとりの読む力を育てていく。

こんな国語教室を実現できないものだろうか。わたしのあせりかもしれないが、この頃しきりにこんな場面を頭の中に描いている。

「読解指導の改善」を考えるに当たって、指導以前の大事な問題を忘れてはならない。教師の立場に立てば、指導法は、もちろん大事なことであるが、それ以前に、ほんとうに子どもの立場に立って、読むことの意義とねらいをあらためて考えてみる必要があるように思う。

子どもが文章を読む場合、先生が「読め」というから読むのだという受身の読みではだめである。常に、子ども自身が、楽しむために読むとか、知識を得るために読むとか、問題を解決するために読むとか、生活に役立てるために読むとか、自分を向上させるために読むとかといった、主体的・意欲的な読みの姿勢のない子どもがいる場合は、教師の適切な指導や助言が必要である。

教材研究における文章そのものの研究も、文章の中から子どもの主体的・意欲的な読みを充分に満足させ得るものを見つけ出しておかなければならない。その上で、児童の主体的・意欲的な読みを軸としながら学習を進める指導過程を組み立てていくのである。ここで、ひとつの教材を取り上げて具体化してみよう。

五年生に「話すことと書くこと」（学図・小学校国語・五年上）という教材がある。話すことと書くことの長所や短所について述べている文章である。この教材を扱うに当たっては、様々な方法が考えられる。たとえば、次のような方法である。

〔その一〕

この文章の冒頭の文章に目をつけ、読みの姿勢づくりをする。冒頭の文章を読めば、この文章で述べようとする意図が明確に出ていることがわかる。

> わたしたちは、考えを人に伝えるとき、ふつう、ことばを用います。
> これには、二つの方法があります。一つは「話すこと」で、もう一つは「書くこと」です。どちらも、考えを伝えるという点では変わりありませんが、話すときには音声を用い、書くときには文字を用いるという点では、大きなちがいがあります。そのために、話すことと書くこととは、それぞれちがった長所や短所をもっています。
> それでは、まず、話すことから考えてみましょう。（同書、六八ぺ）

右の文章の〰〰線のところに、この著者の意図がうかがわれる。═══線のところは、前の文章を受けているところで、子どもには、このことばの受けている事がらを明確に把握させておかなければならない。すなわち、「話すこと」と「書くこと」の関係的把握である。

両者の長所や短所を考えながら、さらに、それを自分の言語生活にどう生かしたらよいか（このことは、文章中の〰〰線のところでしっかり意識づけておかなければならない。）ということを考えながら文章を読む。このようにして読みとったことをお互いに発表し合わせ確認をさせていくのである。

この学習のまとめとして、文章の最後の文章を取り上げて、その発展をはかる。

話すことと書くことには、それぞれ一長一短があります。わたしたちは、それぞれの長所短所を考え、場合に応じた方法を選ぶことがたいせつです。（同書、七三ぺ）

ここで、文章中の――線のところに注意させ、話すことや書くことのある場合を設定させ、自分の言語生活を向上させるようにしたいわけである。

〔その二〕

子どもの平素の「話すことと書くこと」の生活において、それについてどのような知識を持ったり、意識したりしているか考えさせ、それをノートに記録させる。充分に考え意欲づいたところで、教科書の文章を読ませるのである。ここで、自分のものと教科書のものと対比させて、教科書の文章の意図や要点、要旨などを読みとらせていく。この過程で文章の構成に気づかせ読み方をわからせていくようにするのである。

こうした学習をひとつのステップとして、さらに、自己の言語生活を反省させたり、向上させたりすることや文章の中の知識をいっそう深める方向に導く読書への発展も考えておかなくてはならないと思う。

(1)の方法は教科書から出発しており、(2)の方法は自分の経験から出発している。どちらの方法をとるにせよ、この根本にあることは子どもの知識欲とか生命力を充分に満足させることである。すなわち、自分がこれまでに知らなかったことや気づかなかったことを、知ったり気づいたりしたことの喜びを持ったり、知ったり気づいたりするだけでなく、自分の生活（学習）の上にそれらのことを充分に生かすことができる喜びを持ったりすることである。この喜びを読むことの原動力として読むことを子ども自身のものにしていきたいのである。

（昭和45年5月11日）

12　学ぶ喜びのある文学教材の読み

――「おいの森とざる森、ぬすと森」の場合――

一　学ぶ喜びのある国語科の学習を

第31回夏季研究会において、「楽しい国語教室の創造」を意図して、これからの国語科授業のあり方について述べた。このときの要旨については、「ひろしま国語教育の創造第16集」(1)にのせている。このときの問題意識（課題）として、次のように述べている。

柴田義松氏と倉澤栄吉氏の国語教育の課題を紹介したあとで、「国語教室に活気が満ち、そこに学ぶ子どもたちが学習に真の楽しさを感じ、国語科の授業を大好きにさせるためには、どうすればよいであろうか。柴田氏の提言にある『国語教育の根本問題への切りこみ』と倉澤氏の提言にある『国語科教育への問い直しと単元計画の建て直し』に視点を当てながら考えてみたいと思う。」と述べた。

今回のサブテーマである「学ぶ喜びのある国語教室を求めて」を受けて、今一度これからの国語教室のあり方を考えてみた。

単元学習の見直しと建て直しについては、日本国語教育学会（代表倉澤栄吉）を中心として、研究会や出版物を通して進められている。国語教室に学ぶ喜びや楽しさを呼び戻し、学習意欲に満ちた国語科の学習が展開できるように研究や実践が行われている。単元学習を見直していく基本になる考えを明らかにすること、単元学習の構築に当たって、目標・内容（活動）・計画・教材（資料）などを明らかにすることが大事である。このため、これまでの実践を見直し、これからの実践を通して「学ぶ喜びのある国語教室」を創造していかなくてはならない。

「なぜ今単元学習か」と「単元学習のあり方」については、大槻和夫氏が「国語の学力と単元学習」(2)で述べておられる。また、「これからの単元学習の構築」については、田近洵一氏が「単元学習の構成」(3)で述べておられる。このような基本(4)になる考えを踏まえて、自己の実践をより豊かで確かなものにしていく必要がある。ここでは、国語科単元学習の中核となる教材と、その教材を位置づけた単元の構築について考えてみたい。

二　一読者として深い読みを（教師の読み）

今回提示した児童文学作品は、宮沢賢治の「狼森、笊森、盗森」(5)である。この作品を読んだとき、心に強く残るものがいくつかあった。自然（森）と人間（百姓）のかかわりの中で物語が展開していること、その中に自然と人間が楽しいつき合いをしていく様子が描かれている。さらに、現代の自然破壊を予測している賢治の先見性までも感じ取れる。表現も簡潔で分かりやすいしイメージも描きやすい。森（森の主）と人間の会話の面白さも味わうことができる。

教科書の中の児童文学作品を読むときに一人の読者として素直に読むことが大事である。その時に、より深く読むことができればなおよい。より深く読むためには、作者・出典・他の作品などについて幅広く触れておくことも大事である。このことからそれぞれの作品の読みがさらに深くなる。

この「狼森、笊森、盗森」の出典は、宮沢賢治生前の唯一の童話集である『注文の多い料理店』（大正十三年）

である。この童話集の二番めの作品である。作品が書かれたのは大正十年で、賢治は二十五才であった。賢治の生い立ちや生涯を知り、そこに作品を位置づけて読むと作品理解もいっそう深まる。賢治の全作品を収録した全集も出版されているので[6]、すべてを読むこともできる。

ここでは、作品として読む（素材の段階）ことから教材として読む（教材化の段階）ことを考えようとしているので、一九五四年（昭和二十九年）以降の小学校・中学校の教科書に採用された宮沢賢治作品を別表で示しておく[7]。

この別表を見るとかなりの作品がこれまでに採用されていることがわかる。また、小・中学校にまたがって幅広く採用されていて、賢治作品の幅広さ奥深さも感じさせる。最近また教科書への採用が目立つようになってきた。マスコミでも賢治自身を取り上げているが、研究の面でも多角的に取り上げて研究書の出版も続いている。これまでの研究成果を踏まえて、より深い理解ができる。

三　教材化のために

一読者として深く読んだ作品が、受け持つ児童を対象とした単元学習の中の教材となるかどうかを考えることになる。受け持つ児童の一人一人を想定し、それぞれの児童の立場から読むわけである。このとき、次のような事項が頭に浮かぶ。

① 学習者の興味・関心がわき、最後まで面白く読めるか。
② 学習者の学習能力に適切で、学習意欲を継続させせられるか。

〈別表〉

宮沢賢治の作品	教科書に採用されたもの	一九五四年度以降			
どんぐりと山猫	一九五四年	教育出版	4年		
風の又三郎	一九五四年	中教出版	6年	脚本	
	一九六一年	中教出版	6年	脚本	
気のいい火山弾	一九五四年	日本書籍	6年		
（ベゴ石）	一九七四年	学校図書	5年		
よだか星	一九五八年	教育出版	6年		中学校1～3年
	一九五八年	二葉	5年	脚本	
林の底	一九五八年	二葉	6年		中学校1年
祭りの晩	一九六五年	大阪書籍	5年		
虔十公園林	一九六五年～一九七九年	教育出版	6年		中学校2年
	一九七四年	日本書籍	6年		
セロ弾きのゴーシュ	一九六五年～一九七〇年	信濃教育会出版部	5年		
○やまなし	一九七四年～一九九二年	光村図書	6年		中学校2年
○雪渡り	一九六八年	光村図書	4年	脚本	
	一九八〇～一九九二年	教育出版	5年		
○注文の多い料理店	一九八〇～一九九二年	東京書籍	5年		中学校1年
	一九八九年	日本書籍	6年		
	一九八九年	大阪書籍	5年		
	一九九二年	学校図書	5年		
◎オッペルと象	一九七七年	日本書籍	6年		中学校1～2年
○狼森と笊森、盗森	一九八三年	日本書籍	5年		
	一九九二年	日本書籍	5年		

〔その他（中学校のみ）〕

グスコーブドリの伝記	2年
北守将軍と三人兄弟の医師	1年
なめとこ山のくま	2年
むくらぶどうとにじ	2年
◎水仙月と四月	1年

○　小学校　現行　　◎　中学校　現行

③　学習者の学習過程（読みの深化）が構成できるか。

④　学習者の国語能力を向上させ、人間形成に資することができるか。

こうした事項について、提示した「狼森と笊森、盗森」を検討すると、教材として活用できる要素がたくさん含まれていることに気づく。

この作品は、現在使われている教科書に採用されている。日本書籍発行の教科書[8]である。この教科書には、以前も採用されていたが、一時期使われていなかった。現在の指導要領に基づく新しい教科書で再登場してきた。

原文が尊重されているが、表現が手直しされている部分が二か所ある。教科書九十五ページ二行めの「次の日から、森は、その人たちが、きちがいのようになって働いているのを見ました。」の下線部が「わき目もふらずに」となり、九十六ページ三行めの「みんなはまるできちがいのようになって、その辺をあちらこちらさがしましたが……」の下線部が「目の色を変えて」となっている。手直しの必要については説明するまでもないであろう。このような手直しをしてでも採用することについて考えなくてはならないであろう。

四　単元の構築を

(1)　単元の種類を明確にする

単元を構築するに当たって、先ず明確にしておかなくてはならないこととして、単元の種類（性格）がある。提示した教材「おいの森とざる森、ぬすと森」で、どのような単元を構築するかである。この際、二つの単元が頭に浮んでくる。田近洵一氏の単元の種類で言えば、教材単元＝読み物単元と話題単元＝総合単元である。このどちらかを選ぶことによって、単元の内容・計画などが違ってくる。この教材を採用した教科書の場合は、話題単元＝総合単元としている。別の言い方をすれば読書単元である。もう一方の教材単元＝読み物単元の方は読解単元である。ここでは、話題単元＝総合単元（読書単元）の方を取り上げて考えていくことにする。

教科書の単元名は「楽しい読書（物語）」となっている。児童の今後の自由読書の向上をねらっていることがわかる。話題単元＝総合単元（読書単元）として、単元を構築することになると、教材の位置づけが問題となる。単元の中のどこでどのように読んだらよいのかということである。教科書の配置は、教材「おいの森とざる森、ぬすと森」が十九ページ、学習の手引きが一ページ、図書紹介が二ページ、合計二十二ページとなっている。単元名、学習の手引の内容、図書紹介の仕方から教科書で意図する単元展開が予想できる。

この教科書に沿って発行されている指導書も検討した上で述べないといけないのだが、単元展開の上で注意しないと焦点ボケの危険性がある。この単元を「楽しい読書（物語）」という話題で焦点化するとすれば、教材を読む楽しさを十分に味わうことから出発して、他の作品にも触れ、その作品からも真の楽しさを味わうようにしないと目標は達成できない。ここに言う楽しさとは、表面的なものではなく作品の中から自己向上の糧となるものを得た楽しさ（喜び）とか、様々な作品をいろいろな読み方によって読むことによって、新しい発見ができた楽しさ（喜び）とかである。

(2)　豊かな言語活動を創造する

話題単元＝総合単元（読書単元）では、読む活動だけでなく、読む活動と関連して表現する活動を取り入れることによって、生きた言語活動の場（実の場とも言う）を創造することが大事である。表現することによって読みが深まり、読みの深まりが表現を高めるという相互に補完し合う言語活動を創造するのである。

読書単元でよく行われるのは、一つの作品が取り上げられ、その内容・表現・読み方などと関連させて、他の作品を読むという流れ（過程）である。この場合、他の作品のどのような物を取り上げるのかという取り上げ方が重要になる。しかし、多くの場合、取り上げる作品が、最初の作品とあまりつながりがなかったり、全く異質の物であったりする場合が多い。他の作品を読ませればよいということで、児童の自由読書にまかせられることも多い。学習の効果を高めるためには、単元計画の中に他の作品も教材の一つとしてきちんと位置づける必要がある。ただ他の作品を学校の図書室（館）に探すとき、なかなか見つからないという現実がある。読書単元を充実させるために図書室（館）の充実は欠かせない問題である。

このような単元展開をする際に参考になる実践例はたくさんあるが、最近目に止まったものとして「宮沢賢治を読もう」(9)というのがある。この実践は、個々の児童が宮沢賢治の作品を複数読み、その成果を文章化している。この文章を相互に発表し合い、自己の成果を充実させるという、表現活動とも結びついた単元展開となっている。「楽しい読書（物語）」という単元学習では、読解活動、読書活動、表現活動を含んだ豊かな言語活動が組織されることが必要である。その中で、児童の必要感（目的意識）と達成感（満足感）を盛り上げていくようにすることが大事である。

(3)　確かな国語能力と豊かな人間形成を

「楽しい読書（物語）」の単元を展開するに当たって、用意された宮沢賢治の作品「おいの森とざる森、ぬすと森」、学習手引、図書紹介を通して、児童のどのような国語能力や人間形成をねらうかを明確にしておくことが必要である。このような読書単元（総合単元）を展開するときに、単元のねらい（目標）があいまいになっていろいろな学習活動をしたが、何を身につけたか、何が高まったかが不明確のままで終わってしまったという場合が多い。学習過程の中のそれぞれの学習活動のねらい（目標）を明確にしておかなくてはならない。

単元の目標を考えるとき、価値目標と能力目標を同時に考える。価値目標とは、人間形成にかかわる目標である。しかし、長い期間にたくさんの学習を通して達成できるものであること、常に念頭に置いているものであることなどから、一つ一つの単元の中で書かれないことが多くなってきている。単元の学習活動を充実したものにするために記述しておく方がよいのではないかと思う。ここで取り上げた単元の目標を次のように考えてみた。

価値目標　○　自然の姿を理解し、自然と人間の共生について考えを深めることができる。

能力目標　○　登場人物の気持ちや場面の情景について、叙述や描写に即して豊かにイメージ化できる。

○　作者の物の見方・感じ方・考え方を読み取ることができる。

○　宮沢賢治の作品を重ねて読むことによって、読書の楽しさを実感する。

○　物語の内容を再構成して、朗読や朗読劇として発表して、内容を深く読み取ることができる。

単元の展開については、学習活動を中心に、おおよそ次のように考えてみた。

第一次　導入（二時間）

○　児童の自由読書の実態について事前調査をする。この中で、宮沢賢治作品にどの程度触れているかの調査も含める。個人の読書カード（読書ノート）などでも把握しておく。

○　「おいの森とざる森、ぬすと森」を各自で読み、話し合ってみたいこと、読み取ったことをもとに表現してみたいことについて発表する。

第二次　展開（十時間）

○　「おいの森とざる森、ぬすと森」で読み取り、考えたことについて話し合う。

○　宮沢賢治の作品をお互いに紹介し合い、読み合う。（持ち寄る）

○　朗読や朗読劇にしたい作品を選び出す。（作品によるグループ編成）

○　朗読や朗読劇に仕上げるための読み、発表のための練習や準備をする。

第三次　終末（二時間）

○　取り上げた朗読や朗読劇を発表し、その成果を話し合う。

○　学習の中で触れた宮沢賢治作品の感想を書き、相互に発表し、自己の感想を充実する。

学習活動の一つ一つについて詳述できない。これらの中の朗読劇について述べておく。朗読と劇の中間にあり、教室でも容易にできる表現活動ではないかと思っている。「おいの森とざる森、ぬすと森」を取り上げた場合で考えてみよう。他の作品が選ばれることもある。

この作品を朗読劇にする場合、次のような役割が必要である。

○語り手＝わたし（場面毎に語り手を交替してもよい。）、○四つの森＝百姓の問いかけに答える森、○岩手山＝大事な存在である山、○四人の百姓＝それぞれの百姓になる。
　この外、声を出さないが登場する人物として、おかみさんや子どもたちがいる。必要に応じて登場させ表現に即して動作化させてもよい。
　続いて、舞台も構成することになる。これによってさらに読みも深まっていく。この場合の舞台は本格的なものではなく、朗読する人の位置やかかわりを考えたり、森の位置や百姓の位置、それらの動きや動作などを考える。

(4)　向上の自覚を大切に
　最後に評価について触れたかったが、できなくなった。一言付け加えておきたい。単元学習において評価は大事である。とくに、一人一人の学習に対する自己評価を重視したい。このために、学習の成果がはっきり自覚できる表現活動（文字や音声による）を手掛りにしたい。

（「ひろしま国語教育の創造」第一九集　平・7・3）

注（1）「平成三年度　ひろしま国語教育の創造　第16集」（広島市小学校国語教育研究会　平四・三・一　六ぺ）
（2）『ことばの学び手を育てる　国語単元学習の新展開　Ⅰ　理論編』（日本国語教育学会　東洋館出版社　平四・八・二五〈初版〉　三六～五三ぺ）
（3）上掲書（五四～六九ぺ）
（4）上掲書（六二ぺ）「単元学習の構成」（田近洵一）の中の「単元の種類」の中の単元名。単元の種類として、言語単元＝言語研究単元、言語技術単元＝言語練習単元、教材単元＝読み物単元、話題単元＝総合単元の四つをあげている。
（5）新潮文庫『注文の多い料理店』（宮沢賢治著　新潮社　平二・五・二五）この童話集はたくさんの出版社によって発

行されているが、手に入りやすいものを記した。
（6）『新修　宮沢賢治全集』（全八巻　筑摩書房　一九七九・五・一五〈初版〉）などがある。
（7）「文芸教育　54」季刊（一九九一№1　臨時増刊）「宮沢賢治を授業する」の中の「小学校教科書教材　宮沢賢治作品の変遷」（三井喜美子）、「中学校教科書教材　宮沢賢治作品の変遷」（安藤修平）をベースとして作成した。
（8）「わたしたちの小学校国語　5年上」（日本書籍　平四・一・二五）
（9）『ことばの学び手を育てる　国語単元学習の新展開　Ⅳ　小学校高学年編』（日本国語教育学会　東洋館出版社　平四・八・二五〈初版〉　一五二～一七六ぺ）

13 「説明的文章を読む」指導（その一）

――単元学習の中で説明文を読む――

一 「説明的文章を読む」について

国語科においては、「説明的文章」と「説明文」とは、その概念を明確にして使用されている。「説明的文章」という場合は、「文学的文章」を除いた文章を指し、記録文・報告文・説明文・解説文・意見文・論説分・報道文・広告文などを含んでいる。「説明文」という場合は、説明的文章の中に含まれる一つの文章である。「説明的文章」と「説明文」の概念については、様々なものがあるがここではごく一般的なものをあげた。

ここで「読む」というのは、国語科における読解と読書とを含め、しかも、将来をも見通した用語として使用している。したがって、この表題に含まれる思いは、国語科教育の説明的文章のすべてに目を向け、中教審答申のキーワード「生きる力」にも結びつく「読む力」を育成する授業の在り方を探りたいということである。しかし、ここでは、いわゆる「説明文」にしぼって以下考えていくことにする。

二 「説明文」指導の課題

大学での授業（初等国語）の第一回で、小学校時代の国語科の授業の体験を思い出させ、記録させている。この中に、小学校の一年から六年までの授業の中で特に印象に残っているのは、どのような授業かというのがある。学生の記録の中で最も多いのは、文学作品（物語）を取り上げたものである。「大きなかぶ」「一つの花」「ごんぎつね」「やまなし」などは、多くの学生に取り上げられるものである。ところが、説明文になると、全く取り上げられない。強く印象に残るような授業が思い出せないようである。このことは、何を意味しているのであろうか。

私のこれまでの説明文指導の実践を通して考えられることを、以下取り上げてみよう。

(1)　説明文の指導に興味・関心・意欲を持って臨んでいたか。（教師の目的・課題意識）
(2)　説明文の学習活動（学習計画）に、創意や工夫があったか。（教師の力量）
(3)　学習活動をする児童に活動の目的や意味を意識させていたか。（楽しい授業・価値のある授業）
(4)　一人一人の児童の学習結果を重視していたか。（児童の学習結果・自己評価など）

これらのことを踏まえて、これからの説明文の授業の在り方を考えてみたい。

三　「説明文」指導の二つのタイプ

説明文の指導については、二つのタイプがあるとして論じられている。形式を大事にする（形式主義）授業と内容を大事にする（内容主義）授業である。

形式主義の授業は、文章に書かれている内容を表現に即して確かに読み取ることを重視する。このため、文章の段落や要点、要約や要旨などが学習の前面に出てくる。この授業で取り上げた説明文の内容を読み取ればこの授業は終わる。教師主導の型にはまった物足りない授業になりやすい。

図書　読解指導を読書指導へつなげるための留意点

説明文教材の発展読書

竹長吉正●埼玉大学教育学部助教授

説明文教材「子どもたちの祭り」（芳賀日出男・東京書籍版小学三年下）の指導計画（全十時間）を次のように立てる。

第一段　全体概観（二時間）

1学習目標を知り、学習の見通しをもつ。

2範読を聞き、読めない漢字に読み仮名を付ける。

3音読練習。部分ごとに区切ったりして、各自二回。

4斉読。みんなで声をそろえて全文を読む。

5語句抵抗の解消。難語句の意味を調べる。

6内容の大体の把握。形式段落に番号をつける、他。

第二段　部分精査（三時間）

1冒頭部（形式段落①②）を読み、これから「子どもたちが中心になって行う祭り」の話が始まることを知る。

2結末部（⑬）を読み、「子どもたちの祭り」の共通点と意義（＝機能）を読み取る。

3過程部（③～⑫）を読み、四つの祭りの特色をつかむ。

　A「どこ」（場所）　B「祭りの名前」

　C「何をする」　D「気持ちやねがい」

第三段　全体要約（一時間）

1全体を通読する。

2ワークシートを用いて大事な言葉を整理する。

3ワークシートをもとに教材文の構成を知る。
　①②＝はじめ、③～⑤＝なか1（ししまい）
　⑥～⑨＝なか2（七福神）　⑩⑪＝なか3（鳥追い）
　⑫＝なか4（もぐら打ち）　⑬＝まとめ
4斉読して学習の整理をする。

第四段　発展学習（四時間）

○教材文の題材・話材に関連した文献を読み、分かったこと・気付いたことを発表する（他の文献と対話する）。
1次の文献を自由に読む。
A　芳賀日出男『子どもの祭り』（小峰書店　初版一九七一年）　※日本各地の祭り27件を一月から十二月まで順々に紹介。
B　高野尚好指導・荻原秀三郎執筆『生きている伝統芸能』（学習研究社※（絵で見るふるさとの伝統さがし第5巻）　一九九一年四月）
C　西田敬『世界の祭りと子ども』全8巻（大日本図書　※すべて一九九三年二月刊）　※第1巻～第4巻が世界編、第5巻～第8巻が日本編。いずれも季節（月）ごとにまとめてある。写真多く文少なし。
○自分たちの知っている祭りと比べながら読む。
2関心のある祭りを選び、教材「子どもたちの祭り」で学んだ方法で情報を整理する。
3調べたことをもとに報告原稿を書く。（四〇〇～六〇〇字）
4祭りのレポーターとなり、レポートの報告会を行う。
○友だちの報告を聞き一四〇字程度の感想を書く。

内容主義の授業は、文章に書かれている内容が前面に出てくる。私の場合形式主義の指導に飽きたらず、内容に関わって、知っていること、初めて知ったこと、もっと知りたいことなどをそれぞれはっきりとさせ、この中のもっと知りたいことについては、他の説明文に求めて解決させた。教材を越えた発展的な学習を考えたわけである。しかし、この指導を進める中で表現に即した確かな読みが不足していることに気づいた。

形式主義と内容主義を別々の独立したものと考えるのではなく、両者を統合する授業の展開は考えられないものかと思うようになった。このときに目にしたのが上掲の授業計画(1)である。ここに単元の全計画を引用させていただく。

この学習の展開は、読みにおける形式と内容とを統合したものとなっている。第二段と第三段では、形式を踏まえて内容を確かに読み取り、このことを踏まえて第四段で読み取った内容の拡充を図っている。このため、児童の知識欲を満足させるものとなっているように思う。

四　単元学習による「説明文」の指導（演習）

これからの「説明文」の単元学習を進めるに当たって、今年度から使用している教科書に新しい単元がのせられている。それは、五、六年の「みんなで考えよう」という単元である。それぞれに「わたしたちの生きる地球」（五年）「わたしたちの生きる今」（六年）というサブタイトルがついている。単元の中心になる教材は「一秒が一年をこわす」（五年）[2]と「国境を越える文化」（六年）[3]である。演習では、五年生を取り上げ、次の課題を提示して

10月					
七みんなで考えよう―わたしたちの生きる地球 ・一秒が一年をこわす ・わたしたちの生きる地球 12 A6 B6 ～ 10 A5 B5	理解 表現	◎「一秒が一年をこわす」で説明されている内容を、段落の要点や段落相互の関係に注意して読み、文章全体を通して、筆者が述べようとしている要旨をとらえることによって、環境問題について関心をもつことができる。 ○「わたしたちの生きる地球」を読んだり、身の回りから資料を集めたりして、わたしたちの住む地球について関心を深め、自分の考えを明確にして話し合い、自分の考えが明確に表れるように構成を考えて書くことができる。 ○文と文、段落と段落の連接関係を考えて指示語や接続語を適切に使うことができる。	イ意図をはっきりさせて話す オ取材・選材 カ構成を考えて書く ク感想・意見を区別して書く コ見聞から素材を	ア正確な聞き取り ウ主題や要旨の読み取り エ叙述に即した読み取り キ目的的な読み ク再構成して表現	カ(ア)語の係り方、照応の仕方 (イ)指示語、接続語

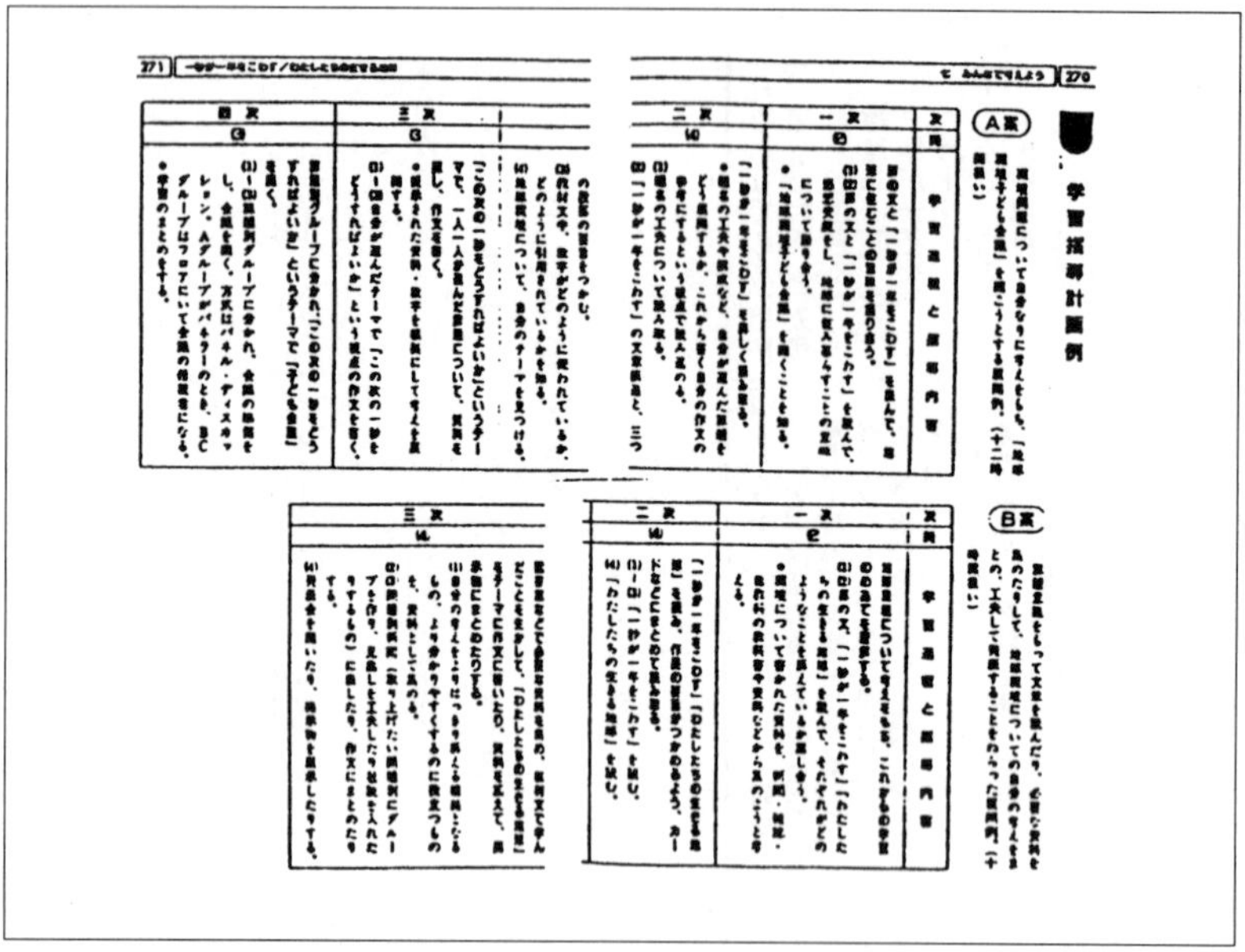
学習指導計画例

A案

次	時	学習活動と指導内容
一次		
二次		
三次		
四次		

B案

次	時	学習活動と指導内容
一次		
二次		
三次		

考えていただいた。

(1)「みんなで考えよう〜わたしたちの生きる地球」の単元全体の理解（単元の性格とねらい）

(2)「一秒が一年をこわす」（説明文）の教材研究（中心教材）

以上の単元の理解と教材研究を踏まえて、以下のことをそれぞれで表現していただくことにした。

(3) 単元の指導目標の設定

(4) 単元の指導計画（学習活動を想定して大まかに）

この演習のために用意した資料は、次のものである。

① 教科書の単元全体を縮小プリントしたもの（スペースの関係でここには載せていない。）

② 指導書の年間指導計画の中のこの単元部分[4]（前ページのものである。）

③ 指導書のこの単元の指導計画例〔A・B案〕[5]（上掲のものである。）

課題に熱心に取り組まれる先生方の姿を見ることができ感激した。しかし、課題があまりに大きく、その上、私の時間配分がまずく、先生方に緊張を強いてしまった。申し訳ないことであった。結局、先生方に発表していただき、協議していただくことができなかった。このため、②と③の資料を配り、ポイントになるところを私の方で話した。

五　単元の展開に際して

この単元を展開するに当たっては、次のことを明確にしておく必要がある。

(1) 単元のねらい（性格）と構成を明確にする。
(2) 単元の中の説明文の役割と位置づけを明確にする。
(3) 単元の学習活動を通して達成感や成就感が持たせられるかどうかを明確にする。

以上のそれぞれについて、前掲の指導計画にかかわって簡単に触れておきたい。

(1) 単元のねらいと構成

単元の最初の目標（◎）によると、前半部分が中心教材である「一秒が一年をこわす」の読み取りになっている。後半部分は、地球環境問題に関心をもたせるとなっているが、関心にとどまらず地球環境に対する課題をもたせ、それを解決することも意図している。

次の目標（○）は、課題解決をするため資料1（説明文）・資料2（新聞記事）を提示し、課題解決の方法を理解させようとしている。さらに、児童の課題を解決させ、それを「地球環境子ども会議」を開くこと（A案）や「問題別新聞」にまとめること（B案）で生きた学習活動をさせようとしている。

(2)　説明文の役割と位置づけ

ふつう単元の中に一つか二つの説明文があり、その説明文を読み終わったらこの単元の学習は終わりというようになっている。しかし、この単元の場合中心となる説明文は、単元のねらいである「地球環境について考える」のきっかけとなるものとして位置づけている。これによって、一人一人の児童が課題をもち、その解決のためにもう一つの教材（説明文・新聞記事）を読み、さらに自分の力で課題にかかわりのある説明文を探して読み解決していく。自分の力で教科書以外の説明文も次々に読むことを期待している。

(3)　学習活動を通して達成感・成就感をもつ

この単元の最後に設定されている学習活動は、「地球環境子ども会議」や「問題別新聞」である。これは、児童がそれぞれに自分の課題にかかわりある説明文を読んだ結果が生かされる活動である。このように児童にとって価値のある学習活動を体験することによって、成就感・達成感・満足感などをもち、学習意欲も高まる。単元学習を構築する時に、このような生きた場（実の場）を設定することが大事である。

指導書によると、A案・B案が用意されている。B案については、学校週五日制に対応するためとしている。十二時間のA案に対して十時間が設定されている。このB案については、機械的に短縮していいものかどうかについては疑問を持つが、ここでは触れない。

六　「説明文を読む」指導の活性化を

私が担当している学生が、小学校時代に印象に残る説明文の学習を記録していないということを、「説明文」

指導の課題のところで述べた。今日の実践現場ではどうであろう。最近国語科単元の全授業記録というのが、次々と出版されている。この出版の状況を見ると、有名文学教材を扱ったものが多いことに気づく。実践現場の研究授業の状況はどうであろうか。これも文学教材が扱われる場合が多く、説明文が取り上げられることは少ない。この両者は関連がありそうである。

説明文の指導のむずかしさ、学習者である児童の興味・関心・意欲のなさなど、不振の原因はいろいろ考えられる。説明文の指導の重要性を今一度確認して活性化してほしいと思う。研究授業に説明文がもっともっと取り上げられることを願うものである。説明文の全授業を記録した出版がもっと増え、研究会の説明文部会に先生方があふれるようになってほしい。

（「ひろしま国語教育の創造」第二一集　平・9・3）

注

（1）「教育科学国語教育」（No.520　明治図書　一九九六・二　八〜一〇ぺ）
（2）小学校国語　五上　「銀河」（光村図書　一〇五〜一一七ぺ）
（3）小学校国語　六上　「創造」（光村図書　一〇五〜一一七ぺ）
（4）「国語科学習指導書総説編」（光村図書　一七四ぺ）
（5）「国語科学習指導書　五上」（光村図書　二七〇〜二七一ぺ）

14 「説明的文章を読む」指導（その二）

――表現と結んだ活動を――

前回に引き続いて、今回も説明的文章（特に説明文）を取り上げて演習をしていただくことにした。中央教育審議会の答申のキーワードである「生きる力」を児童の中に実現するために、今後の国語科教育実践の中でも、「説明的文章を読む」学習活動は、表現活動と結んでさらに大事にしていかなくてはならないという思いからである。以下、当日の演習展開に沿って記録しておくことにする。

一　説明文指導を見直す

前回、大学での授業の中で書かせた小学校時代の印象に残る授業の中で説明文の学習についての記録が全く無かったことを述べた。文学教材（とくに物語）については、その教材名まで書いて殆どの学生が記録している。児童の心にいつまでも残る説明文の学習をしたいものだと思う。

まず、先生方の説明文指導に対する意識を知りたいと思い、「演習の表題を聞いたときの思い」を率直に記録していただいた。以下の四つの問いを用意し、すべて記号によって答えていただいた。

(1)説明文の指導と聞いたときの正直なお気持ちを聞かせてください。

○　よかった　△　まあいいか　×　やれやれいやだな　その他（記入）

(2)説明文の指導の意義を認め、意欲的に取り組んでおられますか。
　○　いる　　△　あったりなかったり　　×　いない　その他（記入）
(3)説明文の指導に創意・工夫を盛り込んでおられますか。
　○　いる　　△　いるときもある　　×　いない　その他（記入）
(4)説明文の指導で、児童に喜びを与えていると思われますか。
　○　いる　　△　どちらとも言えない　　×　いない　その他（記入）

きめの荒い問いと答えで申し訳ないことであったが、事前に配布した用紙にそれぞれ答えを書いていただいた。(1)は、説明文指導に対して先生方がどのように思っておられるか、また、私の提示した演習課題でよかったのか知りたいと思いお尋ねした。記録を整理してみて、私の不安は消えた。○は三十六名、△は十八名、×は○であった。○の中には◎を書かれた方も一名おられ、嬉しかった。

(2)から(4)にかけては、様々な要素、要因が含まれている上に、自己評価も含まれているため、△が多かった。先生方の自己の実践に対する誠実さ厳しい謙虚さなどがうかがえ、嬉しく思った。それぞれの結果は以下の通りである。数字は人数を示す。

(2)○＝十二　（◎＝一・◎＝二）　△＝三十六　×＝六
(3)○＝九　△＝三十九　×＝六
(4)○＝十二　△＝三〇　×＝十二

二　説明文指導に当たって

説明文の指導をするに当たって、その意義と内容について確認していただいた。説明文指導の意義と教材の実際について、テキスト[1]を取り上げて述べた。続いて小学校学習指導要領、国語の説明文に関係ある事項を拾い上げて確認していただいた。説明文指導の原点に立ち戻って、その根本に触れたわけである。

1　説明文指導の意義

説明文指導の意義は、「情報化時代に必要な態度、すなわち主体的・探究的な読みの姿勢を育てることを通して、文章の内容（知識・情報）を、表現に即して正確に読み取る能力を高め、論理的な思考力や客観的なものの見方、考え方を養うと同時に、それらを自己の表現に生かせるようにすることである。[1]」と述べられており、指導に際して念頭に置いていなくてはならない。

2　説明文の教材

説明文指導にかなう文章として、次の三点の配慮が大事であるとしている。[1] (1)既知の知識・情報と、未知の知識との調和がとれていること、(2)説明の根拠となる信頼度の高い客観的な資料を提供していること、(3)課題を追求していく文章展開が用意されていること。

三　国語教育全国大会の発表資料から実践を読み取る

以下の実践記録[2]を提示し、この中から読み取れること（優れている点・問題と思われる点など）を記録用紙に記入していただいた。発表資料であるため、不充分な点も多い。発表者は実践記録・児童の作文など、たくさんの実践結果を持参しておられた。

先生方の記録されたものをもとにして、グループで話し合っていただき、発表していただく予定であったが、時間不足でできなかった。私の準備していたものを述べることで、自己の記録の点検と評価をしていただいた。最後に、演習の印象を一文で記録していただき、提出してもらった。先生方は終始熱心に取り組まれ、その様子は書かれた記録にもはっきり読み取ることができた。この記録の一部を最後にのせた。

四　発表資料から読み取れること

発表資料から読み取れることを、以下簡単に述べておきたい。（見出しの後の記号は、発表資料の関係するところを示している。）

1　国語科と理科の合科単元（A）

この単元は、理科との合科単元になっている。理科での観察結果を家の人に伝えるという目的を明確にし、この学習の中で理科の学習目標も国語科の学習目標（表現）も同時に達成しようと考えている。単元学習の見直しが行われており、総合的な学習活動によって「生きて働く力」の育成が望まれているが、こうしたことを実現する授業になっている。

2　観察記録への配慮（B）

家の人に伝えるための文章の内容を明確にするために、カードを使用し、観察の観点を明示して絵と文によって記録させている。文章表現をするに当たって必要な主題（意図）と取材の指導に当たるものである。文章表現

一九九七年（平成九）八月三日（日）

第六十回　　国語教育全国大会

新しい時代をひらく国語教育　――ことばの学び手が育つ単元学習の創造――

小学校分科会　　高学年　説明文

顕微鏡の不思議な世界
「メダカの誕生」

埼玉県浦和市立土合小学校　本木　[illegible]

（A）

一　はじめに

子供たちは、理科の学習でメダカを育てた。しばらくすると、親が産卵を始め、十日程たつと、かわいい子メダカが生まれている。子供たちの関心はたまごに集められ、解剖顕微鏡で観察していくことになった。ただの小さなたまごと思っていた、直径二ミリメートル程のたまごの中で、泡のようなものから、体ができ、目ができ、血液が流れ始める発見は大きなものであった。

この発見を、段落構成を工夫してわかりやすい文章に表現し、家の人に伝えようという学習を展開した。

二　目標

○価値目標

解剖顕微鏡で発見したメダカのたまごの成長の神秘さを家族に伝え、生命の不思議な世界に関心をもつことができる。

○技能目標

伝えたいことをはっきりさせて、「問題提示―観察記録―まとめ」の構成で文章を書くことができる。

三　学習活動　（単元計画と合わせて）

（一）メダカの観察カードや理科ノートから資料を整理する。

○整理する内容
・たまごが生まれてから子メダカになるまでの変化と日数
・解剖顕微鏡で観察したたまごの様子

（二）解剖顕微鏡で観察したたまごの様子を絵と文で表現する。

①小さいカードに絵を描く。＝「絵カード」

〈注〉
子供の作品・発言の概要は、□内に記した。

○観察したことをどのように表現したらよいかを話し合いながら、絵や図を使うとよいことに気付かせる。

○「絵カード」
・一辺が五センチメートルくらいの正方形のカード。

- 1 -

(B) ②絵カードの説明を書く。＝「観察記録」
・数量、色彩、形状、動きを分かりやすい言葉で

絵カード	観　察　記　録
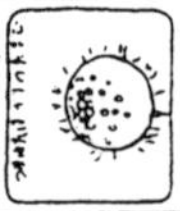	・これは、生まれたばかりのたまごです。解剖顕微鏡で見たところ、１・三ミリメートルのたまごのまわりには細かい毛がたくさんついています。たまごはすきとおっていて、中にはつぶつぶの小さいあわのようなものが何個もあります。
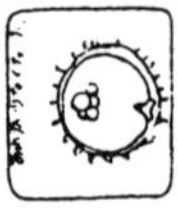	・生まれて二日ぐらいたって、たまごをのぞいてみると、生まれたばかりのたまごにあったあわは、三つぐらいなり、大きくなっていました。 ・あわがなくなるにつれて、たまごの回りがうすい黄色になっていきました。
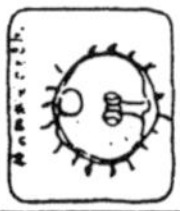	・あわは１つにまとまり大きくなって、目と体のようなものが少し見えるようになります。 ・解剖顕微鏡で見てみると、なんと体が見えているのです。でも色は透明です。あわは１つになっていました。
	・目と体としっぽがはっきり、くっきり見えました。もうメダカの形です。目もちゃんと黒くなりました。目は二つありました。 ・ついに、目ができました。顕微鏡で見なくても黒い目ははっきり見えました。体はまだ透明です。

- 2 -

・原稿用紙にまとめる時に再度使えるように仮止めをしておく。
★一番伝えたい解剖顕微鏡で観察記録から学習活動が始まったので、どの子もはりきって取り組んだ。

	・何日かたって見てみると、たまごの中にちょこんとしたしっぽがありました。赤い血管もはっきり見え、血液がふにょふにょと流れはじめました。たまごの回りのふわふわの毛は少なくなっていました。 ・黒目の回りが銀色になって、なんと心臓がついていることがわかりました。
	・やっとたまごから出るメダカは、目はちゃんと見えるが、尾は透明です。小さなたまごの中にいたメダカは「はやく出たいよう」と言っているみたいです。 ・ついに、たまごから生まれてきました。まだ、完全な形ではないけれど、しっぽが出てゆうゆうと泳いでいます。
	・たまごからかえって二日ぐらいたつともう完全なメダカの形になりますが、大人のメダカとちがって、おなかは赤いはらがあってふくれています。その中には、栄養分があり、しばらくはえさがなくても育つようになっているそうです。

③記録をもとに絵カードの間をつなぐ言葉を考える。

生まれたばかりは ‖ しばらくすると ‖ しだいに ‖ 目が黒くなると ‖ ついに	生まれたばかりの ‖ 二日ぐらいたつと ‖ たまごからかえる二日前 ‖ ついに	生まれたばかりの ‖ 二、三日して ‖ しばらくたって ‖ 生まれて十日目

- 3 -

★「観察記録」なので日数をはっきりさせたかったが、たまごは個々きやすく、一つのたまごを追っていけなかったので、あいまいな表現になってしまった。

（三）問いかけの文とまとめの文を書く。

（C）①問いかけの文をつけてまとめの文を書く。

・問いかけの文
　（どんなことが書いてあるのかな・と引きつける工夫を）「黄色いカード」
　（絵カードを活用して）

・まとめの文
　（わかったこと、調べたことなど一番伝えたいことを）「青いカード」

②二人組になって二枚のカードを発表し合って、問いかけの文とまとめの文を決める。

・問いかけの文（相手を引きつける工夫がしてあるか）
・まとめの文　（一番伝えたいことが書いてあるか）

③問いかけの文とまとめの文例

問いかけの文	まとめの文
題「意外な事実」	
お母さんは、メダカのたまごを見たことがありますか。ぼくは、解剖顕微鏡でたまごの中を見ました。それで、意外な事実に気付きました。	このように、たまごの中でも、違う事があることが分かりました。メダカも人間のようにたまごの中で成長して、メダカになるのですね。
題「たまごの中のメダカ」	
メダカのたまごの中の様子を知っていますか。私は、解剖顕微鏡で調べる前は、たまごの中には最初から子メダカがいると思っていました。でもちがったのです。たまごの中では色々と変化がおきていたのです。	解剖顕微鏡で見ると、たまごの中の様子がくわしく分かりびっくりしました。最初はたまごの中には体の形はなく、だんだんと体ができてくることを知らなかったので、調べてみてよかったなと思いました。

○黄色いカードと青いカードは、自由に使って、いろいろな案を考えてみる

★カードに書くと、一度考えた案を消さずに、他の案も考えることができ、それぞれのよいところを合わせた文章にすることもできた。

★発表し合う（音声言語にする）ことにより相手に伝えようという気持ちが強まった。

★見方を変えて「絵図が見せる世界」が参考になっていた。

題「解剖顕微鏡で見ると」	
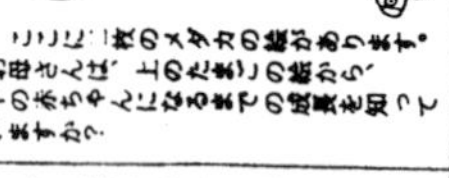 ここに二枚のメダカの絵があります。お母さんは、上のたまごの絵から、下の赤ちゃんになるまでの成長を知っていますか。	メダカのたまごから赤ちゃんになるまでには目、体、しっぽなどができて成長していたということがわかりましたか。ぼくは、生活の中の物を解剖顕微鏡などでもっとくわしく調べてみたいなと思いました。
メダカは、どのように成長するのでしょう。みなさんは、このように思っていたのではないでしょうか。 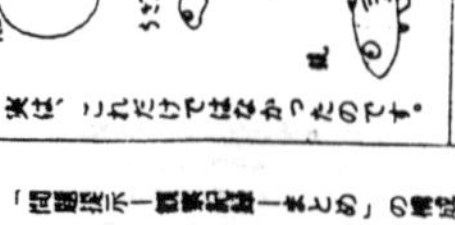 実は、これだけではなかったのです。	このように、メダカはたまごの中でもこんなに変化し成長していたのです。目で見ているだけではわからなかったことも、解剖顕微鏡で見るとわかるのですね。

（四）「問題提示—観察記録—まとめ」の構成で文章を書く。

（D）①絵カード、観察記録、問いかけの文、まとめの文のカードを構成する。

・段落のつながりを考えて
・必要な絵カードを選びながら
・絵カードの配置を工夫して

②原稿用紙に書きまとめる。

★四百字程度にまとめさせようと考えていたが、観察したことをくわしく伝えたいという思いと、一生懸命描いた絵カードを精選しきれなかったために、絵カードも含め八百字ぐらいにまとめた子供が多かった。

メダカの卵の中の世界をけんび鏡で…

伊藤 紫

お母さんは卵から子メダカが生まれるのは知っているでしょう。でも、その卵の中でどんな変化がおこっているのか知っていますか。

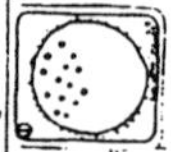

卵は二ミリメートルほどの生まれたばかりの卵を解ぼうけんび鏡で見てみました。透明でとても小さいあわがたくさんあります。まわりはふわふわとした毛でおおわれています。目で見ていると、つるつるしている様に見えたので、びっくりしました。

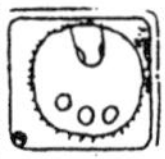

生まれて少したつと、あわは、〇・三ミリメートルほどになり、数も少なくなりました。体の形もうっすらと見えてきました。

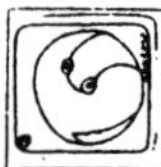

二～三日たつと、体がはっきりと見えるようになりました。目も黒くなって、メダカらしくなってきました。

それからしばらくすると、オレンジ色の血液が流れ、心ぞうがドクンドクンと動いているのが見えました。ああ卵の中でも生きているんだなあと思いました。

生まれて十日目、ついに、子メダカが生まれました。おなかがぷくっとふくれて、体長四ミリメートルほどのかわいいメダカです。

おなかがふくれているのは、生まれてしばらくえさを食べなくてすむように、栄養が入っているそうです。

〇から♪になるまでには、卵の中の世界ではすごくいろいろな変化がおこっていたのです。あんなに小さな卵の中で命が生まれていたなんて、はじめて知りました。

目で見てもわからなかった卵の中の世界も、解ぼうけんび鏡をとおして見てみると、くわしくわかりました。これからも目では見えない不思議な世界を調べてみたいなあと思いました。

★カードの段階では話し言葉で書いてあったが、書きまとめる時に書き言葉に変えて書いていた。
★カードの方が書いたことが書けている子供もいたので、カードから書きまとめる時の支援が必要であった。

- 6 -

(五) 解剖顕微鏡で発見したことを家族に伝え、感想をもらう。

文章表現に着目して	生命の不思議さに着目して
・最初が質問形式になっているので「何かな？」と引き付けられました。 ・メダカのたまごの形や色や様子がくわしく説明してあったのでよくわかりました。 ・興味をもって読みました。自分の目で見たことを記録をすることは大切なことです。 ・メダカのたまごの変化の様子がよくわかりました。 ・絵が上手に描けていて、説明もくわしく書けていてとてもよくできています。お母さんもよく見たことがないので勉強になりました。 ・分かりやすい説明でした。顕微鏡で小さなものを見ると、その形や動きがよくわかるのですね。	・これはメダカだけれど、Y子も（人間は全て）同じようにたまごの中で成長した時期があったんだよー（お母さんのおなかの中で）細胞一つが二つになり、四つになり、今のY子の身体は数え切れないほどの細胞でできているんだよ―でも始めは一つ。本当のことはおもしろいネ―いろいろ勉強すると、身体の不思議なことがいっぱいで楽しいよー。 ・たまごから子メダカになるまでの成長を目で見ながら観察できたことと、成長の一つ一つがとても「ふしぎ」と感じられたことが何よりも素晴らしいことだと思います。お母さんも顕微鏡で見てみたかった。 ・生き物が生まれるということ、生きていくということはとても不思議ですね。

★家族で「命の尊さ」について話し合うきっかけになったようである。

(E)

四 ま と め

この学習を通して、子供たちは、生命の不思議な世界への関心を深めることができた。その後、取り扱いの難しい保健体育「思春期の体の変化」の学習でも、命の尊さに気づき真剣に取り組むことができた。

また、自分の伝えたいことをはっきりさせて、「問題提示―観察記録―まとめ」の構成で文章を書くことによって、相手に正しく伝わる喜びを味わうことができた。これは、これからの表現活動に向かう大きな力になることと考える。

私自身がうれしかったことは、子供たちが生き生きと学習に向かう姿を見ることができたことと、今まで見えなかった子供のよさを発見できたことであった。

同時に、一人一人に理解してほしい力もはっきり見えてきたので、国語科だけではなく、様々な場面をとらえて子供たちが生き生きと学習できるような取り組みをしていきたい。

- 7 -

する際のつながりを考えさせるために、カードの記録を結ぶ言葉も考えさせている。

3　文章の構想を示す（C）

家の人にわかりやすく伝えるための文章の構想を具体的に示している。また、これまでの国語科の説明文の学習である「見方を変えて（地図が見せる世界）」の構想が児童の中に生きている。説明文の単元学習の中で、理解と表現の関連をつけた単元を展開することによって生きた力が生まれる。

4　文章を書く（D）

家の人に伝えるという目的をもって文章を書いているが、ここで絵カードの選択（四枚と限定した）と、文字の制限（四〇〇字程度）が行われた。このため、児童にとまどいが生じている。このことは脚注にも示されている。ここでは、目的に合わせてカードを選んだり、目的に合わせて表現することが大事で、形式的な制限はない方がよい。授業者の頭の中に短作文指導（参考文献の中にもあり）があったようである。

5　今後の発展（E）

児童に「生きて働く力」を身につけさせるため、人間形成につながる価値目標の実現を目指すために、単元の構成・内容は十分に考えておかなければならない。とくに単元の構成に当たっては、国語科の領域（「理解」と「表現」）や事項（「言語事項」）にこだわらないこと、他教科との関連（合科）も考えることによって総合的な単元が構成できる。今後の実践によってより望ましい単元の創造が望まれる。

五　先生方の記録の中から

演習の内容（様子）を知っていただくために、先生方の書かれた記録の中から紹介させていただく。

（記録3）◎観察記録の絵をれとげにた活用するという工夫がすばらしいと思う。子どもたちは文章を書く時に絵やグラフなどがあるととても喜び意欲的に取り組む。
◎観察記録を書く時の4つのポイントが明確に示してあるので自分の指導にも生かしたいと思う。子どもの観察記録にはその4つのポイントがきちんと押さえてある。
◎段階を追って仕上げまで計画的に取り組んでいるので、子どもも無理なく取り組めたように思う。
◎つなぎことばの指導も欠かしていない。
◎問いかけとまとめの文を二人組でさせるなど、きちんとポイントを押さえて指導してある。
◎子どもが書きたくなるような題材を選び細かな指導計画でなされており、子どもたちは技術的に成長しただけでなく命の尊さということも真剣に感じ取ったのだと思う。

…
・「説明文を読む」指導はしても「説明文を書く」活動は今まであまり実践したことはなかったので大変参考になった。物語文を読むにしても説明文を読むにしても必要感がなければ子どもの学習意欲は高まらない。この実践のように『家の人にわかりやすく伝えよう』という大きな目標（単元を通しての）があると説明文を読む必要感も、書いてみようとする意欲も高まりどの子も生き生きと活動できると思う。
・学習活動が無理なく構成されており、この順にやっていけば誰でも（配慮を要する子でも）その子なりに構成された説明文が書けるようになっているのはすばらしいと思った。
・絵カードの使用は試行錯誤をしやすく視覚的にも分かりやすくとてもおもしろい。
・この実践のように、教科の枠をこえて合科的に統合的に授業を組み立てていくことを考えていかなければいけないと実感した。

問題点・原稿用紙で書きまとめたものの中に
①から  になるまでに、とあるが、これも言葉による表現にすべきではないか
・メダカは続けて産卵するので毎日採卵して産卵後何日目の様子かをふり返って確かめ日を追っての成長の様子を正確にとらえさせたい。

問題点
・文章にまとめる段階で、内容の取捨選択をさせているがそのやり方についての指導が不十分であろう。必要なものを書き落としていたり不必要なものを残していたりということが作品中に見られる。
・感想の交流のような学習があればよかったのではないだろうか。最終的な自己評価がない。次へ続いていく要素はぜひ記録させておくべきである。

注

（1）『小学校国語科教育法』（北海道大学国語教育研究会編　学芸出版社　一九九五・一一〈第一版第三刷〉Ⅳ　理解の指導　2　説明的文章　四一～四三ぺ）

（2）全国国語教育学会主催　第60回国語教育全国大会（一九九七・八・二一～二三）小学校分科会18小学校高学年（説明文）この大会に参加し、この発表を聞いた。参加者も多かった。

15　国語科における読書指導（その一）

——指導内容の精選のために——

一　国語科における読書指導を明確に把握することの必要

これまでの国語科における読むことの学習指導の多くは、教科書にのせられた限られた教材を相当な時間をかけて指導されるものであった。このため、教材は細分化され、綿密な読解作業が児童に課せられてきた。ここでは、読解作業そのものが中核となり、そこで身につけなければならない読解の技能・態度は忘れられていた。すなわち、「何が書いてあるのか」「どんな感想を持つのか」だけが読むことの中心で、それらを読むために「どこをどう読みとったらよいか」「読みとることによって、自分はどう高まったか」ということが忘れられていたわけである。そのため、国語科における読むことの指導が、児童の読むことの生活に生きて働くということがなかった。

国語科における読むことの学習指導は、常に児童の読むことの技能・態度を高め、児童の読む生活を発展させ、児童を人間的に向上させるものでなければならない。このためには、これまでの読解指導のあり方を検討しなければならないし、児童の日常の読むことの生活に関係する読書指導を改めて国語科のワクの中で考えなおさなくてはならない。ここで言う国語科のワクというのは、平素の国語科の読むことの学習においてできる範囲ということである。国語科の読むことの学習の発展としての他教科との関連や児童の自由な読書を考えないということではない。これらを含めた広い立場に立って、国語科のワクというものをもう一度考えてなおしてみたいわけである。

　そこで、これからこの小論で明らかにしていきたいと思っていることは、国語科における読解指導のあり方の検討の上に立って、国語科の中における読書指導をどのように考え、どのような指導をしたらよいかということである。

二　国語科における読書指導についてどう考えるか

　国語科における読書指導についてどのように考えたらよいかということについて、まず、いろいろな文献に当たってみた。これらの文献から、自己の立場を明確にする手掛りを得たいわけである。（引用文の傍線は注目したい所で、わたしがつけたものである。）

(1)　現行の指導要領ではどうなっているか。
ア　「小学校国語指導書」（文部省、一九～二一ぺ）　4読むことの内容(1)読むことの指導事項の示し方
　読むことの指導事項に関しては、まず、音読、黙読、読む速度などに関する事項が示してある。――中略――次に、書いてあることの内容を読み取るための態度や技能について示してある。この部分は読むことの指導事項の中心をなすものである。その次に、鑑賞・批評に関する事項が第二学年から第六学年まで各学年ごとに掲げてある。――中略――読書指導に関しては、第一学年に関しては、記述がないが、学年の目標に「やさしい読み物に興味を持つようにする」とある。したがってこの学年では、文章を読む方法の初歩をわからせていくと同時に、やさ

しい読み物に興味をもつように指導すべきである。第二学年の望ましい指導事項の中には、「本や雑誌の読み方がわかること」が示してあり、第三学年以上第六学年までの各学年の指導事項の最後には、一項ずつ読書事項が示してある。なお、学級文庫の利用のしかたには、——後略——

イ　小学校国語指導資料「読むことの学習指導」（七～八ぺ）　５読書の指導

読むことの学習指導においては、単に文章を読む態度・技能だけを指導すればよいのではない。読解の態度や技能を身につけると同時に、読書の習慣・態度を養い、読書生活の向上をも図らなければならない。読書の指導に関しては、学習指導要領の各学年の読むことの目標の中に、次のように述べられている。——中略——また、各学年の内容の読むことの指導事項として、次のように述べてある。——中略——なお、いわゆる学習することが望ましい事項として、次の事項があげてある。——中略——これらの目標や内容によって、読むことの学習指導の中で、読書の指導として、どういうことをしたらよいかは明らかである。要するに、国語科における読書の指導は、読解学習と別個に存在するものではない。読解と読書を相互に関連させながら指導し、読書生活の向上を図ることによって、はじめて読むことの学習指導の目標は達成されるのである。

(2)　いろいろな人の考え方

ア　『国語指導法事典』（輿水　実編、二〇二～二一四ぺ）

読むことの学習指導　一　意義（二〇二ぺ）

読むことの学習指導は、(1)文字・語い・文法の指導、(2)読解の指導、(3)読書の指導の三つの領域を含む。このうち、(1)の「文字・語い・文法」は、読むことの基礎領域で実質的には(2)に含まれる。(2)の「読解」は、文章を読んで理解することで、読むことの学習指導の中核となる。(3)の「読書」は、書物を読むことで、(2)よりやや広く、図書の選択や利用までも含んでいる。

したがって、読むことの学習指導は、文章を構成している文字の系列を線条的にたどりながら、文字の認知、語句の識別、文脈の把握などを通して、記号の内容を理解し、書き手の意図とか、文章の主題とかをとらえる読解の指導を中心に、図書の選択や利用まで指導しなければならない。（蓑手重則）

読解の学習指導　三　指導計画（二一二ぺ）

読解のためには特定の施設を必要としないが、経験的に文章を読ませる場面を考慮すると、学級に文庫、学校に図書館があることがあるが、読書読解のための施設ということになる。現実にこれらの施設ができているのであるから、読解の学習上利用することが望ましい。読書は読解の経験を実習する場面である。

（望月久貴）

読書指導　一　意義（二一四ぺ）

〔読書指導の目的意義〕

1　基礎的な読書技術を身につけさせる。2　適正な読書興味を開発し、望ましい読書態度を養い、読書意欲を助長する。3　あらゆる学習に図書資料を活用する態度と能力を発達させる。4　読書によって事象の見方・考え方を深め、自己を充実し社会に適応する読書人格の形成につとめる。など、広狭・深浅、いろいろな見解があるが、(1)の基礎的なことから(4)の読書人格の形成に至るまで計画的に指導・援助するのが、広義の読書指導である。究極のねらいは、読書生活の指導、さらには読書による生活指導ということもできよう。

〔国語科における読書指導〕

前述のような広義の読書指導は、国語科だけで相当し得るものではない。それは、教育課程の全面、さらに家庭の協力提携をも期待して、計画され実施されねばならない。国語科では、その全貌を考慮した上で、主として前項の(2)をめがけながら、(1)を補充し、(3)(4)の動機をつくり、その素地にも培うのである。

〔読解指導と読書指導〕

「読解指導」は、読みの基礎的な知識・技能・態度等を直接的なねらいとして、特定の教材・時間・場（教室）で、主として一斉的になされる。「読書指導」は、その読解力に支えられながら、児童生徒自身の興味・必要・目的によって、主体的に読み物が選択され、自由な機会と場で、個別に意欲的な読書が行なわれるよう配慮する。それによって豊かな読書生活を期待するのはもちろんである。それによって、1　読みの興味が増す。2　読みの速度が増す。3　語いが増加する。4　理解力が増す。など、読解力も自然に伸びていく。このように、読解力と読書指導は相補関係にあり、両々相まって国語力も人間形成も進んでいくのである。（高田三千男）

イ　『読書指導』（図書館教育研究会編、二一五～二一六ぺ）

国語科学習と読書指導

教室の中でも、国語科は、読むことの指導を分担する教科であるから、読書指導とはもっとも緊密な関係にある。現行の指導要領（一九五八年告示）には読書指導に関する目標がどの学年にも明記されている。したがって、読書指導の基本は国語科の中で実践されるのが原則と考えられている。

そこで国語科における読むことの指導は、在来の主流であった読解指導と、むしろ生活の中におしやられていた読書指導との二領域を統合することになった。この二者を厳密に区分することは、実際上はむりである。もともと一体をなすものであるが、国語科の発達の歴史の途中で、読書指導をたな上げにして、読解指導のほうに主力を注ぐことになってしまったのである。だからそれぞれ別個の発達をしてきたために、しいて区別すれば区別できる形になってきている。たとえば、次のように区別することができよう。

a　読解指導――文字で書かれている文章を読んでその文章が表現しようとしている意味を正確に理解すること。言いかえると、筆者が伝えようとしたコミュニケーションの情報を、誤たずに受信する能力を発達させること。

b　読書指導――正確な読解力を駆使して、書かれた文章から自分の必要を満たす情報を取り入れること。とくに子どもの場合は、それによって生活を文化に適応させ、彼らの人格を健全に発達させるよう導くこと。

このような区別をするとすれば、読むことの指導は、読解指導から読書指導へという段階を踏むことになるが、指導の実際では、どちらが先で、どちらが後という順序はつけられないし、どこまでが何で、どこからが何という境界線を引くこともできないであろう。

ウ　『現代読書事典』（坂本一朗・波多野完治・滑川道夫・室伏　武編、二八一～二八二ぺ）

読書指導と読解指導

読書指導と読解指導の関係は、国語教育における古くて新しい問題である。古くといっても国語教育に読書指導が堂々ととり入れられたのは、新しいことである。――中略――

このような読むことに対する考え方を徹底していくと、読解指導と読書指導とは決して別のものでもなければ、もちろん矛盾するものでもない。本を読むという生活が、広く豊かでなければ読解の働きはうまくいかないであろう。また、正しく効果的に読解する能力がある人がはじめて立派な読書人たり得るのである。意味をつかみとること――読解――と意味をつかみとる行為を生活に役だてること――読書――とはこのような関係にあるのであるが、前に述べたように、この相互の関係がまだ広く徹底していない現状では、「読書指導と読解指導」という問題はもっと真剣に取りあげられる必要がある。（倉澤栄吉）

エ　『国語科自由読書の指導』（輿水　実・小川末吉著、四一ぺ）

二　読解指導と読書指導との対比　(2)　両者のからみ合い

読解するには読書しなければならない。よく読むには、一通り読まなければならない。国語教科書の教材文は、まず、ふつうの読書と同様、目的的機能的に読まれるのでなければならない。それによって、知識・情報を身につけ、価値を身につけるのでなければならない。そういう構えで、読まれなければならない。そうして、しかも、それの徹底として、そのいわゆる文意の深究のための方法とし契機として、意味構造一文章構造の研究がなされるというのが、読解の基本的過程である。

その結果として、読書力あるいは読書の基礎力がつくから、それにしたがって、発展的に、読書指導があり、読書生活が拡充されていく。

ふつうには、読解は読書の基礎である。まず読解の学習指導があって、それから読書指導があるべきだというふうに考えられている。しかし、読解の前に、文書読解とならんで、書物の読みという生活事実がある。国語科の読解指導は、この事実の上に、その能力的な必要に即してなされている。（輿水　実）

オ　『小学校読書指導講座　Ⅱ　国語科における読書指導の計画と展開』（藤原　宏・井沢　純編、八七ぺ）

Ⅳ章　読むことの指導における読書指導計画

3　読解指導と読書指導との関係を考えて計画をたてること。

前述のように読むことの指導は、はっきりと読解指導と読書指導とに割り切って考えられないものであるが、教科書教材を読むことの指導の際に使用する場合は主として読解指導に重点をおく場合が多い。教科書教材には、本来ならば文章の性格上、読書指導のために適した文章もかなり多いのであるが、読むことの指導内容全般を限られた時間内で指導しなければならないので、いきおい文学的作品のような教材まで、読解指導に重点をかけて取り扱うという傾向がある。

一方、読書指導といったところで、読書の能力を養うには、文章を正しく読解できる能力が前提ともなるのであるから、読解指導とまったく切り離して読書指導だけを行なっても読書能力向上の効果的な指導とはいえない。

そこで、読むことの能力をつけるための読書指導の際は読解指導と読書指導との相互の関連を密にして指導計画をたてることが特に必要になってくる。読解指導において指導されたことがらが、読書の指導にどう発展するかの関連をもたせた計画をたてることと、また、読書の指導で養われた能力を読解の学習に生かすような計画とが必要である。

(3)　新指導要領ではどうなっているか。

ア　小学校教育課程改善に対する答申

第二小学校の各教科等改善の具体方針　一　各教科　(1)　国語　(読むこと)　4

読むことの学習については、読書指導が計画的、組織的に行なわれるようにし、読解指導についての内容の精選、充実、指導の徹底とあいまって、読むことの能力が向上するようにすること。

(1)　読むことの能力は、読解指導と読書指導とが、両者それぞれ関連しながら片寄りなく指導されるときに、真に身につくものである。このため、読書指導が計画的、組織的に行なわれるようにする。

イ　小学校学習指導要領（文部省）～現行のものと対比して示す～

第2　各学年の目標および内容　2　内容　B　読むこと　(3)

学年	項目	目標	(3) 読書の技能・態度
1年	現行	(4)文章を読む方法の初歩がわかるようにする。 (5)文章を読むために必要な文字や語句を身につけるようにする。 (6)やさしい読み物に興味をもつようにする。	
1年	改正案	(2)書いてある事がらのだいたいを理解しながら読むことができるようにし、また、やさしい読み物に興味をもつようにする。	(ア)やさしい読み物に興味を持つこと。 (イ)文章に書かれていることのなかで興味のあるところを見つけ出すこと。 ◎(ウ)場面の様子を想像しながら読むこと。
2年	現行	(4)読みの初歩的能力を身につけるようにする。 (5)読むために必要な文字や語句を確実に身につけるようにする。 (6)やさしい読み物を自分から進んで読むようにする。	(オ)好きなところやおもしろいところを抜き出すこと。
2年	改正案	(2)書いてある事がらの順序や様子の移り変わりを理解しながら読むことができるようにし、また、やさしい読み物を進んで読むようにする。	(ア)やさしい読み物を進んで読むこと。 △(イ)好きなところや興味をもったところを見分けたり、それらを人に伝えたりすること。 ◎(ウ)人物の性格や場面の様子を想像しながら読むこと。 ※(エ)かなり長い文章でも終わりまで読もうとすること。

学年	項目	目標	(3) 読書の技能・態度
3年	現行	(4)ある程度すらすらと読むことができるようにする。 (5)読むために必要な文字や語句を増すようにする。 (6)いろいろな読み物を読もうとする態度を育てる。	(イ)長い文章を終わりまで読むこと。 (オ)読み取ったことについて感想を持つこと。 (キ)読みとったことを他人に伝えて楽しむこと。
	改正案	(2)文章の要点を正しく読み取ることができるようにし、また、いろいろな読み物を読もうとする態度を養う。	(ア)いろいろな読み物を進んで読むこと。 △(イ)読んだ内容について感想をもったり、自分ならどうするかなどについて考えたりすること。 ◎(ウ)人物の気持ちや場面の情景を想像しながら読むこと。 ◎(エ)読んだ内容について話し合い、ひとりひとりの感じ方や考え方には違う点があることに気づくこと。 (オ)長い文章でも終わりまで読み通すこと。
4年	現行	(4)正確に読むとともに、読む速さを増すことができるようにする。 (5)読むために必要な語句をいっそう増すようにする。 (6)読む量をふやし、読み物の範囲を広げるようにする。	(ウ)読みとったことについて話し合うこと。 (カ)知るため楽しむために本を読むこと。
	改正案	(2)段落ごとの要点の相互の関係をつかんだり文章の中心点をおさえたりしながら正確に読みとることができるようにし、また、読み量をふやすとともに読書の範囲を広げるようにする。	△(ア)読みとった事がらについて感想や意見をもつこと。 ◎(イ)表現に即して場面や情景を思い描くこと。 △(ウ)読みとったことについて話し合い、ひとりひとりの受け取り方の違いについて考えること。 △(エ)本を読んで必要な知識や情報を得ること。 ◎(オ)内容を理解しながら速く読むようにすること。 ◎(カ)むずかしいと思う文章でも読み通す態度を身につけること。

学年	項目	目標	(3) 読書の技能・態度
5年	現行	(4)調べるために読むことができ、また、味わって読むことができるようにする。 (5)わからない文字や語句の読み方や意味を自分で調べることができるようにする。 (6)読み物の範囲を広げ読み物を自分で選択することができるようにする。	(ウ)自分の生活や意見と比べながら読むこと。 (エ)調べるために読むこと。 (オ)自分の読書のしかたを反省して、その向上を図ること。
	改正案	(2)文章の主題や要旨を理解しながら読むことができるようにし、また、読み物を自分で選択することができるようにする。	△(ア)読んだ本の内容に対して感想や意見を持つこと。 ◎(イ)人の気持ちや場面の情景が書かれている箇所について味わって読むこと。 △(ウ)書き手のものの見方や考え方について考えること。 (エ)自分の読書のしかたを反省して、その向上を図ること。 (オ)調べるために読むこと。 ◎(カ)読む速さを増すようにすること。
6年	現行	(4)目的に応じていろいろな読み方ができるようにする。 (5)読むために必要な語句の範囲を広げ、その量を増すようにする。 (6)よい読み物を選んで読む習慣をつける。	(エ)文章を味わって読むこと。 (カ)どんな本がよいかを見分け、よい本を選ぶこと。
	改正案	(2)読む目的や文章の種類、形態などに応じて適切な読み方ができるようにし、また、適切な読み物を選んで読む習慣をつけるようにする。	△(ア)本を読んで自分の感じ方や考え方がどのように変わったかを考えてみること。 △(イ)描写や叙述のすぐれた箇所を読み味わうこと。 (ウ)自分の生活や意見と比べながら読むこと。 △(エ)調べるために読み、諸論をまとめて課題の解決に役だたせること。 △(オ)どんな本がよいかを見分け、目的に応じて適切な本を選ぶこと。 ◎(カ)目的に応じて適切な速さで読むこと。

備考　※　学年をさげて示されたもの　△　内容が充実されたもの　◎　新しくつけ加えられたもの
傍線は、内容の中に生かされたもの。

以上、各種文献によって国語科における読書指導の位置づけを明確につかむ努力をしてきた。それぞれに当たって詳細に検討し自分の得たものを詳述することは紙数の関係でできないが、自分なりにつかみ得たところについて以下まとめておきたい。

1　読む力とは、読解力と読書力とを合わせたものである。

2　読解力と読書力とは別のものではない。読解力は読書力の基本になるものである、読書力は読解力が高まることによってますます身につくものとなる。

3　指導に当たっては、両者のからみ合う面を充分に考えて指導計画を立てなければならない。

・読解の指導内容として考えられるもの（読書の基本的事項と読書意欲の向上）

文字・記号の理解、語句・文・文章（文のきまり）の理解、読解の方法の理解、読解する態度の向上など。

・読書の指導内容として考えられるもの（読解の指導内容を充分に踏まえて）

知識や情報の獲得、鑑賞や批評、図書の選択、人間としての向上（読書意欲）など。

4　国語科における読書指導は、広い立場から国語科では何をなすべきか考えなければならない。このことは、国語科ではもちろん、他の教科や他の活動部面での関連も充分に考えなければならないことを意味している。また、それは児童の将来の読書生活をも見通した読書指導でなければならない。

三　国語科における読書指導の実際

最後に、国語科における読書指導を実際に行なう場合の方法および留意点に触れておきたい。これらは、仮説的なものであって、今後の実践を通して検証し、確認し具体化をしていきたいと考えている。

1　指導過程の中で、読解指導と読書指導のからみ合いを常に考える。

　読解指導の中には、これまでの自由読書や読書指導によって得たもの（ことば・文・文章の理解・文章の要点・要旨・主題の把握など）が生きて働いていることを考えなければならない。また、反面現在行なっている読解指導は、児童の今後の読書生活をさらに高めるための基礎（ことば・文・文章の理解、文章の要点・要旨・主題の把握、読書方法の発見と理解、読書意欲の向上など）を養うものであることを考えなければならない。また、これらが、次の読解にも生きて働くものでなければならないことはもちろんである。

2　文章を読む必要性を自覚する方向を常に考える。

　文学教材にしろ非文学教材にしろ、その教材を読もうとする児童の興味や意欲は大切にされなければならない。初歩の段階では、単なる興味から出発するにしても、読みとりが自己の見方・考え方・感じ方を高めたり、知識や情報を得る喜びを与えたりすることによって、自己自身の向上に役立つものであることの自覚に立たせることが大事である。こうした自覚に立たせるためには、読解指導が子どもの身につくものになっていなければならない。ここでは正確な読みとり、深い読みとり、豊かな読みとりというものが要求される。

3　教科書教材のみで満足しないで、多くの教材を用意する。

一つの教材を扱うことによって、そこで得た知識、技能、態度を生かして使う場面をより多く準備してやることが大事である。すなわち補充教材といわれるものの用意である。補充教材を与える場合には、いろいろなことが考えられていなければならない。すなわち、補充教材を指導過程のどこに位置づけるかとか、どんな補充教材を用意するとか、その補充教材で何を身につけさせるのであるかなどである。

4　自由読書の計画的指導

国語科のワクから一応はみ出すものではあるが、この点については、学級文庫や学校図書館と関連させて、できるだけ明確な計画を持つことが大事である。その上で、国語科の学習とのつながりも明確に把握しておかなくてはならないであろう。新指導要領では、特別活動の中の学級指導の活動内容に「学校図書館の利用指導」があげられている。こうした面とのつながりも充分に考えられていなければならないわけである。

5　他教科の学習との関連を考える。

他教科の学習、とくに、読むことによって進められる学習場面を検討してみる必要がある。そこでは、文章の内容が主であって、それが的確に読みとればいいわけであるが、そのために読解指導・読書指導を行なわれなければならない場面がたびたび出てくる。国語科の学習がこうしたところで生かされるであろう。小学校の場合、全科担任制であるから、こうした他教科との関連が充分に考えられる。大いに生かしていきたいものである。

以上、非常に概念的なことになってしまった。そのために、今後に残された問題は多い。すなわち、平素の指導過程の中で読解と読書とをどうからみ合わせるか、読む興味や意欲をどう高めていけばよいか、補充教材をどう選び、どう与えるか、自由読習の計画や指導をどのようにするかなどの具体化の方向である。

（昭和43年9月9日）

16　国語科における読書指導（その二）

国語科における読書指導については、本年度より完全実施される指導要領の方向と合わせて、国語教育関係の研究誌・機関誌や単行本などで、これまで盛んに述べられてきたし、これからも述べられるであろう。国語科における読書指導の実践で、今後も問題になるのは、国語科の学習の中で読書指導をどう受けとめ、どう具体化するかということではないかと思う。

すなわち、これまで実践してきた教科書の文章を中心とした読解指導といわれるものと、どういう関係にあるもので、これを踏まえて、今後は、どのように実践をしたらよいかを明らかにしなくてはならない。さらに、教科書によっては、はっきり読書教材として示したものが新しく登場してきている。これをどう扱ったらよいかということもある。こうした教科書を中心とした学習に加えて、補充教材や副読本的なものが続々と登場し、国語科の学習の中に取り入れられるけはいである。こうしたものを、国語科の学習の中にどう位置づけ、どう消化していくかということもある。

このような問題に対して、指導者のひとりひとりは、まちがいのないはっきりした立場を考えておく必要にせまられているように思うのである。そうしなければ、子どもの国語科の学習はいたずらに混乱を招き、読書力をつけるどころか、逆の結果になってしまうおそれがある。以下、先に提示したひとつひとつの問題について、わたしなりの考えを述べてみよう。

一　読解指導と読書指導

まず、これまで実践してきた読解指導といわれるものについて考えてみよう。これまで読解指導として実践してきたことの中に、読書指導といわれるものがなかったであろうか。心ある人は、読解指導の中に読書指導を盛りこんでいたし。両者の関連をじゅうぶんに考えていたと思うのである。

たとえば、読解指導の導入において、文章に向かう姿勢（心構え）を重視したり、読解の過程において、感想を重視したり、読解指導の発展として、補充教材や図書を準備して読ませ、読書活動への発展を考えたりしていたと思う。

これらは、単なる読解に終わらせないで、「読むこと」の本質を見きわめ、子どもの将来の読書生活をも考えての読解指導であったわけで、こうした実践は、今後ともいっそう充実していかなければならないことである。

読解指導と読書指導の区別をはっきりさせようと努力することも必要であろうが、それよりも、両者を含めた「読むこと」（読む活動）すなわち、いわゆる読書そのものの姿を明らかにすることに視点をすえて、これからの学習活動を組むことが大事ではないかと思う。それは、読解活動といわれるものと読書活動といわれるものが別別に行なわれるものではなく、両者は有機的にからみ合っているものだからである。

次のような文章（旅行記）がある。

長崎の市街地を出はずれる所で、日見《ひみ》のトンネルをぬける。むかし、旅だちを見送る人々は、この日見の峠《とうげ》まで来て別れるならわしだったそうだ。喜びの旅、悲しみの旅、別れをおしむ人々のふる手は、秋ならば、すすきのほの間に見えかくれして、しだいに遠ざかる……そうした情景を、去来《きょらい》は、

きみが手もまじるなるべし花すすき

という俳句をよんだ。その句を刻んだ碑《ひ》が、峠の上にあるという。

ひとたび別れていつまた会うのかわからなかった当時の旅をしのびながら、わたしは車窓から峠を見あげた。

（「雲仙から阿蘇へ」学図・小学校国語・六年上、一一二～一一三ぺ）

この文章を読むということは、この文章の中に盛られていることをすべて理解することである。それだけではなく、何かを感じ、何かを考えることである。このことに、読解活動だけでなく、読書活動も同時に行なっているといえる。文章を味わうという鑑賞の段階にまで子どもを引き上げることをねらうとすれば、両者はいっそう密接に結び会っていなければならないことになる。

たとえば、文章中に引用された俳句の意味を理解しようとすれば、俳句の前に書かれている文章を完全に理解して、俳句の中のひとつひとつのことばと結びついていなければならない。こうした読解活動の上に立って初めて、俳句の中に盛りこまれている去来の気持ちにまで心をおよぼす読みができるようになる。これはさらに、「ひとたび別れていつ会えるかわからなかった当時の旅をしのびながら、わたしは、車窓から峠を見あげた。」という作者の気持ちや人がらの理解に結びついていくものとなる。こうした文章全体のはあくは、文章の構成や表現にまで目を向けさせることにもなるであろう。

このような、きびしい学習は、教科書教材の扱いには欠かすことはできないし、これが読者における一読して全体を知ることの基礎を養うことにもなると思うのである。

読解指導の中における、読書指導への方向を見きわめた指導と読書指導における読解指導の重要性の認識は、これからの指導において忘れてはならないことである。いたずらに「読書指導」ということばに迷わされて、表面的な読みに終わることなく、読書の本質を見きわめ、これまでの読解指導にいっそうみがきをかけていきたいものである。

二　読書教材

新しく読書力を高めるための教材といわれる読書教材が教科書の中に登場してきた、これとどう対処するかは直ちに考えておかなければならない問題である。読書指導を中心とした教材は、学習指導の上で、読解を中心とする学習と違ってくるであろうし、そうでなければ、その目的を達成することはできないであろう。すなわち、読解を一応消化した段階での扱いというところに指導の重点が置かれることになる。

学図本に読書教材として再び登場している「最後の授業」（六年上、六八～八二ぺ）での扱いを考えてみよう。単元の目標として次のことがあげられている。

フランス人の祖国愛＝国語愛に感動させ、国語に対する関心と愛情を育てるとともに、豊かな読書力を養う。

1　場面のようすや人物の心情を想像しながら読ませる。

2　主題について考えを深め、自分の生活や意見と比べることができるようにする。

この学習の根底には、読者である子どもの読みとったことによって起ってくる思考・心情を考えておかなければならない。すなわち、同情・感動・想像・対比・意見など、読み進めの過程で起こってくる様々な思考・心情をたいせつにし、読みの途中や終了したときに、心に強く残ったことを中核として統一あるものにまとめられるように導くことである。これが主題に結びついたものになるし、それはさらに、自己を精神的に向上させ変革させる原動力にもなるのである。

ここでは、こうした読みの方向を踏まえた学習過程を組んでゆくことになる。従って、場面、場面での子ども個々の思考・心情を明確にさせたり、検討させたりする方法を考えると同時に、全体を読み終わったときに、それらが失われることなくすべてわかるようになっていることが大事である。このように部分部分を押えて全体をはっきりつかませる方法と、全体としてつかんだことを部分と照らし合わせて、全体をいっそうはっきりつかませる方法がある。これは、子どもの能力や教材の内容程度によって指導者が決めることである。

三　補充教材

補充教材がどんどん出版されるようになってきた。一つ一つの作品が取りあげられるようになったものもあるし、いくつかの作品を集めた副読本のようなものもある。これらを取り上げることは指導者にまかせられている。そのために、これらをどのように国語科の中に取り入れてゆくかは重要な問題であるし、今後、お互いに考えてゆかなければならないことだと思う。

その取り上げ方にはいろいろな場合が考えられる。それらを思いつくままに列挙してみよう。

教科書の中の教材が物足りないので、補充教材を主教材として扱い、教科書教材を補充教材として使う。この場合の物足りなさは、主として内容的なことが多いのではないかと予想される。子どもの生活とか心情にぴったりしないとか、発達段階に合わないとかいう場合である。文章上の物足りなさもあるかもしれない。原作を焼きなおしたものであるとか、省略があるとか、表現が子どもにぴったりしないとかいう場合である。

この場合の取り組みは、指導者として非常に積極的・主体的なものである。指導者自身が教科書編集者の立場に立つことになる。ここでは、指導者自身の国語科の指導課程が確立していることと、児童の実態はあくが完全になされていることが前提となる。単なる思いつきは危険だからである。

教科書の教材を学習する途中で、あるいは、学習し終わって、発展的に補充教材を取り入れる場合がある。この場合は、いろいろな扱い方が考えられる。

・教科書教材の中に盛られた問題を解決するために、他の補充教材を与える。
・教科書教材と同一作者の他の作品を補充教材として与え、読み比べをさせる。
・教科書教材で学習した技能をいっそう身につけさせるために、それに適した補充教材を与える。
・教科書教材の内容と似た内容のもの、あるいは、違った内容のものを補充教材として与え、教科書教材の内容をいっそう深めたり、広げたりする。

こうした学習を通して、幅広い豊かな読書指導をしていくわけである。

以上、いろいろと列挙したが、補充教材を扱う上で一番大事なことは、その補充教材をどういうねらいで取り上げてきたかということである。これが明確になれば、児童への好まして与え方も自然に生まれてこよう。ただ与えさえすればよいのではない。最近出版されているものは、文学的なものにのみ片寄っているし、どれを与えてもよいというものでもない。しっかり検討を加えなければならない。

終わりに

最初に提示した三つの問題について、わたしなりの考えを述べたわけであるが、舌足らずに終わり、じゅうぶん意を尽していない。これらは、今後のわたし自身の国語科教育の実践の中に具体化していかなければならないことである。

（昭和46年5月9日）

17　「読書する子」の学習システム

(1)　「読書する子」とは

みずから自己の成長に役立つ図書を求め、それを読むことによって自己の成長のかてを得ていく子どもを「読書する子」とする。こうした子どもを育成することが読書指導にたずさわるわたしたちの願いである。さて、みずからの学級に目を向けて「読書する子」をさがせば、必ずひとりやふたりはいるものである。完璧とは言えないまでも、その子の成長段階としては非常に好ましい方向で読書していると言える者がいる。こうした子どもは、どうしてこうなったのか。その子なりの学習システムがあったはずである。これを明らかにして学級の子どもたちに及ぼすことはできないか。

(2)　これまでの読書指導を見直す

現在のわたしの学級の子どもたちは、三年生になって二か月を過ぎようとしている。読書指導について本格的な学習はしていない。こういう時点で子どもたちの読書の状態を見ると、実にさまざまで個人差があることに驚く。二か月の間に最高三十一冊を通読している子がいるかと思うと、一人ではあるが全く読んでいない子どももいる。また、その内容を見ると、当然ながら個人差がある。相変わらず絵本類の多い子、一気に読めそうな分量のものばかり選んでいる子、理科的なものに集中する子など実にさまざまである。

これまで三年間一・二年の複式学級を担任し、低学年児童の読書指導に自分なりに力を入れてきたつもりではあったが。わたしの手を離れた子どもの状態が、先に述べたような状態となる恐れが多分にある。読書することが、ほんとうに子どものものとなるまで、すなわち「読書する子」になるまで継続して指導を続けると同時に、子どもたちも学習し続けさせなければならないと思う。

(3)「読書する子」の学習システムの開発

「読書する子」の要因をさぐってみると、いろいろな要因が見つかる。まず、家庭における読書環境のよさがあげられよう。読書材が豊富にあるとか父母の配慮などである。ついで、幼稚園での読書環境や読書指導のよさがあげられる。つぎは小学校へと続くわけであるが、「読書する子」の読書学習は、幼児の頃からすでに始まっていると言ってよい。

しかし、ここでは小学校段階下の指導を中心にとりあげていくわけであるが、その指導に当たって、まず何をすればよいかを考えなければならない。先にも述べたように、学級の子どもたちの読書の状態は十人十色である。まず、子どもの実態をつかむことから出発しなければならない。その視点としては、読書の興味・読書の習慣・読書技能の三つを考える。この三つは、どれ一つ欠けても、「読書する子」になれないものである。「読書する子」は、この三つがうまく調和している。この三つの点から学級の子どもの不調和を見つけ、それを修正する必要がある。ここに子どもの学習が組まれたわけである。

興味・習慣については、非常に個性的なものが含まれるので個別的な指導が理想であるが、学級の傾向がつかめれば授業として組むことができよう。また、学級の全体の子どもを一つの方向に向けようとする場合にも授業は組まれる。

技能については、平素の国語科読解指導との関連を充分に考えた上で学習を積み上げていかなければならない。

読書技能として基礎的な事項は授業として組まなければならないが、小学校における他教科や特別活動・道徳などでの読書活動との関連や、家庭での読書生活との関連も考えておかなければならない。

(4)　「読書する子」の学習システム（その実践例）

ここでは、二・三の実践例を示して、それに対する考察を試みたい。すなわち、興味の面から、習慣の面から、技能の面から、学級の子どもたちの実態を明らかにし、それぞれの問題の把握と、その問題の解決のために授業をどう組み、子どもの学習をどう組織したかを示し、さらに、その実践結果を示し、考察を加えていくようにしたい。

(5)　「読書する子」を育成するための今後の課題

「読書する子」を育成するために本気になればなるほど、さまざま障害につき当たる。すなわち読書材の不足、指導の不徹底、準備や評価の時間の不足など、次々と問題が出てくる。こうした問題も読書の学習のシステムが明らかになれば乗り越えていけると確信する。道ははるか遠いのではあるが一歩一歩あゆんでいかなければならない。

（「第5回全国国語教育研究者集会紀要」　昭・50・8）

この大会の様子を次のように報告した。

第5回全国国語教育研究者集会

第五回全国国語教育研究者集会は、これまでの限定会員制を発展解消して、全国多数の研究者の方々に広く呼びかけて大会を開催することになった。これに伴って主催も国語教育研究所（所長輿水実）となり、全国規模の研究大会にすることになった。その第一回を広島県国語教育研究者集会（代表・野地潤家）が引き受けることになり、原爆三十周年を迎えたばかりの広島市で次のように行なわれた。

期　日　昭和五十年八月八、九、十日
会　場　広島市東千田町一丁目一―八九　広島大学教育学部
テーマ　読書指導から読書学習へ――そのシステムのデザイン
分科会テーマ
①　教科書教材による読書学習の授業システム
②　自主教材による読書学習の授業システム
③　読書興味・習慣・技能の授業システム
④　読書実態・読書資料の研究――システム化のための基礎作業――

一　テーマについて

国語教育の研究領野は実に広い。大会でのテーマ設定は、すべての領野を含むようなものが多い。しかし、本集会では、とくに読書の面に焦点を当て研究を深めることにし、「読書指導では、いったい学習者に何を学習させるか。

これは『学習法の学習』ということが叫ばれている今日、われわれが考えなければならない最も重要な課題のひとつで、学習者尊重の教育革新につながるものであります。」と全国の研究者に呼びかけた。

このテーマのもとに全国各地から参集された会員は六百名を越え、講師の先生方の講演、四分科会での研究発表などを終始傾聴し、読書指導のあり方について研究協議し、多くの収穫を得たわけである。

二　講演について

基調講演は、「新しい読書学習システムの開発」と題して、輿水実先生が話された。大人本位の読書指導から、子ども本位の学習、すなわち子ども自ら読書の態度や方法を学習していくようにするために、システムの考え方（計画的・組織的・意図的）を取り入れた設計をしていこうと呼びかけられた。講演の内容は六つの項目（⑴立場・⑵これまでの読書指導の全般的な立場・⑶読書指導の場〈機会〉・⑷読書指導の内容・方法・⑸読書指導の方法・⑹新しい読書学習システムの開発）について、先ず立場を述べられ、次いでこれまでの読書指導を批判されながら（⑵⑶⑷⑸の項目）新しい読書学習を明らかにされた。

一日めの講演は、「個性読みの視角と方法」と題して、野地潤家先生が話された。読書指導の究極目標を個性読みとされ、個性読みは、読書の機能と価値とを主体的につつみこんだ、ひとりひとりの読み手の読書生活の確立・充実を目ざすものであり、また、自己のペースで読みとり、読み味わい、読み深めていくものであるとされる。こうしたお考えをいくつかの具体的事例に即して話された。

二日めの講演は、「読むこと学習の原点を求めて」と題して、井上敏夫先生が話された。生活の読みの実例をいくつか文章に即して示されながら、読む力を身につけていくためには、どんなことが大切で、どうしたらよいかを話された。すなわち、文章の志向性を見ぬく力を養うとか、物語の世界と協調しながら読むとか、文章を次々と予想しながら読む力や問題意識をもって読む力を養うとかである。

三　各分科会の発表について

分科会は先に示したように四つあり、それぞれのテーマに即して、次の方々の発表があった。

◇第一分科会

伊藤武光（岩手）　杉山妙子（神奈川）　山田　登（新潟）　村田耕一郎（三重）　藤田治夫（滋賀）

田子　覚（鳥取）　宮田正直（熊本）　高田　淳（広島）

国語科における読書指導（学習）とか、教科書教材を使った読書学習とかについて、その授業のシステムのあり方が発表され、協議された。また、助言を輿水実・須藤久幸（横浜市浦島丘中校長）・小山逸雄（熊本市白山小）・西村文彦（鳥羽市加茂小校長）の先生方よりいただいた。

◇第二分科会

戸田礼子（新潟）　白鳥　稔（神奈川）　岡本　寿（兵庫）　大野木正宏（滋賀）　千葉　勲（徳島）

福嶋弘人（熊本）　松野脩輔（広島）　増田義法（広島）

自主教材による読書学習の授業のシステム化に始まって、自由読書に及ぶ授業のシステム化に至る幅広い内容が発表され、協議された。また、助言を、井上敏夫・小川末吉（八王子市教委指導主事）・大淵哲也（小千谷市山谷小校長）・橋本暢夫（広島県教委指導主事）の先生方よりいただいた。

◇第三分科会

石川修三（埼玉）　岩沢勝巳（新潟）　飯住英直（滋賀）　高光義博（兵庫）　高田昌子（鳥取）

大塚文一郎（熊本）　神田和正（広島）　梶矢文昭（広島）

読書の興味・習慣・技能をどう授業システムの中に構成するかということについて、小学校一年から中学校までの段階を踏まえた内容が発表され、協議された。また、助言を野地潤家・西村孔希（東村山市化成小教頭）・住山恭子（広島県教委指導主事）の先生方よりいただいた。

◇第四分科会

関川　博（新潟）　森脇孝男（熊本）　高田　亘（広島）　中山厚子（神奈川）　生信勇荘（広島）
榎野　譲（広島）馬野和道（広島）
読書の実態や読書の資料などについて、細かな調査を実施した結果から授業システム化のための問題が発表され、討議された。また、助言を大槻和夫（広大）・藤井治（練馬区開進第三小）・安田平一（広島市比治山小校長）の先生方よりいただいた。

四　おわりに

不十分な報告に終わったが、これは、本大会の研究紀要や参加された方々のお話によって補っていただきたい。なお、第六回大会が、国語教育研究所の五周年を記念して、本年十月三十日、横浜国立大付属鎌倉小で引き続き開催される。

〈文責・神田和正〉

（教育科学　国語教育211号　昭和50年11月1日）

第二章　国語科教育の実践・研究

第一節　文学教材の読解指導

1　読みを深めるために
——一つの試み、感想のメモを使って——

はじめに

十月の下旬になると例年のごとく読書週間が始まる。この週間を中心にして、本を読むことや、読書の感想文を書くことが奨励される。こうした時に、いつも次のようなことを考えさせられるのである。

◎　本を読め読めと奨励はするが、子どもたちは、本をどのように選び、どのように読んでいるのであろうか。

◎　感想文を書け書けというが、子どもたちは感想文をどのように書いているのであろうか。

これらの点をはっきりしなければならないのではないかと思うのである。こうした点をしっかりと押えて指導者は指導に当たらなければならない。これらの中に含まれる指導部面としては、読書指導、読解指導、作文指導がある。

子どもに読書を勧める指導者の腹の中には「知識を広め、心情を豊かにする。」「読みの技術を高める。」「本の選択力をつける。」などの目標あってのことと思うが、ここで考えなければならないことはないであろうか。

○　子どもの本の選択力をどれだけつけているであろうか。

○　子どもの読み取る力をどれだけつけているであろうか。

○　子どもの感想を書く力をどれだけつけているであろうか。

ということである。

世はコンクールばやり、読書の感想文がいろいろな所で募集され、それが発表されている。発表されたものは実にすばらしいものであるし、これはこれなりに意義のあることである。しかし、その現われたものは山に例えれば山の頂上に過ぎない。頂上の下にあるもの、多くの子どもたちの感想文に目を向けなければならない。感想文にまで到達させる自己の指導を振り返って見る必要はないのであろうか。

感想文というと、我々はすぐ完成されたものを子どもたちに要求していないであろうか。一年から六年までを十把ひとからげにし、同じような感想文を要求しているのではなかろうか。そこには、大きな飛躍がないであろうか。ここに感想文にまで到達する過程を押える必要を痛感するものである。すなわち、読みを深める指導、自分の感想を深める指導、それをメモする指導、そして、これらを土台として、感想文を構成していく指導と一連の指導過程が必要である。

最近、読みを深めるために作文が結びつけられ、「読解と作文」という名のもとに論議されているようである。しかし、この場合、あまりに安易な結びつけが行なわれ驚かされることがある。この二つは互いに有機的に結びつき働き合うことによって、お互いが伸び、効果をあげ得るものであることは、予想されるところである。こうした所も今後充分研究されなければならないであろう。

以上、述べて来た問題を踏まえて、私の実践した一つの試みを、以下発表したいと思う。

一　感想をメモさせる

つぎのような物語教材を十月十六日より十八日の間（四時限）扱った。

〔資料一〕

P.124

（さし絵）

興義が船に乗っている。そして、魚をにがしている。


「魚になった人」

――これは、今から二百年ほど前、上田秋成（うえだあきなり）という人の書いた「雨月物語（うげつものがたり）」の中にある話です。――


びわ湖の岸の寺に、興義（こうぎ）という　ぼうさんがいた。興義は、ひまさえあれば、小船に乗って、びわ湖に出た。そして、漁師たちから、生きている魚をゆずり受けた。

「これからは、決して漁師につかまらないように、気をつけるのだぞ。」

興義は、まるで人に話しかけるように言いきかせては、ゆずり受けた魚を、湖に　にがしてやった。

P.125

あるとき、興義は病気になった。そして、でしたちの心づくしのかいもなく、ねこんでから七日目に、ついに息がたえた。

しかし、息はたえたけれども、興義のからだのあたたかみは、あくる日になっても、そのあくる日になっても、消えなかった。でしたちは、万一を願って、仏に、おいのりのお経をあげ続けた。

三日目に、興義は、「ううん。」と大きな　うなり声をあげて、息をふき返し、目を開いた。そして、おどろき喜ぶでしたちに言った。

「だれか、すぐ、平の助（たいらのすけ）どのの家へ行ってくれ。もし平の助どのの家で、コイを殺そうとしていたら、殺すのを見合わせて、平の助どのに、すぐ、寺に来てくれ、と言ってもらいたい。」

P.126

でしたちは、ふしぎに思ったが、さっそく、ひとりの者を、平の助の家に走らせた。使いの者が行ってみると、なるほど、興義のことばどおり、平の助の家では、一ぴきの大きなコイをまな板の上にのせていた。ざしきには、家族

P.127

や親類の者たちが集まって、酒もりをしていた。使いの者のことばを聞いた平の助は、コイをまな板からたらいに移させ、ほかの人たちと　いっしょに、寺にかけつけた。

興義は、平の助をはじめ、その一族や、でしたちを見まわして、次のように話をした。


わたしは、いつのまにか、びわ湖の岸に行っていた。よく晴れた日であった。ひどく、からだが熱くなってきたので、衣をぬいで水に、はいった。

しばらく水につかっていたら、どこからか、りっぱな身なりの人が魚に乗ってきて、わたしに言った。

「あなたは、いつも魚を助けてくれます。その礼に、この衣をあげましょう。これを着ていれば、コイのすがたに変わって、思いのままに泳ぎ回ることができるのです。けれども決して、つりばりのえさを食べてはいけません。」

その人は、そう言うと、わたしに、コイのうろこでおおわれた衣をくれて、どこかへ去っていった。


（さし絵）

りっぱな身なりの人が衣を手に持ち、魚に乗って来る。

P.128

わたしは、もらった衣を着てみた。するとなるほど、わたしのからだはコイのすがたに変わり、思いのままに泳ぐことができるようになった。うれしくなって、時のたつのもわすれ、びわ湖の中を、あちらの岸、こちらの島と泳ぎ回った。なんとも　たとえようのない、いい気持ちであった。さまざまな魚たちも、わたしを友だちと思ってか、行きあうと、みんな、うれしそうに　ひれをふった。

そのうちに、わたしは　おなかがすいてきた。何か、食べ物がないだろうかと、えさを求めながら泳いでいると、船に出あった。船に乗っているのは、漁師の文四（ぶんし）であった。文四は、船から　つり糸をたれていた。つり糸のさきに付いている　えさは、なんとも　おいしそうであった。

えさを食べるな、と言われたことを、わすれていたのではなかった。けれども、文四なら、わたしと親しい間がら

P.129

だ。わたしと　わかったら、助けてくれるに決まっている。そう考えたので、わたしは、そのえさに　とびついた。そして、船に　つり上げられた。

　ところが、船につりあげられてから、わたしが、いくら話しかけても、文四は見向きもしてくれない。文四は、そのまま船を岸に返し、わたしをかごに入れ、平の助どのの家に持っていって、買ってもらった。

　平の助どのの家の人は、わたしをかごのまま庭先へ持っていき、ざしきにいる平の助どのに見せるために、わたしをつかんで　かごから出した。

　平の助どのは、わたしを見て、

「みごとなコイだ。さぞ、おいしかろう。」と言った。わたしは、「興義だよ、興義だよ。」と、何度も言ったけれども、平の助どのも、ほかの人たちも、知らぬ顔をしていた。

わたしは、今度は思いきり、からだをふり動かした。すると、わたしは、両方の目を、強くおさえつけられた。わたしは、今助けてもらわなければ殺されると思ったので、全身の力をふりしぼって、「助けてくれ。」とさけんだ。すると、はっと目がさめた。目がさめてみると、ここに、こうしてねているのであった。

P.130

（さし絵）
興義が平の助やでしたちに話をしている。

P.131

興義の話を聞いた平の助は、すぐに、わが家に使いを走らせ、台所のコイを、びわ湖に、はなさせた。

　この話をつたえ聞いた人々は、それは、魚が恩返しをしたのだ、と言い合った。あたりまえなら、そのまま命を落とすところなのだが、日ごろ魚を助けているので、今度は魚が興義を助けたのだ、とうわさし合った。

　興義は、生き返ったあと、たいそう長生きをした。興義は、ありありと目に

成《な》る（秋成《あきなり》）　雨《う》　湖《こ》
興《こう》　○漁《りょう》　○師《し》　○仏《ほとけ》　○経《きょう》
平《たい》ら（平《たいら》の助《すけ》）　助《すけ》
○殺《ころ》す　○移《うつ》す　○求《もと》める
身《しん》　家《や》　○恩《おん》
（○印は新出漢字　他は読みかえ漢字）

うかぶ、あの、水中の魚のすがたを、しばしば絵にかいた。そして、ついに、魚の絵にかけては、どんな画家もおよばないほどの名人になった。

興義が死んだあと、そのゆいごんによって、でしたちは、興義のかき残した魚の絵を、みんなびわ湖の水にうかべた。すると、画中の魚は、紙からぬけ出て、泳いでいったということである。

（単元「むかしの本」日書・小学国語・五年上、一二四～一三一ぺ）

この教材を指導するに当たって以下のごとく考えて指導計画を立案した。

〈一〉

この教材を使って何をねらうかを考えた。そして、つぎのような目標を立てた。

一、わからない文字や語句の読み方や意味を国語辞典などを使って調べることができるようにする。

二、古典に興味をもち、味わって読むことができるようにする。

三、読み物の範囲を広げ、日本の古典を選択して読むようにする。

四、物語の主題をとらえることができるようにする。

五、やや複雑な文の組み立てが理解できるようにする。

これらの目標の中で、この教材を使って特に㈡と㈣の指導に重点を置くことにしたい。

〈二〉

このように目標は立てたが、学級の子どもの実態を眺めたとき、はたして、この目標が達成できるものであるかどうかが検討されなければならない。①古典への経験・興味の実態　②読書の実態　③各種テストによる読解力の実態などを通して子どもの実態を的確に把握する必要があろう。

①　子どもは古典をどのように読んでいるのであろうか。

源氏物語十四（十一）　古事記　　九（七）
日本書記　六（三）　雨月物語　十二（九）
平家物語　十（五）　今昔物語　十三（七）
八犬伝　十七（十四）　竹取物語二十一（二十）
太平記　　二（一）　（数字は人数、（　）内はおもしろく読んだ人数）

ひじょうにおおざっぱな調べであるが、だいたいの傾向はつかめる。ここに読んでいるものはすべて子どもの読み物として書き改められたものである。

②　読書の傾向としては、女子は非常によく読んでいるが、男子はあまり読んでいない。四月以降図書室の本を一冊も読んでいない者が男子の中に三名もいたのには驚かされた。多く読んだ者は、四月以降七十八冊（女子）である。男子では三十四冊が一位であった。ひとりひとりをみると相当の個人差のあることが認められる。

③　このような物語を読む場合の子どもの実態は、興味本位で浅く読まれることが多い。あらすじをつかんだり、表現を押さえて読んだりする力は劣る。こうした点をしっかり指導しなければ主題にもせまれないのではないだろうか。

このような実態から、目標を検討し、指導の重点を決定した。

この実態から、感想をメモさせること、それも、表現をしっかり読み取った感想をメモさせることを考えたわけである。そして、この感想のメモを手がかりとして、この物語を読み味わわせ、物語の主題にまでせまらせようとしたのである。目標の所には書かなかったがこのような活動が自然の形で読書の感想文につながっていくのではないかと考えるのである。

〈三〉

以上の〈一〉と〈二〉を考える前において、その過程において、また、後において、この物語「魚になった人」の教材そのものの研究は続けられなければならない。教材を研究し分析した結果に基づき、指導する立場に立って、指導の流れを図示すると、つぎのようになるであろう。

〔資料二〕

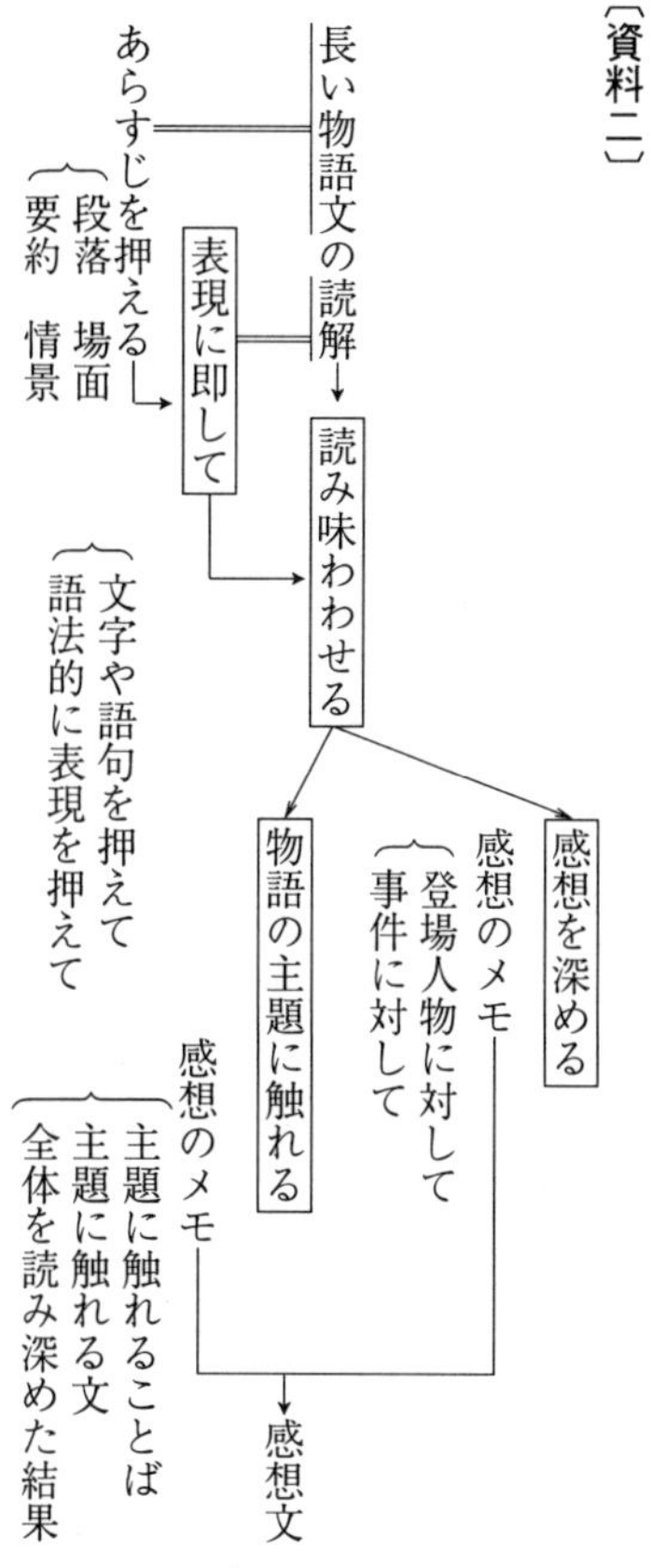

〈四〉

この指導過程全体を通して、つぎのような問題が起こってくる。指導過程中にこれらの問題を解決していきたいと思う。

一、文学作品をどのように鑑賞させたらよいか。
①　読みをより深め、より定着させるための方法として、書くこと（感想のメモ）を利用しようと思うが、どのように利用したのが効果的であるか。
②　主題にせまるために書くこと（感想のメモ）を利用しようと思うが、どのように利用したら効果的であるか。
③　学級全体の子どもを学習に参加させ、学習を徹底させるために、小グループによる学習形態を取り入れたいと思う。そのグループ学習をどこでどのように活用すればよいか。（ここではこれに触れることができない。）
二、読書指導をどこでどのように取り入れたらよいであろうか。
三、ことば、語法の指導をどこでどのように取り入れたらよいであろうか。　など
この発表では、紙数の関係で㈠の問題①と②に中心を置きたいと思う。

〈五〉

四時限の学習は、つぎのように流した。
第一次　導入（解説）、読みの指導、新出・読みかえ漢字の指導、（一時限）むずかしいことばの指導、素朴な感想をメモさせる。
第二次　あらすじをつかむ（場面・情景）、感想をメモする。（二時限、三時限）
第三次　感想メモを中心に興義の人がらを考える。この物語の主題（四時限）に触れる。

二　感想のメモを使って

以上のような事前準備を終わり、「魚になった人」に取り組んでいった。この四時限を全体にわたって細かに説明ができない。そこで、一番中心になる四時限の扱いのみについて発表したい。この発表や取り上げる感想のメモの中から四時限に至るまでの指導をくみ取っていただきたい。

四時限の目標はつぎのように決めた。

「興義の人がらを表現に即して読みとり、この物語の主題に触れさせる。」

この時間の過程をどのように計画し、どのように流し、どのような結果になったかを、説明しなければならないのであるが、一括してつぎのような便法をとらせていただくことをお許しいただきたい。

〔**資料三**〕

「魚になった人」　昭37・10・18（木）第二校時（九・四〇～一〇・二五）第四時限

板書事項	発問◎　予想される発言●
魚になった人 読みあじわう→感想	◎これまでも勉強をしてきたし、きょうこれからも勉強しようとしていることは何ですか。 ●読み味わう。――板書 ◎味わった結果生まれてくるものは何ですか。 ●おもしろい。おもしろくない。 ◎それらを一緒にして何と言いますか。

読みがたりない。（小黒板時前に用意）←

1、興義が話かけたのに、なぜ文四にわからなかったか。
2、興義はなぜ、平の助という人のところで、コイを殺そうとしているのを知っているか。
3、ぼうさんはどうしてコイを助けることにしたのかしら。

ぼくは、興義という人みたいにえらい人になりたい。

興義はどんな人か

1、やさしいぼうさんだ。
2、興義というぼうさんは、魚を助けたので、とてもやさしい人だと思う。
3、興義はやさしい人だと思う。つかまえられた魚をわざわざにがしてやったから。

●感想――板書

◎みなさんにこれまでの勉強を通して浮かんだ感想をいろいろ書いてもらいましたが、その中から選んでここに出します。これを使ってきょうは、いろいろな味わい方を勉強しましょう。〈小黒板提出〉
◎これを読んでごらん。
◎これを読んで何か気がつくことがありますか。
〈グループでの話し合い〉
●読み方が足りない。
◎みんなの感想の中にこんなのはないかな。
〈各自のノートした感想のメモ点検〉
◎こんな感想があったが、これを読んで何か気がつくことはないか。〈小黒板提出〉
●えらいということはよくわからない。文を読めばもっと興義のことがよくわかる。
◎それをわからせようと思う。
興義はどんな人か――板書
◎みんなの感想の中にこんなのがあった。〈小黒板提出〉
これを読んで気がつくことがありますか。
●どれも興義のやさしさについて述べている。
●3の方が一番やさしさがよく表わされている。
〈1よりも2、2よりも3がよいことをわからせる。〉
◎これ以外に興義のことはわからないか。
●魚が好き

●絵の名人
●なさけ深い　}――板書

〈これだけで終わってはならない。表現をしっかり押さえることが必要であることを知らせておく。〉

◎こんな感想があります。前の感想とくらべてみて、何か気がつくことはありませんか。　〈小黒板提出〉

●全体を読んで、魚と興義の関係をしっかり見ている。

〈グループでの話し合い〉

●全体を読んで胸に強く残ったもの。
●全体を読んで一層深く考えたもの。

◎こんなのを主題といいます――板書

〈主題について説明〉

◎それぞれ自分自分の主題をさがしてごらん。そしてノートに書きなさい。

〈これと同じになる子どもにも一応書かせる〉

◎発表してください。〈本時のまとめ〉

魚が好き
絵の名人
なさけ深い

主題――全体を読んで

1、興義はいつも魚を助けていたので、病気になって息がたえても、あたたかみはいつまでもあり、ついに生きかえったのは、へいぜいいいことをしていると、いいことがあるというのはこのことだと思う。
2、いいことをすれば、のちには、きっといいことがある。
3、興義が、どんな画家もおよばないほど有名な画家になったのも、一つは魚の恩返しがある。

これについて少し説明をし、幾らかの反省も書き加えてみたい。

〈一〉

指導過程をこのように書くことは、指導そのものが一層具体化されて便利である。そのために、平素私は授業前にこのような形式で書くようにしている。

この場合、授業前のものと、授業後の結果とを合わせて示せば、より授業そのものがよくわかると思うが、ここでは、その両者を組み合わせたものを出している。これは、授業の流れが具体的につかめればよいという立場に立っているためである。

〈二〉

この指導を通じ、その過程で具体的にねらったものはつぎの三つである。

① 表現をしっかり読み取った上で、自己の感想をはっきりつかまなければならない。
② 興義の人がらを、表現されたものの中からはっきり読み取らせる。
③ 主題がどんなものであるかをわからせ、自分自分の主題に触れさせる。

〈三〉

子どもが記録した感想のメモに一通り目を通し、それを幾つかに分類し、読みを深めるためにどのように使うかを考えた。その分け方にはいろいろあろうが、私はつぎのように分類した。

① 登場人物に対しての感想
　{興義に対して
　{平の助・弟子・その他の人に対して
② 事件（場面）に対しての感想
　{肯定した上で
　{否定した上で　（不合理性に対して）
　両者未分化のものが多かった。
③ 時代的背景に対しての感想

④　主題に触れる感想
　　　全体的な把握
　　　部分的な把握　概念的な把握
　　　　　　　　　　具体的な把握
⑤　読んだ上での疑問
　　　読みの足りないための疑問
　　　発展的な疑問

まだまだ細かく、あるいは観点を変えて分類できるのではないかと思う。こうして見てくると、子どもの感想の類型は実に多種多様であることがわかる。数量的に出すことができていないが、これは、まだ分類を検討する段階なので出していない。しかし、ぜひ出してみたいものである。

小黒板に板書されたものは、以上の分類にそって選ばれた一部である。

まず、読みの足りないために出た疑問を子どもの前に提出し、表現されたものをよく読まなければならないことをわからせた。そして、このように読んで、興義の人がらを読み取らせようとした。つぎに出したものは、登場人物、とくに、興義に対するものを提出した。その中でも、興義のやさしさについて書いてあるものを出した。あとの人がらについてはこのあとで発展的に扱った。

最後に、主題に触れた感想を提出した。これと前の感想を比較検討させることから、主題とはどんなものであるかをわからせようとしたわけである。これに対しては、充分なもの、さまざまなものを用意したかったのであるが、子どものノートからは用意できなかった。私のほうで考えたものを用意してもよかったのではないかと思う。この検討をしたあとで、自分自分の主題を発見させようとしたわけである。

なお、感想のメモ最後の小黒板の⑴に出てくる文の混乱は、意図的に出したものである。前単元で学習した、「文を切る。文をつなぐ。」の復習をねらってのことである。

〈四〉

この指導を終わって、特に、反省させられている点について、少し述べてみたい。

一、主題をわからせ、触れさせること。

主題をわからせ、各自の主題に触れさせようということについては、子どもの感想を読んだ時から、深まりのない結果に終わりそうだなと予想はしていた。はたしてその通りであった。小黒板に書いたようなものがほとんどであった。このことについては、不満足な気持ち、もっと深める方法があったのではないかという気持ちと、当然の結果ではないかという気持ちが交錯し、現段階では割り切れない気持ちを持ち続けている。

① 教材からは、このような主題しか出てこないのではないか。

子ども用に書き改められた本の、四種類に目を通した。その結果、教科書のものに物足りなさを感じさせられた。また、これらは、小黒板に書いたような主題しか出てこないのではないかという気もする。あっさりと片づけられているし、肉づけの足りなさも感じる。

② 主題に触れさせる方法はこれでよかったか。

最後の小黒板の⑵のような感想は、あまり早く出しすぎると、子どもはそれに引っぱられ易いのではないか。もっと未分化のものを私の方で用意すべきではなかっただろうか。

もう一つ考えられることは、他の本から同じものを選んで、それをプリントし、比較して主題探しをさせたら、もっと深められたかもしれない。

③ 子どもは、割り切ったつかみ方をする。

現段階の子どもは、こうだからこうだとすっぱりと割り切ったつかみ方をする。これは子どもの持つ特色で、当然のことではないだろうか。

④　主題のつかみにくさ。

主題は、文によってははっきり表われていることもあるし、文の中にかくれていることもある。また、全体を読み通してみないと見つからないこともある。全体を読んだ上でじゅうぶん考えないとわからないこともある。その上に、その人その人が持つ個性により主題の受け止め方の違いが出てくることも予想される。

このようにして、主題に触れさせることに大変なむずかしさがある。

二、じゅうぶんに読ませること。

もう一つは、この過程を通して、子どもに発問しながら、もっともっと教科書の物語を読ませなければならなかったということである。読んで確かめる活動を繰り返さなければならなかった。

たとえば、興義のやさしさはほかに出ていないかとか、絵の名人はどこでわかるかとか、なさけ深さはどこにあるかとかの発問によって、読ませ、そして、確かめさせるのである。

三　反省と今後の問題

この授業を終わってみて、以上に述べてきたように、自分自身が反省させられることがたくさん出てきたわけであるが、なお、授業分析の過程で、授業を見ていただいた先生方よりつぎのような問題が出された。これも私にとってはじゅうぶん反省させられる問題である。

一、感想を検討させる場合（最初に提出した感想）
①　三つの感想を一度に出して解決する方法
②　一つずつ順番に出して解決する方法
③　一つずつ順番に出して、結論を出さず、最後に結論を全体に及ぼす方法
　これらの方法のうち、どの方法がよいであろうか。
二、主題が道徳的な徳目と安易に結びつくが、はたしてこれでよいのであろうか。
三、主題のつかませ方を指導することと、主題そのものをつかませる指導とは違うのではないか。そこで、指導の方法は違ってくるのではないか。
四、グループ学習の活用の仕方は、あの場所で、あのような仕方でよかったであろうか。（この点はここでは説明不充分である。）

読書の感想文との結びつきについては、つぎのように考えている。

このような指導を積み上げて、読みを深め、感想を深め、それらを自由に感想のメモとして書く力をつけていくことが大事である。そして、つぎの段階では、この感想のメモをどう組み立てて人に読ませるかの技術（構想力など）や、くふう（文の形体など）を身につけさせなければならないと思う。

おわりに

この発表は、私が本校の研究授業をするに当たって、考え実施したものをまとめたものである。この実践過程、

すなわち、教材研究、授業、授業分析において、本校の先生方の大きなご援助、ご助言、ご指導をいただいた。最後になったが、ここで松永信一校長ほかの先生方に厚くお礼を申し述べたい。

書きあげてみると全体を通じて、いろいろな所に分析の不足や、考えの足りない所が目立つようである。皆様のご批判をいただきたい。

（「国語教育研究」第八号　昭・38・12）

2　物語文読解指導の方法を求めて

一　研究の動機

国語科の授業中で物語文の読解をさせることは多い。そこでねらわれることは、一つは人間形成に関与することであり、一つは読解能力向上に関与することである。こうした二つの大きなねらいを持って進められる学習であるが、学習を終えたとき、学習者の中にも、指導者自身である私の中にも、これこそ学習を通してつかみ得たものである、つかみ得させたものであるといえるものがないことが多い。これこそ将来の読解活動に役立つものであるといえるものがはっきりつかめていないことが多い。思いつきばかりで、将来の見通しのない指導をしていないかということが非常に心配である。

また、物語文を読む子どもたちの中には、すでに相当の所まで読みとっている者もあれば、全然読みとれない者もいる。この間にはさまって、いろいろな読み取りの程度を子どもたちは示している。その読みとりも、読みとっている個所や、読みとりの姿は千差万別である。こうした子どもたちのことを一々心にとめて指導することが大事であるし、そのひとりひとりが、人間形成の面でも、読解能力の面でも高次の段階に引き上げられていなければならない。

そのためには、当然以上のことを踏まえた読解指導の方法が問題となって出てくる。私は、ここで、その方法について研究してみたいと考えた。

二　研究の方法

この研究を進めるためには、私は、つぎのような方法をとった。

まず、一つの物語文（「ジラムダンとぼく」日書・小学国語・6年上、五二～五九ぺ）を取りあげ、それを読ませ、第一次の感想メモをさせた。感想を書くに当って内容の制限はしなかった。この場合、何ページの何行目というように、感想の出てきた所をはっきり記録するようにさせた。

つぎに、文章に沿って、表現されている内容の理解を深めていった。この段階で、自分の感想メモの修正を赤エンピツでさせた。

最後に、感想メモをもとにして、それぞれの感想文をまとめさせた。

こうして生まれてきた第一次の感想メモ・修正された感想メモ・感想文の三つと教科書の本文、および、自分の指導過程との三者を分析し、それぞれの関連を見てよりよい物語文読解指導の方法を見つけようとした。

しかし、これらの資料を分析をしたり、相互の関連を見たりすることは、大変なことで、容易なことではない。また、ここでは紙数の制限もあることなので、その一部を発表することになる。それは、「第一次感想の分析を通して考えた読解指導の方法」である。

三　資料の分析（第一次感想のメモから）

ここでは、第一次の感想メモからつぎのような分析を試みた。

1　文章のどんなところに反応しているか、その頻度数を出してみた。（第一表）
2　そこでどのような反応を示しているか、その分類をし、その頻度数を出してみた。（第二表）
3　反応の典型的なものを選択してみた。（第三表）

以上の1・2・3から、クラスの子どもの物語文読解の傾向を知り、さらに、そこから問題点を見つけ出し、読解の方法も見つけ出そうとしているわけである。これらの分析を通してみると、全部の資料の分析について、詳細にのせたい気持ちがある。特に、少数の中に実に捨てがたい反応もあって、残念な点もあるが、ここでは、大勢を示すことに限りたい。

この表で、番号というのは、子どもの記録した個所を使宜上数字であらわしたものである。

物語の場面展開で見ると、それぞれの番号は、つぎのように分けられる。

第一表　反応個所の頻度数
（記録された文の初めの所を反応の個所としてある。）

番号	ページ	行数	頻度数		
			男	女	計
①	52	1	4	2	6
②	〃	4	13	17	30
③	〃	5	16	12	28
④	53	2	3	6	9
最初の場面（計）			36	37	73
⑤	〃	5	1	2	3
⑥	〃	7	7	4	11
⑦	〃	10	1	0	1
⑧	〃	13	1	0	1
⑨	54	1	1	3	4
⑩	〃	2	1	1	2
⑪	〃	5	2	1	3
⑫	〃	7	1	1	2
⑬	〃	11	1	4	5
⑭	55	1	1	0	1
⑮	〃	2	1	0	1
⑯	〃	6	0	2	2
⑰	〃	7	1	4	5
⑱	〃	14	1	0	1
⑲	56	6	1	1	2
⑳	〃	9	6	3	9
㉑	57	2	1	0	1
㉒	〃	4	0	1	1
㉓	〃	9	8	5	13
㉔	〃	11	1	0	1
㉕	〃	14	0	1	1
㉖	58	1	4	6	0
㉗	〃	4	5	6	11
㉘	〃	12	1	6	7
㉙	59	3	5	1	6
㉚	〃	6	3	8	11
㉛	〃	11	8	9	17
最後の場面（計）			26	37	63
総計			99	106	205

在籍児童　41名　男子　22名
（長欠男子　1名）女子　19名

◉学校を休もうと決意する場面（①～④）
◉歩き続ける場面（⑤）
◉川べりに来た場面（⑥）
◉川で遊ぶ場面（⑦～⑰）
◉畑の中の場面（⑱⑲）
◉反省のきっかけの場面（⑳～㉒）
◉復習の場面（㉓㉔）
◉学校を休んだことを後悔する場面（㉕～㉛）

このように場面を区切ってみると、
反応頻度数の多い場面は、物語の最初の場面と、最後の場面ということになる。その人数をまとめたものを、第一表に太いわくで示しておいた。
ここでは、そこの場面だけ教科書より抜き出しておこう。

（五二～五三ペ）
①ジラルダンとぼくは、同級生だった。だから、年も、おない年の11だ。いっしょにお昼を食べに帰って、また、いっしょに学校へ出かけた。歩いているとちゅう、ジラルダンが不意にいいだした。②「ね、午後から、学校を休もうじゃないか。」③このゆうわくのことばが、ぼくの耳のどの辺にとまったか、はっきりしないが、それが、確かに、心ぞうと関係のあるあたりにとまったことは事実だった。なぜ、もっと早くそのことに気がつかなかったろう、なんと、ぼくはまぬけだろう、とすら思えたほどだ。毎日、学校へ通うことが、もう十年も続いているような気がして、

いつもよい生徒になっていることにあきあきしていることを、今、はじめて気がついたのだ。④今まで、ぼくをおさえつけていた重たいものが、ひょっこりと取れたように、気がせいせいしてきた。これまで、ぼくは、どんな病気で休んでいるときでも、「ああ、早くなおって、学校へ行きたい！」と思ったものだった。（文中の番号は、第一表の番号に当たる。）

（五八～五九ぺ）

㉕そのあとで、ぼくが、そっと言った。㉖「学校へ行こうよ。」「うん。」と、ジラルダンはうなずいた。㉗ぼくたちは、学校のそばまで行った。が、校門をくぐるわけにはいかなかった。うらのあき地からはいった。ぼくたちの教室のまどは、あけっぱなしになっていた。ぼくたちが、かべに身をすりつけてまどの下に立っていると、教室から、本を読む声が、はっきり聞こえてきた。ぼくたちは、まどの下にかくれて、みすぼらしいすがたをして立っていなければならなかった。㉘けれども、ふたりは、先生のことばをひとことも聞きのがすまいと、耳をそばたてた。ぼくたちは、小さな物音までつかみ取った。同級生たちの声ははっきり聞き分けた。「今、質問されているのは、ボンネだよ。」などと、ぼくたちはささやいた。㉙ぼくたちも名ざされて答えたいなあ、と、ふたりはどんなに思ったかしれない。ぼくたちのからだは外にあったが、たましいは出席しているのと同じだった。㉚四時になった。ぼくたちは、かべの後ろにかくれて、びくびくしながら、みんなが帰っていくのを見送らなければならなかった。みんなは、なんというういい一日を送ったことだろう。みんなの顔には、ふだんのいちばんできない子の顔にさえも、ありありと、知識の光がかがやいているように見えた。㉛ひょっとすると、あのみんなは、きょうの午後の時間に、ぼくたちが一生知らないで過ごすようなたいせつなことを、ちゃんと教わったかもしれない。みんなは、いま、ぼくたちを残していったように、勉強でも、ぼくたちを追いぬいてしまったに決まっている。ぼくたちは、どうしたら、みんなに追いつけるだろう。（ルイ＝フィリップ原作「ずる休み」による）

とくに、この二つの場面について、反応結果を詳細に見てみることにしよう。

第二表　反応結果の分類による頻度数

場面	分類事項	（分類記号）	頻度数 男	頻度数 女	頻度数 計
最初の場面	登場人物と歩調を合わせている場面		9	8	17
	ジラルダンの立場になっているもの	A—1	(1)	(2)	(3)
	ぼくの立場になっているもの	A—2	(8)	(6)	(14)
	登場人物の気持ちと自分とを同調させている場合	B	5	3	8
	登場人物を批判的に眺めている場合		11	14	25
	ジラルダンに対して	C—1	(2)	(3)	(5)
	ぼくに対して	C—2	(6)	(9)	(15)
	どちらともわからないもの	C—3	(3)	(2)	(5)
	読みちがえをしている場合		0	2	2
	その他の場合		4	4	8
	不明		1	0	1
	総計		30	31	61
	登場人物に同調している場合		17	23	40
	登場人物になりきっているもの	D—1			
	登場人物の反省の姿を求めているもの	D—1—ア	(11)	(16)	(27)

最後の場面	D—1—イ	登場人物の今後の方向を示しているもの	(5)	(5)	(10)
	D—2	登場人物の反省から、自分の経験を想起しているもの	(1)	(2)	(3)
		登場人物に対して批判的に見ている場合	4	8	12
	E—1	当然の結果であるとしているもの	(3)	(5)	(8)
	E—2	教室の外にいることに対して批判しているもの	(1)	(3)	(4)
	F	主題にせまるもの	2	3	5
		その他	3	2	5
総計			26	36	62

第三表　典型的な反応結果（第二表と対比して見ていただきたい。）

分類記号	感想メモに書かれた記録
A	○ジラルダンが休もうじゃないかといったとき、ぼくはさそいこまれたので、ジラルダンは、しめしめと思った。(男)
A—1	○「ね、午後から学校を休もうじゃぁないか。」ということばは、ぼくと同じ気持ちにまえからなっていたんではないだろうか。ジラルダンもよい生徒になっているのがあきあきしたのかもしれない。(女)
A—2	○ぼくの心の中で、小さくうずくまっていたものが、ジラルダンの一ことで、急にばくはつしたのだろう。(男) ○そうだ、休むんだ。今まで気がつかなかったが、今から休むんだ。(男) ○そこで、ぼくのもう学校へ行きたくなくなってよかったと思っている気持ちが出てると思う。なぜ、学校にいってたんだろうとこうかいしている。(女)

B	C	D
○ふたりの考えは、どこか少しぼくたちの心にもひっかかるところがある。しかし、ルイ＝フィリップという人は、子どもたちの心をよくつかまえていると思う。しかし、ジラルダンのゆうわくにまけぼくは、少しわるい所もあると思った。(男) ○ぼくだったら、思うだけで、実現までいかない。(男) ○自分が、もし、ぼくだったら、ぼくの気持ちがよくわかるような気がするが、まさかずる休みまでいかないだろう。(女)	C—1 ○ジラルダンという子は、なんとずるく悪い子だろう。(男) ○ジラルダンは、自分が学校をやすみたいからといって、人をさそったが、やすみたいんなら、自分ひとりでやすめばよいのに。さそわれた人はめいわくするのに。(女) C—2 ○人がいっても、悪いことと、良いことをしっかり聞きわけて、悪いと思ったらぜったいにしないように注意しなくていけない。(男) ○わたしは、ぼくが、ジラルダンに休もうといわれて、すぐその気になる気持ちがゆるせないと思った。(女) ○ぼくが、休もうか、休むまいか迷う。いけないことはわかっている。(女) C—3 ○学校をやすむなどというようなことでは、大きくなってもそんをする。ぼくはこんなことがなかったのでよかった。(男) ○ぼくは、学校をずる休みすることは悪いことだということを、考えなかったのだろうか。(女) ○もし、私が男でも、親をだまして学校を休むことは、とてもできない。(女)	D—1 ア ○ふたりとも反省している。やっぱり、完全にはなまけていなかったのだろう。(男) ○校門をはいれなかったのは、いままでさんざん遊んでいたので、良心がとがめたのだろうと思う。(男)

	○校門をはいれなかったのは、いままでさんざん遊んでいたので、良心がとがめたのだろうと思う。（男） ○やはり勉強する気持ちはあった。（女） ○ここで、ジラルダンとぼくは、自分のはずかしさと、なさけなさに気がついたのだと思う。でも、先生の話を熱心に聞いていたのはよいことだ。（女）
イ	○ジラルダンとぼくは、きっともうこんなことはせずによい子になると思う。ジラルダンとぼくは、いっしょうけんめいに勉強してみんなにおいつくように努力をすることだろう。（男） ○ふたりのこうかいと、また、努力しようとする心が読みとれる。（女）
D—2	○ぼくも学校を休んだとき、そう思ったことが何度もあった。だから、今度からよく聞いて勉強しようと思った。（男） ○私が病気で休んでつぎの日学校に行ったら、みんなの顔がいきいきして見えた。（女）
E E—1	○あとになってこうかいするぐらいなら、初めから悪い行ないをしなかったらよかったのにと思った。（男） ○あとから気がつくのはいいが、もっと早く気がつけばいいのにと思った。（女）
E—2	○学校にいって、かげで聞いているより、勇気のいることだけど、いさぎよく教室へはいった方がよい。（男） ○そんなに名ざされて答えたいのなら、少しはじをかいても、教室へ堂々とはいっていけばいいと思う。（女）
F	○ここがいおうとしていることだと思う。（男）—P59L10— ○ここの文は、学校に行くときは、行っておかないと、自分がそんをしますということを教えていると思う。（女）—P59L10—

4　資料の分析結果を見て

(1)　第一表を見て

学校をずる休みをしようということは、毎日まじめに学校に来ている子ども、学校を休むことはとんでもないことだと考えている子どもたちにとっては、非常に強い反応を呼ぶものであろう。これに関係した個所での反応は、全員の子どもが反応している。これは当然の結果である。しかし、その反応の方向については、物語読解上では問題のある反応がある。この数字をそのまま飲みしてはいけないのであろう。

最後に学校に帰ってきたふたりが、ずる休みについて反省するところがあるが、これに対する反応も多い。子どもにとっては当然予想した結果になったというところであろう。反応の方向については前記同様に注意する必要がある。

全体を通して気掛かりなのは、表面的読み取りということである。特に、遊びに夢中になったり、遊びから学校の方へ気持ちの移り変わる当りが、充分な反応を示していない。これは、物語読解上大きな問題点で子どもの読解の特徴を示している。文学的表現のむつかしさもあるが、それだけでなく、結果を急いだり、直ちに安易な徳目と結びつきやすい子どもの一面が表われていると言えよう。ここらに指導上の留意点がある。

(2)　第二表、第三表を見て

子どもの登場人物に対する姿勢を中心に分類をしてみた。これらの結果は、いろいろなことを教えてくれる。登場人物に批判的に立ち向かう子どもと、登場人物の中に素直にとびこんで考える子どもと大きく二つのタイプに分けられるようである。どちらも物語文の読解の上では大事な姿勢であるが、批判のみに先走りすぎては、読解の結果が非常に制限を受けよい結果が望めない。また、登場人物のところに止まってしまってもいけない。読解に当たっては、相当幅広い弾力性のある姿勢が要求される。ここに出てくる結果についても、まだまだ相互に話し合わせ、深め合い、検証し合わなければならないものが多い。

結果の中に主題にせまるようなものが出てきたが、これは、一部の個所を指定して述べたものでこの資料には出していないが、全体を読んでの感想のメモ（男＝十一名・女＝十二名）も別にある。これらを通してみたところでは、かなりの子どもが、主題にせまった読みとりをしている。これについては、直感的なものが多く、文章読解のすじ道に沿って検証するということが、読解能力向上の上に欠くことができないものとしてある。

(3)　読解指導上の留意点

まず、登場人物の立場になって、その気持ちを考えるということが、物語読解上に大切なことである。登場人物の置かれている立場を理解するためには、登場人物も含めた場面をしっかり子どもの心に描かせることである。そのためには、表現の中より・事件の背景・登場人物の言動や表情・気持ちの個所を見つけさせる。これらのことを踏まえた上で、自分の経験に照らし、あるいは、経験を踏み台として場面なり経験を想像させることである。

つぎに、登場人物の言動に対して、あるいは、作品中に盛られている主題（思想）に対して、子どもの同情、同感、批判、意見などの思考が活動するわけであるが、これらを幅広く弾力性を持たせて活動させなければならない。この点はとかく狭い枠の中にはめこみ易いので充分な警戒を要するところである。また、子どもの第一次感想の中に表われる読みの浅い結果などについても、これが全物語の読み取りの結果を左右してしまうようなことになるものもあるので、ここらの指導も大切である。

以上のように物語文における子どもの理解活動（文章読解能力）および、それを土台とした想像活動・人間変革活動を充分に配慮した学習活動を常日頃から心掛けたいものである。

5　今後の方向

この研究をこうしてまとめてみると、分析の方に力がはいりすぎて、指導の面に充分なスペースをとることができなかった。先ず分析を土台とする立場に立ったのでこういうことになったが、今後は、指導方法の面での具体をはかりたいと考えている。

分析はしても、これで充分であるとはいえない。手元にある資料は、あらゆる角度より分析されなければならない。たとえば、第一次感想がどのように修正されたか、それは、どのように指導過程と結びつくのか、また、感想メモがどのようにまとめられて感想文となり、自分のものとなっているかなどである。これはまた、ひとりひとりの子どもについても見なければならないと思う。この研究は、ほんの糸口を述べたに過ぎない。今後ともそれらをまとめ、機会をとらえて発表していきたいと思う。

（「広島大学教育学部附属東雲小学校研究紀要」第四集　昭・41・3）

3　効を奏した「詩のページ」

欠点の多い子どもの詩をみて

わたしは、何度か詩の鑑賞をさせたり実際に詩を作らせてきた。子どもたち自身も、毎日書いている日記の中に、ときどき詩を書いている。それらの中から選び出して、教室の横の黒板に書いてきた。

学級の子どもたちの詩を書く意欲は盛り上がりつつあるが、作品そのものは、まだ充分ではない。次のような欠点が指摘される。

1　対象のとらえ方が狭く浅い。

2　対象に深くくいいって考えていない。

3　自分の平素の生活の中からにじみ出たようなものでない。

4　ことばに対する吟味が不足している。

そこで、完全に自分のものにするため、欠点のないような作品を多く読ませ、その良さを考えさせることにした。そのために、わたしは『学習』を使ってみることにした。毎月の「みんなの広場」の「詩のページ」に出てくる詩を使わせた。毎月、巻末にわずか二ページにわたって出ているものだが、大いに役だつものであると思う。

わたしの児童の詩の中に欠けている点を補ってくれるような詩をいくつか見つけて、子どもにプリントして与える。そして、非常にすばらしいと思うような点について、児童に発表させるのだ。

その時に使った「詩のページ」の一例をあげる。

1　対象のとらえ方が狭くて浅い子に対しては「給食室」（六月号）

2　対象に深くくい入って考えない子に対しては「魚」「ウグイス」（六月号）

3　自分の生活の中からにじみ出たものがない子に対しては「いもほり」（六月号）

4　ことばの吟味が不足している子に対しては「六月の花」（十月号）

こうした学習を続けていくうちに、子どもの詩に変化がみえてきた。また『学習』の「詩のページ」の中から、自分の好きな詩をみつけて、わたしに話しかける子どももふえてきた。日記の中の詩もふえてきた。意欲や内容の高まりがあったことは確かである。

現在のところ、指導要領によると、詩の指導についてはあまり強調されていない。読むことについては、二年生からすでに出ているが、書くことについては、五年生からになっている。しかも、書くことについては、指導要領によると次のようになっている。「上に示す活動のほか、『詩などを書く』『物語などを脚本に書きかえる』なども望ましい」と。

これには、いろいろな意見があると思うが、わたしとしては、詩を書くことは、もっと強力に進めていきたい。詩を理解させるためには、何度も書かせて、観察力、把握《は》力、思考力などを養うことが必要である。これと同時に、根本になる表現力を身につけなくてはならないと思う。

（「月刊・教育ジャーナル」三号　昭・43・3）

4　国語科学習における「てびき」の活用

――低学年における文学教材による読解学習――

一　「てびき」の充実

国語科の教科書には、単元毎に「てびき」欄が設けられ、その単元の学習の手引きになるものがいくつかのせられている。児童に主体的な学習をさせるための手引きとなるものが発問の形で書かれているわけであるが、スペースの制限もあって、その内容は充分なものになっていない場合が多い。一応その単元の学習の中核になるものが書かれているわけであるが、その問いは大まかすぎて児童に完全に消化され活用されないのではないかという心配がある。また、非常に表面的（形式的）・部分的であったりする。

ほんとうに児童に活用される「てびき」にするためには、指導者の手で充実したものを用意する必要がある。すなわち、大まかなものについては、それを分析して、具体化したり順序立てたりしなければならないし、表面的（形式的）・部分的なものについては、それを深めたり広げたり、学習の中にはっきり位置づけたりしなければならない。

このようにして児童にそのまま与えてもすぐに活用できる「てびき」を作れば、児童は教材に当たり、自力で学習し、自分の力を貯えていくであろう。このことは、低学年においてとくにたいせつであり、徹底しておかなければならないと思う。

二　「てびき」の活用

「てびき」の理想的なものは、それによって自力で教材を学習でき、自分の力を貯えていけるものである。また、単元のねらいは落ちなく達成でき、さらに、自分の学習したことを自分で確かめることもできる（自己評価できる）ものである。こうした要求を満たすものであれば、指導はしやすいし、学習の効果はいっそうあがることになる。

こうした「てびき」を活用するに当たっては、次のことに留意しなければならない。

1　単元のねらいをしっかりつかんだ上での活用であること。（「てびき」の位置づけ）
2　自己の学習結果をはっきり残すこと。（学習結果の明確化）
3　自己の学習結果について明確な判定が下されること。（評価基準の明示）
4　判定に対して自分が納得し、それを修正すること。（問題発見と向上の確認）
5　「てびき」には常にひらかれる余地を残しておくこと。（固定化の防止と発展の可能性）
6　復習や練習の機会を常に考えておくこと。（知識や技能の定着）

こうした「てびき」学習の過程においては、個人学習が重視される。学習の結果を判定する場では、個別指導も可能である。「てびき」が整備されれば個人差に応ずる指導も可能となる。こうなると、教科書の教材に止まらないで、次々と他のものに発展していく方向も用意しておかなければならなくなるであろう。

以上、「てびき」の充実と活用について一般的なことを述べてきたが、以下で具体的な教材について、その実践例を述べよう。

三　「てびき」の作成

(1)「一すんぼうし」(学図・小学校国語・一年上、六〇～六七ペ)の場合

この単元の中心的ねらいは、題名のそばについている「じゅんじょに　きをつけて　よみましょう」である。
また、教材のあとの「てびき」(六七ペ)には次のようなものが用意されている。

1　一すんぼうしの　つぎの　ことを、おはなしの　じゅんに　ならべましょう。
・りっぱな　わかものに　なった。　・おにと　たたかった。
・みやこへ　でかけた。　・とのさまの　うちで　はたらく　ことに　なった。
2　一すんぼうしの　小さかった　ようすが、どんな　ことばで　わかりますか。
3　この　おはなしで　おもしろかったのは、どこですか。

以上のことを踏まえ教材分析をし、さらに、学級の児童の実態を考えて、次のような「てびき」を作成した。

〔てびき　1〕

むかし、ある　ところに、おじいさんと　□□□□□□　すんで　いました。□□□□　なかったので、□□□□
□　おねがいしました。

①あなたは、どんな　おばあさんだと　おもいますか。
②かみさまに　なんと　いって　おねがい　したでしょう。おじいさんと　おばあさんに　なった　つもりで　かい

てごらん。

やがて、□□□□ のるくらいの、□□□ □□□□ うまれました。□□□ この 子に □□□□□□

□ いう 名を つけました。

③一すんぼうしが 小さいと いう ことは、どこで わかりますか。

④ふたりと いうのは、だれと だれですか。

⑤いままで、ここで かかなかった ことで、あなたの おもって いることが あれば かいて おきなさい。

〔てびき 2〕

りこうで げんきな 一すんぼうしは、□□□□ いって、□□□□ 人に なりたいと おもいました。

⑥みやこと いうのは、どんな ところですか。あなたの かんがえた ことを かきなさい。

⑦りっぱな 人と いうのは、どんな 人に なる ことでしょう。あなたも 一すんぼうしに なって かんがえてみましょう。

□□□ かたなを こしに さし、□□□□ ふねに □□□ かい。ちゃっぷりこ、ちゃっぷりこと、川を □

□□□ いきました。

⑧川を のぼって どこへ いくのですか。

⑨川を のぼって いる 一すんぼうしは、どんな ことを かんがえて いたでしょう。

⑩いままで かかなかった ことで あなたが おもった ことが あれば かいて おきましょう。

〔てびき 3〕

みやこに つくと □□□□□ うちへ いきました。「ごめんください。」 みんなは、□□□□□□□□

⑪みんなは どうして びっくりしたのでしょう。

一すんぼうしは、とのさまの うちで □□□□ ことに なりました。

⑫一すんぼうしは、とのさまに あって、どんな おねがいを したでしょう。一すんぼうしに なって かきなさ

い。

〔てびき　4〕

ある　日、一すんぼうしは、□□□□□□　おともを　して、□□□□　でかけました。

するど、大きな　□□□　でて　きて、おひめさまを　つかまえようと　しました。

⑬おには、どうして　おひめさまを　つかまえようと　したのでしょう。

⑭ここまで　よんで　かかなかった　ことが　あれば　かいて　おきましょう。

さあ、たいへん。一すんぼうしは、□□□　かたなで、おにに　□□□□　いきました。

「わははは。なんだ、この　□□□　□□□。」

⑮一すんぼうしは　どうして　おにに　むかって　いったのでしょう。

おには　一すんぼうしを　□□□□　のみこんで　しまいました。

⑯一すんぼうしは　おにの　どこと　どこを　やっつけましたか。

「いたい、いたい。これは　□□□□□。」

おには、□□□□　にげて　いきました。その　あとに、□□□□□□□□　おちて　いました。

⑰一すんぼうしの　ようすを　よんで、あなたは　どんな　ことを　おもいましたか。

⑱ここまで　よんで　かかなかった　ことが　あれば　かきなさい。

〔てびき　5〕

おひめさまが、□□□□□□□□　ひろって　ふりました。

「一すんぼうし、大きく　なれ。一すんぼうし、大きく　なれ。」

□□□□　一すんぼうしは、□□□□　大きく　なって、りっぱな　□□□□□　なりました。

⑲おひめさまは、どうして　うちでのこづちを　ふったのですか。

⑳一すんぼうしは、りっぱな　わかものに　なって　どんな　ことを　かんがえたでしょう。

㉑いままで　かかなかった　ことで、あなたが　おもった　ことが　あれば　かきなさい。

〔てびき　6〕

㉒一すんぼうしを　よみ　おわって、あなたが　一ばん　おもしろかった　ことを　かきなさい。

㉓一すんぼうしは　どんな　子どもだと　おもいますか。それは　どうしてですか。

〔てびき　7〕

つぎの　ことを　おはなしの　じゅんに　ばんごうを　かきなさい。また　一すんぼうしの　した　ことを　みつけて、上の　（　）の　中に　○を　かきなさい。

（　）□　おわんの　ふねに　のって　みやこへ　でかけました。

（　）□　おにと　たたかいました。

（　）□　こどもが　うまれるように　かみさまに　おねがい　しました。

（　）□　うちでのこづちを　ふりました。

（　）□　てのひらに　のるくらいの　小さな　男の　子が　うまれました。

（　）□　とのさまの　うちで　はたらく　ことに　なりました。

（　）□　りっぱな　わかものに　なりました。

（　）□　男の　子に　一すんぼうしと　いう　名を　つけました。

つぎの　□の　中に　かんじを　かきなさい。

□《ちい》さい　□《おとこ》の　□《こ》。□《いっ》すんぼうしと　いう　□《な》。□《おお》きな　□《ひと》。ある　□《ひ》。□《かわ》の　□《なか》。□《め》と　□《くち》。□《て》の　ゆび

で　□《いち》　□《に》　□《さん》　□《し》　□《ご》　□《ろく》　□《しち》　□《はち》　□《く》　□《じゅう》と　かぞえた。□《ゆう》がた　□《やま》の　□《うえ》から　□《した》の　ほうへ　□《みず》

が　ながれるのを　みた。

〔てびき　8〕

つぎの　おはなしを　よんで、あとの　ことに　ついて　かきなさい。

たのしい　よみもの　一ねん　上

1　パナンペじいさん　ペナンペじいさん　一八～二三ぺ

2　やまたの　おろち　二四～四四ぺ

たのしい　よみもの　一ねん　下

1　ねずみの　すもう　(四ページの　え)　七二～七九ぺ

2　くらげの　ほねなし　三四～四七ぺ

おもしろかったのは　どの　おはなしですか。おもしろかったものに　○をしなさい。また、一ばん　おもしろかった　ものには　◎を　しなさい。

◎をした　おはなしの　中で　どんな　ことが　おもしろかったか　かきなさい。

◎をした　おはなしを　よんで　あなたが　おもったり、かんがえたりした　ことが　あれば　かきなさい。

つぎの　おはなしは　みなさんに　なつやすみに　よんで　もらいました。おはなしを　おぼえて　いますか。こんど　じょうずに　よんで　もらいますよ。しっかり　よむ　れんしゅうを　しておきましょう。

小学生の　文学　1

1　ももたろう　四～一六ぺ

2　おむすびころりん　四〇～五二ぺ

3　ちょうふく山の　やまんば　五三～六六ぺ

としょしつで　日本の　むかしばなしの　本を　さがして　よみましょう。よんだら、いつ　よんだか、本の　名まえは　どういうのか、どんな　ところが　おもしろかったか、どんな　ことを　おもったか　かんがえたか、かいておきましょう。（かみは　先生の　ところに　あります。）

まず、教科書の教材の表現に即してイメージを描かせることと、その部分部分に反応して自分のものにしていくことに学習の中心を置いている。次は、話全体の反応を求めている。最後が確認と練習である。ことばに関する事項は、表現に即してイメージを描く所で扱うことにしてある。

この学習のあとは、個人の自由読書になるわけであるが、記録はときどき提出させ点検をし、読書指導をしていくようにする。

(2)　「かぐやひめ」（学図・小学校国語・二年上、九四〜一〇八ぺ）の場合

この単元の中心のねらいは、題名のそばに「読んで　すきな　ところを　ぬき出しましょう」とある。教材のあとの「てびき」（一〇八ぺ）には、次のものが用意されている。

1　ふしぎだと　思った　ところ、すきな　ところは　どこですか。
2　おじいさんと　おばあさんの　気もちが　あらわれて　いる　ところを　書きぬきましょう。
3　この　お話は、七つに　わかれて　います。それぞれの　ところに、どんな　ことが　書いて　あるか、さし絵も　見て　かんがえましょう。

以上のことを踏まえ、教材の分析をし、さらに学級の児童の実態も考えて、次のような「てびき」を作成した。

〔てびき　1〕

「かぐやひめ」を読んだり　さし絵を　見たり　して、つぎの　ことに　こたえなさい。こたえは、きろくようしに　書きます。ひとつの　ことに　一まいの　かみを　つかって　書きなさい。

一を　読んで

①　「竹とりの　おきな」と　いうのは　どういう　いみですか。
②　竹は　どうして　光って　いたのでしょう。
③　おじいさんが、「これは　ありがたい。」と　言ったのは　なぜですか。
④　おじいさんは、小さな　女の　子を　手のひらに　のせて　うちへ　かえりました。この　とき、どんな　ことを　かんがえたでしょう。おじいさんに　なって　かんがえてみましょう。
⑤　この　おじいさんと　おばあさんは、どんな　人だと　思いますか。わけも　かんがえて　こたえなさい。
⑥　一を読みおわって、あなたの　心に　のこって　いる　ことを　書きなさい。

二を　読んで

⑦　おばあさんは、どうして　大よろこびを　したのでしょう。
⑧　どうして　うちの　中が　さびしかったのでしょう。
⑨　おじいさんの　うちの　くらしが　よくなったのは　なぜでしょう。
⑩　二を　読み　おわって、あなたの　心に　のこって　いる　ことを　書きなさい。

三を　読んで　（意図的・試行的に実施した）

⑪　わかった　ことは　なにですか。
⑫　どこで　どんな　ことを　思ったり　考えたりしましたか。

〔てびき　2〕

三を　読んで

⑪ みつきで　ふつうの　人に　なった　ことに　ついて、　あなたは　どう思いますか。
⑫ どうして　「かぐやひめ」と　いう　名を　つけたのでしょう。
⑬ ここを　読み　おわって、あなたの　心に　のこって　いる　ことを　書きなさい。
四を　読んで
⑭ みかどと　いうのは　どんな　人でしょう。
⑮ かぐやひめは、どうして　みかどの　けらいに　会わなかったのでしょう。
⑯ ここを　読み　おわって、あなたの　心に　のこって　いる　ことを　書きなさい。

〔てびき　3〕

五を　読んで
⑰ かぐやひめが、　月を　見ては　かなしそうな　顔を　した　とき、どんな　ことを　考えて　いたのでしょう。
⑱ ここを　読んで、あなたの　心に　のこって　いる　ことを　書きなさい。
六を　読んで
⑲ かぐやひめが、毎ばん、しくしく　ないて　いる　とき、どんな　気もちだったでしょう。
⑳ みかどに　おねがい　した　ときの　ふたりの　気もちを　書きなさい。男子は　おじいさん、女子は　おばあさんに　なったつもりで　書きなさい。
㉑ ここを　読んで、心に　のこって　いる　ことを　書きなさい。

〔てびき　4〕

七を　読んで
㉒ 家らいたちは　かぐやひめを　うまく　まもる　ことが　できましたか。それは、どうしてですか。
㉓ ここで　ふしぎに　思う　ことは　ありませんか。ふしぎに　思う　ことを　書きなさい。

㉔　天人たちの　音楽が、しだいに　とおく　なった　ときの　おじいさん　おばあさんの　気もちを　書きなさい。

㉕　ここを　読んで、心に　のこった　ことを　書きなさい。

〔てびき　5〕

かぐやひめの　お話を　ぜんぶ　読みおわりました。あなたの　心に　のこって　いる　つぎの　ことに　ついて　書きなさい。

①この　お話の　中で　あなたが　一ばん　ふしぎだと　思った　こと。

②この　お話の　中で　あなたが　一ばん　おもしろいと　思った　こと。

③この　お話の　中で　あなたが　一ばん　気にいった　こと。

④この　お話の　中で　あなたが　考えさせられた　こと。

つぎの　文を　かん字に　なおして　書きなさい。

・くも　ひとつない　あきの　あさです。

・やまへ　たけを　きりに　いきました。

・ちいさい　おんなの　こが　ひかって　いました。

・いえの　なかが　あかるく　なりました。

・まちや　むらの　ひとの　みみに　とどきました。

・ある　としの　はるに　あって　かおを　みたい。

・じゅうごやに　つきの　くにの　むかえが　きます。

・いえの　まわりは　かたなを　もった　けらいが　いる。

・おんがくを　ききながら　しろい　くもを　みる。

・きんいろの　くるまを　ひいた　てんにんが　くる。

〔てびき　6〕

つぎの　お話を　読んで、あとの　ことに　ついて　書きなさい。

たのしい　よみもの　二年　上

1　しっぽの　つり　三一～三八ぺ
2　五つの　たからもの　六一～六五ぺ
3　あくび　あや太郎　七五～七七ぺ

たのしい　よみもの　二年　下

4　ちから　たろう　三七～五六ぺ

㉖おもしろかったのは　どの　お話ですか。一ばん　おもしろかった　お話の　だいめいを　書きなさい。
㉗一ばん　おもしろかった　お話の　中で、どんな　ことが　おもしろかったか　書きなさい。
㉘一ばんおもしろかった　お話を　読んで、あなたの　思った　ことや　かんがえた　ことが　あれば　書きなさい。

つぎの　おはなしは、みなさんに　なつやすみに　よんでもらいました。お話を　おぼえて　いますか。こんど　じょうずに　よんで　もらいます。しっかり　読む　れんしゅうを　して　おきましょう。

小学生の　文学　2

山なしとり　二五～三七ぺ

㉙あなたの　これまでに　よんだ　日本の　むかしばなしは、どんな　ものが　ありますが。思い出すだけ　書いて　おきましょう。

としょしつで、日本の　むかしばなしを　さがして　読みましょう。読んだら、いつ　読んだか、本の　名まえはどういうのか、どんな　ところが　おもしろかったか、どんな　ことを　思ったり　かんがえたり　したかを　書いておきましょう。

書く　かみは　先生の　ところに　よういして　あります。

書く　こと

読んだ　月日

本の　名（だいめい）

でて　くるもの　（だいじな　ものに　○を　する。）

おもしろかった　ところ　すきな　ところ

じぶんの　思った　こと　かんがえた　こと

学習の流れの大筋は大体一年生と同じであるが、記録することがらは、かなり自由に書かせようとして、更紙半枚の裏表を使って一問の答えを書かせるようにした。かなりの空白が出たが、そこには、学習の途中や一段落したところで補充したり修正したりしたものを書かせるようにした。

四　実践の考察

ここに作成した「てびき」のねらいは、昔話を読みながら（表現に即し、さし絵の助けを借りて）、場面場面を豊かに描き豊かに読みとらせ、さらに読む楽しさを味わわせるところに置いた。この豊かに読みとった結果をそれぞれの児童に確認させる過程の中に、昔話の読み方もわからせ身につけさせようとしている。

それぞれの学年の「てびき　1」を扱ってみて、次のような結果を得た。

一年生の場合、発問①については、そのわけを考えさせることがいること、②については、その人の立場になって書かせるくふうがいること、③については、表現を書きこませた上で答えさせているが、教科書のみで答えをさがさせた方がよいこと、④はなくてもよいこと、⑤は、それぞれの場面で是非必要であることなどが確認できた。

二年生の場合は、全体的に解答が断片的であったこと、表現に即し、内容を豊かに読みとった解答が少なかったこと、自己の読み深め読み広げた結果が殆どなかったことが問題点としてあげられる。断片的な発問が多いことと記録するということが大きな原因であろうが、指導者が中心となって学習を進め補なわなければならなかった。

㊀の場面では、②と④、㊁の場面では、⑧の発問が児童の想像力や創造力を刺戟した。こうした手引きによる発問を中核にすえて、表現を押えていけば、読みがいっそう深まっていくことも確認できた。㊂の発問は、やや意図的・試行的にどれくらいできるかやらせてみたものであるが、結果はやはり無理であった。「てびき　2」の㊂の場面の⑪⑫のような具体的なものが必要である。

場面ごとに、その場面についての自由な気づきや感想を書く余地を残しておいたのであるが、この意図が充分にのみこめない子が多かった。すでに、話全体を読みとっている児童ばかりなので、その部分だけとか、その部分まで読んでの気づきや感想でないものが多かった。したがって同じ気づきや感想が続く児童がいた。次第に深まり広がりのある気づきや感想を期待したのであるが――これは、発問の意図が呑みこめたり、新しい教材の初対面という形体をとればできると思われる。

以上、「てびき　1」のみであるが、それを作成し使用してみての考察を加えたわけであるが、手引きの項目ひとつひとつについて、次のような視点で押えておかなければならないということを確認できた。「てびき　2」以下は、こうした視点を踏まえて作成した。

1　表現（ことば・文・文章など）を踏まえた読みとりをさせるもの。（ことばをあてはめる力）
2　表現の意味を確かめるもの。（語い力・文や文章の理解力）
3　表現を深めるもの。（書いてないことも想像する力）
4　表現を広げるもの。（自分の経験を土台として自分のものをつかむ力）
5　読む力を増大するもの。（読書を楽しむ力）

このような「てびき」のねらいに即した読みと同時に、児童の心理的側面もたいせつにしなくてはならない。すなわち、「てびき」による学習を通して、児童がどう反応していったかということである。その例を日記の中に見てみよう。

一年（男子）　9月4日（水）

きょう、三じかんめに　せんせいが　たくさん　こられました。そして、べんきょうを　みてもらいました。

ぼくは、一すんぼうしの　おはなしを　よみました。一すんぼうしを　うつしました。
よんでから　みんなで　しらべました。みんな　あって　いました。
よむのは、まあまあだったから、もっと　じょうずに、いっしょうけんめい　がんばろうと　おもいました。

これを読むと、学習の方法や結果が、一年生なりにわかっていることが感じとれる。具体的には、この児童の「てびき」による学習結果と照らして検討が加えられなければならないことはもちろんであるが。

二年（女子）　9月4日（水）
きょうの　三校時めは、よその　学校の　先生が　国語の　べんきょうを　見に　こられました。二年生は、かぐやひめで、一年生は、一すんぼうしでした。
二年生は、かみを　12まい　もらい　もんだいの　かみを　1まい　もらいました。それは　12もん　ありました。
1もんめは　むつかしく　ぜんぜん　わからなくて、やっと　わかったら、2もんめも　わからなかったし、それが　わかったら、つぎも　つぎも　わからなかったので、5もんしか　できなかったです。　（後略）

この児童の場合、学習のつまずきを述べているわけであるが、その実態については、「てびき」による学習結果との関連で述べなければならない。しかし、この児童は、ともかく五問まではやっているという自覚はあるわけである。学級の中で五問までしかやっていない児童の場合、一問一問をていねいに答えている子が多かったことから、この児童のように気にしなくてよかったわけであるが、一二問中の五問ということで、そのことばかりが気になったようである。これは無理のないことで、学習前に指導者によるあらかじめのめやすが示されることが必要であった。

この児童のように、つまずきながらも、ひとつひとつを解決していくことがたいせつであり、その結果については、明確な判定（自己の納得もいく）が示されることによって、より自信を高めることになっていく。

以上は、昭和四十九年九月十六日（月）に記述完了したものである。この単元の終了は、この原稿の完成後で、ここにのせた「てびき」すべてにわたっての検討は、ここには示されていない。それらについては後日を期したい。

この実践は、複式学級低学年（一年男女各五名・二年男女各五名・計二十名）におけるもので、複式学級という条件のもとで（異教材・異程度の扱い）必要にせまられて実施したものである。しかし、この実践を通して、こうした「てびき」に当たるものの完備は、単式学級の指導においても当然必要なものであり、能力別・個人別の指導に欠くことのできないものであるということを考えるに至っている。今後とも努力していきたい。

（昭和50年3月31日）

5　広島へ行って
――広島の子どもの反応――

一　原爆に対する子どもの意識

教材「広島へ行って」(学図・三年)を指導するに当たって、原爆(とくに教材に関係して)に対する子どもの知識や意識を調査してみた。次のようなものである。

げんばくちょうさ　なまえ

①　げんばくは、いつ落とされたか知っていますか。
昭和　年　月　日　時　分

②　平和公園に行ったことがありますか。
(　)はい　(　)いいえ
行ったことのある人は、つぎのことに答えてください。
それは、何才ごろですか。いちばん新しいのを書きなさい。(　)才
げんばくしりょう館に入ったことがありますか。(　)はい　(　)いいえ

③　平和公園で見た、げんばくにかんけいのあるものを書きなさい。その中で、よく知っているものには○をつけなさい。

④　げんばくのお話を聞いたことがありますか。それは、だれから聞きましたか。そして、どんなお話でしたか。

たいへん大雑把な問いであるが、この調査結果は、これからの指導の手掛りを与えてくれる。指導の手掛りとなる結果について触れてみよう。

①の原爆投下の日時について、正しく書けた子どもは、三十八名中僅か五名であった。この五名について、知っていた理由を尋ねたところ、すでに教科書を読んでいたので知っていたというものであった。三十三名の子どもで昭和二十年が書けた子は三名、八月が書けた子は五名、六日が書けた子は一名、八時十五分が書けた子は四名であった。

②の平和公園に行ったことのある子は、全員であった。その体験年令は次の通りであった。（在籍、三十八名・不明　一名）

年令	人数
9	3
8	18
7	3
6	5
5	4
4	1
3	1
2	1
1	1

原爆資料館の入館体験者は、二十五名であった。三年生当初調べたときは、十二、三名であったが、社会科の学習のとき、折に触れて、必ず見学するよう言ったために、十名以上が増加している。

③の平和公園で見たものとしては、次のものをあげていた。

慰霊碑……………三十名

原爆ドーム…………二十一名

原爆資料館……………………十六名
原爆の子の像…………………九名
教師と子どもの像……………一名
平和の池………………………一名
これを見ると子どもの歩いた範囲がわかる。

④の原爆の話を聞いた体験については、次のようになっている。
話してくれた人は、母が十七名、父が四名、祖母が八名、祖父が三名であった。誰からも話を聞いていないという子が八名もいた。

話の内容について、一応触れていた子は、三十名中二十六名であった。

これらの結果は、学級児童名簿に一覧できるように記録し、ひとりひとりの子どもの結果がすぐ見られるようにしておいた。

調査集計の過程で、原爆慰霊祭の参加体験も尋ねておけばよかったと思った。これは教科書の中に触れられているることである。

二　学習指導の実際

(1)　教材について

教材のねらいとしては、大きく二つが考えられている。一つは、平和への意識の向上である。他の一つは、国語科として身につけなければならない言語能力である。中でも、話の順序に従って、書かれたことを整理したり、要点をおさえて読みとることができるようになるということに重点が置かれる。

この教材は、子どもの立場で書かれた見学記録文である。従って、日時、場所、見たものが書かれ、それぞれについて、見たこと、聞いたこと、思ったり考えたりしたことが書かれている。これらの事柄が読みとりの場合の大事なおさえどころとなっている。このことについては、指導書の「教材研究」の〔構成〕（一二八〜一二九ぺ）が参考になる。

三年生という学年発達段階を考え、教科書のページ数の制限を考えると、その内容、記述にかなりの制約を受けることになる。このことは、使用されることば、文、文章に表れてくる。この点については、写真でかなりカバーされているが、なお不十分である。指導に際して、内容理解を助けるものを用意しておくことが大切である。

例えば、次のようなものである。まず、写真類では、

町のにぎやかさを示す写真（七〇ぺ）

原爆投下後の広島（七一ぺ）

百メートル道路・平和大橋の写真（七一ぺ）

原爆資料館内の展示物の写真（七二ぺ）

原爆慰霊祭の写真（七三〜七四ぺ）

原爆ドームの写真（七四ぺ）

などである。こうしたものに加えて、指導者の補説も必要である。原爆の記録類や読み物は数多く出版されており、それらの何冊かは是非目を通しておく必要がある。

原爆投下の時の様子、二十万を超える人が死亡した事実、資料館内の展示物、慰霊碑の由来、原爆ドームの保存理由、原爆の子の像にからむ話などである。

こうした指導者の努力は、一つひとつのことばの中に、一つひとつの文の中に、一まとまりの文章の中にこめられている意味を深く理解させることになると同時に、言語による表現や理解の言語感覚や言語意識を高める。

(2)　学習の展開

児童の実態を踏まえ、教材の把握をした上で学習計画を立てること、この計画に即して、一時間一時間の授業を、子どもの反応や学習結果を確認しながら進めることは、学習指導上、忘れてはならないことである。わたしの場合、次のような計画で学習を展開した。総時間数は九時間（一時間は四十分授業）である。

学習計画

第一次（2時間）　読み（音読）を確かなものにする。（家庭学習でも音読練習をさせる）
・間違いなく、しっかりした声で音読できる。（重要語句意識づけ）
・新出・読みかえ漢字が読めたり、書けたりできる。

第二次（6時間）　内容を順序よく、まとめながら読みとる。
・視点に従って、大事なことば、文、文章を記録しながら読む。
　日時、場所、見たもの、見たこと、聞いたこと、思ったこと。
・文章を視写し、それに対する感想を書き加える。
　視写するところは二ヵ所（七一～七二、七四～七五ぺ）である。

第三次（1時間）　学習結果を評価する。（教師・児童）
・漢字や読みとりのテストをする。
・語句の使い方の練習をする。

この学習の発展として、原爆のことを調べたり、原爆のことをテーマにした物語を読んだり、原爆の話を聞いたりする学習活動へ発展させた。

三　学習の結果（子どもの感想から）

(1)　心に残ったところ

学習計画の第二次・第六時の中で、とくに心に残ったところを一つ取り上げさせ、そこでの感想を書かせてみた。

子どもが心に残ったところとして取り上げたところは、次のようになっている。

先生と子どもの像…………一名
原爆資料館…………………十三名
原爆慰霊碑…………………三名
原爆ドーム…………………九名
原爆の子の像………………十二名

これを見ると、子どもの心をとらえたところがどこであるかがよくわかる。また、子どもの体験や教師の補説が強く影響していることもわかる。原爆資料館のところでは、わたしの弟のことを話した。原爆の子の像のところでは、この像のできるまでの話を補った。

子どもの体験も見逃すことはできない。教科書の原爆ドームの記述は僅かであるが、ここを取りあげた子どもが九名もいた。この九名は、実際にそこに行きドームを見ているし、そこの説明を読んでもらったり、原爆の話を聞いていた。

(2)　子どもの感想

最後に、子どもの感想をのせておく。

先生と子どものぞう

先生は、子どもをたからみたいに思っていることが、しゃしんを見ただけでもよくわかります。なぜ、先生は、じぶんがけがをしてまで、子どもをたすけようとしたんだろう。こんな先生がなくなられてかわいそうに思います。げんばくなんか、落とさなかったらよかったのに。（男子）

原ばくしりょう館

原ばくしりょう館に入って、ぼくは、あのころ生まれなくてよかったなと思いました。どうしてかというと、あのころ生まれていたら、原ばくにはじかれて、しんでしまっていたかもしれないからです。でも、原ばくしりょう館に入って考えたら、かわいそうだなあと思いました。おおやけどをして、びょういんにつれこまれたときは、もうしんでいった人もいたかもしれないと思いました。（男子）

げんばくいれいひ

ぼくは、げんばくの話を聞いて、一つだけ考えたことがあります。それは、どうしてせんそうをやらなければいけないんだということです。せかいのみんながなかよしだったら、せんそうなんかなかったと思います。（男子）

ぼくは、家の人にたくさんげんばくの話を聞きました。もし、むかしげんばくが落ちなかったら、神田先生の弟も、げんばくでなくなった人も、みんな生きていたのにと、ぼくは頭の中で考えました。（女子）

げんばくドーム

わたしは、まだうまれてなかったので、よくしりません。
広島市にげんばくが落ちたのは、わたしの母が二〜三才のときに落ちたそうです。わたしは、そのとき、びくっとしました。なぜかというと、もし、そのときに母がなくなっていたら、どうしようかと思ったのです。でも、なくならなかったのでよかったです。

げんばくの子のぞう　（女子）

わたしは、げんばくしりょう館から出て、つるのところへいきました。おばあちゃんが、「子どものころ、げんばくにあった子のおはなし」をしてくれました。
三百五十六わぐらいつるをおって、それからしんだ話です。わたしは、いつまでも心のそこに、げんばくの話をきちんとしまっておきます。わたしの家の近くでは、八時十五分になると、お寺のかねがなります。

（昭和53年5月31日）

こうした子どもの感想は、わたしたちの指導のあり方を教えてくれる。

6　言語能力を高める学習課題

一　国語の学習課題をどう考えるか

国語科における学習課題は、その学習課題を解決することによって国語科でねらう学力が身についていくものでなくてはならない。国語科でねらう学力とは、言うまでもなく、確かで豊かな言語能力を身につけることである。この言語能力は、言語（音声言語・文字言語）そのものが確かに豊かに自分のものとなっており、その言語によって確かに豊かに表現すること（表現能力）や理解すること（理解能力）ができるものでなくてはならない。

そこで、ひとりひとりの児童の言語能力に目を向け、それらを確かに豊かに向上させるような学習課題を設定していかなくてはならない。こうした考えを踏まえて、ここでは主として中学年の文学教材に焦点を当てて、学習課題の設定の手順や方法を明らかにしていきたい。

二　教材を読む

学習課題を設定するに当たって、先ず教材を読まなくてはならないが、この場合、指導者の教材の見方（視点）が大事である。何をどう見るかについては、次のようなことを念頭においている。

(1)　児童の興味・関心を誘うものであるか

読み進み、読み深めることによって、児童の興味や関心を誘う内容であるかどうか、また、その興味・関心は児童の人間形成の糧になるものであるかどうかを検討しておかなくてはならない。

(2)　児童の経験（体験）を広げるものであるか

児童の生活経験の範囲で理解したり想像（創造）したり出来るものであることが大事である。しかし、児童の経験を広げる意味からも自己の生活経験の範囲外のことも含まれていなくてはならない。この一見矛盾した要素をはっきりと読み取っておかなくてはならない。

(3)　この教材で向上させる言語能力は何か

児童の興味・関心を誘うためにも、児童の経験を広げるためにも必要なものは、児童の言語能力である。そのためにも児童の言語能力に照らして、教材を読まなくてはならない。この場合、指導要領の指導事項や教科書の学習の手引きや指導書が手掛りとなる。これらが児童の言語能力を高める方向を示してくれる。

(4)　どのような学習課題が考えられるか

ここまでくれば、児童に学習させなければならない言語能力とそのための学習活動とが浮かび上がってくる。これを集約したものが学習課題であり、この学習課題は、児童の発見の形をとったり、指導者が与える形をとったりして意識化させなくてはならない。

以上述べてきた四つの視点に基づいて、一つの教材「大きな木がほしい」（佐藤さとる・学図・小学校国語・三年上、四〇～五五ぺ）を分析してみよう。

この教材は、かおるという子どもが大きな木がほしいと思い、その大きな木をいろいろと空想していく物語である。現実と空想とが交互に入りまじって物語が展開していく。その中にお母さん、妹のかよちゃん、お父さんが登場して、かおるにかかわっていき、最後に自分の庭にほんとうの木（まてばしい）を植えるところで終わる。

(1)　児童の興味・関心を誘うものであるか

かおるは、自分たちと同世代の子どもである。その子どもの空想は、木登りの出来る大きな木である。その大きな木は、ただ登るだけでなく、登るためのはしごやほらあな、木の上の方にある子どもらしい小屋、妹のかよちゃんのためのつりかごなどがとりつけられ、さらに上には、手すりのついた見晴らし台までとりつけられている。その上に、りす、かけす、やまがらも友だちである。児童を空想の世界に誘いこむに十分な設定がされており、これが表現（言葉・文・文章）を手掛りとして場面や情景を描かせる原動力にもなる。文章中に描かれた挿絵（絵としてやや物足りない感じがするが）も場面や情景を描く手助けをしている。

こうした児童の空想は、未来に対して希望を持たせ、現実離れしない明るい想像を描いてくらす豊かな生活態度を育てることにつながっていく。

(2)　児童の経験（体験）を広げるものであるか

読解の過程で児童のノートにその結果を書かせたが、その中に「自分もゆめをもったことはあるけど、かおるほどすごいゆめではなかった。」というのがあった。クラスの児童の反応は、この記録に代表させることが出来る。ということは、自分の空想のあり方に、新しい目を開かれたことになり、自分の経験を広げるのに大きく役立つことになるわけである。木登りを知らない（出来ない）現代の子どもには想像できない新しい視点であると思う。これは、(1)の興味・関心とも結びつき、読む意欲を高めることにもなる。

(3)　この教材で向上させる言語能力は何か（(4)も含む）

まず教科書を手にとって題名を見ると、その下に「――自分の気持ちとくらべながら読みましょう」とある。言葉足らずの表現であるが、中心になる学習課題を前面に出すことは、どの教科書も行っている。教材に即して言えば、「かおるの気持ちと自分の気持ちとをくらべながら、自分ならどうするかを考えながら読みましょう。」ということになる。

次に教科書の教材のあとに「てびき」（五六ペ）があり、そこに五つの課題が設定されている。

(1)　このお話の中で、かおるが今していることと、くうそうの中のことを分けてみましょう。
(2)　くうそうの中の「大きな木」のようすを、じゅんにまとめましょう。
(3)　おかあさんとおとうさんは、かおるの「大きな木」の話を聞いて、どう思いましたか。
(4)　まてばしいが大きな木になったころ、かおるはどうなっているか、自由にそうぞうして書きましょう。
(5)　みなさんは、どんな木があったらいいと思いますか。また、ほかにどんなものがほしいか、絵や文に書いてみましょう。

先にあげた中心になる学習課題や「てびき」に書かれている学習課題を「この教材によって向上させる言語能力は何か」という立場から読むと、どうもすっきりとしない。これらが学習活動を指示したものになっているからである。そこで、指導書に書かれている目標（ここでは略す。）や指導要領に書かれている指導内容（関連する項目のみあげると、言エ・ケ、理ア・ウ・カ・キ・クがある。）を検討して先の学習課題を書き直してみると、次のようになる。

まず、中心になる学習課題は次のようになる。

言葉・文・文章に書いてあることをもとにして、そのときそのときのようすをはっきり頭にえがき、かおるの気もちが考えられるようになりましょう。また、自分の考えたかおるの気もちと自分のきもちとをくらべて、それが自分の言葉で書けるようになりましょう。

次に、「てびき」の学習課題は次のようになる。

(1)　このお話の中で、かおるが今していることと、くうそうの中のことを分けて、教科書の文章にしるしをつけることができるようになりましょう。

(2)　くうそうの中の「大きな木」のようすが書いてある言葉・文・文章を見つけてしるしをつけ、その中の大事な言葉をノートにぬき出して書きましょう。

(3)　おかあさんとおとうさんが、かおるの「大きな木」の話を聞いて、どんなに思っているかわかるところにしるしをつけ、どのように思っているか考えて書きましょう。

(4)　みなさんは、どんな木があったらいいと思いますか。その木をまず絵にかいてみましょう。そして、書くじゅんじょ、木の部分やせつびのせつめいに気をつけて文章に書いてみましょう。

（(4)と(5)は、発展学習であり、一つにまとめた。）

こうして書いてみると、かなりはっきりしてきたが、これだけでは不十分である。国語科の学習の中で、常に気をつけ児童の学習課題として定着させておかなければならないものが抜けている。すなわち、文字や語句を自分のものとする学習課題と音読がきちんと出来るようになる学習課題である。

この項は、(4)の「どのような学習課題が考えられるか」も含め、言語能力との関連で考えてきた。

三　教材を読ませる

授業をするに先立って教材をどう見るかについて考えてきたが、教材を児童に与え、読ませてみると、指導者の考えた児童の興味・関心、言語能力、学習課題の設定にずれが出てくることがある。ずれが出ないことが理想であるが長年にわたる教材分析の体験から考えてもむずかしいものである。一歩でも二歩でも近づく努力をいつも積み重ねていく覚悟が要求される。

さて、先ほどの教材「大きな木がほしい」の場合について、その読みの実態と教材分析の結果とを対比してみたい。

まず、教材に対する興味・関心は、指導者が予想した通り非常に強いものであった。この児童の興味・関心の強さに引きずられて、一つ一つの言葉まで気をつけ場面や情景をはっきり描き、登場人物の気持ちを深く考えることが出来たと思う。

児童の言語能力については、少し高く考えていたように思う。一つの例として、空想の大きな木を頭に描かせようとしたときのことを書いておこう。

空想の木が初めて出てくる次の場面である。

> うーんと太くて、もちろん、かおる一人で手を回したくらいでは、かかえられないような太い木です。
> おとうさんとおかあさんと、それに妹のかよちゃんにもてつだってもらって、やっとかかえられるような、そんな大きな木ではなくてはいけないのです。

「だから、どうしたって、はしごがいるんだ。」
かおるは、そう思います。みきが太すぎて登れないからです。（四三〜四四ペ　大きな木の挿絵あり）

みきの太さを表現し、はしごの必要を述べた文章である。挿絵もあることだし、すんなりと場面は描けるものと思っていたが、どうも反応がにぶい。そこで、三人の児童を前に出し、指導者も加えて手をつないでみきの太さを実際につくってみた。ここで児童は感嘆の声を発して驚いたのである。こうして「うーんと太くて」「かおる一人で手を回したくらいでは、かかえられないような太い木」「おとうさんと……やっとかかえられるような、そんな大きな木」と、次第にはっきりしてくる表現や、「だから、どうしたって、はしごがいるんだ。」というかおるの言葉が理解出来たのである。ここから木の高さを考えたり、かおるの空想への広がりを考えたりすることも出てきた。この木の太さや高さは、これからあとの空想場面でも大事なもので、これをいいかげんで終わると後の学習にも大きく響いてくるところであった。

この学習によって、児童の学習意識も一層強まったようである。すなわち、言葉の一つ一つ、文の一つ一つにも気をつけて場面をはっきり描かなくてはならない。そうすることによって、登場人物の気持ちもはっきりしてくるのだということである。

学習課題は、指導者の方で明確にすればするほど、児童に対して押しつけになる場合が多いが、読み（読書）の学習として自然であることが望ましい。そこで読み手である児童の側からも学習課題が生まれることが望ましい。しかし、これも学年発達段階（児童の能力）を考えておかなくてはならない。

中学年の段階は、児童に課題として与えることが多いが児童の読み（読書）の姿の中に見つけ出させることも考えておかなくてはならない。例えば、一読後の一口感想の中にも見つけ出す場合をとり上げてみよう。

①　かおるは、どうして大きな木にのぼってみたいのかなと思った。でも、気もちよさそうだ。（女）
②　かおるは、とてもいいゆめをもっているから、私もあんなゆめをもってみたい。（女）
③　かおるは、「いろいろ考えたんだ。」なんて、なまいきを言うところがおもしろい。（男）

こうしたものを児童に提示することによって、読みの浅いことやあいまいなこと、また、部分的、末梢的なことを見つけさせ、学習課題を発見させることが出来る。

四　学習課題を組織づける

これまで、教材を分析することによって、どのような学習課題が考えられるかについて考えてきたが、最後にその学習課題をどのように組織づける（設定する）かについて考えておきたい。

一つの教材を学習する場合、一応の学習時間が設定されている。この学習時間は学習課題を解決するために必要な時間である。ここでどういう学習課題を、どのように設定するかという組織化の問題が出てくる。

学習課題をその内容から見ると、知識の習得のための課題と技能や態度を身につけるための課題とがある。また、時間（期間）の面から見ると、教材の学習の全課程を通すものとその一時間（期間）でよいものとがある。こうしたことを念頭に置いて指導計画を立てる必要がある。

「大きな木がほしい」を例にして、次のように学習課題を組織づけて図示してみた。授業に際しては、こうした学習課題を一層具体化した形（行動目標化・到達目標化）で示し、出来る限りはっきりしたもの、それも出来るだけしぼって臨むようにした。

〔時間〕 ⇐12時間⇒

〔時間〕	〔学習課題〕
①	○きちんと音読出来る。 ○新出・読みかえ漢字が読める。
①	○新出・読みかえ漢字を使った言葉がきちんと書ける。 ○かおるが今していることと空想とを区別し、しるしをつける。
⑥	○空想の中の大きな木のようすが書いてあるところを見つけ、大事な言葉を抜き出してノートにまとめて書く。 ○場面ごとにかおるの気持ちを考える。 ○かおるの気持ちと自分の気持ちを比べて、それをノートに書く。 ○お母さん、お父さんがかおるの話を聞いてどう思っているか考える。 ○かおるの気持ちが表われるように音読出来る。
①	○自分にとってどんな木があったらいいか空想して絵（鉛筆書き）にかく。
②	○絵をもとに自分の空想を作文にする。 （○文集にして学級文庫に置き読む。）
①	○学習結果をテストによって確認。

〔関連〕（文字）（理解）（表現）〔言　語〕

（「教育科学国語教育」二八三号　昭・55・12）

7　語句の意味をつかませる
――いきいきと読みを深める物語文の指導――

一　物語文における語句の理解

物語文を読む場合、場面や情景が頭の中にはっきりと描かれ、登場人物の言動や心情、性格などが読み取れ、さらに、作品の全体を流れる（含まれる）作者の願いや思い（主題）が読み取れる（考えられる）ことが大事である。こうしたことを書かれた（文字による）表現（語句・文・文章など）を通して行っていくわけであるが、まずできなければならないことは、語句の理解である。一つ一つの語句の意味を理解し、それを踏まえて、文や文章を理解し、場面や情景を描くことができる。

語句の意味を理解させるに当たっては、次のようなことを常に考えておかなくてはならない。

(1)　語句の理解については、児童の生活経験・学習経験が深く係わっている。
(2)　語句の理解については、理解の仕方に個人差がある。あいまいな理解で満足する子から、細かいところまではっきりさせないと満足できない子まである。
(3)　語句の意味の理解に当たっては、辞書利用の方向を常に考えておくことが大事である。一年から三年については、意味のあいまいな語句や意味のわからない語句を常にはっきりさせ、それをわからせるようにする。四年生以上については、三年生までのことを踏まえて、自分で語句の意味を辞典で調べさせるようにする。

(4) 語句の意味の理解に当たっては、常に文脈の中で考えるようにさせなくてはならない。

(5) 語句の理解に当たっては、語句の種類に応じて、理解のさせ方（し方）を工夫する必要がある。

(6) 物語文を読み取る場合に、読み取りの鍵となる語句がある。教材研究の段階から授業を終わるまで、鍵となる語を常にとらえるように努力しなくてはならない。

ここでは、(6)に重点を置きながら他のものも関連させていきたい。

二　物語文を読むときに鍵となる語句

物語文を読むときに鍵となる語句としては、次のようなものが考えられる。

○場面や情景を描くのに鍵となる語句
○登場人物の言動や心情、さらに、性格を考えるのに鍵となる語句
○作品の主題を考えるのに鍵となる語句

これらの語句は、一つ一つ独立したものとしてあるのではなく、あくまでも文や文章の中で生きているものである。「語句の意味をつかませる」ということは、文や文章、さらには作品の中で、その意味をつかませていくものでなくてはならない。単なる言葉の言いかえで終わらないように注意することが大事である。

三　語句の意味をつかませる

物語文を読むときの鍵となるような語句の意味をつかませることについて、一つの教材「白いぼうし」（学図・四年上）を取り上げて考えてみたい。これは、「あまんきみこ」の作品の一つである。作品の全部を取り上げることができないので、その一部になる。

(1)　鍵となる語句

まず、鍵となる語句、すなわち、意味をわからせる語句についてはっきりしておかなくてはならない。次のような場面がある。四つに分けられた場面の中の第三の場面である。


車にもどると、おかっぱの小さなかわいい女の子が、ちょこんと後ろのシートにすわっています。

「道にまよったの。行っても行っても、四角い建物ばかりだもん。」

つかれたような声でした。

「ええと、どちらまで。」

「え。――ええ、あの、あのね、菜の花横町ってあるかしら。」

「菜の花橋のことですね。」

エンジンをかけたとき、遠くから元気そうな男の子の声が近づいてきました。

「あのぼうしの下さあ。お母ちゃん、本当だよ。本当のちょうちょが、いたんだもん。」

水色の新しい虫とりあみをかかえた男の子が、エプロンを着けたままのお母さんの手を、ぐいぐい引っぱってきます。

「ぼくが、あのぼうしを開けるよ。だから、お母ちゃんは、このあみでおさえてね。あれっ、石がのせてあらあ。」

客席の女の子が、後ろから乗り出して、せかせかと言いました。

「早く、おじちゃん。早く行ってちょうだい。」

松井さんは、あわててアクセルをふみました。やなぎのなみ木が、みるみる後ろに流れていきます。

この教材で線を引いた言葉（部分）は、場面の様子や登場人物の気持ちを考えるときの鍵となる言葉である。二本線（═）登場人物、一本線（──）は様子、波線（〰）は気持ちをそれぞれ表している。様子と気持ちとは重なり合うところがある。こうした言葉を押さえておいて指導に入ることが大事である。

(2)　指導の実際

教材研究の段階での鍵になる言葉（部分）を、児童のひとりひとりに見つけさせることが大事である。(1)で示した三種類の線を児童にも引くことが出来るようにしなくてはならない。

まず、「場面の様子や登場人物の気持ちがよく分かる言葉やよく分かるところにそれぞれの線を引きなさい。」と指示をしてそれぞれに線を引かせる。この場合、それぞれの線を引いた言葉（部分）について、「どんな様子か」「どんな気持ちか」をはっきりさせておかなくてはならない。そのために、これらの「わかったこと」や「考えたこと」を教科書（または、全文視写したもの）に書きこんだり、ノートに書き取ったりさせておく。ここまでは、個人学習であるが、この学習の中で、文章の中に出てくる「シート」「エンジン」「せかせか」などの言葉を国語辞典で調べさせておくことも忘れてはならないことである。

次は、ひとりひとりの学習の結果を相互に発表させ、自己の学習結果を確認させ、修正させ、補充させることになる。児童の発表する言葉（部分）の中で、鍵となるものは、はっきり板書して示し、その語句の意味をつかませなくてはならない。この板書については、一例を次のページに示しておいた。板書した言葉（部分）を手掛りとして、「わかったこと」「考えたこと」については、その言葉（部分）と同時に発表させ、様子や気持ちを一層はっきりさせ、深めさせていく。このことは板書の中には示していないが、重要なものは、色チョークで書きとめておくとよい。

こうした板書は、児童のノートとも結びついて計画しておくと一層効果がある。板書例で示した事項をノートの上段に書かせ、下段にわかったことや考えたこと（感想なども加えて）を記録させるのである。

〔板書例〕白いぼうし

（小黒板）

場面の様子 登場人物の気持ち	一つ一つの言葉に気をつけて読みとる。

①　運転手の松井さん――夏みかん

②　小さいぼうし――ちょう（もんしろちょう）

③　おかっぱの
小さな
かわいい　女の子――ちょこんとすわって

「道にまよったの。行っても行っても、四角い建物ばかりだもん。」――つかれたような声

「え。――ええ、あの、あのね、菜の花横町ってあるかしら。」
元気そうな男の子の声
エプロンを着けたままのお母さん
「早く、おじちゃん。早く行ってちょうだい。」
――乗り出して、せかせかと
やなぎのなみ木が、みるみる後ろに流れていきます。

④　（以下略）

〔主な指示・発問（◎）と児童の学習事項など（○）〕

◎（「白いぼうし」と板書し）この物語を読むときに気をつけることは、こういうことでした。（小黒板を示す。これは学習の中でいつも提示するものである。）

◎これまでの学習を思い出しながら、一、二場面を読みましょう。二場面は、今日の場面とつながりがあるので、とくに気をつけて読みなさい。（黙読させる。）

◎三場面を読んで、場面の様子や登場人物の気持ちをよく表している言葉やよく表しているところに線を引き、そこで「わかったこと」や「考えたこと」をメモしましたがこれから、それらを発表して確かめていきましょう。

○それぞれが学習したことを確認して、発表の準備をする。登場人物（‖）、様子を表す言葉（――）、気持ちを表す言葉（〰）と、それぞれを手掛りとして分かったことや考えたことである。

○相互に発表して確認し合う。教師は、この確認の段階で発問し、助言し、板書し、読みとり方などを指導していく。とくに、女の子（ちょう）の「ちょこんと」や「せかせか」、会話の中の言葉などは、物語の筋とも関係して語句の意味をしっかりとつかませておくことが大事である。

（「小学校の国語教育」一号　昭・56・3）

第二節　説明文教材の読解指導

1　読解学習指導におけるつまずき

——読解指導における一部面——

はじめに

私の学校では、ここ三年間、「効果的な学習指導」を目指して努力して来た。本年はその四年目に当たるわけであるが、その目標達成のために、その方法として授業分析を中心に置いて研究が進められ、本年六月研究会が持たれた。私は、その会で特定授業者に選ばれ、国語科の指導をした。そして、参加された会員の皆さんと、授業前の教材研究から始まって、授業、そして、授業後の授業分析をした。

このように研究した過程を通して、私の指導上の問題点と考えられる所が続出した。こうした点を私なりに消化して、ここにその一部を発表しようと思う。

一　つまずき

平素、国語科の指導をしながら、自分のねらいと子どもの学習しようとしていることとが、ずれてしまって、どうにも動きがとれなくなることがよくある。それが、子どもの沈黙やとまどいになって現われる。指導者は——こういう時によくやるのだが——自分のねらいに強引に引きこんでしまい、その結果は、学習したものが子どものものになっていないことで終わってしまう。

私どもは、こうしたことを無くするために「効果的な学習指導」を考えようとしたのである。その中核は「学習の焦点化」にあると考えた。すなわち、指導者のねらいと、子どもの学習しようとすることが一致し、それが子どもの学習意欲を起こし、こうして学習した結果が子ども自身のものになるまで高められた所、これ（焦点）を作り出そうと努力したのである。

この学習の焦点化を見きわめる方法の一つとして、指導そのものの分析をしなければならないと気づき、焦点化された場所、焦点化されない場所を見つけ、より高次の指導の方法を見つけようとしている。

今まで述べたように、指導者のねらいと、子どもの学習しようとするものの間のずれ、言いかえると、指導を進める過程において焦点を結ばない所、ここの所に「指導のつまずき」があることに着目して行きたいと思う。そして、

一、このつまずきがどこから起きたものであるか。

二、このつまずきはどのようにして解決されるものか。

を考え、その方法を見つけることによって、つまずきの解消に努力して行かなければなるまい。こうしたことの積みあげが、今後の指導をする上の科学的方法に結びつくものであると信ずる。

二　つまずきの原因

すでにわかりきっていることではあるが、一般的につまずきの原因として考えられるものにはどんなものがあるだろうか。こうした点について、ごく簡単に触れ、そのあとで、具体的に指導の記録をもとにして考えてみた

いと思う。

大きく分けて、その原因は指導者の側にある場合と、児童の側にある場合とがあろう。細かな分析が必要であると思うが、ここでは、指導者の立場を踏まえて、児童の側の原因を当然考えなければならないという立場に立って述べて行きたい。

(1)　授業前の指導案を立案する過程に、つまずきの原因がすでに起っていると考えられる。

すなわち、①目標の立て方・②教材の見方選び方・③指導計画・④指導過程と一連のものを考える時に、これらが児童の実態（児童の知的・身体的・精神的発達や学習意欲など）に果して即したものであるかどうか。こうしたことが見通されなければ、指導者のねらいと、児童の学習しようとすることの間にずれができ、つまずきの原因が起きて来る。

(2)　授業中のつまずきの原因はどこにあるだろうか。

クラスの児童の学習の様子は、同じようでひとりひとり見て行くと、その顔つきが違うようにずい分違っている。すなわち児童ひとりひとりの知的・身体的・精神的発達の段階・学習に対する意欲・学習したことに対する意識・もっと広めれば、性格・これを支えている生活環境とずい分違うものである。

こうした児童を相手にするわけであるから、いざ授業を始めてみると、そのことがずい所に出てきて、指導の計画は充分立てていたつもりでも、指導者をとまどわせ「指導のつまずき」の原因となっているようである。

例えば、一つの発問に対して、児童の応答が予想外であり、どうまとめてよいか、授業の流れにどう乗せたらよいか、とっさの判断がつかない事態が起こり、いたずらに時間を浪費することがよくある。また、発問に対して児童の反応がないので、いろいろと発問をかえてみるが、予期する応答がさっぱり出ないで、いたずらに時間を浪費することもよくあることである。

こうしたことについては、児童の応答がどう出て来るか、色々のタイプについて予想が立ち、どんなものが出て来ても、指導の流れに乗せられ、指導者のねらう焦点に向かわせられるようになっていなければならない。指導者としては、こうした予想が事前に立つことが必要なわけであるが、授業の流れと共に考え、苦しむことが多いことを痛感させられる。

平素の授業を通して、指導者の発問、児童の応答を分析することによって、自己の発問の向上と児童応答の理解に役立てなければならないと考える。

三　一つのつまずき

それでは、具体的な例をここに持ち出して考えてみることにしよう。ここに出す資料は最初に述べたように、私の学校で私が実施した授業記録の一部である。この資料を使って指導のつまずきを発見し、さらにその分析をしてみたいと思うのである。こうして記録化されたものの前段階に当る教材研究、授業計画の所にすでにつまずきの原因があることは、前に述べた通りで、そこの所も問題にしなければならないわけである。しかし、ここでは紙数の関係もあることなので、記録の上に表われたつまずきに限って、それも極く一部になることをお許しいただきたい。

資料一をご覧いただきたい。

〈資料一〉

勝利の知らせ

運動競技には、さまざまの種目があるが、その中で　①行
も、マラソンは、日本人がとくいとするものの一つで　②〃
ある。
スポーツは、すべて、からだとともに心をきたえる　③〃
のに大きな働きをするが、苦しみにたえぬく精神を養　④〃
う点では、マラソンは、代表的なスポーツであると言　⑤〃
えよう。
マラソンに、このような働きがあることは、もちろ　⑥〃
ん、その競技の性質から来ていることではあるが、マ　⑦〃
ラソンという競技の由来を知れば、その意義は、いっ　⑧〃
そうあきらかになる。
紀元前四九〇年のことである。　⑨〃

（以下、マラソンの由来を知るための物語文が三ページにわたってのっている。）

（日書・小学国語・五年上、五二ペ）

この教材を読んだ時に、この教材をどう受け止めたらよいか、この教材を使って、児童に何を学習させたらよいかを考えた。

一、前の文（解説文）と後の文（物語文）に分かれている。

前の文は後の文の導入的役割を持っているし、後の文を学習することによって、前の文は一層深められるという関係になっている。読書指導ということも加味して、前文（前書き）を読み内容を考えることも指導したい。

二、前の文からは、「勝利の知らせ」という題が出てこない。

三、前の文はマラソンについての解説文である。非常に練られた文なので、児童の生活経験と結びつけて理解させなければならない。後の文（物語文）を読むことによって前の文の補充とすることもできる。

四、ことばの一つ一つについて気をつけさせなければならない。

前の文に限って言うと、マラソンということばが何度も出て来る。「が」という接続助詞で二つの文がつながっている。その他、指示語・副詞にも気をつけないといけない。

これらのことを考えた上で、つぎのように学習を流す計画を立てた。

一読して題と関係あるのは後の文である。では「なぜ前の文があるのか」、そして、「前の文には何が書いてあるか」という二つの問題を持って学習の手掛りとした。

資料二をご覧いただきたい。

〈資料二〉授業記録（昭和三十七年六月二十三日（土）午前九時〜九時四十五分
広島大学教育学部付属東雲小学校体育館）

時間	学習計画	教師の発言	指名された児童の発言	自由発言その他
←	本時の学習目的をつかむ。（第一分節予定五分）	それじゃー、きょうの勉強を始めましょう。きょうは、何について勉強するんでしたかね。覚えていますか。さあ何でしょう。この前の時間の勉強を思い出してもらったらいいんですがね。何でしたかね。 はは、覚えとる人もあるぞ。忘れたかな。ふん、ふん、ふん、あとの人は忘れた。 はい、井上さん。 （井上の発言を引き取って） 勉強するのだ。はい。 えー、どんなことが書いてあるのか。　〈板書　目的〉 どんなことが書いてあるか。 ×それから、もう一つは、何のために書いてあるか。 ①この二つの問題について考えるのでしたね。 これは前の文ですね。 前の文について、どんなことが書いてあるか、何のために書いてあるか	井上 勝利の知らせの所で、前の文にどんなことが書いてあるか。何のことが、あのー、何のために書いてあるのか。	井上 何のために書いてあるか

（1分55秒）

いう二つのことについて考えてみましょう。
×そこでね。こういう問題はどこから出て来たんでしょう。
②前の時間の勉強を思い出してもらったらいいんですよ。
どういう所から出て来たんですか。
×思い出せない。
③それでは第一ヒントを出します。　〈板書　題名〉
これが第一ヒント。
こんどはわかるでしょう。
三好さん。

（三好の発言を引き取って）出てない。
×はい。
④後の文にありますか。いいですか。みんないいか。
×前の文と後の文とくらべてみた時に、どうも前の文からは、こういう題
⑤が出てこなかったんですね。おぼえていますか。
ははんとやっている人もいますがね。
それで、何のために書いてあるだろうか。
そうすれば、前の文というのは、何のために書いてあるのだろうか。
それから、どういうことが書いてあるのだろうか。
というふうなことについて、きょうは調べよう。
さ、その問題をはっきりして、

三好
前の文には、勝利の知らせとあるのに、勝利の知らせということは出てない。

ささやき
小さく
はい
はい

（７分35秒）　（６分40秒）　５分 ←

問題について考える。（第二分節予定十五分）

２分45秒

それでは、今からね。この二つの問題を頭の中に入れて、ずうーっとこの文章を読んでみてください。　（教科書を読む）

さい後まで読みましょう。
前の文だけでなく後の文まで読む。

はい、それでは本をおきなさい。大体読んだようです。
わかった人、手をあげて。　（挙手）
少ない。
はっきり当てられちゃー困るからな。
はい、それじゃー、それではね、
こっちがわかった人。どんなことが書いてあるか。
これは言い方が悪かったと思いますが、
⑥ ×
何のことが書いてあるか、何のことについて書いてあるか。
〈板書　どんなこと↓何のこと〉　何の――　ささやき
こっちがわかった人。　（挙手）
前の文は、こっちがわかった。はい。
こっちがわかった人。
こっちは、どうもようわからん。
あっ、わかった人がひとりおる。ふたりおる。むつかしいな。
そいじゃーね。ちょっとね、隣の人と、こう、この問題とか、この問題　（挙手）

←　（９分15秒）

1分
○——○

前の文は何のことについて書いて

とか、話し合ってみてください。
ぼくはこう考える。何でもいいですよ。　（話し合い）
よし。
大変静かに話しますね。
やっぱり違うな、きょうは。
はー
はい、それじゃーね、もう一ぺん聞くよ。
⑦×こっちがわかった人。あてやせんから手をげて。わかった。はー、よし。　（挙手）
こっちがわかった人。はー、すこしはふえたかな、話し合いで、よし、よろしい。　（挙手）
それでは、こっちの方がやさしそうですから、こっちが多いようですから、こっちから先に片づけましょう。
一体、何のことについて、ここの前の文は書いてあるんだろうかいうことですね。
何について。それから、それを勉強したら案外これがわかって来るかもわかりません。何のために書いてあるかということがね。
それで、この問題から片づけましょう。
さあー、何のことについて書いてあるんでしょうか。　はい
まちがえてもいいぞ。元気を出していいなさい。　（男子）

10分　　（11分30秒）

あるか。

はい、秀さん。


はは、そのことについて書いてある。

うんー、大事なとこを言いましたね。

×ほかに。
⑧こういうことについて書いてある。
ちょっと言ってくれたことをここにはっておきましょう。?……

どこかわかりますね。今、秀さんが言ったところは。

このことについて書いてある。いうのを見つけましたよ。このへんですね。このへんにはっておきましょう。

苦しみにたえぬく（問）

ちょっとここへこうはっておきます。

こういうことについて言ってくれました。苦しみにたえぬく精神を養う点では、マラソンは代表的なスポーツであると言えよう。

これは順序を変えていますよ。

×はい、ほかに。まだあったろう。はー、はー。
⑨はい、神鳥君。

つぎの文の内容が書いてあったか。

ははー、なるほどねー。

つぎの文の内容が書いてあった。なるほど。

秀
苦しみにたえぬく精神を養う点では、マラソンは代表的なスポーツであると言えよう。

神鳥
あのー、このー、あのマラソンの性質とつぎの文をー、つぎの文の

ささやき

ふー
ため息

神鳥
うしろに

ささやき

13分20秒←　　　　　　　　（12分）

ここへちょっと書いておきましょう。　　　　〈板書〉
×ほかに。
⑩それでは、ひと口でまとめると、ここの前の文をひと口でまとめると、
あるいは題をつけると何のことになりますか。
×ひと口でまとめ、あるいは、題のことーあー、題をつけるとしたら、み
⑪んなはどういう題をつける。
中野君。
マラソンの働きとつける。うーん。なるほどね。えー、マラソンの働き。
×そのほかになにか。
⑫ない。よしゃ。
えー、この文の中で、どうもマラソンのことが書いてありそうだいうこ
とはわかりますか。
わかるか。
×題してマラソン、マラソンいうことが出ておるので、マラソンのことら
⑬しいということはわかる。
一つマラソンということばの所に線を引いてみてください。
幾つあるかな。
以下略

内容。
中野
マラソンの働き

マラソンの働き
どうかなささやき
やっぱり
はい、はい。
はい。

これは四十五分の授業のうち、初めの方の十三分二十秒の記録である。この部分に学習の焦点化を阻む大きな

つまずきのあることがわかる。そのつまずきを指摘する前に、四十五分間の授業の流れを簡単に述べておくことにしよう。

一、本時の学習目標をつかませた。

二つの目標「何のことが書いてあるか」「何のために書いてあるか」を持って前の文の読みの学習に入った。

二、二つの目標を別々に学習した。

「何のことについて書いてあるか」を取り上げて読みを進めた。ここまでの部分が資料に記録してある。つぎに、「何のために書いてあるか」を考えさせた。この問題解決の中に含めて文法的なことにも触れて行った。

三、後の文を読む。

「マラソンの意義をいっそうはっきりつかむ」ために読むという目標を持たせた上でこの学習に入る。

四、つぎの時間の学習問題をつかませる。

実際の授業の結果では、一と二の段階で四十五分を使い果してしまい、三の段階は充分に扱うことができなかった。これは記録の部分に出て来るつまずきが大きく原因しているものと思われる。

記録の中に、つまずきだと考えた所、ここは問題があると考えた所に×印をし番号をつけておいた。これらの幾つかをここに取り出して分析をしてみたい。

四　つまずきの解消へ

一、①②③の所には、つまずきの大きな原因がかくされているようである。これは教材の扱いに関することである。

(1)二つの問題を同時に、しかも同格で児童の前に提出したことは、児童に混乱をまねいたようである。一つの問題を解決することで（この場合は、何が書いてあるかということで）他の問題（何のために書いてあるか）も解決できたのではなかろうか。

(2)文を理解しようとする方向と、読書指導という方向が常に同居していた。これが「何のことが書いてあるか」「何のために書いてあるか」という二つの課題となって表われて来たのである。

(3)この二つの問題に対して、児童の問題意識が充分でなかった。というのは、導入の段階において既に無理があったことが認められる。

二、⑧⑨⑩⑫の所に一連のつまずきが認められる。これは指導者の意図と、それを受けた児童の意図のくいちがいが、つまずきの原因となっているものである。

秀という子、神鳥という子が、文章の中核になる所を発表しているのに、それを、「ほかに」ということばで殺してしまっている。その発表を取り上げて、「なぜそう思うのか」ということを文章に即して説明を求めれば、読解を定着させることもできたであろうし、文法的な取り扱いも取り立ててしたような指導にならないで、読解と有機的な関係を持ってできたであろう。

おわりに

こうした授業をし、記録化してみると、いろいろ考えさせられることが多い。

一、授業のむずかしさを思い知らされた。

二、読解において、「ここは児童の上にはっきり定着をさせなければならない所である」という所を指導者は明確に把握し、その上で指導していかなければならない。こういうことを平素から考えていながら、それができていない。

三、自分の持つ計画にあまりに縛られ、児童のよい発言を殺してしまっている。児童の思考の流れを無視している。

あれやこれやと思うことばかり多くあるが、今後もこうした研究を進め、つまずきのない授業ができるように自己を磨かなければならない。皆さんのご批判ご指導をお願いして終わりとする。

最後になったが、この発表をするまでに、多くの方々のご助言・ご指導があったことを記して、お礼申し上げる。

（昭和37年10月9日）

2　説明文の読解指導

一　「説明文」読解指導の必要

(1)　『説明文』をどうとらえるか

「説明文」ということについて、小学校の段階では、次のように幅広いとらえ方がよい。すなわち、「説明的文章」というとらえ方である。

『国語指導事典』（輿水実編、五一〇ぺ）には次のようにある。

「『説明的文章』というのは、あることがらについて知りたいという読者の要求にこたえるために、知識・情報を提供する目的をもって書かれた文章の総称である。したがって、その中には、さらに説明文（せまい意味での）・解説文・報道文・論説文などいろいろの形態を考えることができる。」

幅広いとらえ方の方がなぜよいかということについては、次のように考える。それは、小学校の国語科で取りあげられる説明文といわれているものが、未分化で完全に分けられる形のものが非常に少ないからである。

以上、述べてきたような考え方で、これから説明文ということばを使いたい。

(2)　全教科学習における説明文

子どもの学校における教科学習の中で、説明文を読解するという活動は実に多い。国語科で取り上げる説明文以上の分量である。理科の教科書はどうであろう。社会の教科書はどうであろう。算数においても例外ではない。しかも、それは、国語科において扱われる説明文より、質的にも非常に高度のものがある。その内容において、その語いにおいて、その表現法において……

ここに、二つの問題が起きてくる。

一つは、国語科の教科書の中に盛られた説明文の読解指導のみで、果して、他教科にも通ずる読解力を得させることができるかということである。

一つは、国語科以外の他教科の学習において、国語科におけると同じような、あるいは、それ以上の読解指導をしなければならない場面が多くあるのではないか、また、現にされているのではないかということである。

この二つの問題から、ここに考えなければならないことは、国語科における説明文の読解指導を、他教科との関連においてどうしていかなければならないかということである。これを考えることによって、他教科の内容をより十分に子どもたちに身につけさせることができると確信する。

幸い小学校の場合、ひとりで全教科を担当している。全教科を担当しないものにあっても、国語科だけは担当していない人は、ひとりもあるまい。以上の問題をともども考えていただきたい。

(3)　「説明文」読解指導の必要

以上、国語科において「説明文」読解指導のあり方を考えなおさなければならないことを述べてきた。その実践も強力に押し進めなければならない。子どもの伸びて行く姿の中に、自分の力で説明文を読みとるというのがある。社会科の学習を例にとろう。教科書の中の説明にとどまらず、いろいろな事典、いろいろな参考書、あるいは、子ども向けに書かれた専門書などを、どんどん消化していく子どもは、説明文の読解力のすぐれた子である。こういう子は、その知識において、その考え方において、ぐんぐん伸びていく。自主的な学習の身についた子である。

このような自主的学習態度は、子どもの将来を眺めた場合も是非必要である。子どもがどういう方面に進むかわからないが、どこに進むにしろ、そこで発展をするためには、自分に関係のある本を読み、自己を磨かなければならないということである。

二　「説明文」読解指導の着眼点

国語科において説明文の読解指導を進める場合、次の三つのことに常に着眼して指導しなければならない。

○子どもに読みのねらいをはっきりつかませること。
○子どもに、この読みでどんな読みとり方がわかったか、はっきりつかませること。
○子どもに身についた読みとり方を、国語科においてはもちろんのこと、他教科あるいは、その他の活動を通して、絶えず充実させること。

以上の三つのことについて、簡単に触れておくことにする。

(1)　読みのねらいをはっきりつかませる

一つの説明文を読ませる場合、その説明文に対して、子どもそれぞれが、なぜ読むかという必要感を持つことが大事である。読みの目的意識というものである。読みの意欲とか興味はここから出てくる。

また逆に、子どもの問題とか興味に沿った説明文を用意するいうこととも考えてよい。ここにも、子どもの必要感（読みの目的意識）は、はっきり生まれてくる。

これらは、主として説明文の内容そのものに関することである。内容は、国語科の中にあるものもあるだろうし、他教科の内容となるものもあるだろう。

(2)　読みとり方をはっきりつかませる

読みのねらいがはっきりつかめれば、次の段階では、そのねらいに合わせて、どのように読んだらよいかという方法（読みとり方）が考えられなければならない。こんなときにはこんなに読んだらよいのだということが、子ども自身にはっきりつかめなければ、他の同じような読みとり方が必要なときに使いようがないからである。

そうするためには、教師自身が、説明文を読むときに、それぞれのねらいに合わせて、こんな読みとり方があるというういろいろな方法をはっきり知っておらなければできない。しかし、現実にはこのことが案外はっきりされていないのではないかという不安を持っている。

(3)　読みとり方の充実と発展

限られた国語科の学習の中で、限られた時間割の中で、本当に読みとり方を子ども自身のものとして身につけさせることは、大変むずかしいことである。そうかと言って放っておくわけにはいかないことである。国語科の枠の中でもくふうして考えなければならない。すなわち、教材の扱い方一つにしても、どんな読みとり方を身につけさせるのかというねらいをはっきりするとか、他の教材を関連して扱うことによって補充するとかいったことである。

もう一つは、国語科という枠をはなれた指導である。他教科の中で、あるいは、他の教科外活動の中に、説明文指導の場面を見つけることはできないかということである。この場合、教科外の内容そのものを忘れてならないことは、もちろんのことである。

三　「説明文」読解指導の方法

以上考えてきたことをもとにして、これから具体的な指導法について述べる。

説明文を読解する場合、いろいろな読みとり方がある。その中で次のような読みとり方が「説明文」読解の中心である。それは、

○書かれている内容を正確に読みとること
○必要なところを抜き出して読みとること

である。

このように読むためには、次のようにさまざまの技能が要求される。それを輿水実著の「国語スキルのプログラム」の中から引用する。「機能別・形態別の読みにおける読解技能の適用表」(一一〇ぺ)によると、必要な技能は、次のことがはっきりつかめることである。「①話題(トピック)、②話題文(トピック・センテンス)、③話題段落(トピック・パラグラフ)、④中心語句(キー・ワード)、⑤順序、⑥段落、⑦文脈、⑧だいじなところ(要点・用件)、⑨必要なところ(細部)、⑩文章図解、⑪作者が言おうとしていること(意図・中心思想)、⑫まとめ(要約)、⑬事実と意見、⑭叙述の正確な読み、⑮接続語・指示語、⑯文章構成。」

こうした技能が、そのときそのときに応じて必要とされてくるわけである。

以下、五年生の二つの指導事例を出して、二つの場合の指導法を述べてみたい。

(1)　書かれている内容を正確に読みとる

次のような教材がある。まず読んでいただきたい。（文中の番号および種々の記号は私がつけたもので、後に説明をする。）

漢字のまちがい

①漢字の書きちがいには、いろいろなものがあるが、大きく分けると二つに分けることができる。

②第一は、字の形を思いちがいしているために、うそ字を書く場合である。③「建築」の「建」の字をあやまって、しんにゅうに書くようなのが、この種類である。

④第二は、字の使い方を思いちがいしているために、取りちがえる場合である。

⑤ここでは、この第二のまちがいについて、のべよう。

⑥なぜ、漢字の取りちがえをするかということを考えてみると、たいてい、次の二つが原因になっているようである。

(1)　⑦読み方が同じために取りちがえることがある。⑧「反対」を「反体」と書いたり「測量」を「測料」と書いたりするのが、その例である。⑨一、二年生の中には、「来ました」を「木ました」と書くような、まちがいをする子もいるが、それも、原因によって分けると、ここにはいることになる。

(2)　⑩読み方が同じであるばかりでなく、意味も似ている漢字は、いっそう取りちがえやすい。⑪「研究」を「験究」と書いたり、「交際」を「広際」と書いたり、「航海」を「行海」と書いたりするのが、その例である。

⑫字の形が似ているために取りちがえることがある。⑬「便」の字と「使」の字を取りちがえて、「便利」を「使利」と書くようなのが、その例である。⑭「運動会」を「連動会」と書いたり、「輸出」を「輪出」と書いたりするのも、同じ原因のまちがいである。

⑮こういう取りちがえをする人は、別々の字を、同じ字だと思いこんでいることが多い。だから、たとえば、「運

> 動会」を「連動会」と書く人は、「幸運」を「幸連」と書いたり、「運河」を「連河」と書いたりする。
> ⑰中には、以上の(1)と(2)の両方が原因になっていると思われる取りちがえもある。
> ⑱たとえば、「昨日」を「作日」と書きあやまるのは、「昨」と「作」が、読み方も同じだし、形も似ているので、その両方が原因になって、同じ字だと思いちがいしているからだろう。
> ⑲「気候」を「汽候」と書いたり、「銅像」を「銅象」と書いたりするのも、この例である。
> ⑳漢字は、数が多い。㉑習う字数が多くなればなるほど、取りちがえる度合も増してくる。
>
> （「正しく書く」日書・小学国語・五年下）

この教材を扱うに当って、指導目標・その目標達成のための読みの手掛り・指導計画・充実と発展の方法を次のように考えて実施した。その結果と反省についても最後に簡単に触れる。

指導目標

①　ねらいを持って内容を正確に読みとらせる。
・この場合のねらいとは、「漢字をよくまちがえるが、どんなときにどのようにまちがえているか読みとってみよう。」ということである。

②　読みとりの技能を意識的に身につけさせる。
・正確に読みとるには、どんなところをどのように読みとったらよいかわからせる。最後に作者の意図にも触れさせる。

③　読みとりの態度を身につけさせる。
・この文の場合に、絶えず自己と対比しながら、読んでいくということが大事である。

読みの手掛り

指導目標を立てるときに、同時に行なわれなければならないことである。一般に言われている教材研究である。目標達成のために手掛りとなるものをこの教材の中に見つけ出そうとする努力をここでする。

① 教材の特色

○内容は国語科自体のものであり、やさしい。

○文と文の関係がつかみやすい。はっきりした文図が書ける。

文中の記号に気をつけて見ていただきたい。

○内の数字は、文の番号

═は、文と文のつながりがはっきりつかめることば

〰は、そこの文が例であることをはっきり示すところ

⬭は、前の文との関係をはっきり示すことば。文図は、つぎのようになり、これで文章の構成がはっきりつかめる。

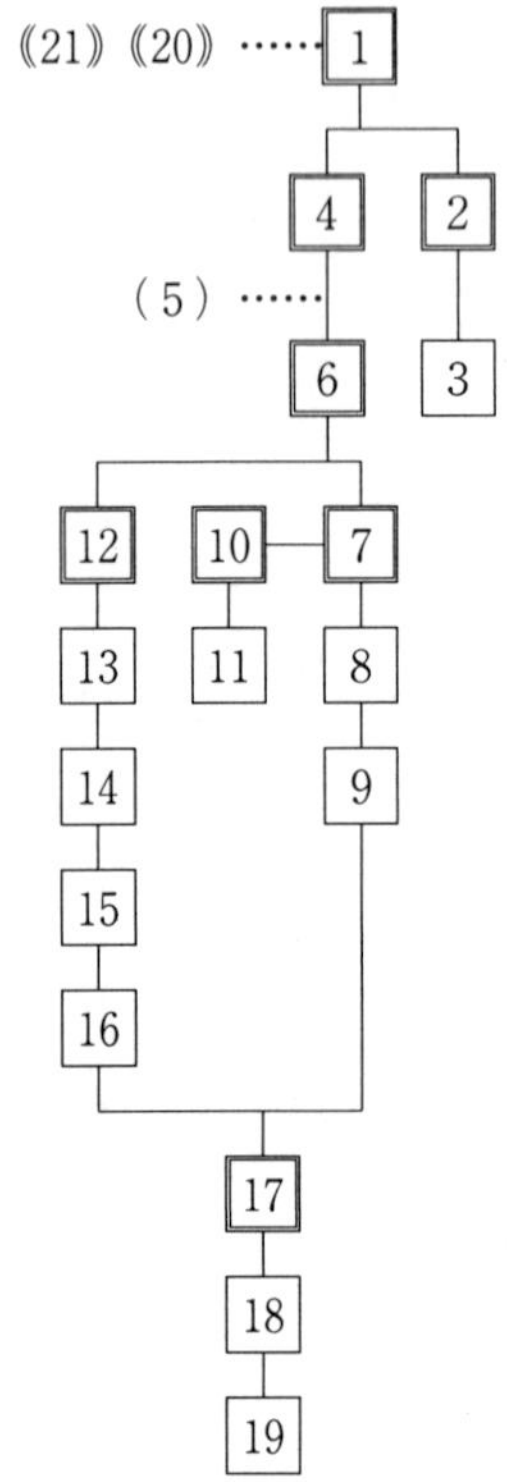

（⧈はまとめてのべているところ（要点）、□はその具体例、（　）《　》は筆者の意図に当たるところ。）

○子どもが第一回の読みで、ある程度表現に対して気づきを持っている。これが読みとりを進める場合の大きな手掛りになる。次のようなことである。

まちがいの原因を書いた後で、その例をあげている。	男　四名	女　三名	計　七名
箇条書きにしている。	男　四名	女　一名	計　五名
これは説明文だ。	男　三名	女　二名	計　五名
かざりことばなし。	男　一名	女　〇名	計　一名
常体で書いてある。	男　一名	女　一名	計　二名

○この外に、児童の漢字のまちがいの実態、これまでの説明文読解の実態などが、この教材を読みとる場合の手掛りとなるが、ここでは省略する。

指導計画

ここでは、指導したことがらのあらましと、それぞれの関係を簡単に説明することにする。

①　ねらいの確認と読みへの方向づけ（読みの目的意識と意欲）

それぞれの子どもに自分の漢字のまちがいに気づかせ、自分はどんなときに、どのようにまちがえるかを考えさせておいた。このことを解決するために、教材を読むという目的意識と、この教材を読むことによって、自分のまちがいの場合も考えてみるという方向づけも考えた。

②　内容の読みとりと、説明文の読みとり方を同時に進める。

読みとり方を中心に書くと、次のようなことである。

・原因のところと例のところの区別をはっきりした。
・文と文とつながりを、ことばでおさえた。
③　作者の意図を読みとらせる。
文番号①⑳㉑にそれを読みとることができる。
④　自分の場合と対比しながら読ませる。
このことは、読みの途中において、また、読みの終了後も考えさせなければいけないことである。

充実と発展

以上の教材による学習で得たことを、より充実させ、発展させるために、次のようなことを計画した。（読解の技能という面だけで考えたい）
①　国語科の学習においては、補充教材を用意した。補充教材を選ぶときに考えたことは、まず文章表現の類似したものはないかということである。
この場合、内容の類似したものと、内容の相違したもの（他教材との関連）が考えられる。ここで用意した教材は、「漢字のたんじょう」「漢字辞典のひき方」の二つである。
②　他教科、道徳、特活、学校行事などにおける配慮。
私にとって十分研究の余地が残されているところである。教科書の中に、参考書の中に、事典の中に、いろいろな記録の中に、国語科における読解技能とつながりのあるところを見つけ出す努力をしていきたいと考えている。

結果と反省

ここでは、子どもの学習前と学習後の読み取り結果に基づいて、「学習の進め方は、これでよかったか」という点に問題をしぼって検討してみたい。学習前と学習後に「この文を読んで、読み取ったことをできるだけ簡単にまとめなさい。」という課題を与え自由にまとめさせた。ここで学習前というのは、読解指導にはいる前に自分の力で読みとらせたもの、学習後というのは、前述の指導計画にしたがって読解指導をしたのちに読みとらせたものである。この結果についてまとめると次の第一表のとおりである。

学習前と学習後の読みとり結果を個人毎に見ると、次の第二表のとおりである。

〈第一表〉

読みとりの型	学習前			学習後		
	男	女	計	男	女	計
要点を全部読みとっている	4	6	10	9	7	16
要点が一部欠けている	4	7	13	3	10	13
要点が不完全、それぞれの関係があいまい	8	4	12	3	1	4
一部分のみの読みとり	1	2	3	1	1	2
質問の意味をあやまる				3		3

（数字は人数、在籍は40名、それぞれ欠席者２名あり）

〈第二表〉

学習前と学習後の読みとりのようす	向上	変化なし・低下
男	12	5
女	14	5
計	26	10

（比較できないもの　４名）

四人の典型的な具体例を次にのせる。（上は学習前・下は学習後）

① 学習前から要点の読みとりのできている子の場合（男）

◎漢字の書きまちがい方は、大きくわけると、だいたい二つに分けられる。
一、字の形を思いちがいをしているためにまちがう。
二、字の使い方を思いちがいしているために、取りちがえて、まちがう。
◎二のまちがいの原因は、だいたい二つある。
一、読み方が同じためにまちがう。
二、字の形が似ているためにまちがう。
　中には、一・二の両方が原因になっていることもある。
◎漢字は数が多い。習う漢字が多くなればなるほど、まちがう度合もましてくる。

○字の使い方を思いちがいをしているため、取りちがえる。
1　読み方が同じために、取りちがえる。
2　意味がにているために、取りちがえる。
3　字の形が似ているために、取りちがえる。
4　読み方も、形も似ているので、その両方が原因になって、同じ字だと思いちがいしている場合もある。
◎こんなことに注意して、気をつけなければならない。

② 学習前に要点が一部読みとれているが、それの関係があいまいな子の場合（男）

漢字には、字の形を思いちがいしてうそ字を書くまちがいと、読みがおなじで、まちがって取りちがうものと、字がにているので、まちがえるものがある。
例
　字の形の思いちがいしているものには、建築の建を

漢字のまちがいには、こんなものがある。
一、字の形を思いちがいして、うそじを書くというまちがい。
　例　建を逮と書くなど
二、字の使い方の思いちがい。

とまちがえるものなどがある。
　読みがおなじでまちがえる場合には反対を反体にする場合など。
　字の形がよくにていて、まちがえる場合には、便利を使利とかいったりするなど。

⑴　読みが同じため、とりちがえる。
　例　測量を測料と書くなど
⑵　字の形がにているのでまちがえる。
　例　便利を使利と書くなど
三、時には、⑴と⑵両方が原因になっている場合もある。
　例　昨日を作日と書くなど
　漢字は、ならう字数が多くなるほど取りちがえる度合がましてくる。

③　学習前に読みとりが非常にあいまいで、表現不足と思われる子の場合（女）

　字の使い方をまちがえる。それは、二つがげんいんにあたってあるとかいてあって、つぎに、一つ例がかいてあって、まちがいやすい字で、よみ方が同じような例で、そのつぎにもう一つの例が書いてある。それは同じよみ方で、よくにた字だ。

　漢字のまちがいでは、二つある。それは、字の形を思いちがいをしているためにまちがったり、字の使い方を、思いちがいしているこの二つだ。⑴は、読み方が同じために取りちがえる例と、読み方が同じであるだけでなく、意味も似ている漢字はいっそうとりちがえやすい例がかいてある。⑵は、字の形が似ているために、取りちがえることがある例がかいてある。それと、あと、中には以上の⑴⑵の両方が原因になっていると思われているという。この三つが、漢字のまちがいの原因になっている。

④　質問の意味をとりちがえて答えた子の場合（男）学習後のみ

○説明文。　○原因と例を出して、おぼえさす。　○文と文のつながりをおぼえさす。

○文をつなぐことば。　○原因を、①と②に分けて、②を書いて、また、②を⑴と⑵に分けている。

○ここそあどことばが、どの文をさしているかさがす。　○最後に、まちがえないよう注意している。

以上、結果を述べてきた。全般的に一応の向上を見ることができたが、個々に細かく見ていくと、いろいろな問題がある。

とくに、指導計画の②のところに問題がある。読みのねらいを中核にして読み進めなければならないのに、形式的なものからはいって行ったことである。原因とその例を区別させたり、接続詞に目を向けさせたりしたのがそれである。何よりもまず、内容に着目して、「どんなまちがいがあるか」で、読み進めた方がよかったのではないかと思う。上の四名の典型的な具体例の中の③④の中にそのことがうかがえる。

⑵　必要なところを抜き出して読みとること

次のような教材がある。まず読んでいただきたい。（文中の番号および種々の記号は私がつけたもので、後に説明する。）

同じ発音のことば――品川勝行君の発表――

①ぼくは、夏休みのあいだに、同じ発音のことば集めてみました。②どうして、そういうことをしたのかというと、ある朝、ラジオで、

「日本のデントウについて、お話しします。」

と言ったことばの意味を、ぼくが取りちがえたからです。
③ぼくは、電気であかりをつける電灯の話だと思っていました。④そしたら、話は、庭の造り方だの、むかしの音楽のことだのでした。⑤それで、へんだなあと思って、父に聞いてみたら、父は、
「このデントウは、伝記の伝と、大統領の統を書く伝統だ。」

と教えてくれました。
⑥ぼくは、⑦このような、同じ発音のことばは区別できるように覚えておかないとこまる、と思いました。それで、それからは、同じ発音のことばに気がつくたびに、ノートに書きとめておきました。
⑧もう三十以上も、ことばを集めました。⑨その中から少し、黒板に書いて説明します。

（桂離宮写真）


消火と消化……上のほうは、火を消すことです。下のほうは、食べ物などが、こなれることです。

競走と競争……これは、書くときも、まちがいそうですが、上のほうは、かけっこのことで、そろばんの競争や早起きの競争のようなのは、下のほうです。

婦人と夫人……これも、ずいぶん似ていますが、上のほうは、女の人ということで、下のほうは、おくさんのことです。

賛成と酸性……上の賛成は、ほかの人の意見に同意することです。下の酸性は、アルカリ性の反対で、青いリトマス試験紙が赤くなるのが酸性です。
⑩ぼくは、これからも、こういうことばを集めていこうと思っています。

（「発表会」日書・小学国語・五年上）

この教材を扱うに当って、指導目標・その目標達成のための読みの手掛り・指導計画・充実と発展の方法を次のように考えて実施した。（この結果と反省については、紙数の関係で省略する。）

指導目標

① ねらいを持って内容の中から必要なところを読みとらせる。

この場合のねらいとは、「研究発表はどんなにしたらよいか。」ということである。そのために、学習の最後には、発表会を持つことを計画した。必要なところとは、①何について発表しているか。②発表の順序はどうか。③どのように調べているかということである。

② 発表の原稿が書けるようにする。

この学習を通して、発表のための原稿が書けるようになるというところまでねらいたい。

③ 問題を持っていろいろな説明文を読みとることができるようにする。

ここでは、特に、必要なところを抜き出して読みとることをねらっている。これと関連して、読書指導のことも考えておかなければならない。

読みの手掛り

目標達成のための手掛りとなることをこの教材や児童の実態の中に見つけると、次のようなものがあげられる。

① 教材の特色

・研究発表のために必要なことがらが比較的見つけやすい。

研究の動機　文番号　②　⑤　⑥

研究の結果　（わかったこと・感想・意見など）
文番号　⑨　および（　のところ
研究の方法および態度
文番号　⑦　⑩
・研究発表の場合の順序として、一つの典型を示している。
研究の動機↓研究の方法↓研究の結果↓今後の方向
②　文章読みとりの実態
計画的学習の前に、この教材によって、児童の読みとりの実態を調べた。（紙数の関係で省略する。）

学習計画

①　ねらい（研究発表をするための原稿をどんなに書いたらよいか）を確認させる。
②　読みとるときの三つの観点に気づかせる。
③　三つの観点にしたがって教材を読みとらせる。
三つの観点とは、㋐研究の動機はなにか、㋑研究の結果はどうか、㋒研究の方法や態度はどうかである。
④　もう一つの教材「ことわざ調べ」も同じような観点を持って読みとらせる。
⑤　発表の仕方、および、研究の仕方を整理させる。

充実の発展

①　補充教材による読みとりの練習。ここでは内容はちがうが、文章表現の類似した教材を二つ用意した。「流

れ星」と「いねの改良」である。

② いろいろな研究問題を見つけさせる。(他教科および特活その他の中に)

問題を見つけさせ、それについて研究できる機会、研究するための資料、および、研究をまとめたり発表したりする機会を準備することが大事である。この場合に、国語科の中ではどうするか、他教科の中でどうするか、特活その他の中ではどうするかを考えておかなければならない。

四　おわりに

「説明文」読解指導の方法について述べてきた。この研究は、今後明確にしておかなければならない点が多い。おまけに大きく幅広い問題である。しかし、子どもの生きて役立つ読解力をつけるためには、是非とも明らかにされなければならないものである。今後も幅広い研究を積み重ねていこうと思う。これを読まれた方々のご批正をいただければ幸いである。

(「広島大学教育学部附属東雲小学校研究紀要」第三集　昭・40・3)

3　思考力をたかめる国語科の授業
——説明文の読解指導を中心として——

一　国語科で思考力をたかめるとは

国語科における学習活動をひとつひとつ考えてみると、そこには必ず思考が中核的役割を果たしていることに気づくであろう。我々が、いろいろなことに出会って思考するとき、何でするであろうか。その思考した結果を発表するとき、何でするであろうか。また逆に、思考した結果を受け取ろうとするとき、何で受け取るであろうか。そこにはことばが重要な役割を果たしていることに誰でも気づくであろう。このことばは、さらに、いろいろな約束によって、文や文章となって相手に思考を伝え、相手の思考を受け取っているのである。こうしたことは、いわゆる四活動（聞く、話す、読む、書く）によって行なわれている。この四活動を、効果的にできるようにさせるのが、国語科の目標である。

このように考えてくると、国語科は、児童の思考力をたかめるために重要な教科であると言えよう。そのために、国語科の学習をするに当たって、思考は絶対に忘れてはならないものである。指導要領にも、次のように書かれている。「日常生活に必要な国語の能力を養い、思考力を伸ばし、心情を豊かにして、言語生活の向上を図る。」（改訂小学校学習指導要領・第二章・第一節・国語・第一目標Ⅰ、傍線筆者）このように、国語科の最終目標になっているのである。しかし、現実に行なわれている国語科の授業が、果たして、思考力を伸ばす方向にあるであろうか。ここで、我々は、自分の平素の授業を謙虚に反省し、検討してみなければならない。

以下、具体化をはかるために、説明文の読解指導に例をとりながら述べていく。説明文の読解指導において、作者の思考（この場合意図が中心となる。）を無視して、ただ形式的に、段落を区切ったり、要点を押えさせたり、要約をさせたりしていないであろうか。また、読者である児童の思考（この場合は理解が中心となる。）を無視して、読解のための学習をさせていないであろうか。説明文の読解においては、作者の思考（意図）に、児童の思考（理解）を、できる限り近づけることがねらいである。ここに指導者の役目がある。そればかりか、作者の思考（意図）を越えて、さらに飛躍していく思考を、児童の中に期待していかなくてはならない。

ここで、指導者は、どのように考えなければならないか。まず、作者の思考（意図）を、明確に把握できなければならない。その把握も漠然としたものであってはならない。文章、文、ことば（助詞ひとつの中にさえも）の中にどのように作者の思考（意図）が、かくされているか見つけておかなくてはならない。次に、それらは、児童の思考（理解）にひとつひとつ照らし合わせてみなくてはならない。そして、作者の思考（意図）に児童を到達させるために、どう興味づけし、意欲づけをするか、どこを「手掛り」として、「どこを」「どのように」読みとらせていくか、考えなければならない。ここにおいて、初めて、指導案ができあがるのである。

今まで述べてきたことを一層具体化するためにひとつの教材「鳥のまねはできない」（日書・小学国語・三年上、七〇～七三ぺ）を扱った実践を、ここに述べてみよう。

二　ひとつの教材を前にして

ひとつの教材（ここの場合は「鳥のまねは　できない」）を手にとって、我々は、どのように読み進めていけばよいであろうか。まず、三つのことをはっきり押えておく必要がある。

(1) 作者の思考（意図）が、どこにどのように表われているか、しっかり把握しておくこと。

(2) それらの中に、児童の読みとる（作者の思考過程を追いながら思考（意図）を理解していく。）手掛りがどのようにあるかをさがし、見つけておくこと。

(3) いかにして、子どもに興味深く、しかも、意欲的に読みとらせたらよいか考えておくこと。

以上のことを考えながら、教材を読んでみよう。（教材の下は脚注）

P.70　　行数

鳥のまねは　できない

自由につばさを動かして、鳥のように空をとぶことができたら、どんなに楽しいことだろう。――だれでも、こういうことを一度ぐらいは考えたことがあるでしょう。

むかしから、さまざまな人が、うでに　つばさのようなものをくくりつけ、それを上下にふって空をとぼうとしました。けれども、そういうやり方で、うまく空をとんだ人は、ひとりもありませんでした。人間のからだは、鳥のからだのように、空をとぶのにつごうのいい　しくみになっていないからです。

P.71

（さし絵）
はねをつけて空をとぶ人の絵がのっている。

読者の興味をひくところである。

文章の最後と結びつくところである。

読者に疑問を起こさせ、さらに読み進めようとする意欲を起こさせるところである。

大事な事柄を三つ抽出することが

まず、空をとぶためには、からだが重くては　こまります。鳥のからだは、その大きさにくらべて、たいへん　かるくできています。

鳥のはねがかるいのは　もちろんですが、ほねも、ほかの動物のほねより、ずっとかるいのです。鳥のほねは、中がからっぽになっているからです。また、鳥は、空をとびながらでも、ふんをします。これも、少しでも　からだをかるくするために、ふんをためておかない　しくみになっているからです。

P.72

次は、鳥のつばさの　しくみです。

鳥は、つばさを上下に動かして　まい上がります。まい上がることができるのは、上から下へとつばさを動かすとき、空気を下へおすからです。では、はんたいに、つばさを下から上へ上げるときには、どうなるでしょう。

（さし絵）
つばさを下にさげたときと、つばさを上に上げたときの鳥の絵がのっている。

鳥のつばさは、上へ上げるときだけ、はねとはねの間にすきまができて、空気がとおりぬけるようになっています。ですから、ほとんど空気におされずに、楽に、つばさを上に上げることができるのです。

P.73

この、つばさを動かす力が、また、おどろくほど　つよいのです。鳥でも人間でも、からだを動かすときには、きん肉をつかいます。鳥のつばさを動かすためにつかうきん肉は、からだ全体の重さの六分の一以上もあります。かりに、鳥と人間のからだの大きさと重さをおなじくらいだと考えてみましょう。すると、鳥

できる。また、話題を考えるときのことばにも気づかせることができる。

まとめた表現と、それを具体化した表現とをはっきり区別して、気づかせることができるところである。こういうことを通して、文と文の関係なども、三年生なりに理解させることができよう。

4行から10行までと呼応している

がつばさを動かす力は、人間が自分のうでを動かす力の十ばい以上になります。
これでは、まったく、くらべものになりません。

（さし絵）
ジェット機とロケットの写真がのっている。

以上三つの理由で、人間には、鳥のようにはばたいて空をとぶことができないのです。
そこで、人間は、長いあいだ苦心して、ほかのやり方で空をとぶことを考えました。
そして、今では、ジェットキやロケットまで作り出し、鳥よりもはやく、鳥よりも高く、鳥よりも長く空をとぶことができるようになったのです。

ところである。

最初の作者の発想と結びつくところである。また、ここから更に発展も望める。

文章の下に簡単に述べているように、それぞれの個所で、作者の意図がうかがえる。さらに、文章全体を見渡すとき、その前後関係から、児童の興味ひくくふうをしているところと、問題を提出して意欲を起こさせようとしているところとか、説明を整理したり、具体化したり、念押ししたりしているところとか、さらに、話題を発展させようと意図したところとか見つけ出すことができる。これらは、作者の思考過程とも考えられ、これに児童をひき入れていかなくてはならない。

文章中に各種の傍線を引いたが、これは、読解の過程において、作者の思考過程を理解させたり、内容を明確に把握するために、児童に気づかせたり、発見させたりしなければならないところである。一応つぎのような考をもって線を引いた。

――　前後の関係をつかむ所で、内容のつながりを考えるのに大事な所である。

〰〰　前後の関係を押えたり、内容の関係を押える所で、思考を明確に理解するのに大事な所である。

＝＝　内容そのものを適確に把握するために、大事な文やことばである。

三　教材を児童にどう与えるか

これまで教材を前にして、児童の実態を考えながら、読解指導の手掛りをさぐってきた。これらをもとにして、この教材を、児童にどのように与えたらよいか考えてみたい。それは、授業前の指導案を示せばよいわけであるが、ここでは、板書と発問に中心を置きたいと思うので、便法をとらせてもらうことにする。指導案の方は、本校の第七十二回教育研究会要項の一九～二一ページに、第二時分第三時分がのせてあるので参照されたい。

以下に示すものに、上段が板書の構成である。下段には、主な発問と、主な反応予想および、指導上の留意事項などをのせている。第一時より第三時まで（本教材指導に当てた時間）を、ここに全部のせる。

第一時

鳥のまねは　できない

人間のからだは、鳥のからだのように、空をとぶのにつごうのいいしくみになっていない。
（小黒板①）

〔板書の場合、ノートに記入させるためこの間をしっかりあげておく。〕

以上三つの理由で、人間には、鳥のようにはばたいて空をとぶことができないのです。
（小黒板②）

（新出漢字）
自由。　楽しい　きん肉。
全体。　以。上

（読みかえ漢字）
動◁かす　楽◁　苦◁心

○題を板書する。（小黒板二枚配置）
○家で一回以上読んだことのある人（事前調査）
◎「何について、どんなことが書いてあるのだろう。」こうしたことが、はっきりわかるところがあるのだが、どこだろう。
●題の中――誰が「まね」をするか。
●文の中――とくにまとめて言っているようなところ。
○児童は黙読しながら、さがす。さらに、このとき新出漢字や難語句に注意させる。
○文の中から見つけたことを発表する。
〔板書して整理してやる
小黒板　①　②　に板書する。〕
◎ここに出ていることは、君たちの知りたいとこかどうか。
（興味の調査および意欲づけのため。）
○新出漢字や、難語句の指導をする。
◎つぎの時間は、もっとくわしく読んでいく。
○板書事項を、ノート二ページを使って、書かせる。
（ノート指導を徹底する。）

第二時

鳥のまねは　できない

（略）

・

（小黒板①）

三つの理由⇨ しくみ

①まず空をとぶためには、からだが重くては
こまります。鳥のからだは、その大きさに
くらべて、たいへんかるくできています。
・はね――かるい
・ほね――中がからっぽ
・ふん――とびながらする。

②次は、鳥のつばさのしくみです。

③この、つばさを動かす力が、また、おどろ
くほどつよいのです。

（略）

（小黒板②）

○前時の学習目標および学習内容の確認。
（前時の板書構成を復原する。）
◎きょうは、この文（小黒板①）この文（小黒板②）の間に、何が書いてあるか、文章を読みながら考えていきます。
◎このふたつの文の中に、この間に書かれていることが、ちゃんと示されているのですが、見つけなさい。
●鳥のからだのしくみと人間のからだのしくみ
（小黒板①↓「しくみ」と板書）
●とべない三つの理由（小黒板②）→「三つの理由」と板書）
◎「三つの理由」が、どこにどのように書かれているかさがしてみよう。まとめた言いかたをしているので、そんなところをさがす。
○児童に指名読みさせる。気づきは教科書にメモさせる。（考えながら読んだり聞いたりする。）
○考えたことを発表させる。
（個人↓相互（二名）→一斉学習）
○発表したことをまとめていく。
（板書してまとめる。板書の①②③である。）
○一の理由について、もっと細かく見ていこう。
◎「鳥のからだ」について、どんなことが書いてある。からだに関係のあることばと、それについての説明をさがしてごらん。（からだについてのことば板書）（要点を板書）
○本時の学習を前時のノートに書き加えさせる。

第三時

鳥のまねは　できない

（略）

（小黒板①）

三つの理由⇨しくみ

①

（略）

②次は、鳥のつばさのしくみです。
つばさを上下に動かしてまい上る。
㊤　上から下　空気を下におす。
㊦　上へ上げる　空気がとおりぬける。

③この、つばさを動かす力が、おどろくほどつよいのです。
・きん肉——からだ全体の重さの6分の1
・力——人間が自分のうでを動かす十ばい
以上

○前時までの学習をノートを見ながら、思いおこし、本時の学習をつかませる。
（この間に前時までの板書を復原する。）
◎きょう勉強することは、ここ（理由②）とここ（理由③）のところを、くわしく読みとることでした。
◎まず、②の理由で、①とくらべて言い方で気づくことはありませんか。
●はっきり言い切っていない。
◎それでは、その説明は、どこにあるだろう。
●児童に指名。読む。
◎この中で大事なことは、
●つばさを上下する。（板書する。）
●上のとき……（板書する。）
●下のとき……（板書する。）
（児童にもからだを動かしてやらせる。）
◎③の理由にいきましょう。「おどろくほどつよい」とありますが、どんなに強いのでしょう。
●児童に指名。読む。
◎この中で、強いことに関係する大事なことばは、どれとどれになりますか。
●きん肉
●力
〔それぞれについて説明を理解させ、板書していく。〕

（略）　　（小黒板②）

そこで、ほかのやり方
　ジェットき
　ロケット
鳥よりも　はやく
　　　　　高く　　とぶ
　　　　　長く

◎説明を細かく見てきましたが、「以上三つの理由」で、人間は空をとぶことができないのです。
（「三つの理由」につながることば、「はじめに」「次に」「この」などの、話題転換に気づかせる。）
◎これだから人間は空がとべないのですが、そのままで終わっているの。
●それでも先生、とんでいますよ。
（最後の段落に気づかせる。）
◎前の書き出しと、ここをつないで読んでごらん。
○板書事項をノートに書き加えさせる。

四　学習結果を如何に評価するか

この学習結果を、児童の中から見つけだすために、どんな方法で、いつ、どんなことを評価したらよいかということは、重要な問題であるが、紙数の制限もあるので、ここでは省略する。

五　実践をふりかえって

この実践を通して、実に多くのことを学んだ。それに、自分自身解決をせまられる問題もいくつか出てきている。そうしたことを、最後に述べて、この発表をしめくくりたい。

① 発問の中に、非常に飛躍しているところや、内容が漠然としているものなどがあり、児童の思考を停滞させている。たとえば、第一時の小黒板①の内容は、直ぐには出てこなかった。発表は、その前、「むかしから、さまざまな人が、うでにつばさをくくりつけ、それを上下にふってとぼうとしました。けれども、そういうやり方で、うまく空をとんだ人は、ひとりもありませんでした。」に集中した。ここを押えて、「どうしてだろう。」と聞き、初めて小黒板②が出てくる。

② 文章全体の中から、まとめて述べていることを見つけさせ、そこを手掛りとして、大事なことばを見つけ内容を細かく読みとらせようとしたが、三年生の段階では、やや無理ではなかったか。最初から順序を追って読みとる方がよいのではないか。

③ この教材は純粋な説明文ではない。文章の最初と最後のところに解説的においのするものが加わっている。これは、知るだけでなく、人間の生き方に通ずるものである。また、これは児童の興味や意欲ともつながるので、ここらを読解の手掛りとすることができないだろうか。

④ 板書の構成とその内容については、もっとくふうされなければならない。内容の精選がとくに大事である。児童のノート指導との関連も充分に考えなければならない。

以上、自分自身にとってとくに大事だと思うことについて列挙してみた。

（昭和41年8月31日）

4　生き生きと読ませるために

一　教材研究の必要

国語科の学習において、教科書の占める位置は大きい。しかし、教科書に盛られた教材は、児童にとって魅力の薄いものになっている場合が多い。そこには、すでに読んで子どもなりに一応読みとったつもりでいるとか、一度読んでしまうとほとんどがわかってしまうとか、国語の教科書の教材というだけで読もうという意欲がわかないとか、さまざまな原因が考えられる。こうした状態のままで無理に学習を進めていけばいくほど、児童の学習の意欲は失われていく。ここには児童の学習に対する主体性、創造性、喜びなどは生まれてこない。

そこで、児童にとって魅力のある教材、価値のある教材、系統を押えた教材がすぐに用意できれば問題はない。しかし、現実は教科書の教材に負わなければならない場合が多い。とすれば、前述した状態をいかに克服していけばよいであろうか。そのためには徹底した教材研究による教材のは握が必要である。

二　教材研究の視点

児童にこれから読ませようとする教材を前にして、何を明らかにしていけばよいか。

一つは、教材（文章と言った方がよいかもしれない）そのものの分析がある。もう一つは、分析されたものと児童の学習の係わりがある。この両者は別々のところで行なわれるものでなく、常に係わり合って明らかにされていくものである。ここでは記述の便宜上分けて考えていくことにする。

一、教材（文章）そのものの分析

教材そのものの分析は、文種、作者（筆者）、主題（要旨）、構成（内容）、表現（文体）、語句、表記などについて行なわれ、それぞれ明らかにされていなくてはならない。

二、教材と児童との係わり

教材と児童が係わるところでは、先ず教材の単元への位置づけが考えられなくてはならない。ここでは、指導目標、単元設定の理由、単元（教材）の系統、指導計画、教材としての見方などが明らかにされる。

次に、教材を与える児童の実態が明らかにされなければならない。すなわち、教材に対する興味、文章読解の能力（読字力、読解力、読書力など）、文章を自分のものにする能力（主体的読解、創造的読解など）などである。

最後に、前者の単元学習と後者の児童の実態を結び合わせ一時間一時間の指導過程が組まれていくわけであるが、ここで一番大事なことは、教材を児童に読ませる場合の読み方の姿勢づくりと読みの着眼点を与えることである。このことについて、具体的な教材「えんぴつのできるまで」（学図・小学校国語・二年下、六六～七二ぺ）をもとにしながら考えてみよう。

三　読みの姿勢づくり

「えんぴつの　できるまで」という教材は、鉛筆ができるまでを記述した説明文である。とくに、「じゅんじょに　気をつけて　読みましょう」というサブタイトルをつけていることでもわかるように鉛筆のできる順序に従って記述されている。この文章を読む場合の読みの姿勢づくりとして一番関連の深い記述は、この文章の最初の二行の「みなさんは、えんぴつが　どのように　してできるか、知って　いますか」（六六ぺ）である。この二行が姿勢づくりの上で大事にされなければならない。それは、この文を読むことによって、児童の中にさまざまな読みの構えができるからである。

この文の問いかけに対して、「知っている。」「知っていることがある。」「知らない。」という答が素直に出てくるであろう。しかし、ここで止まってはいけない。自分の筆入れの中の鉛筆を手に持たせ、その形や色や構造などに目を向けさせる。そして、「どのようにしてできたのだろうか。」「このようにして作られたのではないだろうか。」「どのようにして作られたか知りたい。」というように、読みの意欲も盛り上げていくのである。こうしたことは、読み（読解、読書）の本質に根ざした読みとりを進める上で最も大事なことで、たいせつにしなければならない。

四　読みの着眼点

この教材の着眼点としては、先ず、前述したサブタイトル「じゅんじょに　気をつけて　読みましょう」にある記述の順序（構成）がある。鉛筆のできる順序に記述してあること、それも連続した工程ではなくて、次のような関係になっていることに着目させなくてはならない。

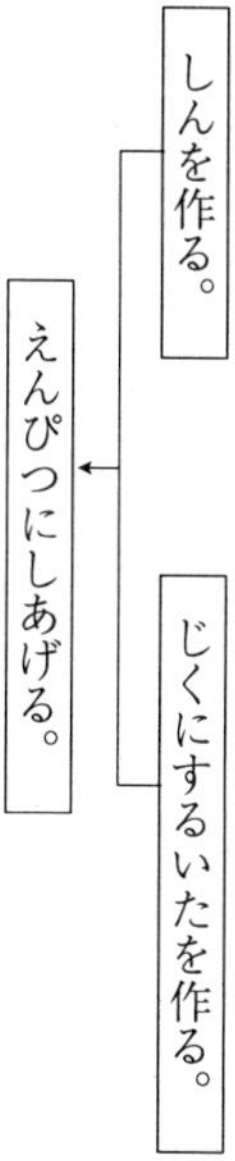
しんを作る。
じくにするいたを作る。
えんぴつにしあげる。

次は、鉛筆の構成を実物に当たってつかませておくことが大事である。しん、じく、がしっかり組み合ってできているということである。これが小見出しとして文章の中に生きている。すなわち、「しんを　作る」、「じくにする　いたを　作る」、「えんぴつに　しあげる」の三つである。これらは、記述の順序（構成）とも関係がある。

最後は、表現と関係することであるが、文章についている写真、図版とその説明である。これらが文章の中で有力な働きをしているために、文章のどこと関連し合っているかを考えながら読ませ、はっきりつかませることが大事である。

以上、三つのことがこの文章の大きな着眼点である。

五　読みとりの実態

これまで述べてきたことを踏まえて、読ませた結果を考察してみたい。読みとったことを「知っていたこと」

「わかったこと」「もっと知りたいこと」としてノートに記録させたわけであるが、この中の「もっと知りたいこと」を検討してみると、次のような類型があることがわかった。

一、読みの不足からくる疑問（質問）

・こくえんやねん土をまぜるとどうしてしんができるのか。（女）
・ねるのはきかいですか、それとも、手でねるのですか。（女）

このようなものは、表現を押えて確実に読みとらせるように指導しなければならない。このとき考えておかなければならないことは、児童の経験の重視ということである。原料にしても機械にしても知らないものがほとんどであってみればなおさらである。

二、読みとった上での疑問（質問）

(1)　ひとつの事柄から出てくるもの（素朴な反応）

・出てきたこなに水をまぜるとやおくなるのではないか。（女）
・なぜ、こくえんだけだと弱いのですか。（女）
・じょう気だけでむしたりできるのですか。（女）
・えんぴつの長さにしんを切るのは、なにで切るのですか。（男）
・たて十八センチあつさ五ミリぐらいのいたにするには、どんなきかいでどんなに作るのか。（男）
・色は、どんなきかいでどのようにしてぬるのか、くわしく知りたい。（男）

(2)　事柄と事柄の関係をおさえた上で出てくるもの（関連のある反応）

・きかいからきかいへいれるとき、どうやってつぎのきかいへいれるのか。(男)
・えんぴつのいたを、ばらばらにするきかいは、どんなきかいで、どのようにしてばらばらにするのか、くわしく知りたい。(男)

(3)　ひとつの事柄から関連した他の事柄が出てくるもの（発展的な反応）

・えんぴつの長さはどうしてきまっているか。(男)
・一本ずつ作らないで、まとめて何本もなぜ作るのか。(男)
・どこのへんの工場で作るのか知りたい。(男)
・一日に何本作るか知りたい。(男)
・木はどの山でとれるのか。(男)
・こくえんはどこにあるのか。(男)
・むかしは、きかいなどなかったでしょう。どうして作ったのですか。(女)

これらは教材の表現（記述）の不足から起こってくるものが多い。なかには児童の経験不足から出てくるものがあるのであるが。

こうしたことをさらに発展させて読書へ発展させることも可能である。この学習を進める過程で、ひとりの男の子は、自分で鉛筆に関する本を見つけ、それを読み報告文を書いてきた。図を書き、説明したものである。本の丸写しの傾向はあるが、こうした活動は大事に育ててやらなければならない。その一部を紹介してみよう。

じく木

おもに、アメリカの西海がんにはえているインセンスシダーという木をつかいます。それは、木のそしきがこまかくて、ふしがなく、もく目がまっすぐなのでえんぴつのじく木として一番てきしています。

黒しん

黒えんはセイロン、メキシコ、ちょうせんなどの国でとれるものをつかっています。

えんぴつのあゆみ

大むかし　なまりの円ばんというのはむかしローマ、イギリスで使っていました。（図は略）

一五六四年　イギリスで黒えんがはっけんされました。（図は略）

一七九五年　糸でまいたえんぴつ（図は略）

一八七七年　（説明なし図のみ、図は略）

（以下、鉛筆の作り方のくわしい説明と図が書かれているが略す）

この子は、その後小鳥に興味を持ち、自分で小鳥を飼いながら、小鳥に関する本をたくさん読みあさっていた。ここまでくると読みもいよいよほんものになってきた感じである。

この学習を通して、二年生ですでに男女差のあることを感じた。男子の知的読みとりに対して、女子の読み誤りや読みの浅さが目立った。読みの意欲の面でも男子の方が高まっていた。

鉛筆以外のことで知りたいことということで読書への発展を考えたが、女子の学習への乗りは悪かった。まだ童話とか物語の中から抜け切れていない子が多かった。

このようなことから、子どもの読みの傾向もしっかり踏まえた指導を考えていかなければならないと思ったわけである。

（昭和48年10月9日）

5　調べ読みへの導き

一　「調べ読み」をたいせつに

二年生の個人読書カードを見ると、童話・物語に混じって社会科や理科に関係するものが登場してくる。この傾向はとくに男子に多い。中でも読書力のある子のものは童話・物語の数を越え、記述・内容ともに非常に程度の高いものが混じっていたりする。

こうしたことから、二年生の児童の読書興味が知識・情報を得る方向に移行しつつあることを知ることができる。それは、自分の知識欲・情報獲得欲を満足させるためには、かなり程度の高いものまでも求めて消化しようとするほどの強さをもっている。

こうした事実は、二年生における読書指導で、調べ読みをたいせつにしなければならないことを教えているように思う。

ここで、わたしたちは、二年生の読書における「調べ読み」の指導がどのような状態にあるか、今後のこうした面の指導はどうあるべきかを明らかにしなければならない。

まず、「調べ読み」の実態をみてみよう。

平素の国語科の学習において、「調べ読み」の指導は、主として説明文の教材を通して行われる。この説明文を一つか二つ組みこんで「調べ読み」の指導をする単元は、年間を通して三ないし四である。指導の機会が非常に少ないことがわかる。

さらに、ここにおける「読み取り」の実態を見ると、ほんとうの「調べ読み」になっていない場合が多いのではないかと思う。すなわち、文章の中に書かれている要点・要旨・意図を間違いなく読み取ることに終始して、与えられた文章の枠から一歩も出ない読み取りが行われているのである。

子供の自由読書における「調べ読み」の指導に至っては、全く指導の手は加えられず、野放しの状態ではないかと思う。

以上、大まかな実態把握をしたわけであるが、「調べ読み」の指導はまだまだ不十分であることがわかる。

それでは、これからどのようなことを考えて、読書につながる「調べ読み」の指導をしたらよいかについて、以下述べてみよう。

(1)　読書につながる「調べ読み」の指導

説明文の教材を使っての「調べ読み」の指導において、文章に即した的確な読みと同時に、子供の読みの構えをたいせつにした指導をしなければならない。文章を読むことによって、まず自分の知っていることと自分が知ったことを確認させるのである。さらに、読んだ文章を手がかりにして出てくる、もっと知りたいことを確認させるのである。

知ったことの中には、すでに知っていたとか、ほかにも知っていたということがある。知ったことの中には、ぼんやりしていたことがはっきりしたとか、いっそうよくわかったとか、初めて知ったとかということがある。もっと知りたいことの中には、すぐにわかることとか、調べてみないとわからないこととかがある。

こうした子供の構え（意識づけ）をたいせつにしながら、教科書の文章を越えて発展していく方向（読書）を常に念頭に置いた指導をしていくことが大事である。できれば、単元内で発展学習も扱えるような計画をたてたい。すなわち、もっと知りたいことについては、自分で考えさせたり調べさせたりして、その結果を発表させる。ここまでくれば、子供の学習は一段と活気を帯びてくる。これは自由読書へつながっていく方向でもある。

(2)　他教科学習における「調べ読み」とのつながり

国語科の学習の中で「調べ読み」の指導を進めていくと、次第に内容が充実していくとともに、他教科の学習につながっていく場合が多い。また、他教科の学習（とくに社会科と理科）において、調べ読みが行われる機会は国語科よりずっと多い。

こうしたことから、両者を有機的に結びつけた指導ができれば効果はいっそうあがることになる。全教科を指導しなければならない小学校教師の場合結びつけはたいへん有利である。

(3)　「調べ読み」を進めるための図書の整備

これまで述べてきたことを本格的に進めようとすれば、当然のこととして図書の整備の必要が起こってくる。子供の知識欲・情報獲得欲を十分に満足させるに足る図書が、質において量において整備されていなければ、この指導はほんものにならない。

しかし、現実は厳しく、図書室に足を運ぶたびにがっかりすることが多い。計画性のない図書が並んでいるばかりである。そうは言っても気を取り直して探せば、一つや二つは見つけ出すことはできるのである。

二　「調べ読み」の実践例

以上述べてきたことを、一つの実践例を示しながら、具体化してみたい。

教材は「めずらしい　しょくぶつ」（学図・小学校国語・二年下、三〇〜三七ぺ）である。

文章の中には、珍しい植物として、「あきたぶき」「おおおにばす」「おじぎそう」「ねむのき」「うつぼかずら」「もうせんごけ」「たぬきも」「虫とりすみれ」「サポテン」「かにさぼてん」「げっかびじん」が出てくる。

それぞれについて珍しさの説明がなされている。

この単元の指導目標は、次のようになっている。
★自然界に対して、興味や関心をいだくとともに、読むことによって知識を豊かにする。
1　珍しい植物には、どんなものがあるか、また、それぞれの植物の特徴を読みとることができるようにする。
2　さし絵や写真と比べて、内容を正確に読み取る力を育てる。
まず、自分の力で読み取らせ、読み取ったことをノートに記録させた。サポテンのところの学習を次に示す。

文章は次のようになっている。

④　さばくの　中に、へんな　形の　しょくぶつが、にょきにょきと　立って　います。
これは　サボテンです。中には、高さ　十五メートルも　あるのが　あります。
サボテンには、いろいろの　しゅるいが　あります。
つぎの　ページの、右の　しゃしんは、「かにサボテン」といいます。かにの　足の　形に　にて　いるので、この　名まえが　つけられました。

左は、「げっかびじん」と　いって、　やはり、サボテンの　なかまです。げっかびじんは、夏の夜、ひとばんだけ、かおりの　いい　白い　花を　ひらきます。あくる　朝は、もう　しぼんでしまう、ふしぎな　花です。

（注　砂漠に立つ柱サボテン・かにサボテン・月下美人の写真がそれぞれ一枚ずつのせてある）

ここを読みとった子供のノートは次のようなものである。

〈例一〉女子のもの

さばくのサボテン

○さばくの中にサボテンが立っている。　――　さばくのどんなところに、何本ぐらい立っているか。
◎高さが二十メートルもあるのがある。

かにサボテン

◎かにの足の形ににたサボテンがある。　――　どんなところにはえるか。花はいつごろさくか。どんな形（大きさや色）のたねか。

げっかびじん

◎げっかびじんは、夏の夜、ひとばんだけ、かおりのいい花をひらく。　――　どんなかおりかかいでみたい。

〈例二〉男子のもの

サボテン

○サボテンがさばくにある。
◎サボテンの高さ二十メートル。　――　サボテンのしゅるいや名まえ。水はやらないか。

かにサボテン

◎かにサボテンという名まえはかにの足ににている。　――　たねはいつごろまくのか。

げっかびじん

◎げっかびじんという名まえ、ひとばんだけ、かおりの｜たねの形。かおり。ほんものを見たい。
いい白い花をひらく。

二例のみであるが、読み取りの様子は知ってもらえるだろう。上段には、知っていたこと（○印）、知ったこと（◎印）をはっきりさせながら、文章から読み取ったことを書く。下段には、上段と関連して出てくるもっと知りたいことを書いておく。上段で文章に即した的確な読みを押さえ、下段で文章から抜け出す発展的な読みの方向を出そうとするものである。

ノートしたことをもとに、相互に発表し合うことによって文章を的確に読み取り、それを手がかりとして、知識の広がりが求められることを知ることができるのである。知識の広がりを充実したものにさせるためには、それにふさわしい教材や図書を用意してやらなくてはならない。わたしの学校の図書室で探し出した十四冊のうちから、そのまま教材として使える部分のあったものを二つ紹介しておこう。

「理科なぜどうして　二年生」（朝比奈貞一監修　偕成社）
花でせかい一大きいのはなんですか
「しょくぶつのふしぎ」（ぶん・しみず　たかし／え・いしず　ひろすけ　偕成社）
おにばすのはは　なん年で大きくなるのですか
なぜサボテンは　水がなくてもかれないのですか

こうした指導を進めていると、子供たちの「調べ読み」は無限に広がっていく。また、その読み取りの力も、ぐんぐん身についていくように思えるのである。

（「小二　教育技術」第二号　昭・49・1）

調べ読みの努力と工夫

広島大学教授　野地　潤家

一

神田和正教諭は、複式学級の担任をして、その経営に意欲を燃やしながら、国語科教育にうちこんできたかたである。

国語科における調べ読みを足場としつつ、自由読書における調べ読みを、どのようにさせていけばよいかが、そのゆたかな実践体験を通じて明らかにされている。

神田教諭は、二年生の児童たち読書興味が知識・情報を得る方向へ移行しつつあることを指摘し、子供たちの知識・情報への意欲の強いことを述べている。

調べ読みへの興味・意欲には、個人差もあろうが、総じて子供たちの読書興味の実態に照らして、そういう傾向が見いだされるとすれば、それはすでに調べ読みの可能性があることを物語っている。

二

子供たちの読書興味・読書意欲の実態に即して、調べ読みのありかたを求め、その実地の指導に踏み込んでいくのが着実な進め方となろう。およそ読書指導に背伸びは禁物である。

知識・情報を得るための調べ読みにおいては、読み手としての子供が、すでに知っていること、読むことによって知り得たこと、読むことによってさらに知りたいことなどを明らかにしてかかることが大切である。

新鮮な知的探究心こそ、調べ読みの原動力である。

折にふれ、時に応じて、自ら問い求める子供として、自然・社会における生活・学習を営んでいくこと――そういう生活・学習の基本態度が調べ読みの根幹となる。

三

楽しみ読みの対象となる、さまざまな文学作品・物語などには、すぐれた適切なものが多いのに、二年生にとっての調べ読みにふさわしい読み物の類は、今日なお十分ではない。

調べ読みをさかんにし、ほんものにしていく前提条件の一つとして、神田教諭が図書の整備の必要を説いているのは、きわめてもっともである。

子供たちの新鮮な知的探究心にこたえるにたる読み物の充実整備が望まれる。

調べ読み・楽しみ読みは、よく二つに分けて扱われがちであるが、調べ読みもまた、子供たちにとっては、〝楽しみ読み〟なのであり、さらに楽しみ読みもまた、子供たちにとっては、〝調べ読み〟としての一面をもっているのである。

子供たちの生活経験・学習経験・読書経験（調べ読み・楽しみ読み）をどう関連させていけばよいのか。

個別的にも集団（学級・グループ）的にも、広く大きい視野に立って、調べ読みの問題を考えていくようにしたい。

※　私の書いた文章に野地先生よりご指導をいただいたものである。私の文章に添えて載せられた。

6　知識・情報を得る読解（読書）指導
――説明的文章における読みの取り組みについて――

一　知識・情報を読みとる

児童が将来生活しなければならない社会は、知識・情報があふれている社会である。その知識・情報を取捨選択して自分のものにしていくことは容易なことではない。しかし、こうした能力を身につけていくことは今後ますます重要である。

国語科において、知識・情報を得る能力をあげれば、聞きとる能力と読みとる能力があげられる。ここでは、話みとる能力について考えてみたい。

この場合、知識・情報は、説明的文章によって書かれている。様々な事実の書かれている説明文、様々な方法（技術）の書かれている説明文、様々な情報を提供する報道文、様々な広告など各種各様の文章が考えられる。こうした文章に対応して、話みとる能力が身についていかなければならない。技能的なものとしては、精読、速読、拾い読みなどが考えられる。態度的なものとしては、読みの取り組み（構え・姿勢）ということが考えられる。さらに、言語の理解力、文字・表記の理解力が当然考えられる。こうした能力が相互に関連し合って読みとる能力を形成しているものと考えられる。

二　読みの取り組み

ここでは、説明的文章を事実を説明する文章と限り、しかも、これを読む場合の取り組み（構え・姿勢）に焦点を当てて、どのように読みとったらよいかを考えていきたい。

「読みの取り組み」は、「文章に即した的確な読み」と並んで大切なものである。「文章に即した的確な読み」を強化するために常に考えておかなければならないものである。

「読みの取り組み」については、次のようないろいろな段階が考えられる。

㈠　読む前から問題意識を持って、文章に取り組む。
㈡　題目から内容を想像しながら（問題解決を期待しながら）文章に取り組む。
㈢　冒頭の文章から内容を想像しながら（問題解決を期待しながら）文章に取り組む。

などである。

ここで考えたいのは、この次にくる読みの取り組みについてである。すなわち、本文にどう取り組んでいくかということである。

教科書には、「正しく読みましょう」とか、「だいじなところを落とさずに読みましょう」とか、「だんらくごとにまとめて読みましょう」とかの技能目標が掲げられ、的確な読みとりをさせようとしている。これらは、文章の中の要点であり、要約であり、要旨や意図である。これらがきちんと読みとられていればそれでよいだろうか。形の上では読みとられたといえようが、生きた読みとはいえないのではないだろうか。それには、次のような取り組みが必要である。

(1)　知っていることの確認
・これはすでに知っていた。　・これについていっそうよくわかった。　・このことについては、ほかにも知っていることがある。
(2)　知ったことの確認
・これは初めて知った。　・これはこれまでわからなかった。　・これは知りたかったことだ。
(3)　知りたいことの確認
・これについてはもっと知りたい。　・このほかのことについてもっと知りたい。　・これについては調べてみよう。

こうした組り組みが伴って初めて読みとったことの意義を感じさせ、読みへの意欲を沸き立たせ、さらに進んだ読みの行動（読書）へ向かわせるのである。また、このような読みとりの過程を経験させることによって主体的な読みが育ち、読むことをほんとうに自分のものにしていくことができるのである。

三　実践例

ここで、その実践例を紹介する。
教科書に次のような文章がある。

ひかりごうが　はしって　います。うみの　そばを　はしって　います。

ひかりごうは、にっぽんで　いちばん　はやい　れっしゃです。

ひかりごうは、まいにち、たくさんの　人や　にもつを　はこんでいます。

（学図・小学校国語・一年上、三六〜三七ぺ）


（カラー写真）

ひかり号がトンネルから出てきて、海のそばを走っている。


この文章をもとにした学習活動を次のように⑴から⑸まで考えた。

⑴では、「知っているか。」ということを中核にすえた学習である。

まず、文章のなかのことばのひとつひとつ、文のひとつひとつを確かに読みとらせる。


「ひかりごうを知っているか。」

「ひかりごうは、どこを走るか。」

「ひかりごうは、どんなに速いか。」

「ひかりごうは、何を運んでいるか。」


などの問いを用意し、これに対して、児童は、

「ひかりごうは、写真にあるような列車だ。」

「うみのそばを走る。」

「日本でいちばん速い列車だ。」

「毎日、たくさんの人や荷物を運んでいる。」


（この荷物については改訂で削除された。）などと、教科書の文章に書いてある通りに読みとる。しかし、これで終わってはならない。幾人かの児童は、教科書のことばや写真や自分の体験を通して、文章に書かせていること以外の

ことを必ず出してくる。出ない場合は出させる発問が用意されていなければならない。

「ひかりごうは、今トンネルを抜けたところだ。」

「ひかりごうは、高架の上を走っている。」

から始って、ひかり号の形や色、感じ、さらに、海のそばばかり走るのではないことなども出てくるだろう。体験を通したものも出てくるだろう。そこで、(2)にはいっていく。
(2)は、「ほかに（この文章以外に）知っていること（わかること）はないか。」ということを中核にすえた学習である。
前述したように文章の中のことばや写真から出てくるものや、自分の経験（絵本や図鑑、テレビなど）や体験（実際にひかり号を見たり乗ったりした。）から出てくるものもある。これらをノートに書かせたわけである。

(ア)　文章の中のことばから
ひかりごうは、二ひゃく十きろで　はしります。（「はやい」ということから。）
(イ)　写真から
せんろを　はしって　います。でんきで　はしって　います。はしの　うえを　はしって　います。人をのせて　います。（自分の経験も加わっている。）
(ウ)　体験から
ひかりごうは、まどから　けしきが　みえる。（富士山が見えたことを話した。）

ひかりごうは、なかに　しょくどうが　あります。あいすくりいむも　あります。

ひかりごうに　のって、おとうさんと　しょくどうに　いった　とき、こうひい　くさかった。ひかりごう

は　せきを　こえ　せきを　こえ　いってみたら、てつで　かぎがしまっていた。

(エ)　教科書の文章から一歩も抜け出ることのできないもの。

これが非常に多かった。一年生で生活経験が浅いということに大きな原因があるが、文章への取り組みがまだ表面的であることも原因としてあげられる。一年生になって初めて出てくる説明文でもある。これについては今後の積み重ねが大事であることも示している。

以上(2)の学習過程を進める中で「もっと知りたいこと」というのが必ず出てくる。一年生のこの時期の子どもでは非常に少ないのであるが、これを大切にしていきたい。ここで(3)の段階にはいるわけである。

(3)は、「もっと知りたい。」といえることを中核にすえた学習である。ノートに書いていたものを列挙すると次のようなものである。

ひかりごうは、あんまり　はやすぎて　ほかの　れっしゃとぶつからないかな。
もっと　くわしく　ひかりごうの　なかを　しりたい。
ひかりごうは、どこから　どこまで　はしって　いますか。
ひかりごうの　しょくどうは、なんごうしゃに　ありますか。
ひかりごうは、なんきろで　はしるのですか。

これもいろいろに分類できる。これらの「知りたいこと」が、児童のどこから出てきているかを探っていかなくてはならない。文章を読むことによって、その中のことがらやことばから出てくる場合と、児童の持っている経験や体験から出てくるものが考えられる。

この「知りたいこと」は一部の児童のものであるが、それを全部の児童のものにし、知る活動を組んでいきたい。学級文庫や図書室（館）の中から、また家庭にある本の中から、これらの知りたいことを満足させる本を集めてくるのである。ない場合は、補助教材を用意してやるとよい。一年生なので、絵本とか図鑑が主であるが、高学年用の新幹線についての単行本もある。こうしたものにも触れさせるのである。

最後に、⑴⑵⑶の学習活動で得たものを整理したり発表したりする学習活動を組んで、自分の学習の結果を定着させたい。

⑷は、「『知ったこと』は、どんなことですか」を中核にすえ、ノートの整理を中心に学習を進める。ノートしたものと教科書の文章をくらべることによって、知る喜びを味わわせるわけである。

⑸は、「知ったことをみんなに発表しよう。」ということを中核にすえたもので、学習して得たものを生かすことを考えたわけである。

以上の学習段階をここにまとめると次のようになる。

(1)　文章を的確に読みとる　「知っていますか。」を中核にすえて

(2)　知識の整理　「ほかに知っていることはありませんか。」を中核にすえて

(3)　知識の拡大　「もっと知りたいことはありませんか。」を中核にすえて

(4)　知識の確認　「知ったことはどんなことですか。」を中核にすえて

(5)　「知ったことを発表しあおう。」を中核にすえて

この順序は常にこのままのものではない。また、別々に行なわれるものでもない。入れかわったり、同時に行なわれたり途中が抜かれたりする。学年が進むにつれてこうしたことが行なわれるようになる。

以上の学習を通して、ノートが大事な役目を果したわけであるが、この時期の一年生には、少々無理であったように思えた。この学習のあとで、「おほしさまへおねがい」を書いたり「せんせいへ」を知らせることを書

いたりする学習が組まれていて書くことを学習することになっている。しかし、書くことについては、入門期から一歩一歩積み上げておかなければならない。「はやい　のりもの」で要求したことがらは、一年生なりに書けるくらい学習を進めておく必要があるのではないかとも思う。先生と児童との話しことばのみのやりとりで終わる学習で済ませたくないと思うからである。

書かせたノートを通して表現力、表記力については、いろいろと指導上の問題点を指摘できるが、ここでは紙数の関係で触れられない。入門期の四月から五月と学習した歩みをひとつひとりふりかえり、検討しなければならないと思う。

四　実践を終わって

この学習を通し考えたことを以下述べておきたい。

(1)　教材について

教科書の文章だけでは、説明されていることがはっきりわからない場合が多い。低学年になるほどことばが少なく具象性に欠ける。そのために、写真とか絵が必要なのだが、教科書の性格上教科書のものだけではもの足りない場合が多い。そこで指導の補助的なもの、補説的なものがどうしても必要である。それに、児童の経験が大きくものをいう。

学級の中には、教科書以上のことを知っている児童が何人か必ずいる。こうした児童を足踏みさせてはならないし、他の児童をこの児童のところまで引き上げてやらないといけない。そこで、教科書以外のくわしい文章に取り組んでいく道を必ず聞いておいてやらなくてはならない。

(2)　読みとりの実態

ひとつの文章を読んだとき、その文章から一歩も抜け出ることのできない子がいる。前述した「はやい　のりもの」の中の「ひかりごう」の文章でも、そこに書いてあることだけに止まって、他のことに広がろうとする児童が少なかった。低学年の特性ではあろうが、文章の中のひとつのことばが、ひとつのことがらが、つぎつぎと自分の知識や経験（体験）と結び合って確認したり、未知のものを見つけたりするような読みとりをさせていきたいと思う。

(3)　いろいろな試み

指導に当たっていろいろな試みをしてみたい。

例えば、

(ア)　自分にとって必要なことだけを読みとらせる。

(イ)　自分にとって興味のあることだけを読みとらせる。

(ウ)　一つの問題を与えて、その解決に当たることを読みとらせる。

などである。この試みの前提には基本的な読みとりの学習を考えていることはもちろんである。

最後になったが、この実践をまとめる段階で、本学会（日本国語教育学会）機関誌昭和四十八年、三・四月合併号を読んでいたら、倉澤栄吉先生の論文「創造性の視点から読書指導を考える」の中の次の文章に心をひかれた。

「創造的な読みでは文献文章を読みくらべ、取捨選択をし選別する必要がある。文章のどこをじっくり読み、どこをさっと読むか読みのペースも違える。読んでわかったこと、前から知っていること、読んでもわからないことの三つくらいに区別しながら読むセンスも身につけさせなければならない。」（九ぺ）（昭和48年7月10日・稿）

五　質疑・応答

一、「はやい　のりもの」という文章の意図から外れた学習になるのではないか。

これについては、確かな読みの段階ですでに読みとっていることで、発表は、それ以上のことを関連して出させようとしている。それも速い乗り物である「ひかりごう」以外のものを出させようとしているのではない。

二、この学習を進めていくと社会科の学習になるのではないか。

内容の追求をしていけば社会科の内容がはいりこんでくるかもしれない。しかし、こうした内容の充実をしていかなければ、生きた国語学習、充実した国語学習にならないのではないか。とくに説明文の場合、内容が多くの場合、社会科的、理科的なものになっている。したがって表現と内容を関連させて学習すると社会科や理科の学習に近くなるのは当然である。こうした学習を通して、何を押えるかが問題である。国語科という立場で考えれば、読みとる内容と関連した読みとり方（言語・文字・文章・表記をもとにした）であり、文章への取り組みである。

三、教科書の文章は、基本的な文型で示されている。しかし、子どもがノートに書いているものは、複雑な文型である。この点、どのように指導されるか。

教科書の基本文型はしっかり押えておきたいし、その基本文型をもとに、さまざまな表現のあることも身につけさせたい。

□の□を　はしっています。
□が□しています。
の□の中にいろいろなことばをはめこませるなどして、

児童が教科書をはなれることが、様々な文型を生むもとになっている。ここで気をつけなければいけないのは、文の乱れである。まちがいもある。意味の通じないものもある。これらは、個別指導を徹底しないといけない。

四、「ほかに知っていることはありませんか。」

「もっと知りたいことはありませんか。」ということに対して、ついてこれない児童がいるが、どのような指導をしたか。

ほんとうにないのかということを児童に知らせる方法を考えたい。この場合、児童の興味とかこれを支える生活経験が大きくものをいう。このための掘り起こしをしなければならない。そこで、教科書の写真をよく見させて、教科書の文章と比較させたり、別の絵や写真を見せて、教科書の文章と比較させたりした。

五、午後のシンポジウムに取り上げられたり、倉澤栄吉先生の講演の中にも触れていただいたりした。こうしたことを通して、次のことをさらに明らかにしたいと思う。

(1)　児童の読みとりの実態をもっと分析して明確にする。

(2)　児童のひとりひとりの読みとりの向上を見逃さない。

（「国語教育誌」第一〇号　昭・49・1）

7　言語の教育と「日本のことば」

一　言語の教育であること

新指導要領において、国語科の学習は、言語の教育であることが再確認された。このことを強調するために、その編成も〔言語事項〕「表現」「理解」の一事項二領域に整理され示されることになった。私達は、こうした基本になることを踏まえた国語科の指導をこれから進めていかなくてはならない。

言語の教育であるということを自覚して学習指導を進めていくためには、学習全体を通して〔言語事項〕の内容をどこで、どのように実現していくかを考えておかなくてはならない。

原則的には「表現」「理解」の学習活動を通して指導していくことになっている。しかし、繰り返し学習させることの必要なものについては、特にそれ〔言語事項〕だけを取り上げて学習することもあるということになっている。

ここでは、後者の場合、それも特殊なものを取り上げて、その指導のあり方を考えてみたい。

二　〔言語事項〕の新しい内容の実現

〔言語事項〕の中の新しい内容として、次のような事項がある。

ケ　語感、言葉の使い方に対する感覚などについて関心をもつこと。
コ　易しい文語調の文章を読んで、文語の調子に親しむこと。（以上五年）
ケ　語感、言葉の使い方に対する感覚などについての関心を深めること。
コ　易しい文語調の文章を読んで、文語の調子に親しむこと。（以上六年）

こうした指導事項を教科書の教材として実現していくことは、なかなかむずかしい。しかし、現行教科書の中にぴったりした教材がある。それは、「日本のことば」（六年下）である。

この教材は、新指導要領の移行期にあっても、その主旨に沿って充実した学習を進めることのできる教材である。その指導に当たっては、現行の指導目標のままでもよいが、より新指導要領に即した扱いとするためには、次のような指導目標としておく方がよい。

指導目標

★日本語の感覚的な特殊な表現、助詞の違いによる意味の相違や、伝統的な文学形態である俳句・短歌・かるたに触れさせ、国語に対する関心を深め自覚を高める。

1　語感・言葉の使い方に対する感覚などについて関心を深めさせる。
2　文語調の文章などを読んで、文語の調子に親しむようにさせる。

指導計画（七時間配当）

第一次　「ことばは生きている」の学習
　第一時、前半の読みとり、似た例を探す。

第二時、第三時　後半を読みとり、三つの文のちがいを書き、発表し合う。
第二次　「百人一首といろはがるた」の学習
第四時、第五時　前半の読みとりと、短歌の味わい。
第六時、第七時　後半の読みとりと、かるた調べ。
第三次　古典文学調べ（俳句・短歌・かるたなどについて）⇩発展させる。
〔備考〕
ここでの学習は、解説文と説明文の読解であるが、単なる読解に終わらず、読み取ったことを手がかりとして、自己の体験と照らしたり、学習を発展させたりしなくてはならない。特に、――線の学習活動が大事である。

三　指導の事例（第四時・第五時）

「日本のことば」の中の二番目の教材「百人一首といろはがるた」を扱うが、この時間では、前半の百人一首の方を取り上げて指導する。

1　事前調査

この指導をするに当たって、児童の実態を知るために次の調査をしてみた。

（六年生　四十八名　男一九・女二九）

一、あなたは「短歌」という言葉を知っていますか。
二、「短歌」について知っていることがあれば書きなさい。
三、知っている短歌があれば書きなさい。
四、その短歌はどうして知っているのですか。

この調査の結果は、次の通りであった。

「短歌」という言葉を知らなかった子は、男女各二名の四名であった。二について何かを書いている子は二七名（男十一・女十六）であった。その大部分は、短歌の形式（五・七・五・七・七）に触れたものである。知っている短歌の書けた子は二一名（男八・女十三）である。この書けた短歌の大部分は、社会科で学習した藤原道長の「この世をばわが世とぞ思う望月のかけたることもなしと思えば」というものである。これ以外のものが書けた子は、わずか九名（男六・女三）である。この場合の出典は、百人一首（五名）、図書の本（三名）問題集（一名）であった。

百人一首について気づく子が少ないため、口答で「百人一首が家にある人」と尋ねてみた。四十名近い児童が挙手した。児童の意識に定着していないことがうかがえる。

2　学習目標の設定

新指導要領の〔言語事項〕の内容（前述）と、こうした児童の実態とを踏まえて、この学習の重点を短歌（和歌）の味わい方に置くことにした。そして、次のような目標を設定した。

○短歌（和歌）を読むことによって、文語の調子に親しむことができるようにする。
○自分で短歌（和歌）を探し、その中に書かれていることを想像してみることができるようにする。

3　**展開**（主な発問、指示、助言など）

第四時、前半の百人一首の部分を読む

○このクラスの中のほとんどの人が短歌というものについて知っていました。社会科の勉強が頭の中に残っていたようです。でも、短歌が書かれている百人一首のことを思い出した人はわずか五人でした。みなさんのほとんどの人の家にあるのにね。ここにその百人一首について書いた文章がありますから読んでみましょう。その場合、次のようなことに気をつけて読みましょう。
・新出・読みかえ漢字が読めるようになる。
・難語句に〰〰線をつけて読む。
・自分の体験と照らし合わせながら読んで、付け加えたいことがあるところに――線をつける。
○新出、読みかえ漢字の読み書きを学習する。
○難語句を発表させ解決する。
○自分の体験に照らして付け加えることを相互に発表する。（主なもののみ）
・百人一首をしたことがある。
・古典文学の中で知っているものがある。
・なじみ深いものになるのはほんとうだ。
・百人一首を取ったときのことは、自分の場合と同じだ。

・自分の大好きな歌を覚えている。こういう歌だ。
・図書室で短歌（和歌）の本を読んだことがある。
・この二つの短歌（和歌）は聞いたことがある。（以上、二〇～二一ぺの反応）
○二つの短歌（和歌）が上手に音読できるように練習する。

第五時、短歌（和歌）を読み味わう

○二つの歌の意味を考え、情景を思い浮かべて音読させる。（音読練習の時間も取り、できるだけ全員に音読させる。）
○「天の原――」の歌について、この歌の生まれたときのことを補説し、仲麻呂の気持ちを文章化させる。
〔補説〕この歌は、仲麻呂が五十一才の時、日本に帰るために宴会が開かれ、その席で詠まれたものと言われている。
・原稿用紙の最初二行を使って、歌を視写させ、作者名を書かせる。
・四行目から、このときの仲麻呂の気持ちをその立場に立って書かせる。

〈児童の文章〉

唐に十六才から五十一才までの長い間いたので、日本（故郷）へ帰りたいと思っていた。それが明日帰れるのだ。早く帰りたいような恐ろしいような気持ちがわいてきた。そこでふと空を見ると月が浮かんでいた。春日の三笠の山の月と同じだ。早く帰って春日の里から三笠の山の月を見たい。この丸い月を故郷でじっくり見たい。唐で三十五年も暮らしたが、いざ日本ということになるとやっぱりこいしい。早く三笠山のある春日の里に帰りたい。いっこくも早く帰りたい。（男）

もう少しで日本に帰国できる。それに、今頃は、三笠山にもこれと同じような月がのぼっているんだろうな。ここに自分が日本に帰るというので、こんなに大ぜいの人が集まってくれてうれしい。でも、春日の里に早く帰りたい。

十六才でこの国に来て以来、この五十一才になるまで日本に帰っていない。三十五年ぶりに帰る日本はどうなっているだろう。平和に暮らしているんだろうか。（男）

この唐に来ていろいろよくしてもらった人々に別れるのはつらいが、日本に帰りたい気持ちはおさえられない。三十五年間暮らした唐の人々と別れるのはつらいけど、日本に帰れるのがうれしい。（女）

今見ている月は日本の三笠山に出ている月と同じだけど、やっぱりふるさとで見た方が日本の月という感じがする。早く日本へ帰ってふるさとの月を見たい。日本はどんなに変わっているだろうな。（女）

○こうした気持ちを相互に発表させ、短い歌（言葉）の中にこめられた情景や気持ちなどを考えさせる。

○他の作品（短歌）をプリントしたものを音読させ、興味や関心を深める。

百人一首の中から、次の番号のものをプリントした。（4・5・28・31・70・79・87・94）

○このプリントと同時に、次のような図書を示し、読書への意欲を高めた。（第三次）

「和歌・歌人物語」窪田敏夫　ポプラ社

「和歌ものがたり」佐々木信綱　さえら書房

「万葉集入門」窪田章一郎　ポプラ社

「万葉集」木俣　修　ポプラ社

「短歌の作り方」木俣　修　ポプラ社

「古典文学入門」円地文子　ポプラ社

「日本古典文学ものがたり」石田佐久馬　さえら書房

四　「文語の調子に親しむ」とは

このことによって、国語科の内容が急にむずかしくなったのではないかと心配される方がある。そうではなくて、この期の児童にも読めば意味内容が容易に理解できる程度の易しいものを取り上げ音読させ（暗誦すればなおよい）日本古来の言葉にも親しませ、言語感覚を豊かにしていこうとするのである。

こうした学習が、中学校以上の段階でする文語文や古典の学習の基礎を培っていくことにもなるのである。

（昭和54年8月16日）

8　表現に即して読み取る・読みの姿勢を大事にする

一　何を指導するのか

説明文の指導をするときに、わたしは、次の二つのことをいつも心がけている。
説明文の内容と表現（語句・文・文章）とを常に関連づけて指導する。（言語能力の向上）
読み取った内容に対する児童の気づき、感想を大切にする。（調べ読みへの方向）
前者は、指導要領に盛られている事項（〔言語事項〕・「理解」）に係わることで、国語科の指導の中核に当たるものである。後者は、児童の将来を見通した読書生活に係わることで、国語科の指導で常に考えておかなければならないことである。
説明文の指導を進めていくとき、内容の興味のみにひかれて読み終わり、児童の言語能力を高めないままで終わっている授業をよく見ることがある。これは、上記のような心構えのないことから起こってくる。
こうした心構えをもって、「何を指導するのか」を明確にしておかなくてはならない。それは、説明文の基礎的・基本的事項である。以下、中学年（三・四年）に限って、このことを明らかにしておこう。

二　説明文の基礎的・基本的事項

指導要領の学年目標を見ると、次のようなことがある。

三年(2)　内容の要点を正しく理解しながら、文章を読んだり、話を聞いたりすることができるようにするとともに、いろいろな読み物を読もうとする態度を育てる。

四年(2)　段落ごとの内容の要点相互の関係や内容の中心点を把握しながら叙述に即して正確に文章を読んだり、話の要点や中心点を正確に理解しながら聞いたりすることができるようにするとともに、読書の範囲を広げるようにする。

この傍線のところが、説明文の指導によって達成できる事項であるが、これは、更に学年の指導内容によって、一層明確になる。

○「理解」事項

三年イ　文章や話の要点を理解し、自分の立場からまとめてみること。

オ　自分の立場から大事だと思うことを落とさないで理解すること。

ク　文章の叙述に即して、表現されている内容を読み取る習慣をつけること。

四年イ　文章や話の中心的な事柄に対して、自分の感想をまとめてみること。

エ　読む目的に照らして大事な事柄をまとめたり、必要なところを細かい点に注意して読んだりすること。

キ　文章の叙述に即して、表現されている内容を正確に読み取ること。

これらの「理解」事項に関連して、特に、次の〔言語事項〕も考えておく必要がある。

三年シ　文と文との接続の関係に注意して、文章を読み、また、書くこと。

四年シ　文と文との接続の関係、文章における段落相互の関係を理解することによって、初歩的な文章構成の方法を理解すること。

こうした指導内容は、教材に即して更に具体化されることになる。二つの教材に即して考えてみよう。

三　三年生の場合

三年生の説明文教材に「チンパンジーと道具」（「あおぞら」光村・小学国語・三年下、七〇ペ）というのがある。この文章は、九段落で構成された文章である。全体が次のような構成になっている。（○内番号は段落番号）

①説明課題の提示段落…チンパンジーは道具を使うか。

②主体の説明段落………チンパンジーの生活や食べ物。

③④問題提示段落………シロアリのありづかとシロアリの生態。

⑤⑥問題解決段落………チンパンジーは、木の皮を使ってシロアリを食べる。

⑦問題提示段落…………木にたまった水をどう飲むか。

⑧問題解決段落…………木の葉のスポンジを使って飲む。

⑨全段落のまとめ………チンパンジーは、道具を作り、それを使っている。

このような全体の構成をとらえることは、四年生の指導内容であるが、この方向も考えた読み取りを進めなくてはならない。そのために、読み取りの課題を題名と①段落を読み取ることによって明確にしておく必要がある。

①　わたしたち人間は、道具を作り、それを使って生活しています。では、野生の動物はどうでしょうか。動物でも、いちばんりこうだといわれるチンパンジーぐらいになると、何か道具を使うのではないでしょうか。

この冒頭段落と題名で読み取りの課題が明確にできる。三つの文からなるこの段落の前の文と後の文を対比して、読み取らせると、次のような課題がうかびあがってくる。

○チンパンジーは道具を作り、それを使っているか。
　どんなときに（必要・目的）
　どんな道具を作り（材料・作り方・工夫）
　どのように使う
○あなたが気づき、思ったことはどういうことか。

この課題は、読み取りを進めていく手掛り（視点・着眼）となることである。そのために常に念頭に置かせるようにしておきたい。小黒板に書いて、いつでも提示できるようにしておくとよい。更に、板書する場合、授業を進めるときに読み取りをノートする場合も生かすことが大事である。②段落から⑥段落までを、表現に即して読み取った場合のノートを例示してみると、次のようになる。

〔だん落〕　チンパンジーと道具	気づき・思ったこと
②○チンパンジーの生活 アフリカの森林や木の多い草原に住む。四十頭ぐらい ○チンパンジーの主な食べ物 くだものと木の葉 こん虫や肉 シロアリが大すき	○四十頭もひとまとまりで生活しているというのは、はじめて知った。
③○シロアリ とうのような形のありづか ありづかはたいへんかたい チンパンジーの手でこわれない	○シロアリはほんとうにおいしいのか。 ○ありづかの中にいるシロアリをどのようにして食べるのだろう。
④○シロアリ 雨のふる季節 ありづかのあちこち—— 小さな出口	○何かありそうだぞ。
⑤○チンパンジー 小さなあな（出口）を見つける。 近くの木の皮をはぐ ←　歯と手で 細いぼうを作る ←　二十センチメートル	○チンパンジーは、シロアリがどうするか、ちゃんと知っているのだな。どうしてわかったのかな。 ○シロアリもチンパンジーのことがわかれば、かみつかないのだがな。

あなにさしこむ。

← シロアリがかみつく

シロアリを食べる。

⑥○チンパンジー

しなやかで強い木の皮

○よく考えているのでおどろいた。

（以下略）

上段は、それぞれの段落の中の重要語句や中心文である。これらをまとめるとそれぞれの段落の要点がつかめることになる。下段は、上段の読み取りに即した気づき・感想である。説明文にこのようなことを書かせるのは、調べ読みへの発展も同時に考えようとしているためである。すなわち、「このことはすでに知っていた。」「このことは初めて知った。」「このことについてはもっと調べてみたい。」という調べ読みの意識や認識をしっかりとおさえた指導をしていきたいと考える。このことが、三年生の目標の中に述べられている「いろいろな読み物を読もうとする態度を育てる。」ということにもつながっていく。

四　四年生の場合

四年生の説明文教材に「体を守る皮ふ」（「はばたき」光村・小学国語・四年下、八二ぺ）というのがある。この文章は、十四段落で構成された文章である。これは、更に一行あけで五つの段落にまとめられている。「文章の組み立てに気をつけて」という段落の中心課題にも答えようという配慮からであろう。これは四年生の学年目標にも「段落ごとの内容の要点相互の関係や内容の中心点を把握しながら叙述に即して正確に文章を読んだり、……」

あることにつながる。文章の構成は、教科書の手引きにも示されているので、それに書き加えをして示すと、次のようになる。

1　書き出し　一番目のまとまり＝①段落
題名といっしょになって、「皮ふは、どんなはたらきをしているのだろう。」と、興味を起こさせます。
2　説明　二番目から四番目までのまとまりは、皮ふのはたらきを説明しています。（それぞれに説明されていることを細かく読んで、小見出しを付けてみましょう。）
二番目（②③④⑤⑥⑦段落）体のきけんを見はる皮ふ
三番目（⑧⑨⑩段落）強い日光から体を守る皮ふ
四番目（⑪⑫⑬段落）体温を調節する皮ふ
3　結び　五番目のまとまり＝⑭⑮段落
結びを読むと、そうだったのかと、みなさんも感心させられるでしょう。

このような手引きが読み取りの課題でもあり手掛り（視点・着眼）でもある。三年生のときのように、それぞれの段落ごとに重要語句や中心文を読み取って、ノートに記録させたり、板書して示し確認させ、それぞれの段落の要点をはっきりと示してやることは、四年生においても大事である。先の手引きの中にある「細かく読んで」の指示がこれに当たる。

四年生において大事なことは、この「細かく読んで」記録した（板書された）重要語句や中心文が、その段落の中だけでなく、前の段落や後の段落と結びついて考えられることが大事になってくる。すなわち、「段落ごとの内容の要点相互の関係」ということである。次に大事になってくるのは、「内容の中心点」ということである。

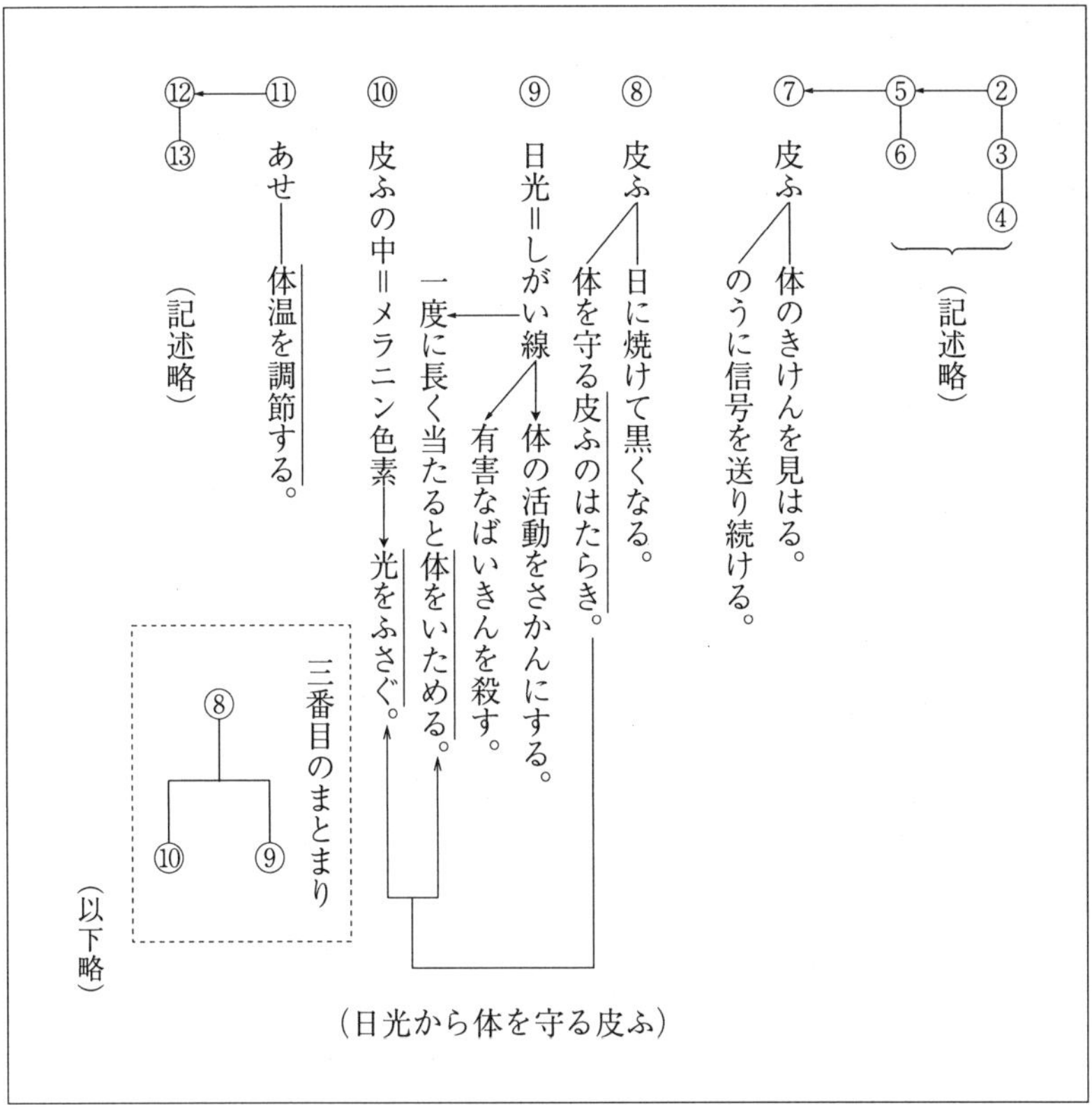

これは、文章全体の中における内容の中心点ということになるので、「段落ごとの内容の要点相互の関係」ということがわかれば、自然にわかってくることである。

　このことを教材に即して考えてみよう。「要点相互の関係」ということを明らかにするために、⑦段落から⑩段落までを板書の事例として示すことにする。（ノートにもこのように記録されることが望ましい。三年生のときと同様に、下段には、気づき・感想が書けるようにしておくようにする。）

五　指導の際に気をつけること

説明文において何を指導するかということを念頭において、三年生と四年生の場合について考えてきた。それらの中で触れることのできなかったことについて書き加えておくことにする。

(1)　単元の指導のねらいに着目して何を指導するのかを明らかにする。

教科書には、単元名の形で単元のねらいが端的に示されたものがある。ここに示した「チンパンジーと道具」の場合は、「書いてあることをたしかに［説明文］」と書かれているし、「体を守る皮ふ」の場合は、「文章の組み立てに気をつけて［説明文］」と書かれている。教科書によっては、「くらしの中の行事」という単元名の下に「だいじな点をおさえ書き手の考えを読みとりましょう。」（三年）とか、「研究の記録」という単元名の下に「だんらくごとの要点や全体の組み立てを考えて読もう」（四年）（以上は小学校国語・学図）とかのように書かれている。

こうしたねらいを一層具体化して次のようにとらえるようにしておくと、その単元において何を指導したらよいのかが明確になってくる。

「文章の組み立てに気をつけて」とあれば、次のようなことが明らかになっていなくてはならない。

○文章の段落（形式段落）がどのように区切られているか。
○段落の一つ一つの内容の要点は何か。
○段落の内容の要点相互の関係はどうなっているか。
○文章のまとまり（意味段落）はどうなっているか。

○文章の展開（構成＝論の展開）はどうなっているか。

これらのことが、文章の表現（語句・文・文章）に即して、子供自身にはっきりと読み取れる（表現をおさえて発表できる。表現をとらえて記録できる。）ようにすることが何を指導するかの「何」に当たるのである。

(2)　子供自身の力で読み取らせる。

これまで書いてきたような指導をすると、とかく教師主導型の授業（教師中心の授業）になりやすい。そうならないで、子供自身の力で読み取らせることが大事である。そのために、三年・四年の事例のときにも述べたが、読みの課題を設定することが大事である。この説明文の内容で何を読み取ればよいのか、また、それをどのように読み取ればよいのか、更に、それをどう発展させるのかを、常に考えた学習活動を組み立てる（創造する）ようにしていきたい。これは一度にできるものではなく、初期の段階では、こうするのだと教え、示さなくてはならない場合もある。自力でできる前に子供の実態に即した教師主導型の授業が必要なときもある。

（「小学校の国語教育」四号　昭・57・2）

9　表現の豊かさ・確かさを高める国語科の指導
――作文指導の場合――

はじめに

標題に掲げているテーマは、大変大きなもので、限られた枚数では到底書き尽くせるものではない。しかし、大きな標題を掲げることによって、この小論の向かうべき方向を示したかったわけである。この小論では、この大きな問題の中の一部に位置を占める「作文」に焦点を置いて考えてみたいと思う。

一　国語科における表現の豊かさ・確かさ

まず、国語科における表現の豊かさ・確かさということについて考えてみたい。国語科における表現の豊かさ・確かさを問題とする場合に、「表現」ということをどう考えるかが問題となる。国語科における表現は、「ことば」を媒介としての表現であるということを押えておかなければならない。これが国語科における表現の特色でもある。さて、何かを表現しようとする場合、二つの表現の仕方が考えられる。一つは音声を借りてする話しことばによる表現であり、一つは文字を借りてする書きことばによる表現である。こうしたことを表現活動の形でとらえれば、指導要領に言う「話すこと」「書くこと」の活動になる。

「表現」ということを問題にしようとすると、ここに表裏一体のものとして「理解」ということが必ず問題として浮び上がってこなければならない。「理解」ということを切り離しては、「表現」ということは考えられない。わたしたちが、何かを表現しようとした場合、表現しようとすることがらの理解と、それを表現するために使うことばの理解や表現の方法の理解といったことがなければ表現はできない。これは、表現者の立場でいったことであるが、逆に、それを受け止める理解者の立場から表現者を考えれば、表現されていることがらやことばが理解されるようなものでなければならない。これを理解活動の形でとらえれば、「聞くこと」「読むこと」になるわけである。

このように考えてくると、ことばを通しての表現は、国語科の対象そのものである。表現に伴って当然出てくることは、より確かであること、より豊かであることということである。これは、国語科の目標そのものにも通じるものである。

つぎは、表現の豊かさ・確かさの中の「豊かさ・確かさ」に重点を置いて述べてみよう。つぎの三つの作文を読んでいただきたい。Ⓐ Ⓑは、子どもたちが毎日書いている日記である。Ⓒは、毎日書いている日記から取材して書いた作文である。この三つの作文を表現の豊かさ・確かさとは一体何かということを考えながら読んでみると、いろいろな問題や気づきが発見できる。この場合形式的な表現（文字・段落・表記など）ばかりでなく、内容的な表現（ことがら・思考・観察・感受性など）にも気をつけてみなければならないであろう。

Ⓐ　五月二六日（金）
野　球
きょう、野球をした。たいてい、一日に一回はしている。きょうしたのは、きゅうしょくの休けいのときした。ぼくたちは、きのうのようにあとうちだ。しかも、きのうのように四点いれられた。

むこうのトップバッターは木下君で、アウトになった。次は坂本君で、一るいにでられた。その次は、土居君で、アウトになったが、坂本君は二るいに進んだ。その次は、新谷君で、一るいにでて、二るいの坂本君はそのままだった。

その次は、とくのう君で、ランニングで、三点とられた。河原ざき君のランニングで四点で、木下君がアウトになった。

そのあと、きょうしつにはいったら、おはいりになったときで、ちょうどよかった。

（四年男）

Ⓑ　五月二六日（金）くもり

ホームラン

きょう、二組と野球をした時、ホームランをうった。

「カーン。」

五番目の人が、ヒットをうった。

次は、ぼくの番だ。

――アウトになったらどうしよう。

と、なにかふあんな気持ちがした。

バッターボックスにはいった。

――ようし、うってやれ。

と思って、おもいっきりバットをふった。

――しまった。

と思っても、もうおそい。からぶりだった。ますますふあんな気持ちがつよくなった。

――三しんしたらどうしよう。ようし、また、おもいきりふってやれ。

いい球だ。

と、おもいきりふった。

「カーン。」と音がして、ポーンとボールがとんだ。おもいきり走った。

そして、一るいベースをけって、二るい三るいベースをけった。そして、ホームベースをふんだ。とくのう君に、

「西、いいぞ。」

と言われた時は、心が晴れたような気持ちだった。

（四年男）

Ⓒ　エラー

あれは、きゅうしょくの時間のときだ。

ぼくたちは、西君たちと、いっしょに、六虫をしていた。

ぼくらが、まもる方だ。

むねまさ君が、大きくうって、ぼくのまもる方にきた。

ぼくは、いっしょうけんめい、はしった。

でも、とれなかった。

次は、大原さんだ。

また、ぼくの方だ。

ぼくが、とったと思ったら、ボールが、手の、下をとおって、いった。

（四年男）

こんども、エラーだ。

安田君や、西君から、

「なんや、岩本は。よう、とる、いうとったくせに、ようとらんじゃないか。」

また、

「なんや、岩本は。」

と言われ、ぼくは、心の中で、

――どうして、みんな、ぼくが、エラーだ。エラーだ。といって、ばかにするのだろう。

そんなに、へたかなあ。ぼくって。

と思った。

みんなは、エラーだ。エラーだ。といって、おこるが、これは、自分のためではないのかな。

それに、エラーをしたって、ぼくの方でも、いっしょうけんめい、とろう、とろうと思って、がんばっているのに。

だから、みんなから、言われると、かなしい。

いっしょうけんめいに、やっているのに、
みんなから、エラーだ。と言われると、むねが、つらい。

ぼくって、そんなに、六虫の、さいのうがないのかなあ。

ぼくが、大きいのをうつと、みんな、

「いいぞ、岩本、いいぞ。」

と、いって、よろこぶし、こんどは、てきが、うった、たまをとらないと、

「なんや、岩本は、またエラーだ。」

と言う。

これは、ぜんぶ、自分のためで、つごうのいいときだけ、おせじみたいなことを言う。

悪いときだけ、やじをとばす。

――ぼくは、エラーをして、やじをとばされると、こんどこそとるぞ。というきもちに、なってやるけど、
みんな、やじを、とばさないでほしい。

ちょっとは、人の気持ちや、立場を考えてやってほしい。

そうして、こうどうしてほしい。

また、自分が、やじをとばされたんだったら、どういう気持ちがするかを、考えてほしい。

ぼくは、みんなに、こういうふうに、してもらいたい。

そして、やじをとばさない組にしたい。

また、みんな、自分だけよければよいという気持ちをなくし、みんな、人の気持ちを考え、人の立場も、よく考えて、やれば、よいと思う。

（Ⓐ・Ⓑは日記より　いずれも推考指導は
Ⓒは自由作文　　　　していない。）

表現の豊かさ・確かさという面から読んでくると、いろいろな問題や気づきを発見されたことと思う。まず、表現されたものとして静的に見る場合には、二つの問題がある。一つは表現面（形式面）での問題である。一つは内容面（ことがらの盛りこみ）の問題がある。また、表現されるものとして動的に見た場合は、表現者の表現に対する必要とか意欲とかが問題となる。子どもの作文を見るときは、こうした幅広い見方に立たなければ「表現の豊かさ・確かさ」につながる指導はできない。

もう少し作品に密着して細かく考えてみよう。Ⓐの場合は、表現面での問題は一応ないといえよう。問題になるのは、内容面の貧弱さと、表現に対する必要と意欲の不足である。Ⓑの場合は、一応いろいろな面から見て問題のない作文といえる。しかし、日記を書く場合の時間的制約（二十分くらいで書きあげるようにしているので）があって、内容面での突こみが不足している。Ⓒの場合は、表現面での問題が一番目につくし、細かく見ると内容面でも、確かさや突こみの不足が見つかる。

以上、三つの作文を、表現面・内容面、必要と意欲という点から見てきたが、これら四つのものは、互いに密接につながり合って、簡単に切り離せるものではない。内容が貧弱であるために、表現が貧弱であるということもあり、その逆も考えられる。必要とか意欲がないために貧弱になるということもあるわけである。

今まで述べてきたことをまとめて、表現の豊かさ・確かさということを、つぎのように考えることにする。すなわち、表現の豊かさを規定するものは、表現の必要とか意欲に支えられた内容の豊かさである。また、表現の確かさを規定するものは、表現の必要とか意欲に支えられた文章表現とか表記の確かさである。

さらに表現と内容、必要と意欲を細かく具体的に見ようとするときは、つぎのようなものが手掛りを与えてくれよう。

1　小学校国語科指導資料Ⅲ　書くことの学習指導Ⅱ　文部省

2　児童の言語能力の発達　国立国語研究所
3　作文力の発達と作文教育実態に関する研究　広島県教育研究所紀要

ここでは、(1)の文部省のものを手掛りとして見てみることにする。この本の三ページから六ページにのっているものである。この中で、主として表現面からのものとしては、一の表記と二の文章表現が考えられる。内容面からのものとしては、三の内容があげられる。こうしたものの根底に子どもの表現に対する必要とか意欲が考えられなければならないわけである。この必要とか意欲が、二の文章表現の中のA案では、ア・イ・ウ、B案では、ア・イ・ケ・サに直接に係わり合いを持つ。二の内容面には、すべてに係わり合いを持つ。これらは、作文の価値を決める大事なもので、子どもの表現に対する必要とか意欲が、表現を支える大事なものであることがよくわかるのである。

表現面・内容面の根底になる必要とか意欲はどこから出てくるものであろうか。これは、子どもの全生活の中から出てくる。これを考えなければ解決できない。子どもの生活での必要とか生活意欲に係わりを持つ問題だからである。

二　国語科における全体計画

国語科の指導というと、国語科の教科書から一歩も出ない指導が行なわれがちであるが、そこには、子どもの全生活とのつながりという点への配慮がなければ、学習の効果は生まれないし、国語科で身につけた技能・態度が、いろいろな生活場面で生きて働くものにはならない。

国語科の全体計画ということで、次ページに示すような図式を考えてみた。点線から左が国語科の領域である

〔国語科における全体計画の図式〕

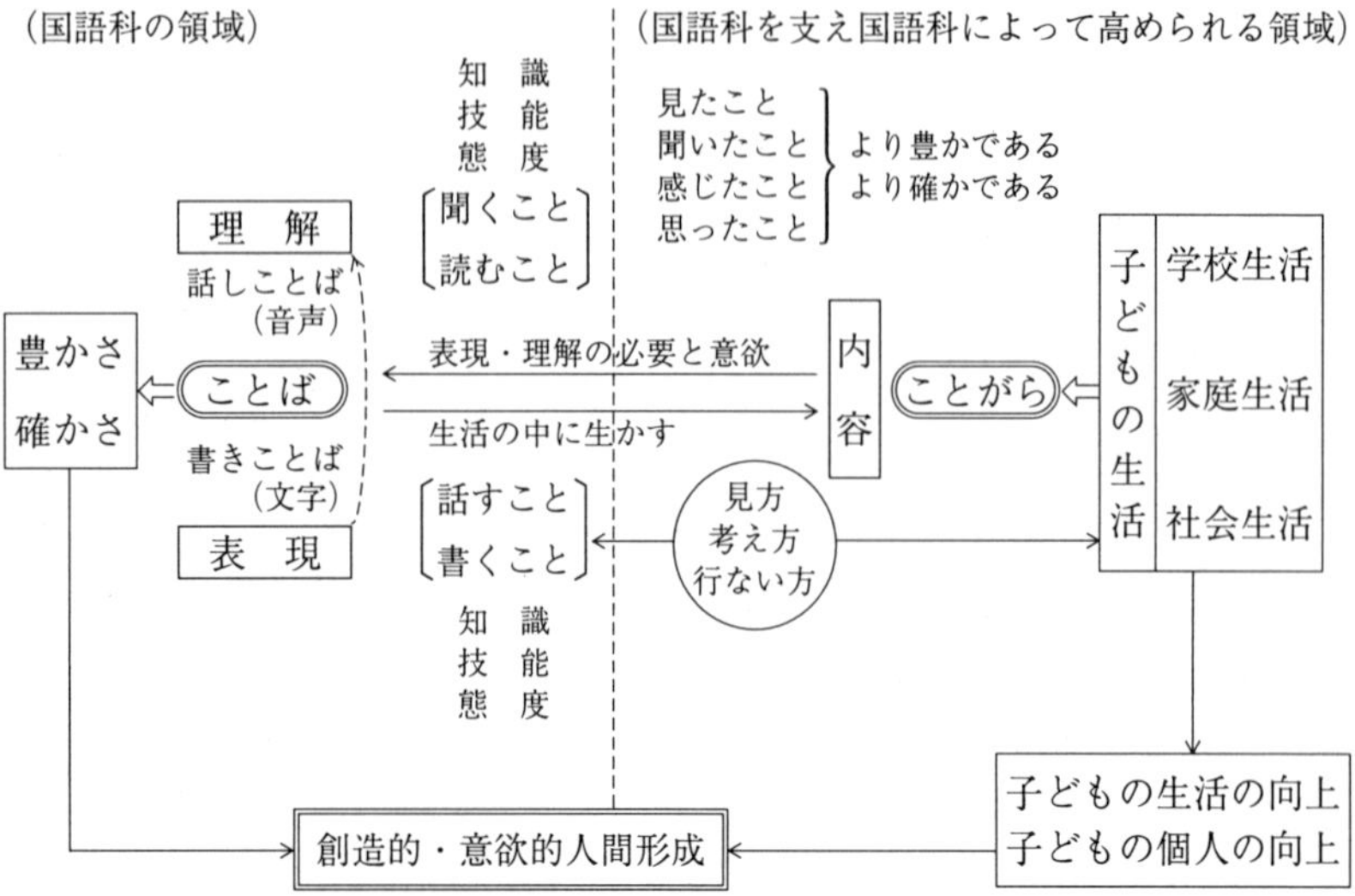

が、左を支える右の子どもの全生活領域を忘れてはならない。この二つの領域のつながりの様子をはっきりつかみ、国語科の領域内での学習指導を進めていかなければならない。図の中で中核となるのは、「ことば」と「ことがら」の関係であるが、この関係をしっかり押えておかなければならないであろう。

立場を変えて、本校の研究課題である「子どもの『ものの見方・考え方・行ない方』を高める指導」との関連を考えてみよう。「表現」は「行ない方」に通じるものである。「豊かさ・確かさ」は「見方・考え方」に通じるものである。これも図式の中に位置づけてみた。この図式をもとに、今後いろいろな点を具体的に明確にしていきたいと考えている。

三　二つの実践場面から

以上、課題に対するわたしの立場を明確にしてきた。これらの考えを土台として国語科の指導をするとしたら、どこでどのようにしたらよいかということについて二つの場合をとりあげて述べてみたい。

(1)　国語科の中での学習指導

わたしは、研究会の公開授業で「目あてをはっきり」という作文単元の学習を見ていただいた。この学習ねらいは、子どもの生活の中に起きるいろいろな問題をはっきりつかんで、その解決を相手に呼びかける作文を、どのように書いたらよいかということを理解し、自分たちもそのような作文が書けるようになるというのである。このときの学習指導計画の一部を次ページ以下にのせているので参照していただきたい。

この学習で押えなければならないことは、まず、子どもの生活態度である。自己の生活をよりよいものにしようという生活意欲が土台となる。ここからみんなに発表して、解決しなければならないという表現の必要とか意欲が生まれてくる。これが学級会で話される場合もあるし、この単元のように作文で書き表わされる場合もある。

こうした表現の必要とか意欲は、表現を豊かに・確かにする根本になるものである。そこで、この学習を進めるに当たって、まず、子ども自身の意欲を刺戟することが大事になる。そのために、留意したことは、自分たちの生活の中で、みんなに話して解決したい問題を各自にはっきりさせるようにしたことである。それを、自由に文章に表現させた。この場合、誰に読ませるのかということをはっきりさせ、相手によくわかるくふうをさせた。その一つの例として、四月に学習した組み立てメモに気づかせた。

このように、これまでに持っている自分の力で文章によって表現させ、表現するときに困ったこと、わからないことを自分自身ではっきりつかませようとした。

以上のように下準備をしておいて教科書に取り組んだ。自分の作文をもっとよくするためには、どうしたらよいかという問題をしっかり持って教科書を学習し、それによって得た知識とか技能を使って自分の作文を推考させようというわけである。指導案に示すのは、このように教科書を平行的に扱う場合の一例である。

国語科学習指導案

日　時　昭和四二年六月十六日（金）　第二校時　9時55分～10時40分
　　　　　昭和四二年六月十七日（土）　第二校時　9時55分～10時40分

学　年　第四学年一組

単　元　目あてをはっきり

単元設定の基盤

○　我々の日常生活の中で、個人や対人関係においていろいろな問題が起こってくる。こうした場合、解決の方法として、問題の内容（原因や結果）や解決の方法などが、自分の家族や友人・知人などに発表される。この発表は、口頭による場合がほとんどであるが、文章（作文）によって行なわれることもしばしばある。口頭による場合でも、事前に文章化することによって効果をあげることは明らかである。こうした意味で、児童の日常生活や学校生活の中から取材した、目的意識や相手意識のはっきりした豊かで確かな作文を書かせることは、大変意義のあることである。

○　この種の作文で一番大事なことは、日常生活や学校生活の中で問題意識を持つということである。しかし、児童の実態としては、強く問題意識を持つということが少ない。また、作文する過程を見ると、目的意識や相手意識をはっきりさせている子は、クラスの中の二割程度である。以上のようなことは非常に漠然と行なわれているのが実態といえよう。

○　この単元に関係のあるものを前後の学年から取り出してみると、次のようである。

三年「みんなの記録」「大事なことを落とさずに」「かべ新聞」「手紙」「作文用紙にきちんと」

四年「メモを生かして」「目あてをはっきり」「赤いすいとう」「読書のあとで」

五年「会議」「詩を作る」「文章をねる」「杜子春」「感想文を書く」

指導目標

日常生活や学校生活の中から取材し、組み立てメモを活用することによって、目的意識や相手意識のはっきりした作文が書けるようにする。

1　教科書の作文を読んで書き方をわからせる。

2　自分自分で作文を書かせ、推考させ、みんなの前で発表させて、よりよいものにさせる。

3　段落を考えさせ、改行して書かせる。

指導内容と計画……十一時間（第一日第二次第二時）（第二日第二次第三時）

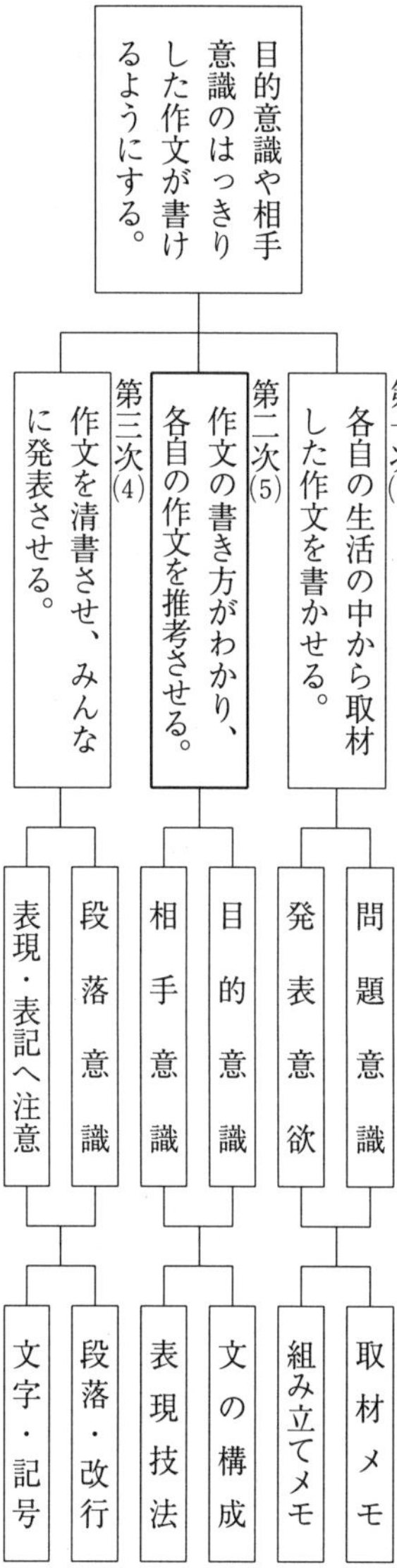
目的意識や相手意識のはっきりした作文が書けるようにする。
第一次(2)
各自の生活の中から取材した作文を書かせる。
第二次(5)
作文の書き方がわかり、各自の作文を推考させる。
第三次(4)
作文を清書させ、みんなに発表させる。
問題意識
発表意欲
目的意識
相手意識
段落意識
表現・表記へ注意
取材メモ
組み立てメモ
文の構成
表現技法
段落・改行
文字・記号

第一日　第二校時

本時の目標

1　目的意識や相手意識のはっきりした文章を読ませ、その問題点のおさえ方や、文章の組み立て方や書き方をわからせる。

2　上の文章の書き方に照らして、自分の文章を推考させる。

本時の研究意図

作文単元における教科書の扱い方が、とかく読解のみで終わってしまいがちである。作文学習過程の中に教科書教材をはっきり位置づけることによって、初めて教科書も生きてくる。本時では、児童の「どう書いたらもっとよい作文になるだろう。」という問題意識を支えとして、教科書教材を参考とさせたい。その上で、各自の作文を推考させることをねらっている。

準　備　各自の作文、日書・小学国語・四年上

指導過程

学習過程	指導上の留意点
1　作文を書くときにどんなことに気をつけたらよいか予想する。 相手をはっきりしておく。 目的をはっきりしておく。 問題の内容をはっきりしておく。	1　自分たちの書いた作文で困ったことを発表し合い、作文を書くときに気をつけることを予想させ、教科書教材への手掛りとする。 ○児童の発表することは、指導者のねらいから外れることが予想される。そうした場合には、はっきり示してやってよい。

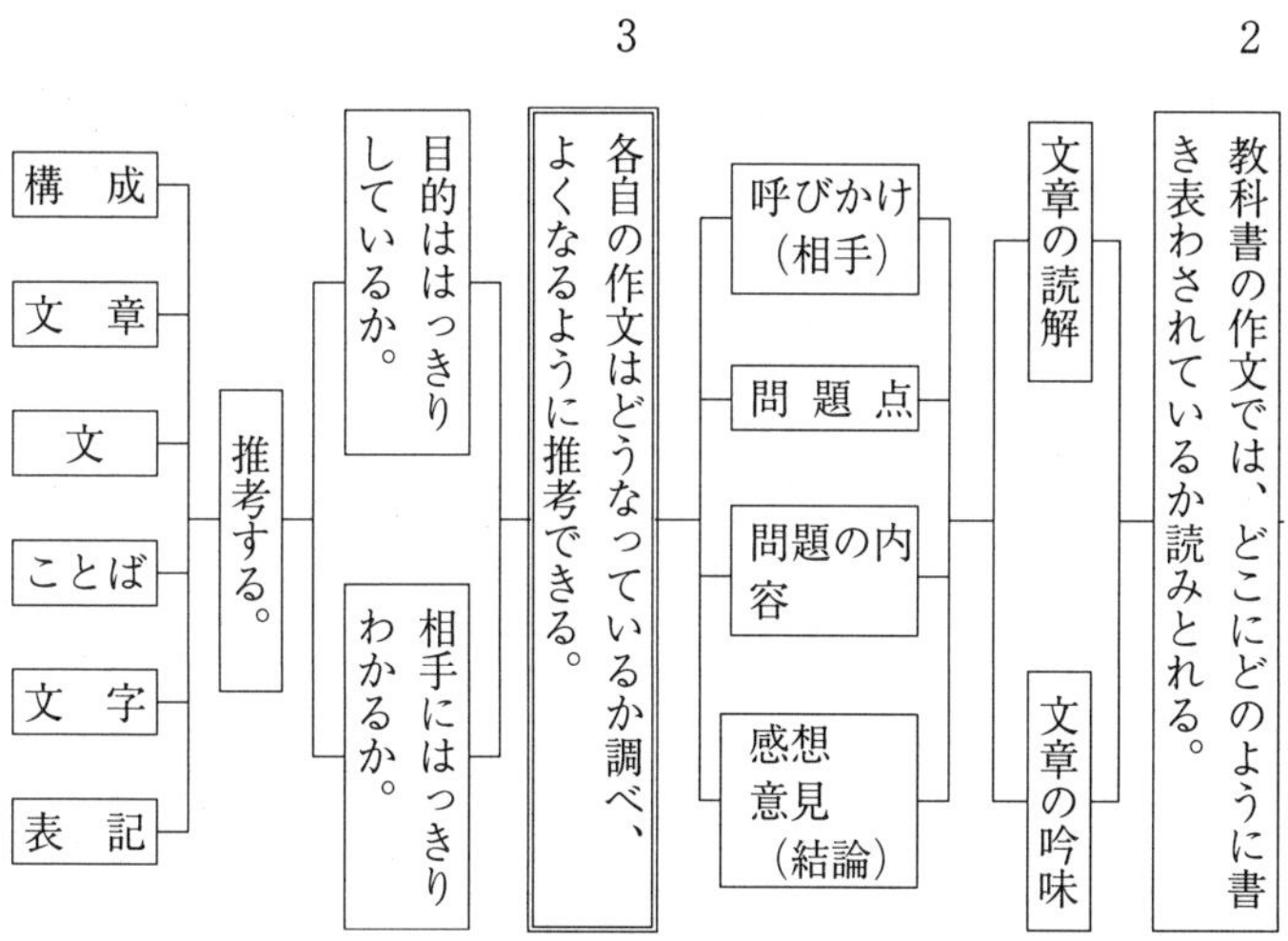
2
教科書の作文では、どこにどのように書き表わされているか読みとれる。
文章の読解
文章の吟味
呼びかけ（相手）
問題点
問題の内容
感想意見（結論）
3
各自の作文はどうなっているか調べ、よくなるように推考できる。
目的ははっきりしているか。
相手にはっきりわかるか。
推考する。
構成
文章
文
ことば
文字
表記

2　読む目的をはっきりつかませて、文章の中から作文として大事なものを発見させていく。
○どこからどこまでが、どういう役目を果たしているかをはっきりつかませる。
○この場合、作者の立場や読者の立場をはっきりさせて考えさせるとよい。

3　これまでの学習事項を踏まえて、各自の作文の推考をさせる。
○何をどのようにしたらよいかということが、今までの学習においてしっかり理解されていなければならない。
○ここでは、とくに、文章構成と事実の表現の二点に視点を置く。
○細かな推考については、次時の清書の所でさせたい。
○次時は、本時の学習を一層深める。

第二日　第二校時

本時の目標

1　目的意識や相手意識のはっきりした文章を読ませ、その問題点のおさえ方や、文章の組み立て方や書き方をわからせる。

2　この文章の書き方に照らして、自分の文章を推考させる。

本時の研究意図

作文単元における教科書の扱い方が、とかく読解のみで終わってしまいがちである。作文学習過程の中に教科書教材をはっきり位置づけることによって、初めて教科書も生きてくる。本時では、児童の「どう書いたらもっとよい作文になるだろう。」という問題意識を支えとして、教科書教材を参考とさせたい。その上で、各自の作文を推考させることをねらっている。

準　備　各自の作文、日書・小学国語・四年上　児童作品のプリント

指導過程

学習過程	指導上の留意点
1　前時の推考で、どんなところに気をつけたかを思い出し、本時の学習問題を確認する。 ・目的ははっきりしているか。 ・相手にはっきりわかるか。	1　前時の推考で、各自気をつけたことを思い出させ、さらに、推考上の問題点などを加えて、本時の学習問題をはっきりつかませる。 ○推考した児童の作品を事前に点検し問題点を見つけておく。

2	推考上の問題点を、教科書や児童作品の中に見つけ出し、さらに各自の作品が推考できる。 よく推考できた児童の作品／教科書の教材／問題のある児童の作品 各自の推考場所を発見する。 各自の作品について推考する。	ここでは、各自の作品をあらゆる面から推考し尽くさせようと意図している。 ○児童に共通的な問題は全員で扱った上で推考させ、個人的な問題は、各グループ内で解決させ、推考させる。 ○グループ内での問題解決は、各自の作品を交互に読ませ、気づきを話し合わせる。 ○この場合、第一に気をつけることは、目的がはっきりしているか、相手によくわかるかということである。
3	推考し終わった作品を清書し、みんなに発表し、相互に批正し合うことができる。 目的ははっきりしているか。／内容がはっきりわかるか。 問題になる所がはっきりわかるか。	みんなに発表するという目的のもとに、各自の作品をきちんと清書させる。 ○清書しながら推考することもあるので、考えながら清書させるようにする。 ○作文用紙への書き方などについては、今までの学習を思い起こさせる程度に触れる。

教科書は、一つの例として扱ったわけであるが、教科書を扱うときのねらいとしては、表現面では、構成（文章の組み立て）を主に考え、内容面では、問題がはっきりしていること、その問題に対する自分の立場なり考えをはっきりしておくことを主として押えようとした。

この学習を進めるに当たって、子どもの実態に密着した指導をしたいという願いから、これまでに書いた作文を細かくみてみた。子どもの作文をみる場合、いろいろな観点がある。前掲した文部省発行の指導資料Ⅲの書くことの学習指導Ⅱ（一六二～一六七ペ）にも細かく示されている。これらの中から、自分の指導のねらいに従って自由に選択し、子どもの実態を押えておくことが大事である。わたしの場合で言えば、第三表と第二表の(コ)が手掛りとなる。第三表から子どもの必要と意欲も関連して出てくるし、その方の判定もできる。

実態を見ようとした作文は、三年生のときと四年生になってすぐの作文である。それぞれ自由題で書いた作文である。取材は毎日書いている日記からさせた。その結果は、次に示すようなものである。（表一、表二、表三、を参照してほしい。）

表一は、個人別の一覧表である。この表をもとにして、個人の問題を見つけ、指導の重点を見つけようとしている。前に出した文部省の指導資料Ⅲの書くことの学習指導Ⅱに出てくる第三表によって、子どもの作文を見ると、確かさと豊かさが評定でき、それの合計から、必要と意欲の度合いも推定できる。

つぎに、第二表の(コ)より、文章構成上の確かさを見ることができる。これは、表記の確かさばかりでなく、その中に盛りこまれて思考の確かさにも見れるものである。

つぎに見ようとしたことは、作文の内容を規定すると思われる力を五分類して、それぞれの観点より見て、どの点にすぐれているかを見ようとしたわけである。とくにたすぐれた面をチェックし○をつけてものである。

つぎに、子ども作文を五つのタイプに分けてみた。すなわち、断片的・羅列的・具象的・情緒的・論理的の五つである。どれか一つに決めてしまうことは危険ではあるが、全体を通してみて、どのタイプに当てはめるかを判定した。断片的というのは、話題がとびとびで連続性のないものである。羅列的というのは、ことがらの羅列に終わってしまっているものである。具象的というのは、ことがらに対して詳述されているもので、子ども観察力や記憶力のよく働いているものである。情緒的というのは、自分の感情を前面に押し出した表現をしているものである。論理的というのは、冷静にものを見つめ、思考力を働かしたものである。このようにして、一つの傾向を見ようとしたわけである。

最後に、三年から四年への作文の進歩はどうであったかを全体的に見て判定をしてみた。大まかに、三段階をとってみた。

表二と表三は、表一の一部をまとめたものである。こうすることによって、学級全体の指導の重点を知ることができる。必要に応じていろいろに整理ができるわけである。

調査の目的　（三年・四年のときの日記から取材した自由作文の分析を通して）

○単元のねらいに合わせて、個人の問題を知る。↓個別指導の問題

○単元のねらいに合わせて、クラスの問題を知る。↓指導過程・指導方法・指導上の留意点を考える上で、共通の問題を発見する。

紙数に制限があるので、これらの表を通しての細かな分析結果を述べることはできない。ここでは表をのせることで止めておく。なお、こうして指導した結果、子どもの作文にどんなものが生まれ、それがどのように向上したかを述べる余裕がない。それは別の機会にゆずることにする。

表1　個人別　　対象、表記・文章表現での気づき（略）　　表中の③④は学年を示す。進捗の状況（総合判定）

児童番号		1	2	3	4	5	6	7	8	9	10	11	12	13	14	15	16	17	18	19	20	21	22
表2 確かさ 集中性	③	3	2	1	3	2	3		1	1	1	3	3	1	2	3	3	2	2	1	2	2	3
	④	3	2	2	2	2	3	2	1	2	1	2	3	3	1	3		3	3	3	3	3	2
統一性	③	3	2	1	2	1	2		1	1	0	2	3	1	2	3	0	1	2	1	0	2	2
	④	2	2	2	2	2	3	1	1	2	1	2	3	2	1	3		2	3	2	2	2	2
豊かさ 追求性	③	2	1	1	1	1	1		2	1	0	2	3	1	0	2	0	1	1	2	0	1	2
	④	3	2	1	2	2	2	1	1	2	0	1	3	1	0	2		1	3	2	2	2	1
具象性	③	2	1	0	1	2	1		2	1	1	3	3	1	0	2	0	1	2	1	2	1	2
	④	2	2	2	1	1	3	1	1	1	2	1	3	1	0	2		2	3	2	2	1	1
必要意欲←評点	③	10	6	3	7	6	7		6	4	2	10	12	4	4	10	3	5	7	5	4	6	9
	④	10	8	7	7	7	11	5	4	7	4	5	12	7	2	10		8	12	9	9	7	6
文章構成＝改行	③	2	1	0	3	0	3		1	0	0	2	2	1	2	2	2	2	2	0	0	0	0
	④	2	1	2	3	1	3	3	1	3	0	3	2	3	2	2		2	3	2	2	0	2
確かさ豊かさ 観察力	③	○											○			○				○			
	④									○			○						○		○		
感受力	③																						
	④																		○				
思考力	③						○																○
	④	○				○	○			○			○									○	
想像力	③												○						○				○
	④		○	○		○	○					○	○		○			○	○	○	○	○	
記憶力	③												○						○				○
	④						○					○	○						○				
表3 傾向	③	ら	ら	だ	だ	ら	ら		ら	だ	だ	ら	ぐ	だ	だ	ら	だ	だ	ら	だ	だ	だ	ぐ
	④	ろ	ぐ	ら	だ	ぐ	ぐ	だ	ら	ら	だ	だ	ぐ	だ	だ	だ		ら	ぐ	ぐ	ぐ	ぐ	だ
③→④ 進捗の状況		△	○	○	△	○	○		△	○	△	△	○	○	△	△		○	○	○	○	△	×

児童番号		23	24	25	26	27	28	29	30	31	32	33	34	35	36	37	38	39	40	41	42	43
表2 確かさ 集中性	③	3	2	3	2	3	2	3	3	1	3	2	2	3	3	2	2	1	2	2	3	3
	④	2	2	3	2	3	3	1	3	2	3	2	2	3	3	3	2	3	2	3	1	3
統一性	③	1	2	2	1	2	1	3	3	1	3	0	2	2	2	0	1	1	0	1	2	3
	④	2	1	3	1	2	2	0	3	2	3	1	2	2	3	3	2	2	1	2	1	3
豊かさ 追求性	③	2	1	2	1	2	1	2	1	0	3	0	1	3	3	1	1	1	0	1	2	2
	④	2	1	2	1	2	1	1	2	1	3	1	1	2	2	2	2	2	1	2	1	3
具象性	③	2	1	2	1	3	1	3	1	1	2	0	2	3	3	2	2	1	1	1	3	2
	④	2	2	2	1	2	1	1	3	1	2	2	2	1	3	2	2	3	2	2	1	2
必要意欲←評点	③	8	6	9	5	10	5	11	8	3	11	2	7	11	11	5	6	4	3	5	10	10
	④	8	6	10	5	9	6	3	11	6	11	6	7	8	11	10	8	10	5	9	4	11
文章構成＝改行	③	3	3	2	2	2	3	3	0	0	2	0	3	2	2	1	1	1	0	1	2	2
	④	3	3	2	2	3	3	3	3	1	3	1	2	2	3	2	2	2	2	3	3	3
確かさ豊かさ 観察力	③			○		○		○			○				○						○	
	④	○														○						
感受力	③					○		○			○			○							○	○
	④	○		○		○					○				○	○						
思考力	③		○						○		○											○
	④					○			○		○	○		○						○		○
想像力	③			○		○		○			○			○	○						○	○
	④	○		○		○			○	○	○				○	○	○	○		○		○
記憶力	③			○				○						○	○						○	
	④	○						○						○								
表3 傾向	③	ら	ら	ら	だ	ぐ	だ	じ	ら	だ	じ	だ	ら	じ	ぐ	ら	ら	だ	だ	だ	ら	ぐ
	④	ぐ	だ	ぐ	だ	ぐ	ら	だ	ぐ	だ	ろ	ら	ら	ら	じ	ぐ	ら	ぐ	ら	ら	だ	ぐ
③→④ 進捗の状況		○	△	△	△	△	△	×	○	○	○	○	△	△	○	○	○	○	○	○	×	○

だ＝断片的　ら＝羅列的　ぐ＝具象的　じ＝叙情的　ろ＝論理的　進捗の状況　進化している　○　変化なし　△　低下している　×

傾向を以下のように五分類してみた。

表2　表1からのまとめ

	評点	男 ③	男 ④	女 ③	女 ④	3年計(%)	4年計(%)
集中性	0	0	0	0	0	0 (0)	0 (0)
	1	6	3	2	2	8 (19)	5 (12)
	2	7	7	9	9	16 (38)	16 (38)
	3	7	10	11	11	18 (43)	21 (50)
統一性	0	3	0	3	1	6 (15)	1 (3)
	1	7	4	7	5	14 (34)	9 (21)
	2	7	12	8	10	15 (36)	22 (52)
	3	3	4	4	6	7 (15)	10 (24)
追求性	0	4	2	3	0	7 (15)	2 (5)
	1	10	6	9	10	19 (46)	16 (38)
	2	5	9	7	10	12 (29)	19 (45)
	3	1	3	3	2	4 (10)	5 (12)
具象性	0	3	1	1	0	4 (10)	1 (2)
	1	9	8	8	7	17 (41)	15 (36)
	2	6	8	8	12	14 (34)	20 (48)
	3	2	3	5	3	7 (15)	6 (14)
改　行	0	7	2	5	0	12 (29)	2 (5)
	1	3	3	4	2	7 (16)	5 (13)
	2	8	8	8	9	16 (39)	16 (39)
	3	2	7	5	11	7 (16)	18 (43)

男子　20名
女子　22名
計　42名

表3　表1からのまとめ

	男 ③	男 ④	女 ③	女 ④	3年計(%)	4年計(%)
断片的	11	7	7	6	18 (42)	13 (31)
羅列的	8	4	8	7	16 (38)	11 (26)
具体的	1	8	4	7	5 (13)	15 (36)
情緒的	0	0	3	1	3 (7)	1 (2)
論理的	0	1	0	1	0 (0)	2 (5)

男子　20名　計　42名
女子　22名

断片的→羅列的→具体的↗論理的
　　　　　　　　　　　↘情緒的
→よい作文の方向

(2)　生活指導との関連で――日記指導の場合――

つぎの作文は、子どもが毎日書いている日記である。こうした日記の中に、生活と表現との接点が発見できるように思うのである。こうした所から、表現の豊かさ・確かさを見つけ出したいものだと思う。まず、Ⓐ～Ⓖの日記を読んでいただきたい。

Ⓐ　六月一日（木）晴れくもり　27℃
ハブラシ《（歯みがき）》体そう

五時間めの時、体育館で、ハブラシ体操があった
女の先生が、大きなハブラシで作ったはをみがいて、みがき方を教えてくださった。はの　外がわばかりでなく、うちがわもきれいにみがくのだ。上のはは、上から下に、下のはは、下から上に、はにそってみがく。

そのあとで、音がくにあわせて、みがいた。こういうみがき方が、「ローリング方《（法）》」のみがき方と教えてくださった。きちんとみがかないと、はぐきから皿《（血）》がでる。

テレビを見る時、あごを手でかかえて、テレビを見ると　はならびがわるくなる。

「は」は、たいせつにしなければいけないなと思った。

（四年女）

Ⓑ　六月一日木曜日　天気　はれのちくもり　27℃
はのえいせいしゅうかん

きょう、はのえいせいしゅうかんのはみがきくん練があった。

はじめ、大学の先生のお話が、あって、そのつぎに、えいせい室のおねえさんが、大きなはと、長いハブライ《（シ）》をもってみんなで、《（文のつながり）》はみがきの練習をした。

そして、はみがきの体そうをしたら、手がくたくたになった。

なんで、むしばになるかというと、はに、くっついた、たべかすが、だんだん、さんという物になって　はをとかすそう《（からだ）》だ。

――へえーっでも、むしばになるとき、ちっともかんじないのは、なぜかなあ。

――はでもいろいろあるけど、むしばにならないよう、注意しよう。そして、じょうぶなはを作ろう《（にしよう）》。

と思った。

（四年男）

Ⓒ　六月一日（木）くもり
はみがきくんれん

きょうひるから、はみがきくんれんが体育かんであった。

昼すぎ、あつくなって来るとならんで体いくかんへ行った。

全校生とがあつまると、はいしゃの森田先生が、はの話をされた。その話はどうして、虫ばよぼうデーが、六月四日になっ

たか、といってとてもおもしろいためになる話だった。

　次にはライオンはみがきから来られた、おねえさんといっしょにはのただしいみがき方をおそわった。

　その話や、はのみがき方で、はが、すごくだい事な役目をしていることが、よくわかった。

——はの悪い人は、こまるだろうな。

と思った。　（四年男）

Ⓓ　六月一日　木曜日　天気（くもり）

　　はの《（みがき）》くんれん
きょう、五時間目《（め）》のとき体育館で、はのくんれんお《（を）》しました。

いちばんさいしょに、みんなに、はのことを、話し《（だれが）》てくれました。

　そして、話しが、終《（わ）》ってから、こんどは、女の人が、いればと、大きな、はぶらしお《（を）》もってきたので、みんな、びっくりしていました。

　すると、むこうから、高しば先生が、レコードをかけたので、みんなは、わらっている人がいました。

わたしは、

——なぜおかしいのかな。

と思いました。

　そして、みんなと、はのことお《（を）》、ならって、あとで、みんなで、「ありがとう。」とみんなでいいました。　（四年女）

Ⓔ　六月一日（木）27℃
　　はみがきくんれん
きょうはみがきくんれんがあった。
はじめ男の先生がお話をしてくださった。
そのつぎ女の先生がはみがきではをみがく方々《（法）》をおしえてぐ《（く）》ださった。
　とてもむずかしいみがき方なので、とてもおぼえられない。
先生は、三分でみがくのがいいとおっしゃった。
——とてもおぼえられない。
——こんなのおぼえられない。
どうしてこんなにおぼえないといけないんだろう。
——へんだな。　（四年女）

Ⓕ　六月一日　木曜日
　　はみがき体そう
きょう五時間めに、はのよぼうデーにちなんで、はのおはなしやレコードにあわせてはみがきたいそうがあった。
ずうっとたっていたので、足がいたくてならなかった。
すこしばかりしてはのおはなしがあり、そのときは、すわっていられたが、はみがき体そうのときたって、手をずっとうごかしたので、てがいたくてならなかった。はやくすめばいいなあと思いました《（入りまじり文）》。
　はみがき体そうがおわったときは、気がせいせいした。

はやく帰りたいと思った。　（四年男）

Ⓖ　六月一日（木）くもり　27℃

はみがきくんれん

きょう、ほけんしつのそうじの時、ほけんしつに二人の女の人が、おられた。一人は、ほけんしつの先生と話をしていられた。もう一人の先生は、にこにこしながら、ぼくたちの、そうじを見ていた。はの《みがき》くんれんの時、はじめに、体いくかんで、ほけんしつの新しい先生を、おむかえする、しきがあった。ぼくはびっくりした。その先生は、ほけんしつの先生と話をしていた先生だったのだ。

――だから、ほけんしつの先生と、話をしていたんだな。と思った。

そして、デンターライオン《校医さん》のおじさんの話があった。

いよいよ、はみがきくんれんだ。その先生の、かおを、見たとき、ぼくは、またびっくりした。その先生は、もう一人の先生だった。

さすがに、はの《みがき》くんれんをしてくれる先生だけあって、はがきれいだし、ぬけているはがなかった。

――あんなに、はがきれいなのは、よっぽどはをよくみがいたんだな。と思った。　（四年男）

日記を読んでの気づきを書いてみると、つぎの通りである。Ⓐから Ⓖまでの日記は、一つの学校行事「歯みがき訓練」のことを書いたものである。当日歯みがき訓練のことを書いた子は、四二名中十五名（三六％）で約三分の一いた。こうした日記が、生活と表現の関係をはっきり示してくれているように思うのである。

Ⓐから Ⓓまでは、歯みがき訓練に対する意欲の不足が表現の貧弱さや欠除を生んでいる。生活指導としての歯みがき訓練の定着度も、このような表現を通して不充分ではないかということが推察される。ⒺⒻは、歯みがき訓練に対する子どもの意欲の方向がずれていることがはっきり出ている。子どものものの見方・考え方・感じ方が実に個性的であることを示しており、こうしたことも念頭に置いた指導をしなければならないことを教えてくれる。ⒺⒻは、歯みがき訓練というねらいそのものに対して逆の方向に意欲が働いたものであるし、Ⓖは、歯み

がき訓練そのものよりも、歯みがき訓練をする人に意欲が向いたものである。このように対象の中核にせまるもの、対象の中核よりそれるもの、対象の周辺をめぐるものなどいろいろある。これが、表現の豊かさ・確かさを決める大事な要素になっているように思うのである。

四　今後の問題

作文という面から「表現の豊かさ・確かさ」ということを追求してきたが、初めにも述べているように、作文に止まらないで、国語科の全体計画の上に立って、他の部面も考えてみたいと思っている。読みかえして見ると、問題提起の程度で終わっており、今後に残された問題や解決をせまられている問題も多い。それらの解明に今後とも努力していく覚悟である。

（昭和42年6月17日、口頭発表・8月31日稿了）

第三節　初等国語科教育における試み・展望

1　漢字指導の一考察（その一）

一　漢字の指導に思う

(1)　小学校時代の漢字指導

本学における児童教育学科三年生を対象とした国語学の授業では、小学校国語科における〔言語事項〕との関連も図りながら学習を進めている。国語学の内容の一つである文字（平仮名・片仮名・漢字・ローマ字）の学習を始めるに当たって、とくに漢字に目を向けさせ、自己の小学校時代の漢字学習について印象に残っていることを記録させた。文字に対する意識を高めるために記録させたものであるが、この記録の中に様々な内容が盛り込まれていた。その中に漢字学習に対する心情的（心理的）要素がかなり含まれていて興味をもった。それらを抽出して表にしてみたのが次の表である。

「プラスイメージ」というのは、漢字学習が好きであったとかよかったという心情を含んだ記録である。「マイナスイメージ」とは、漢字学習がきらいであったとかいやであったという心情を含んだ記録である。「プラス・マイナス」は、両方の心情が含まれているものである。「実状記録」というのは、心情的なものが読み取れないものである。「罰」というのは、漢字学習が罰に利用されていることを記録したものである。

受講生は、小学校を卒業して中学校三年間・高等学校三年間・大学二年間の合計八年間を経過している。この期間が過ぎて後も印象に残っている漢字学習の内容・方法・心情などは、今後の彼女たちの漢字指導に大きな影

表１　漢字学習における心情的反応

	受講生	欠席者	記録者	プラスイメージ	マイナスイメージ	プラスマイナス	実　状	罰※
平成３年度生	91名	5名	86名	22名	53名	9名	2名	8名
平成４年度生	113名	16名	97名	28名	39名	4名	26名	5名
計（%）	204名	21名※	183名	50名（27.3）	92名（50.3）	13名（7.1）	28名（15.3）	13名（7.1）

記録日　平３年度生＝平．３．11.25．平成４年度生＝平．４．６．29
※　平成４年度生で欠席が多いのは、大学の行事があったためである。罰の欄は、マイナスイメージの者と重なっている。平成４年度生の記録からは、心情的なものが読み取れないものが多かった。

響を与えるのではないかと思われる。

思い出して記録されている漢字学習の内容・方法は、漢字ドリル・漢字練習帳・漢字テスト・漢字の宿題という漢字の練習・テストに関するものが多く、漢字の学習の望ましい在り方が記録されたものが少ない。これに伴って、心情的（心理的）な面でもマイナスイメージで記録しているものが半数を越えていた。心情的（心理的）な面での設問を用意して、これに回答させればもっと明確に出て、マイナスイメージはもっと多くなる感じである。

こうした人たちが、このままの状態で小学校の教師となり漢字の指導をしては大変である。漢字についての正しい理解と漢字指導の望ましい在り方をしっかりと身につけて、教師になってほしいと思う。

(2)　自己の漢字への思い

国語学の授業の中では、漢字そのものについての学習（研究）をした。すなわち、漢字の構成、漢字の伝来とその使用、音と訓、字音の種類、字訓の種類、国字など[1]である。このことに関連して、小学校国語科の教科書における漢字学習の教材を示し、漢字指導の在り方についても学習（研究）[2]した。

このような学習を通して、漢字指導に対する理解や心構え・意欲などがどのように向上したかを見るために、「自己の漢字への思い」を書かせた。書かれた内容のすべてについて触れることができないが、向上していると思われる三人のものをここにのせておく。このように向上がうかがえるものが多く見られた。（傍線・番号は執筆者）

「〝漢字＝キライ〟の定義」（事例①）

「漢字において私には良い思い出はない。とにかく漢字には苦しめられてきた。小学校の漢字ドリルに始まり、漢字二百字の宿題、漢字十問小テスト、中学校時代まで国語の授業の時は、毎時間、時には毎日これらのことが繰り返された。

小学校五年の時だったが、「漢字テスト」という題で詩を書いたことがある。その詩を今覚えていないのが残念だが、漢字テストに対する憎しみを切々と書いたものだった。その時の先生の評価は、「漢字テストという言葉が何度も使ってあって効果的です。よほど漢字テストがきらいなんですね……。」といった言葉が書いてあり、大きな丸のたくさんついたその作文用紙を複雑な気持ちで眺めた覚えがある。

今になって考えれば、あの時本当に漢字テストが大きらいだったから、真にせまった良い詩が書けたのだろうと思う。

それでも、先生は私達に漢字を書かせ続けられた。私も先生になった時には、いやがられても漢字を書かせることをやめないだろうと思う。①あんなにいやだった練習も、あの時していなければ、今どんなに困るだろうと痛切に感じる今頃である。

アメリカには、アルファベットが二十六字しかないのをどんなにうらやましく思ったことだろう。②しかし、今になってわかる。「漢字」は、日本人の大切な文化である。日本の文章には、漢字ばかりを並べたのとも違う独特のあたたかさが感じられる。漢字には一字一字に意味があり歴史がある。

〝漢字＝キライ〟という式が一番に思いつく自分がなさけない気がする。③もう少し文化を愛する心を養う指導はできないものだろうか。それとも、〝漢字＝キライ〟の定義は私だけのものだったのでしょうか。

〔一言〕「漢字＝キライ」を「漢字＝スキ」に方向転換しています。頑張りましょう。

「読書と漢字」（事例②）

私が一番最初に漢字に触れ合ったのは、やはり小学校の授業だったように思う。あの頃は、④早く漢字を使いたくて、まだ授業で習っていないのに親や先生に教えてもらっていた気がする。友達が漢字で名前を書いていたら、妙に競争意識を出して、自分も漢字で名前を書いていた。書き慣れていない漢字は、どこかバランスがとれなくて見れたものではないが、自己満足していたものだった。

小さい頃から本を読むことが大好きだった私は、中学年になってからますます多くの本を読んだ。自分の年齢にあった本を読んでいたが、やはりその中でも見たこともない漢字が出てくる。⑤最初は先生などに聞いていたがそのうち語いも増え、時には周りの文章から想像したりして漢字が読めるようになった。漢字を勉強しようとして覚えた訳ではないので、私にとって漢字を覚えることはあまり難しいと感じなかった。

高校に入ってからあまり読まなくなると、やはり分からない漢字が増えた。本を読むことと漢字とはつながっているのだなとつくづく実感した。しかし、漢字を学習することは、決して苦にならなかった。それは小さい頃のおかげではないかと思う。そして、⑥これとつながっているのか、私は国語の教科が好きであった。

漢字を使ったゲーム、例えば「くさかんむりのついた漢字を数多く書け。」などと競わせると、楽しく漢字が学習できる。このような体験を通して漢字が好きな私が生まれたのではないかと思う。だから、漢字が苦手な人というのが信じられない。やはり⑦嫌々ながらの学習よりも楽しい学習の方が身につくのだと思う。そして漢字への抵抗を少なくするためには、本を読むことが一番だと私は勧めたい。

〔一言〕どの子にもあなたのような体験をさせたいですね。

「漢字と私の関係」（事例③）

漢字というと、とかく堅いイメージがある。だから、漢字離れが進み始めているとも世間では言われている。しかし、私は漢字が好きである。平仮名はなるべく使わずに漢字で書きたいと思っている。そこで、幸いにも自分がこのような気持ちになれた理由を、過去を振り返って考えてみた。

漢字と初めて正式に出会ったのは、小学校一年生の時である。あまり記憶にないので、おそらく苦痛とも思わず、むしろ書くことが面白いと思っていたのだろう。⑧三年生からは、毎週漢字テストが行われており、十回続けて満点を取ると賞状がもらえ、黒板とクラス通信に書かれるので、テストで一問も間違えたくなくて家で何度も練習していた。

このような感じで、漢字に対しては自信がもてるようになり、現在でも漢字に対して拒否反応もないのであろう。小学校の時の担任の先生のご指導が自分と合っていたことが、今もなお、私を漢字好きにしてくれたのだと思う。好きでも、特に追究したことがなかったので、読めない漢字がかなりある。一般常識の問題をやっていて自覚した。⑨漢字の外面的な部分から推測する読み方は無理である。文章の中で出会って、意味を理解した上で、読めるようになることが大切なのである。

時々、本や新聞を読んでいて、読めない漢字があると、推測して読むが、それが全く違っていたりして驚くこともある。⑩漢字は奥が深いものである。誰もが自分の名前のいわれを知りたがる。私もその一人だが、調べてみて一つの漢字に含まれる意味の豊富さに感動した。

将来、教師になったら、漢字の意味もわかり易く説明し、漢字に親しみをもてるように指導し、この先訪れるワープロ社会においても、漢字が上手に使える指導を目指したい。

〔一言〕よい指導を受けていて、ほんとうによかった。漢字を自分で身につける大事なことが含まれています。

このような記録を読むと、漢字への深い理解と漢字指導の望ましい在り方の研究が必要であることを痛感させられる。

記録の中の重要と思われる部分に傍線を付したが、僅か三人の記録の中に漢字の指導について重要なことがたくさん含まれている。それぞれの部分（番号を付した）について簡単な考察を加えておきたい。

①　繰り返して行う練習とそれを確認するテストの重要性が記録されている。ここでは練習やテストの方法が触れられていないが、漢字指導の原則が含まれている。

②　漢字そのものの理解の上に生まれた記述である。新指導要領の三年から六年までに文字の知識（〔言語事項〕文字に関する事項の3年エ4年～6年ウとして出ている。）として盛り込まれている。漢字のよさ、便利さなどについて理解させ、大切にする心を養う必要がある。教師の心構えとしても大切である。

③　漢字を学習し始めた小学校一・二年生の時期の漢字の重要性を示している。漢字を書きたい、漢字を使いたいという意欲は、今後とも持続させ高めていかなければならない。

⑤　理解活動の中における漢字の語句としての理解で、真の漢字力が次第に自己のものとなっている。その一過程を示している。これから次第に辞書（辞典や字典）の利用に慣れるようにするのである。

⑥　教科の好き嫌いの調査がよく行われるが、国語科の場合常に嫌いの上位にいる。これについては常々問題にされている。様々な要因があるであろうが、漢字嫌いも国語嫌いに深くつながっている。①と⑦の方法ともかかわって考えないといけない。

⑧　漢字の指導法の一つが示されている。教師の二重、三重の配慮がうかがえる。①の練習の重要性と結びつけて考えることである。

⑨、⑩　⑤の真の漢字力が自己のものになっている重要なことが含まれている。このように読めるようになると同時に書ける（表現できる）ようにならなくてはならない。

以上、学生の書いた記録（百一名）の中から三名だけを取り出して見たわけであるが、ここで考察したことを手掛かりとして、全員の記録について、漢字指導の望ましい在り方を求める視点から分析・考察を加えなくてはならない。ここから私の大学における国語学の授業の改善もできる。この点については、後日を期したい。

二　漢字指導に当たって

(1)　小学校学習指導要領「国語」の確認

漢字の指導に当たって、まず確認をしておかなければならないこととして、小学校学習指導要領「国語」の中における漢字指導にかかわる基本的な事項がある。これらは、小学校学習指導書国語編にある。(3)

第一章総説の中では、(ウ)の「言語事項」について述べてある㋐㋑㋒、さらには、小学校学習指導要領に改訂についての考えかたとして示されている(1)〜(6)の中の(1)(4)(5)である。これらの一つ一つについて触れることはできないが、以上のところで述べられている「改善の方針」を踏まえて、小学校学習指導要領の各学年の内容が示されている。これによって、発達段階に即した各学年の見通しと、それぞれの学年で使用する教科書に沿った学習活動や教材との関連を押えておく必要がある。

いよいよ学習指導に当たっては、小学校学習指導要領の最後の「第3　指導計画の作成と各学年にわたる内容の取扱い」を確認しておくことがある。国語科の学習を進めるに当たって必要な指導計画の作成と内容の取扱いについて重要な事柄が述べられている。漢字の指導に直接かかわる項目は、二の言語に関する事項の中の(1)〜(3)である。以下のようになっている。(傍線は執筆者)

2　言語に関する事項については、次のとおり取り扱うものとする。

(1)　音声、文字、文法的な事項などのうち、繰り返して学習させることが必要なものについては、特にそれだけを取り上げて学習させるように工夫すること。

(2) 毛筆を使用する書写の指導は、第三学年以上の各学年で行い、硬筆による書写の能力の基礎を養うように指導し、文字を正しく整えて書くことができるようにすること。また、毛筆を使用する書写の指導に配当する授業時数は、各学年三十五単位時間程度とすること。なお、硬筆についても、毛筆との関連を図りながら、特に取り上げて指導するよう配慮すること。

(3) 漢字の指導については、次のとおり取り扱うこと。

ア　学年ごとに配当されている漢字は、原則として当該学年で指導することとするが、必要に応じて一学年前の学年又は一学年後の学年において指導できること。

イ　当該学年より後の学年に配当されている漢字及びそれ以外の漢字を必要に応じて提示する場合は、振り仮名を付けるなど、児童の学習負担が過重にならないよう十分配慮すること。

ウ　漢字の指導においては、学年別漢字配当表に示す漢字の字体を標準とすること。

(2)　「理解」と「表現」のための漢字

漢字の学習に対する大方のイメージは、漢字が正しく書けるようになる、漢字を多く知っている、漢字のテストで百点満点が取れるなどといった形式的・結果的なことである。これらがそっくり漢字力だと思っている人もいる。これらは、漢字本来の役割を知らない（忘れた）イメージで、「真の漢字力とは何か」について知る（思い出す）必要がある。

漢字の役割は、文や文章を読んだり書いたりするときの語句を表記した（する）記号として存在している。日本語の文や文章は、平仮名・片仮名・漢字・ローマ字を使って表記される。このうち平仮名・片仮名・ローマ字は表音文字であり、漢字は表意文字である。このようにそれぞれの文字の役割を知った上で漢字の学習をさせ、その指導を行っていかなくてはならない。したがって、漢字の学習に対するイメージとしては、文や文章を読んだり書いたりするときの漢字が自分のものになっているかどうかではなくてはならない。

漢字は、書き手の思考・心情などを書いた文章を「理解」するためにあり、また、自己の思考・心情などを読み手に伝えるために、文章を書くためにある。したがって、漢字は自己の「理解」「表現」の語彙として身につけておくものなのである。漢字が語彙として理解できる、漢字が語彙として表現できるということが大事である。漢字を「理解」「表現」の言語活動の中で自由に使う（駆使する）ことができるようにする「真の漢字力」を身につけさせるよう努力しなくてはならない。

(3)　漢字の理解

漢字には、字形・字音・字義の三つの要素が含まれている。このうちのどの一つが欠けても真の漢字力に結びつかない。三つの要素を確実に身につけておかなくてはならない。このため、指導者としてそれぞれの要素を理解し自分のものにしておく必要がある。このことによって効果的な指導法も生まれてくる。

ここで一つ一つの要素について細かく触れることはできないが、ここでは三つの要素を含む字源にかかわることを一つ取り上げてみよう。

文字には、個々の文字にそれぞれ起源がある。とくに漢字においては字形・音形（字音・字訓）・字義（概念）の三つの要素を含む字源があり、この字源の理解は欠かせない。正しく深く理解することによって、指導の強化が図れ指導法にも様々な工夫が生まれてくる。

小学校指導要領の最後にある学年別配当漢字を字源に基づいて分類整理したものがある(5)。この表を見ると、漢字の指導のポイントやヒントをたくさん得ることができる。この表を作成した小林一仁氏は、この表作成を通して漢字指導の問題点を抽出していて、学ぶことが多い。現行の漢字配当表の千六字に合わせたものがほしくて、私の方で各漢字を移動し補充した表も作成してみた。ただ、これには小林一仁氏が、指導のために付しておられる記号（0123）は付していない。

この外に、漢字の字形に関する字体とか筆順とか(6)があるが、指導者として正しく理解し身につけておかなくてはならないことは多く、指導に際しての自己の力量を高めるために、平素から漢字を意識し学ぶ心構えを忘れないようにしたいものである。

三　入門期における漢字指導

(1)　漢字の指導法

漢字の指導法については、これまでに様々な方法が開発され行われてきた。これからも絶えることなく生まれてくるであろう。現時点で漢字の指導法について整理されたもの(7)がある。指導法を示す前文に当たるところに次のように述べられている。（傍線は執筆者）

児童・生徒に、発達段階に即して、国語の基礎的・基本的な語句となる漢字を、ただしく整えて記憶させるには、一字一字の字形（図形）の特徴となるところを他の文字との対比による異同の確認で記憶させせつつ、音形（字音や字訓）、概念（幾つもあるものもある）をも呑み込ませなければならない。同時に、それらの記憶が、学習の仕方も身につけることによって辞書を引くなどして自分の知識を拡大できるような、自ら学ぶことの出来る能力や技能となるようにも図っていく必要もある。いわば情報操作の能力や技能、そして創造力の育成である。

学習は継続的に行い、習慣化することによって、身に付き、日常のものとなることが望ましい。そのためには、国

表２　字源との関連表　(下の注にある記号〈０１２３〉は、それぞれの漢字に付いていない。)

注　０具体的な形象との関連で記録しやすい字　１形象との関連による具体性を造りにくく、離れのある字　２象徴的、抽象的と思われる字　３借りて、転じて、別の意味で用いている字

字源 学習	象　形	指　事	象形指事	会　意	会意形声	形　声
1 80字	火月犬口山子糸耳車手女人水生夕川大虫田日木目貝竹土入文力玉王九五四十白六(36字)	一下三小上中七　八(８字)	天本立足(４字)	雨見出森正石赤先早男二名林(13字)	右円学空左字青(７字)	音花気休金校千草町年百(12字)
2 160字	回牛魚戸交高自鳥刀東馬米毛羽弓矢夏京工行才首心長方角肉古午西用来万(33字)	(０字)	母兄止太直黄毎(７字)	岩会計元原公後合黒今算弱色食図走多昼弟同表父歩北明鳴門楽里(29字)	雲遠園科歌画絵顔汽記帰教強形谷国作市寺室社春少新声切線組電内答買売半番分妹友理(39字)	引何家海外活間丸近言語広光考細思紙姉時秋週書場親数星晴雪船前体台池地知茶朝通店点冬当頭道読南風聞夜野曜話(52字)
3 200字	平羊皿両業曲向主章申丁由予豆(14字)	(０字)	面身州(３字)	安飲央屋化開区宮去血死者取集宿乗真世息族対農畑皮美品放役旅(29字)	悪員運泳界寒館客究急級橋具君係軽決県庫幸港祭仕使事持守酒重暑助植神深整全想他第調庭投悲筆永秒福物返勉命有遊葉陽流(56字)	暗医意委育院駅横温荷階感漢岸起期球局銀苦研湖号根始指歯詩次式実写受捨終習住所昭消商勝進昔送相速打待代題炭短談着注柱帳追定笛鉄転都度島湯登等動童波配倍箱発反板坂鼻表病負部服味問薬油洋様落緑札列練路和(98字)
4 200字	象飛衣老兆以求欠士氏臣単不民無(15字)	(０字)	末果児未夫良必(７字)	位胃印害各官希季喜器建好告史司初信折争巣束卒孫帯典兵別包要利料量令(33字)	案囲億貨芽改械紀機議給漁共協競軍型径芸結固功候康最材刷殺参散残試辞周祝照賞清説選仲低徒働得粉辺牧満脈陸例連(53字)	愛英栄塩加課街覚完管関観願旗救挙鏡泣極訓郡景建験航差菜昨察札産失借種順省笑唱焼松成静席積節浅戦然倉側続隊達治置貯腸底停的伝努灯堂特毒熱念敗梅博飯費票標付府副変便法望約勇養浴輸類冷歴労録(92字)
5 185字	永易再能余(５字)	(０字)	久非示率(４字)	因益興好支制設舌則退断比弁保綿(15字)	圧衛演往桜仮価幹枝義境均禁経潔現護構講鉱災妻採賛志師飼識舎授修述招承性政勢精製増測貸張程導燃判備評貧婦富復複報豊暴務輸(59字)	移営液応恩可河過賀快解格確額刊慣眼基寄規逆旧居許可群件券険検限減故個効厚耕混査際在財罪雑酸枝資似質謝術準序証条状常情織職税責績接絶銭祖素総造像属損態団築堤敵適統銅徳独任破犯版肥俵布武仏編墓防貿迷預容略留領(102字)
6 181字	冊泉卵異穴尺我革干己(10字)	(０字)	片糸至寸(４字)	看郷筋孝皇困策私射宗処染奏尊乳班奪閉亡並郵乱(22字)	域拡危机貴疑供胸敬警源厳后降穀骨座裁詞誌磁若衆樹従熟純除将城蒸針仁垂盛誠専窓層臓探誕潮賃脳派拝背俳否陛暮忘枚幕盟幼翌覧臨(60字)	遺宇映延沿灰閣割株巻簡揮絹吸勤激劇憲権呼誤紅鋼刻砂済蚕資視捨収就縦縮署諸傷障推聖宣善洗創操装蔵存宅担段暖値宙忠著庁頂痛展党討糖届難認納肺晩批秘腹補宝訪棒密模訳優欲裏律朗論(85字)
1006字	113字	８字	29字	141字	274字	441字
%	11.2	0.8	2.9	14.0	27.3	43.8
	14.9			14.0	71.1	
				85.1		

『漢字の系統的指導』小林一仁著(明治図書、1984年初版)の「字源との関連表」を元にして作成した。
文字の分類は、「角川新字源」(小川・西田・赤塚共編、昭58年１月、185版)によっている。

語科ばかりでなく、他教科でも、また学校生活を初め家庭生活でも、漢字にかかわる学習が顕在的に、また潜在的に行われるような刺激の機会が多い方がよい。そこで、漢字に関し、教師の側から直接、働きかけ、刺激を与えるという方法としては、以下十六の項目に分けて方法を示している。

ここには、漢字の学習や指導における基本的な事柄がすべて含まれていて考えさせられる。この章では、入門期における漢字指導に焦点を当てて考えようとしているので、以上のことを踏まえながら以下考えていきたい。

(1) 入門期について

入門期をどのように押さえるかという問題がある。(8) 現在の国語科の教科書では、一学期の四・五・六月あたりを入門期としている。このあたりを入門期とすると、教科書には漢字が出てこないので、漢字を本格的に指導する以前のことを取り上げることになる。例えば、平素の学校生活・家庭生活・社会生活の中で漢字に触れる機会があるが、どのような漢字を読めるようにするか、また、意味を理解させるかが問題となる。漢字の早期教育として小学校入学以前から漢字指導が行われているが、これは特別である。「入門期における」については、「漢字学習の入門期」として幅広く捉える方がよいのではなかろうか。このように捉えることにすると、一年生と二年生を含む低学年を視野に入れ「低学年の漢字指導」とした方がよい。よく目にする「入門期における漢字指導」ということは、ここらのことを考えているものであろうか。

(2) 低学年における漢字指導

低学年の児童は、漢字に興味をもち、その学習には意欲的に取り組む。初めて習う文字であること、文字が児童の生活に密着した語句を表記するものであること、文字の構成が単純であることなどが原因として考えられる。

ここに見られる文字への興味・関心、そして意欲は、今後の漢字学習の基底に位置するものとして大事にし、いつまでも持続させたいものである。また、学習する漢字自体は単純なものであるが、これから学習するたくさんの漢字の元になるものが多く、確実に身につけさせておかなくてはならないものである。

このように考えてくると、低学年の漢字指導は重要である。また、入門期に一応完成させる平仮名は、漢字から生まれた文字であることは、指導者として頭の中に入れておきたいことである。

現行の指導要領では、一学年で四文字、二学年では、十五文字が追加され、学習負担が重くなったとも考えられる。しかし、低学年の学習への興味・関心と意欲を考え、漢字を早い時期に提出して、漢字に慣れさせることを考えてのことであることを知っておく必要がある。

(2)　教科書に見る漢字学習

小学校学習指導要領の改訂に伴う現行の六社(9)の国語教科書の漢字学習について、その実態を調べているが、それらのすべてについて細かく述べる余裕がない。ここでは、一年上巻のみについて項目的にあげておく。

漢字の提出時期を、六社の共通の教材である「大きなかぶ」に見ると、二社(東書・教出)が漢字を提出し、四社(光村・学図・日書・大阪)が提出していない。この「大きなかぶ」の位置は、三社(光村・学図・大阪)が一学期の最後の方にあり、三社(東書・教出・日書)が二学期の最初の方にある。

漢字の提出を一学期の間に提出していない五社(光村・学図・大阪・日書・東書)については、一学期の間は平仮名の学習に集中しようとする配慮が見られる。一社(教出)は、一学期の最後の方から提出しており、少しでも早くから漢字に触れさせようという配慮がうかがえる。

上巻で提出されている漢字については、その数や字種はほぼ同じようである。

漢字の提出の仕方は、それぞれに工夫が見られるが、文章の中で提出するものと、取り立てて提出するものとがある。

以上、大まかな実態であるが、全学年にわたってこうした実態を調べ、漢字学習のよりよい在り方を求めていきたい。

四　要約

本学の児童教育学科三年生に国語学概論の授業をしている。この中で国語学の内容と小学校国語科の内容である〔言語事項〕とを相互にかかわらせて授業を進めている。

国語学の文字の内容を扱うときに、学生のそれぞれに自己の文字（とくに漢字）の学習体験を書かせた。この中で小学生における漢字学習（指導）について、多くの問題のあることを感じさせられた。

改めて私自身のこれまでの漢字指導について反省させられ、これからの漢字指導の在り方について追究する必要にせまられた。

本論考においては、学生の記録の中に見られる問題を明らかにすることと、それらの問題の解決の方向と方法の一部とに触れた。今後に究明しなければならない課題は多く、これからも引き続き研究しなければならない。

（「児童教育研究」第二号　平・５・１）

注（1）『国語学要論』（福島国道著　笠間書院　昭四八・六・三〇〈初版〉）テキストとして使用している。国語学関係の文献、漢字に関する文献は多い。

（2）教科書（光村版国語）の一年～六年の中より取り出して示した。

（3）『小学校指導書国語編』（文部省　ぎょうせい　平元・六・一五〈初版〉）

（4）前掲書の付録としてのせてある。この考えを具体化したものとして、『新しい漢字指導の計画と展開』（本堂寛・小森茂編　明治図書　一九九〇・八〈初版〉）などがある。

（5）『漢字の系統的指導』（小林一仁著　明治図書　一九八四・四〈初版〉）この文献の姉妹篇に当たる『漢字教育の基礎研

究』（小林一仁著　明治図書　一九八一・六〈初版〉）がある。

（6）『国語資料図解・言語事項事典』（林大・藤原宏監修　全教図　一九八一・六・一〇〈初版〉）この種の文献も数多くある。

（7）注（5）の前掲書

（8）『入門期児童の語彙の実態と文字指導』（研究紀要13号〈通巻第20号〉教育調査研究所　教育出版　昭五二・九・一

福沢周亮「入門期についての考え方」）

（9）六社とは、現在国語教科書を発行している六社のことである。光村図書・学校図書・東京書籍・日本書籍・教育出版・大阪書籍の六社。

2　漢字指導の一考察（その二）

一　漢字学習の改善を

本年度（平成四年度）より実施されている小学校学習指導要領「国語」における漢字指導では、常用漢字一九四五字の読み書きに慣れるために、小学校・中学校・高等学校を通して、相互に関連をもちながら指導することが要請されている。この底には、漢字が児童・生徒のものの見方や考え方を確実なものとして、自分の生き方にも深くかかわっていかなくてはならないという願いがある。ここで、これまでに行われてきた漢字学習が、小学校・中学校・高等学校を通して、児童・生徒に「真の漢字力」を身につけさせていたかどうかについて考えてみる必要がある。

ここに言う「真の漢字力」とは、児童・生徒一人ひとりのその後の生活や学習に生きて働く「漢字力」ということである。生活や学習において自己実現（文章表現）する際に、身につけた「漢字力」が生きて働くものとなっていなければならない。

これまで、本学の児童教育学科三年生に国語学概論の授業をしてきた。この中で文字（ひらがな・かたかな・漢字・ローマ字など）に関するものも扱ったわけであるが、小学校の学習指導要領「国語」の〔言語事項〕ともかかわって授業を進めている。この際、自己の小学校時代の国語学習や漢字学習を思い出させ、記録させてみた。国語学習という幅広い視野の中での漢字学習と、国語学習の中での漢字学習に絞ったものとがある。この二つの記録を読むと、わたし自身の三十二年に及ぶ教育実践の中の漢字指導の在り方について考えさせられるものが多い。

二つとも自由記録なので、さまざまな要素が入っており、厳密な分析はむずかしいが、分析可能な面は分析し、取り上げるべき要素は取り上げて、これからの漢字指導の在り方を考察してみたい。さらに、わたしの国語教育関係の授業改善にも生かしていきたい。

二　小学校国語科授業の中の漢字学習

(1)　国語科学習の記録

国語学の授業と国語科教育法の授業との関連を図りながら授業を進めていくために、授業の一回目に小学校時代の国語科授業について、覚えていること思い出すことを自由に記録してもらった。「小学校六年間の国語科の授業を体験した後、中学校・高等学校の六年間、さらに、大学での二年間、合計八年間余りを過ぎて、学生の心に残っている国語科の授業（学習）は、どのようなものであろうか。」という漠然とした思いから書かせたものである。しかし、学生の書いたものを読みながら、一つ一つの短い文章の中に、非常に大事なことが含まれているのではないかと思うようになった。

まず、僅か八年間余りの間であるが、心に残っているということは、良い悪いは別として重要な意味があるのではないかということがある。このことは自己の体験に照らしても考えられる。わたしの場合、小学校卒業（一九四三年・昭和十七年）から四十九年間余りが過ぎている。小学校時代の国語科の学習で今でも思い出せるものがいくつかあり、これはもう死ぬまで忘れないであろう。それらの意義（価値）について考えさせられることも多い。

次に、国語科教育の内容・方法などについて反省すべき点とか改善すべき点とか多くのことがある。記録の中に書かれている学習内容・学習方法・学習上の留意事項などが、学習者の立場から書かれている。中には指導者の立場に立っての理解や批判などもある。このような点から考えさせられる内容も多く、わたし自身の三十二年間の国語教育実践の在り方に再び検討を加えさせ、さまざまな研究課題を与えてくれる。

(2)　漢字学習の記録

こうした記録を分析し考察を加えることは大事である。本論考では、漢字指導に焦点を絞っているので、この面から記録を見ておきたい。本論考で分析・考察の対象とする記録は、平成三年度と平成四年度に受講した学生の書いたものである。この中で漢字学習について記録した者は、次の表の通りである。

表1　国語科授業における漢字学習の記録

	受講生	欠席者	記録者	漢字学習記録者	割合%	記録日
平成三年度生	九一名	三名	八八名	二一名	二三・九	平三・四・三〇
平成四年度生	一一〇名	二名	一〇八名	一五名	一三・九	平四・四・一七
計	二〇一名	五名	一九六名	三六名	一八・四	

国語科の学習の中で、漢字の学習について思い出し記録した者は、二割前後と少ない。これは前もって予想できることである。国語科の内容は様々あり、その方法もまた様々である。漢字の学習ばかりをしているのではな

い。この結果は当然のこととしてうなずける。

ここで、書かれた内容についていくつかのせ、それを含めた記録の中から漢字学習の内容・漢字学習の方法などについて、要素的な事項を抽出してみよう。（傍線は執筆者）

〔事例①〕

漢字の書き順は、みんなで「一、二、……。」と言うように声を出しながら、宙で大きく字を書いて練習した。このような漢字の書き順の練習をしたことは鮮明に記憶として残っている。また、「天」という字は、上の棒が長いのか、下の棒が長いのかと先生に問われて、私は自信あり気に、「下です。」と答えて失敗した経験もある。みんなが和気あいあいとしていて、楽しい雰囲気の授業だった。

〔事例②〕

漢字についてとても熱心に教えていただいた様に思います。書き順を一人ずつ前に出て机の上に書くテストを受けたり、また、新しい漢字を習うと、小さい黒板にそれを書いて、大きい黒板の上に置き、いつも私たちに見える所にありました。そして、テストの時に下ろし、次の新しい漢字を習い、またそれを置くのです。それは、とても効果があったように記憶しています。

〔事例③〕

小学校四年生ぐらいの時に、漢字の書き順ゲームをした。はじめに、先生に指名された子が一人前に出て、先生と一緒にジャンケンをして、負けた方が一画ずつ書いていき、一つの漢字を完成させるというものである。書き順を間違えたら負けである。

私は、先生と一緒に「鼻」という漢字を完成させるゲームをした。運よく間違えなかったので先生にほめられた。それが嬉しかったので、今でも覚えている。

〔事例④〕

漢字やひらがなのカキカタの授業が一番印象に残っています。授業内容は、先生が「今日は○○から○○まで書いて、早く書いた者から先生の所に持って来なさい。」と言われ、みんな黙々と下を向いて、鉛筆をカッカッと音を出しながら、ものすごいスピードで書くのです。

この時だけみんなライバル意識を燃やして、誰よりも早く先生の〝花印〟をもらいに行くのです。それはもうスリリングな授業でした。しかし、字がきたないともう一度やりなおしなのです。汗だくになりながら指を真っ赤にしながら書いてばかりいました。

今思うと、みんなの集中力が一つになり、終ってみれば時間めいっぱい肩に力が入っていたように思います。でも、おもしろかったです。

〔事例⑤〕

国語の授業の中で記憶に残っているのは、漢字の書き取りテストがあり、〝えんそく〟という問題が出たのですが、私は「遠足」というのは、みんなで長い時間歩いて目的地に行くことだと思ったので「遠歩」と書いて提出しました。その場ですぐ先生が採点してくださり、「何でこのような漢字を書いたのか。」と先生から聞かれ、自分の思ったことを言うと、先生は、「その答えも良いのだが、遠足は遠いところへ自分の足を使って行くという意味もあるから〝遠足〟と書くんだよ。」と教えてくださいました。この先生の言われたことで、熟語には意味がそれぞれあるということを学びました。

〔事例⑥〕

記憶に残る国語科の授業というと、数えきれないほどあるのですが、今でもとても役立っているものとして、一、二年生の頃の授業のことを書きたいと思います。

題材として何を扱っていたのかということは思い出せませんが、その時の先生はとても熱心に漢字を教えてくださる方でした。授業では、書き順を丁寧に教えてくださり、時には覚え方も教えてくださるのでした。例えば、「右」「左」

の書き順ならば、「右」は「ノ」の部分から、そして「左」は「一」の部分から書きます。これを「ミギノヒダリイチ」というように覚えるのです。

そして、当時はいやで仕方なかったのですが、百字練習帳に何ページも宿題を出されたこともありました。しかし、そのようにして低学年の頃から漢字を覚える習慣をつけてもらったお陰で、その後も漢字で困るようなことはあまり無かったように思います。当時の先生にとても感謝しています。

〔事例⑦〕

小学校三年生の時の担任の先生は、毎日漢字の宿題を出しておられました。100字詰めの漢字帳に読みがなと送りがなをきちんと書くと五重丸がもらえました。読みがなが書いてなかったり、やたら送りがなが多いものばかり書いて漢字が少いと、三重丸とか四重丸しかもらえませんでした。

毎日、漢字帳を返してもらうごとに「何重丸だった？」と言って、友達と見せ合うのが日課でした。

読みがなと送りがなを全部書いて漢字を書いてきなさいと言われていたのに、面倒だと思う時は、いつもドリルを丸写しして、あとで読みがなをつけていました。そして、友達と見せ合いっこをするので、「きれいに書く」ということにとても神経を使っていたような気がします。

〔事例⑧〕

国語の授業というのは、体育や図工などに比べて比較的印象の薄いものですが、私が唯一覚えていることは、漢字の練習です。

ドリルがあって、それを「百字帳」というノートに一つの漢字を一ページにわたって書き続けた記憶があります。一日に500字くらい書いていました。その時は、少しでも早く終わりたい一心で、覚えるという感覚がなく合理化した一行に偏だけ一気に書くという、とてもバカなことをしていました。その結果、現在の私は、どうも漢字の基礎知識が無いようです。

〔事例⑨〕

　小学校五、六年生のとき漢字テストをはっきりと覚えています。先生が読み上げた漢字を書くのですが、その文章《ママ》がけっこう長くて。でも、書き取れなくても、もう一度読んでもらえない決まりで、けっこう必死でした。ゆううつだったのを今でも覚えています。

　点が悪かったら悪かったで開き直ってしまえばいいのですが、点に応じて漢字ドリルの書き写しをやらされるというふうになっていて、それがけっこうな量だったので、みんな本当に一生懸命でした。

(3)　記録の考察

九名の事例をのせたが、これらを含めた三十六名の記録の中に、小学校時代に経験したであろう漢字学習の大部分が盛り込まれている。それらを抽出して整理してみよう。

〔漢字の学習内容〕

主として新出漢字の形で指導される。

筆順、読み、構成、字形、字義、語義、熟語、文中での使用など

〔漢字指導法〕

漢字の知識（上記の内容）に即して様々な指導法が工夫されている。

六書に即した工夫、記憶の方法案出、文字の比較など

練習方法の工夫（宿題となる場合が多い。）

百字帳、漢字ドリル、字典づくり、熟語つくり、クラスの練習一覧表づくりなど

指導形態の工夫

個別指導、グループ指導（学び合い、班競争など）、自己確認（評価）など

習得の確認（テストが中心となっている。）
10問から100問までの漢字テスト
毎日実施しているものから学期末に実施しているものまである。
確認の方法としては、自己確認、児童相互確認、グループでの確認、特定の児童による確認などがある。
〔児童の学習意欲〕
漢字に興味・関心をもち、学習への意欲をもつ。自己の向上が確認された場合が多いが、次の二つの場合が見つかる。
機械的・形式的な学習
漢字力向上の学習
〔教師の指導意欲と態度〕
漢字学習を重視していることが感じられる。
熱心に真剣に漢字学習を指導している。
漢字のお手本を示してくれる。

以上のことから、次のような漢字学習の一般的な流れが頭の中に浮かんでくる。この流れの節目での学習内容、学習指導が大事であり、それぞれの節で児童の心に残るような学習活動をさせたいものである。

漢字との対面　　音訓の読み（文字の知識）
　　　　　　　　語句として理解（理解活動）
　　　　　　　　語句として表記（表現活動）
漢字の学習　　　書写的学習（筆順・構成・字形）
　　　　　　　　語句的学習（理解・表現活動）

漢字の練習　　書き慣れる（表現活動）
　　　　　　　読み慣れる（理解活動）
　　　　　　　使い慣れる（表現・理解活動）
漢字のテスト　自己の漢字力向上の確認

記録を読む中で漢字学習に伴う心情的（心理的）な記憶もあることに気づかされる。この項の最後にこうした心情的（心理的）側面にも触れておきたい。

前にのせた九つの事例の中で、①〜⑥までは、学習に対しての楽しさ・喜び・やる気・自信などが感じられる。これをプラスのイメージとして捕らえる。これに反して、⑦〜⑨には、苦しさ・味気なさ・嫌気・やる気のなさ・自信のなさなどが感じられる。これをマイナスのイメージとして捕らえる。

このような漢字学習に伴うプラス・マイナスのイメージがどのように伴うものであるか細かく調べてみたい気がする。このことについては、次項で詳細に触れることにする。

三　小学校時代の漢字学習

前項では、小学校国語科授業の中での漢字の学習について見てきたが、小学校時代の漢字学習について絞って全員に書いてもらうとどうかという意図と、国語科教育法の授業の中で漢字指導についても学習させるが、その学習への意欲づけという意図とをもって、今回も自由に記録してもらった。

自由記録のため様々な要素が入り込み、その分析・考察には厳密さに欠けるのであるが、前回以上に考えさせられることが数多くあった。本論考では、それらの中から、漢字指導における心情的（心理的＝プラスのイメージとマイナスのイメージ）な実態を調べ、考察を加え、さらに、漢字指導についての今後の研究の方向を探り、大学での授業の改善についても考えてみたい。

(1)　心情的（心理的）記述

漢字学習の記録の中に心情的（心理的）記述の含まれているものがたくさんあった。それらの中の典型的なものを取り出してみよう。（傍線は執筆者）

〔プラスイメージのもの〕

漢字ドリルというのがあったと思いますが、それを一日一ページずつ漢字百字ノートに書く課題が与えられていました。

国語の授業中、各単元の終了に先生自らの直筆で教科書の文章中から新出漢字やその他間違えそうな漢字を一文または二文抜き出された15問テストというのがありました。このテストはただ受ければいいだけでなく10問以上正解しないと合格を認めてもらえませんでした。

合格か不合格かは教室の後ろの掲示板に一人ずつの名前の横に№○があり、15点満点なら金色の円いシール、10～14点なら銀色の円いシール、9点以下は青い円いシールをはっていくようにしていました。銀色のシールをもらった人でもどうしても金色のシールがほしくて、何度も挑戦していく中で完璧に漢字を覚えていったように思います。（事例①）

私が小学校の時の漢字学習について思うことは、新しい教材に入る時にその一番初めの一時間で、漢字の語句と意味を発表する時間がよくあったことです。一人ずつ前に出て、黒板に大きく一つの漢字を書いて、音読み・訓読み・部首・総画数とその漢字を用いた熟語を書いた後で、みんなで空中に手で「一、二、三……」と言いながら、その漢字の筆順を覚えたものでした。この方式は安田小学校でも使われていました。

高校に入ると漢字の小テストが毎時間あってつらかったけれど、小学校の頃の覚え方は楽しかったです。特に私は「必」の書き順をまちがえて覚えていたけれど、小学校でみんなで覚え直して、今ではまちがえることはありません。私が先生になったらそのようにしたいです。（事例②）

何年生の時かは忘れたのですが、漢字の部首のカルタをやったのを覚えています。漢字の書かれたカルタを机の上に並べて、先生が「さんずい」と言ったら、みんなが一斉に「さんずい」のついている漢字のカルタを探し取るというものだったと思います。

班ごとに代表選手というのを一名ずつ出して、班対抗でカルタ取りをやったりもしました。ゲーム感覚の授業だったので、みんなと喜んでしました。みんなとっても喜んでいました。そして、覚えていないとカルタが取れないので、その授業の前に班のみんなで必死になって部首を覚えたのを思い出します。

国語だからといって、教科書どおりに授業を進めるだけでなく、この授業のように、子どもたちが実際に活動する場を設けた授業をすることも必要だと思いました。（事例③）

漢字ドリルを使い、一週間に三・四回の割合で宿題があり、一週間に一度の割合でテストがあり、まちがった字は10回ずつまちがい直しをしなければなりませんでした。

でも、私は漢字が好きなので当時楽しかったし、今も気が向いたときには漢字問題などしています。だからといって試験の点がよいとは限らなかったけれども……　（事例④）

たぶん三年生の時に、ものの形から漢字が生まれたことを習いました。先生が黒板に絵を描いて、どのように漢字ができたのかを説明してくださり、とてもおもしろいと思ったことを覚えています。その時、『漢字の本〇年生』（確かこのような名前だっと思います。）を紹介され、私はその本を買ってもらって、くり返しくり返し見て楽しんでいました。

また、同じ形のつくりがある漢字は、同じ読みをすることがあることを知ってから、知らない漢字でも何となく意

味を考えてみるようになったのも小学校の頃だと思います。（事例⑤）

〔マイナスイメージのもの〕

○新出漢字は、みんなで右手を挙げて、先生に合わせて一緒に空で書いた。はねやはらいなどは、大変オーバーにやっていた。

○漢字ドリルを百字帳に書くのは、毎日の宿題だった。（夏休みも毎日）

○毎朝学校に行って、朝の会が始まる前までに、漢字百字を書いて先生の机の上に提出しなければならなかった。

○百字帳には、漢字の右に読み仮名をつけていた。私は、漢字が面倒だったので、送り仮名の多いものばかり書いて、マスをうずめていた。（事例⑥）

毎日宿題に漢字練習が出されていた。高学年になると、漢字練習帳が200字帳といってこの用紙大（A５判）に200個マスがあるノートになった。その頃200字書くのがとてもたいぎくて、いかに労力を使わず200字書くかということしか考えなかった。200字書いても自分の為になっていなかったと思う。

今考えてみると、高学年になればなる程、習う漢字が複雑になるのに、どうして小さいマスに練習させるのだろう。大きなマスに正しくていねいに書かせるようにすれば、漢字も覚えられるし、字形も美しくなるのではないだろうか。（事例⑦）

三・四年の時、毎日漢字ドリルで100字（50字？）書く宿題が出ていた。そして、漢字テストが毎日あった。ノートも字を丁寧にチェックしてあった。

五・六年のときも毎日漢字100字があり、この先生は、ノートのチェックが厳しかった。というのは、一番最初の日、ノートの右上にきれいに書けていたら点数を付けてくれる。漢字があっているかどうかではなく、きれいな字かどうかである。「3」から始まると、次の日は「◎3」、次の日は「◎3」「◎3」「4」というやり方だ。

点数があがらなくなったらもう一度書き直しだった。とにかく競争が好きな先生で、とてもつらかった。それと、毎朝黒板に特別な読み方や、とても難しい漢字10問が書いてあり、朝の会までにやらなければならなかった。これも

競争だ。（事例⑧）

漢字の学習について良い思い出はないような気がする。嫌な思い出として、小学校三年生の頃に、毎週のように漢字テストをしていた記憶がある。しかも、それは小さい豆テストではなく、西洋紙の大きさの紙びっしりに問題があって、見ただけで嫌になるテストだった。

それを教室の後ろの壁にどんどんはっていくのだが、人には見られるし、子どもながらに嫌だと思っていた。先生は、反対にそれをねらって、点が悪く恥ずかしいから頑張ろうという気持ちが起こるのをねらっていたのかもしれないが、あまり良いことではないと私は思う。（事例⑨）

私は、とにかく漢字は昔から不得意でして、国語の漢字テストの裏に必ずといっていいほどあった漢字テストは、ほとんど点がなく、漢字ドリルをテストされるとなると、前の日に母にテスト問題を作ってもらい勉強はしていたのですが、テストが終わるときれいに忘れてしまうという有様でした。つまり、ひらがなを漢字に直すことさえろくに出来なかったので、対になる語とか言われてもちんぷんかんぷんでよく苦しんだものです。

今だに漢字を書こうの所だけ白紙だった自分の答案を思い出します。本を読んだら漢字を多く知ることが出来ると思い、読んだところさっぱり漢字は頭に入ってこないのです。ですから、今だに当て字・誤字が多い私です。これでは、これからが心配です。（事例⑩）

〔プラス・マイナスイメージの混合したもの〕

漢字の学習について嫌な記憶は、ほとんど毎日のように漢字ドリルの宿題が出されて、100字・150字の漢字練習ノートなどに練習したことです。別に覚えるために書くという気持ちで書いていたわけでもなく、だらだらと書くだけという気がします。

漢字の学習について良い思い出は、自分はわりと漢字が得意だったので、よくテストでは良い点をとっていて、父母にほめれてたことです。（事例⑪）

漢字ドリルを宿題でよくやらされていました。量はだいたいドリルの一ページをノートに五回書くといったものだったような記憶があります。私は時々面倒だなと感じていたので、そういうときには、先にへんを五つ並べておいて、その後にとなりの字をうめるということをしていたような記憶があります。これでは、自分のためには全然ならないとは分かりつつも、そのような方法でいやいややっていたように思います。

辞書を使うようになり、例えば「作」を使った熟語を調べたりする宿題がよく出されました。その時にやっと漢字を調べて書くということが人並みに楽しくできるようになったと思います。

最近なかなか漢字がぽんとうかんでこないので、もう一度勉強しなければと感じています。（事例⑫）

何といっても毎日提出される漢字の書きとりの宿題が印象に強い。時々やる気になった時は、送りがなや読みがなを、マスの右のワクに色エンピツで書いてこだわってみたり、母に漢字ドリルを読んでもらいながら、それをテスト形式で書いていったり、とにかく一生懸命やった。反面、遊びたい時等は、これほどいやなものはなく、あっという間に雑な字で仕上げることもしばしばだった。

漢字を書き終わった後に、黒くなった右手とノートを見て、「やった！」と満足感にひたるのが好きだった。どちらかというと漢字学習は好きな方で「夏休みの友」に出ている対義語・同義語・四字熟語等を調べるのが楽しかった。

（事例⑬）

〔実状を伝えるもの〕

私が小学校の頃は、どの学年でも漢字ドリルをやっていました。書き順のページでは、その漢字を十回ずつノートに書くとか、読むページでは、その漢字の読み仮名を書いたり、書くページでは、その読みに合った漢字を書いて練習するなどしていました。

また、授業で10問程のテストをやってみたり、高学年（六年？）ぐらいになると、朝から授業の前に五分程のテストをしていたような覚えがあります。（事例⑭）

低学年の時は、毎日漢字ノートに漢字ドリルから今日習ったところを見ながら、一つの漢字や熟語を十回ずつくらい練習して、それを先生に提出していたと思います。

あと、どの学年の時だったかはっきりおぼえていませんが、夏休みの宿題として毎日何ページといった量を決められて書いていました。

高学年では、毎授業で50問テストをして、となり同志で交換して人の答えあわせをし、まちがったところを直して、正しく書けるようにしたり、先生が出す問題を黒板に書いておき、わからなかったら次の人に手伝ってもらうということをしていました。（事例⑮）

低学年の時は、あまり覚えていませんが、習った漢字を使って短文を作り、それを発表していました。漢字の意味がわからないと、意味が通じない文になってしまい、けっこう頭を使ったように思います。

高学年の時は、漢字ドリルを与えられ、宿題として漢字勉強をしました。やる量は自由でしたので（最低100字）、やる児童は、千字程度やったと思います。そして、定期的に漢字テストがあったように思います。（事例⑯）

〔罰を含んでいるもの〕

小学校の頃の漢字の学習というと、まず思い出すのが、漢字ドリルと漢字練習ノートです。特に、高学年になったら、毎日漢字200字書くのが宿題でした。

あと、何か悪いことをしたとき（掃除をきちんとしていなかったなど）に、放課後残って漢字を千字書いたりしていました。手がつかれるなあということが思い出に残っています。（事例⑰）

低学年の頃は、学級図書に「漢字のなりたち」のような内容の本があり、それを読んだりして、また、授業で使ったりして楽しく勉強した覚えがある。

しかし、高学年から漢字は一つの罰のための課題《ママ》となった。班の中の一人が宿題を忘れると、班全員が千字の漢字を書いてこなければならないということもあった。そのため、漢字を「学ぶ」というよりは、漢字を「書く」ということばかりにとらわれていた気がする。何と淋しい漢字の指導であったことかと、今さらながら残念に思う。（事例⑱）

テストがある度に、「間違った漢字を罰として100字書いて帰れ。」と言われた。これは、私にとってとても嫌なことで、100文字書いてはいくけれど、書き順などかまわず、例えば、「漢」という字であれば、「氵」と一行書いて「莫」をつけたす……というように、とにかく早く帰ることだけを考えていた。絶対こうしたのは私だけでなく、ほとんどの子である。だから、「罰」として残して書かせるというのは、漢字をきらいなものにするのではないだろうかと私は思う。（事例⑲）

全部で十九例を心情的（心理的）側面から分類してみた。提示した事例でもわかるように、他の要素が様々に含まれているので仕分けには苦労したわけであるが、一応全員の記録を前述の分類に沿って仕分けてみた。表2がそれである。

(2)　実態の把握と考察

心情的（心理的）記述の典型的な事例として十九名の記録をのせた。これら一つ一つを読むと、それぞれに丁

表2　漢字学習における心情的反応

	受講生	欠席者	記録者	プラスイメージ	マイナスイメージ	プラスマイナス	実状記録	（罰）※	記録日
平成三年度生	九一名	五名	八六名	二二名	五三名	九名	二名	八名	平三・一一・二五
平成四年度生	一一三名	※一六名	九七名	二八名	三九名	四名	二六名	五名	平四・六・二九
計（%）	二〇四名	二一名	一八三名	五〇名（二七・三）	九二名（五〇・三）	一三名（七・一）	二八名（一五・三）	一三名（七・一）	

※　欠席が多いのは、大学の行事があったためである。（罰）の欄は、マイナスイメージの者と重なっている。

寧に答えてやりたい気持ちがわいてくる。他の者の場合も同様である。

プラスイメージの記録の場合、漢字学習の内容・方法共におおむね好ましいものである。一方マイナスイメージの記録の場合は、多くの問題が含まれており胸が痛む思いがする。

漢字学習の内容や方法について、より正しいものやより望ましいものがあるわけで、それらについてお互いに話し合ってみたい気もする。大学の授業においては、記録の幾つかを取り上げて考えてもらった。


このような分類に従って表2を作成したが、全体の傾向を示したに止まっている。より厳密な設問による解答を求め、それを整理したものでないと内容のあるものとはならない。現段階では、一人ひとりの記録に密着して考察を加えることの方が大事であろう。

一人ひとりの記録の中から、前項二で抽出した事項以外のものもあり、前項のものに補充し、さらに整理する必要がある。こうすることによって小学校国語科における漢字指導のよりよい内容や方法が見えてくるし、大学の国語科教育法の授業の改善を行うことができる。

(3)　小学校国語科における漢字指導の研究の深化と大学における国語科指導法の授業の改善

これからの小学校国語科における漢字指導の研究課題と大学における国語科教育法の授業の改善について、詳細に述べることは次回の発表に譲りたい。ここでは、その見通しについて述べ、本論考のまとめとしたい。

これからの研究の深化と授業の改善のために、次のようなことを考えておかないといけない。

①　学生の体験を的確に捉えるために、手掛かりとなる漢字学習の内容や方法について、様々な角度から思い出し記述できる具体的なものが必要である。(1)

②　漢字指導の内容・方法について、これまでの実践や研究をまとめたものが必要である。(2)

③　漢字指導の内容や方法について、これからの課題を示し、その解決の方向や方法を示したものが必要である。(3)

幸い注記しているような文献が見つかっており、これらを手掛かりとして手固くより深く研究を進めていきたいと思う。

（「安田女子大学紀要」二一号　平・5・2）

注

（1）『漢字の系統的指導』（小林一仁著　明治図書　一九八四　九三～一〇五ぺ）

『「言語」の教育の理論と実践の課題』（全国大学国語教育学会編　明治図書　一九八七　五四～六六、一〇九～一二五ぺ）

（2）前掲2書

（3）『国語教育研究大辞典』（国語教育研究所編　明治図書　一四二～一四四ぺ）

『これからの漢字指導』（田中久直著　新光閣書店　一九七七）

『大久保忠利著作選集第二巻　国語教育Ⅱ〔話しコトバ・作文・漢字・文法〕』（大久保忠利著　三省堂　一八八～二七八ぺ）

3　初等国語科教育の展望
――大学における「初等国語科教育」の改善のために――

一　日々成長する教師に

本学に就任して三年間が過ぎ、四年目に入っている。小学校の教師を目指している学生を対象としたこれまでの授業[1]を通して、これからの国語科教育の在り方について考えさせられることが多い。

卒業していく学生は、小学校の教師として、担任する児童一人ひとりに生きて働く国語の能力（言語能力）を身につけさせなくてはならない。さらに、国語の能力（言語能力）を身につけることを通して、児童一人ひとりが一人の人間として成熟できる素地も培っていかなければならない。大学での毎時間の授業が、学生一人ひとりに教師としての力量を、日々蓄え発揮できるような基礎的能力を身につけさせているかどうか、常に検討し改善を加えていくことが大事である。

これまで三十二年間[2]にわたって、小学校の教師として国語教室で授業をしてきたわけであるが、担任した児童一人ひとりに国語の能力（言語能力）を十分に身につけさせることができたかどうか、また、それを人間形成に資することができたかどうかを問うとき、満足感はない。不満ばかりが多く残っている。自己の能力不足、努力不足ばかりが悔やまれる。

これまで、多くの校内研修会に招かれて、国語科の研究授業[3]を参観させていただくことができた。それぞれの学校の先生方と実施された研究授業を通して、国語科の授業研究も共にすることができ、多くの刺激を受け考えさせられることがたくさんあった。

自己のこれまでの拙い実践研究と、現場の先生方との授業研究は、大学での授業の改善に大きな支えとなっている。これらをこれからの大学の授業の改善にどう生かしていくかが大きな課題である。

二　校内研修からの課題

本年度に入って、一つの学校の校内研修(4)に招かれ、そこの先生方と研究授業の観察と授業研究、さらに、教材研究と指導計画立案の機会に恵まれた。この機会に多くのことを学び、多くのことを考えさせられた。それらの中で、とくにこれからの小学校国語科教育の課題として意識したものをここに取り出し、考察してみたい。

課題としてとくに強く意識したものは、次の四つである。

1　単元学習の中で使用される教材を、できる限り研究しておくこと
2　単元学習の中で児童の反応をできる限り予想しておくこと
3　単元の計画、本時の目標を1と2のかかわりの中で、できる限り明確にしておくこと
4　学校の教育目標、年度の重点目標を踏まえた全校の教育活動とのつながりを、常に視野に入れた実践をすること

以下、四つの課題について、一つ一つ考察しておくことにする。

(1)　単元学習の中で使用される教材を、できる限り研究しておくこと

国語科の学習は単元学習として展開される。単元の中での活動は、教科書の中にのせられている教材を手掛かりとして展開される。このため、教材が学習活動の中核的役割を果たすことになり、教材ばかりに目が向くようになる。単元学習の中での教材の位置づけ（果たす役割など）を忘れないようにすることが大事である。

平素の授業では、教材のみの研究に目を奪われて、教材の単元の中での位置づけ（果たす役割など）が忘れられている場合が多い。単元設定の理由、単元の目標、単元の計画などが、指導案に書かれているにもかかわらず、教材のみの研究で授業が進められている。教材の枠から一歩も抜け出せないで、閉じこもった指導が行われている。

教材研究をする場合、単元構成の原点に立ち戻って、教材を見直す必要がある。そのために、単元設定の理由、単元の目標を明確にしておかなくてはならない。最近の指導案で単元設定の理由のところが、題材についてとか教材についてとかになっているものが見られるようになった。単元の目標の中から、人間形成にかかわる価値目標が書かれなくなった。教材のみの扱いになったり、知識・技能のみの学習になったりする原因が、ここらにありそうである。

単元学習の中の教材であることを確認した上で、教材研究をするのであるが、出来る限り広い視野で分析し、その上で、筆者や作者の立場から総合的に把握し、教材の理解を深めておくことが大事である。こうしておけば、文章や作品に対する児童の反応予想が様々にでき、児童のどのような反応にも対応できるようになる。

(2)　単元学習の中での児童の反応をできる限り予想しておくこと

単元学習の中での学習活動は、単元の設定、単元の目標、単元の中の教材研究の段階で、様々なものが生まれ

てくる。その活動が生まれてくるに伴って児童の反応予想も浮かんでくる。学習活動と活動への児童の反応は、より具体的であることが望ましい。

ところが、この児童の反応予想が不充分で、授業展開の停滞やつまずきになっている場合が多い。一つの学習活動が設定されたら、その中で児童の一人ひとりが、どのように活動し、どのように発表し、どのような学習結果を出すか、およその見当がつくようにならなくてはならない。このためには、平素の学習活動の中での児童一人ひとりの反応結果を、常に確認（評価）する姿勢と努力とが必要である。このようにして授業の力量が蓄えられていく。

(3)　単元の計画、本時の目標を1と2のかかわりの中で、できる限り明確にしておくこと

単元の計画を立てるまでに生まれてきた様々な学習活動を、思いつくまま並べたのでは、同じことの繰り返しになったり、高まりや深まりのないものになってしまう。最も困るのは、児童一人ひとりを向上の自覚に導くことができない場合である。

単元全体の学習活動を見通して、一つ一つの学習活動のつながりや発展を明確にしておくことが大事である。こうしておけば、一単位時間の学習活動もより明確になり、その時間の指導目標がいっそう具体的なものとなる。

(4)　学校の教育目標、年度の重点目標を踏まえた全校の教育活動とのつながりを、常に視野に入れた実践をすること

学校においては、年度初めに学校の教育目標やその年度の教育重点目標が確認され、これに基づいた教育計画や研究計画などが立てられる。これらを受けて、各教科・特別活動・道徳の各領域での実践が進められる。

各教科の中の一教科である国語科も、学校教育目標につながっていることを念頭に置き、平素の実践・研究を重ねていくことが大事である。

教材研究・指導計画立案・研究授業・授業研究などの中で、学校全体の教育目標や計画などとのつながりを忘れたものに出会うことがある。全校児童の全員の高まりの中に、担任する児童一人ひとりの高まりがあることを考えておかなくてはならない。

このために、例示した「学校教育の全体像」（四八ぺ）のようなものを頭の中に描き、そのときそのときの教育活動を確かめる必要がある。

三　大学における「初等国語科教育」の改善

これまで述べてきた「校内研修からの課題」は、大学における「初等国語科教育」の授業につながっている。大学の授業を通して、初等国語科教育の実践、研究の中で課題を意識し、その解決のために常に努力する教師を養成しなければならない。

これまで担当してきた授業(5)を振り返り、今後とも力を入れなければならない課題として次のようなものがある。

1　国語教育と国語科教育を明確にする
2　国語科教育を確かに理解する
3　豊かな単元を構築する
4　国語科教師として自己を磨く

以上の四点について、以下考察を加えておく。

(1)　国語教育と国語科教育を明確にする

国語教育と国語科教育が曖昧のまま使われていることがある。試みに広辞苑（第四版）を開いてみると、「国語」の中に、「国語科」と「国語教育」の事項がある。「国語科」には、「学校の教科の一。国語2に関する理解・表現・態度などの学習を目的とする教科。聞き、話し、読み、書く能力を養う。」（国語2とは、日本語のこと）とある。「国語教育」には、「国民に母国語に関する理解・表現・態度などを学習させる教育。」とある。

これでは、まだ曖昧なところがあり明確ではない。国語科教育関係の辞典（事典）類を見ると両者を明確に位置づけているものがある。それらの一つである『新国語科基本用語辞典』[6]で見てみよう。「国語教育」には、「母国語教育のこと。外国語教育に対する。言語教育ではあるが、言語形式の教授であるとともに、その機能の上から、事物の教育であり、思想・心情の教育であり、生活の教育である。その深い意味で、人間形成である。国語教育は人が生まれた時から、家庭教育としてはじまり、幼稚園でも重要な意味を持つ。小、中学校や高等学校の国語教育とならんで、社会教育として、話し方教育がある。読み方教育や作文教育も近頃は大学でも行われている。」とある。「国語科教育」には、「学校の国語科の教育。国語教育は家庭でも社会でも行われる。学校の他教科の中でも、特別活動の中でも行われる。それは大部分は無意識、無計画である。国語科教育は、国語科という教科の中で意図的・計画的に行われるもの。すなわち、目標、内容を定め、あるいは教科書を作り、日課として行われるのがふつうである。」とある。（傍線は執筆者）

このように見てくると、国語教育の中に含まれる形で国語科教育があり、国語教育の基礎に位置づいている。国語科教育を進めるに当たっては、まず、学校教育の全体を目の中に入れておかなくてはならない。先に紹介した「学校教育の全体像の図式」を思い出してほしい。さらに、生涯学習（教育）の方向づけも忘れないことである。

学校教育の全体像

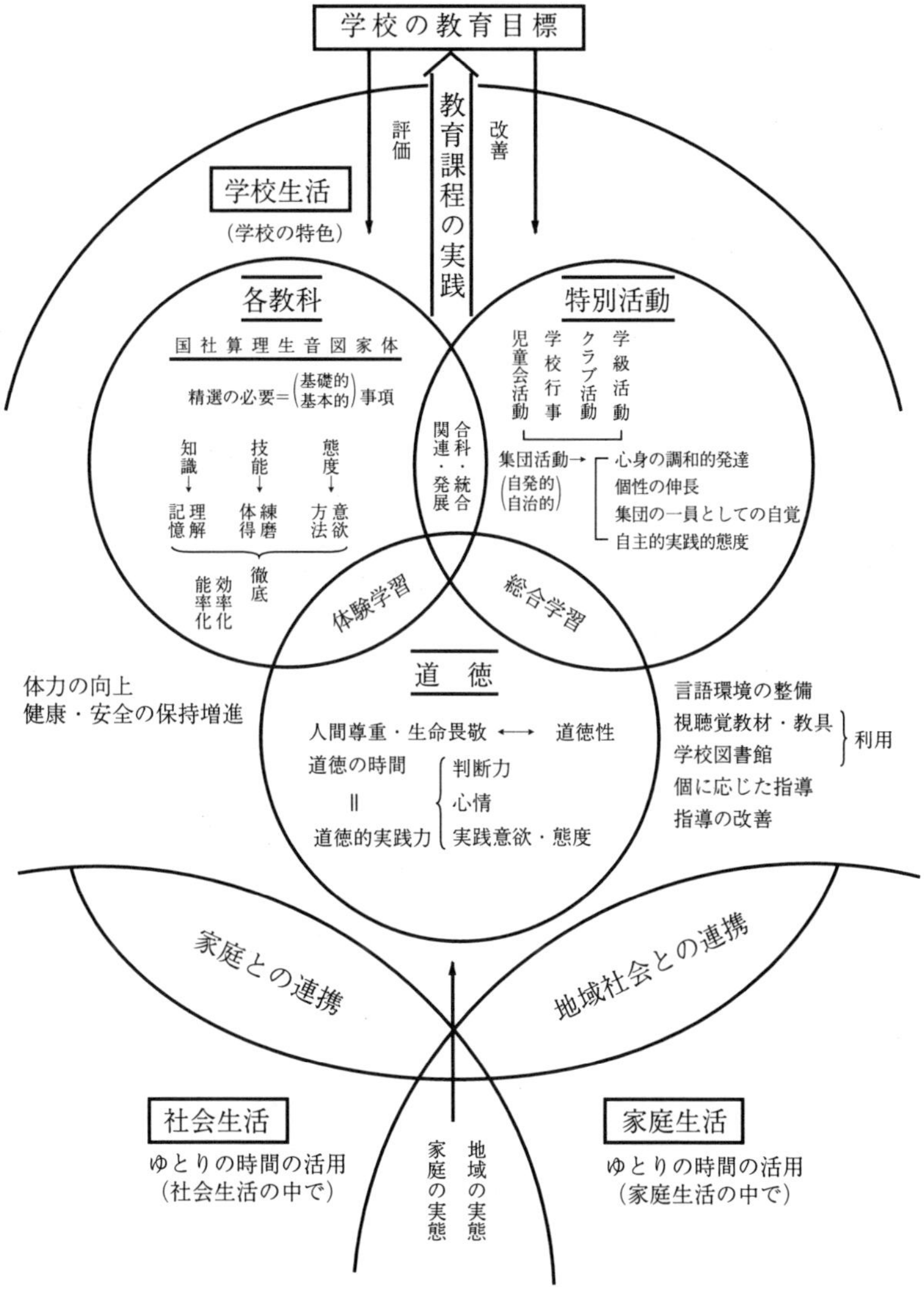
学校の教育目標
評価
教育課程の実践
改善
学校生活
（学校の特色）
各教科
国 社 算 理 生 音 図 家 体
精選の必要＝（基礎的 基本的）事項
知識→記憶 理解
技能→体得 練磨
態度→方法 意欲
徹底
効率化
能率化
特別活動
児童会活動
学校行事
クラブ活動
学級活動
集団活動→
（自発的 自治的）
心身の調和的発達
個性の伸長
集団の一員としての自覚
自主的実践的態度
合科・統合
関連・発展
体験学習
総合学習
道　徳
人間尊重・生命畏敬 ←→ 道徳性
道徳の時間 ＝ 道徳的実践力
判断力
心情
実践意欲・態度
体力の向上
健康・安全の保持増進
言語環境の整備
視聴覚教材・教具
学校図書館
利用
個に応じた指導
指導の改善
家庭との連携
地域社会との連携
社会生活
ゆとりの時間の活用
（社会生活の中で）
家庭生活
ゆとりの時間の活用
（家庭生活の中で）
家庭の実態
地域の実態

現行の指導要領の告示は、平成元年三月十五日であったが、その際、幼稚園、小学校、中学校、高等学校の指導要領が同時に行われた。このように同時に告示されたことはこれまでになかったことである。このことは、二十一世紀に向かって一貫性のある教育を進めなくてはならないという覚悟の現れである。生涯にわたって自己を向上させるために学ぼうとする人間の基礎・基本を育てようとしている。学校教育は、高等学校で終わるのではない。次の大学においても行われる。社会人となっても独立した人間として自己を向上させるために学び続ける意志が必要である。このように、人間は生まれてから死ぬまでの国語教育を見通しておくことが大事である。

国語科教育の内容

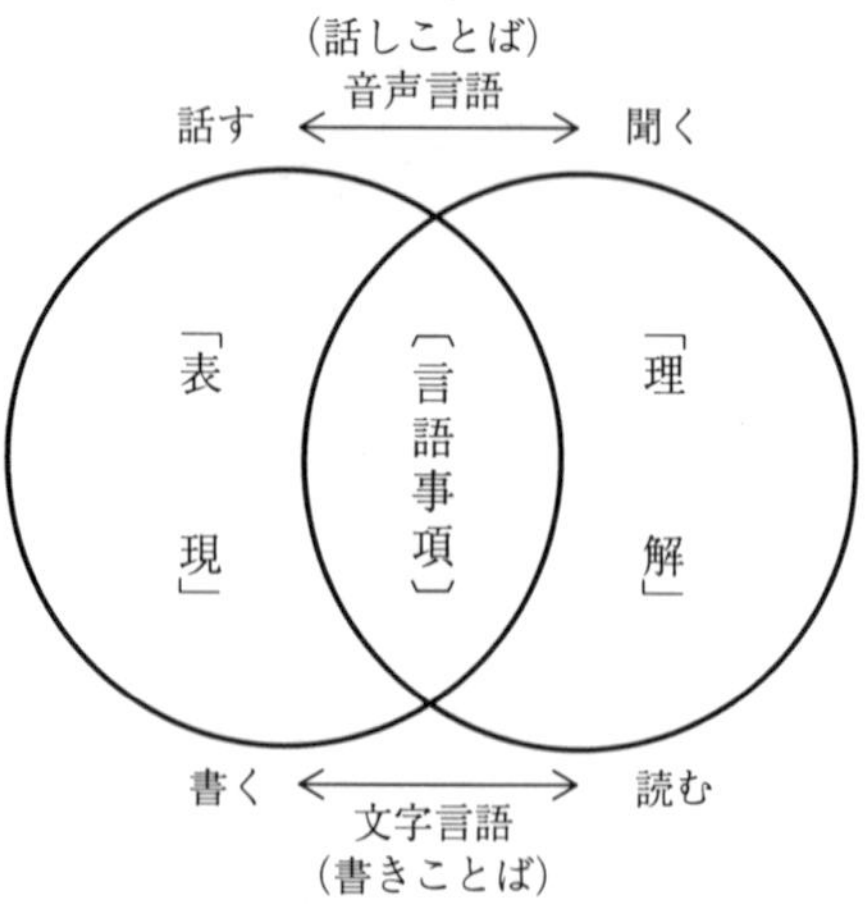

(2)　国語科教育を確かに理解する

国語科教育を進めるに当たって、国語科の目標・内容・方法について確かな理解が必要である。この手掛かりとなるのが、指導要領と指導書である。小学校の場合に限って、その目標・内容・方法について見てみよう。

小学校の指導要領や指導書を見ると、その目標・内容・方法が学年順・項目順に書かれているので、部分的・全体的に理解しにくいところがある。学年の段階や目標・内容の系統などを把握しておかないと指導に生かすことはできない。このために、図式化したり表にしたりして把握するようにするとよい。次に、国語科の目標と各学年の目標[7]を表にしたもの、国語科の内容の全体像を図式化したものと、内容を表にしたものの一部を紹介しておく。

小学校　学習指導要領　国語

第1　目　標

国語を正確に理解し表現する能力を養うとともに、国語に対する関心を深め、言語感覚を養い、国語を尊重する態度を育てる。（旧目標）

（新目標）

> 国語を正確に理解し適切に表現する能力を育てるとともに、思考力や想像力及び言語感覚を養い、国語に対する関心を深め国語を尊重する態度を育てる。

各学年の目標と改訂の視点（傍線）

	学年の目標 (1)
第1学年	経験した事などが分かるように、順序を考えて話したり、文と文とを続けて簡単な文章を書いたりすることができるようにするとともに、進んで表現しようとする態度を育てる。
第2学年	事柄の順序がはっきりするように、整理して話したり、語や文の続き方に注意して文章を書いたりすることができるようにするとともに、正しく表現しようとする態度を育てる。
第3学年	表現する内容の要点が分かるように、区切りを考えて話したり、事柄ごとにまとまりのある簡単な構成の文章を書いたりすることができるようにするとともに、分かりやすく表現しようとする態度を育てる。
第4学年	表現する内容の中心点が分かるように、筋道を立てて話したり、段落相互の関係などを考えて文章を書いたりすることができるようにするとともに、内容を整理しながら表現しようとする態度を育てる。

第5学年	主題や要旨のはっきりした表現をするため、意図や根拠を明らかにして話したり、全体の構成を考えて文章を書いたりすることができるようにするとともに、相手や場面の状況を考えて表現しようとする態度を育てる。
第6学年	目的や意図に応じた表現をするため、全体を見通して適切に話したり、組立ての効果を考えて文章を書いたりすることができるようにするとともに、適切で効果的な表現をしようとする態度を育てる。

	学年の目標(2)
第1学年	粗筋をつかみながら話を聞いたり、書かれている事柄の大体を整理しながら文章を読んだりすることができるようにするとともに、易しい読み物を楽しんで読もうとする態度を育てる。
第2学年	事柄の順序を考えながら話を聞いたり、事柄の順序や場面の様子の移り変わりなどに注意しながら文章を読んだりすることができるようにするとともに、易しい読み物を進んで読もうとする意欲を高める。
第3学年	内容の要点を押さえながら話を聞いたり、内容の要点を正しく理解しながら文章を読んだりすることができるようにするとともに、いろいろな読み物を読もうとする態度を育てる。
第4学年	内容の要点や中心点を正確に押さえながら話を聞いたり、段落相互の関係を考えて中心点を正確に把握しながら文章を読んだりすることができるようにするとともに、読書の範囲を拡げるようにする。
第5学年	話し手の意図をつかみながら聞いたり、主題や要旨を理解しながら文章を読んだりすることができるようにするとともに、読書を通して考えを深めるようにする。
第6学年	目的に応じて効果的に話を聞いたり、目的や文章の種類などに応じて正確な読み方で文章を読んだりすることができるようにするとともに、適切な読み物を選んで読む習慣をつける。

「表現」領域の指導事項系統表

系統／学年	音声表現：相手意識目的意識	音声表現：話し方	音声表現：朗読	主題意識	取材・選材
一年	ア　尋ねられた事に答えたり、自分から進んで話したりすること。	イ　経験した事の順序を考えて話すこと。			ウ　書くための事柄を考えたり、見付けたりすること。
二年	ア　相手の話の内容を受けて話したり、自分から進んで話したりすること。	イ　事柄の順序を考え、整理して話すこと。			ウ　書こうとする題材について必要な事柄を集めること。
三年	ア　相手の話の内容を受けて話題に合わせて話すこと。	イ　話の要点を分かるように区切りを考えて話すこと。			ウ　文章に書く必要のある事柄を選び整理してから書くこと。
四年	ア　相手や場に応じて、内容の軽重を考えて話すこと。	イ　話の中心点が分かるように、筋道を立てて話すこと。		ウ　自分の考えをはっきりさせたりまとめたりしてから表現すること。	エ　書く必要のある事柄の順序や軽重を考え、整理してから書くようにすること。
五年	ア　相手や場に応じて適切な言葉を使い、それらの状況を考えて話すこと。	イ　意図をはっきりさせて根拠を明らかにしながら話すこと。	ウ　聞き手にも内容が分かるように朗読すること。	エ　自分の考えを明確にし、表現することによって更に考えを確かにすること。	オ　主題や要旨を考えて事柄を選び、観点ごとに整理してから書くようにすること。
六年	ア　目的に応じて時間や話題の順序などを考え、計画的に話すこと。	イ　目的や意図に応じて適切に話すこと	ウ　聞き手にも内容が味わえるように朗読すること。	エ　主題や意図をはっきりさせ、表現することによって更に自分の考えを深めること。	オ　目的に応じて必要な事柄を集め、全体を見通し整理してから書くようにすること。

文章表現				表現と理解の関連
内容構成	文章構成技能	叙述	推敲	
エ　見聞した事、経験した事などについて順序をたどって簡単な文章を書くこと。	オ　事柄を考えながら、語と語とを続けて簡単な文を作ったり、文と文とを続けて簡単な文章を書いたりすること。		カ　自分の書いた文や文章を読み返す習慣をつけるとともに、間違いなどに注意すること。	
エ　見聞した事、経験した事などについて順序を整理して文章を書くこと。	オ　事柄の順序を考えながら、語と語や文と文との続き方に注意して文章を書くこと。		カ　自分の書いた文章を読み返して、間違いなどを正そうとする習慣をつけること。	
エ　事柄ごとの区切りや中心を考えてから文章を書くこと。	オ　事柄と事柄のと続き方を考えながら、語と語や文と文との続き方に注意して文章を書くこと。	カ　書こうとするものをよく観察してから書くこと。	キ　自分の書いた文章を読み返して、間違いなどを正すこと。	ク　聞いたり読んだりした内容から素材を見付け、その素材を使って表現してみること。
オ　書こうとする事の中心点が明確になる書き方を考えて文章を書くこと。	カ　段落を考えて書き、また、段落と段落の続き方にも注意し文章を整えて書くこと。	キ　事象を客観的に文書に書き表すこと。	ク　自分の書いた文章を読み返して間違いなどを正し、分かりやすい文章に直すこと。	ケ　聞いたり読んだりした内容から素材を選び、その表現の仕方を参考にして自分の表現に生かすこと。
カ　主題や要旨が明確に表れるように、構成を考えて文章を書くこと。	キ　段落のはっきりした文章を書き、また、段落相互の関係を考えて文章を書くこと。	ク　事象と感想意見などとを区別して文章に書き表そうとすること。	ケ　自分の書いた文章を読み返し、叙述の仕方について工夫すること。	コ　聞いたり読んだりした内容から素材を選び、構成や叙述などの優れている点を参考にして表現すること。
カ　全体の構成を考え、目的に応じて簡単に書いたり詳しく書いたりすること。	キ　目的に応じて、文や文章の組立ての効果を考えたり、文章全体の流れを考えたりして書くこと。	ク　根拠となる事象と感想、意見などとを区別して文章に書き表すこと。	ケ　自分の書いた文章を読み返し、効果的な叙述の仕方について工夫すること。	コ　文章や話の内容、事柄などを要約したり敷衍《ふえん》したりして表現すること。

視写・聴写	キ　正しく視写したり聴写したりすること。	キ　正しく視写したり聴写したりすること。	ケ　正しく視写したり聴写したりして、いろいろな書き表し方のあることに気付くこと。			

このように全体を見通せるものを手元に持っていると、平素の授業に生かせるし、見通しをもった授業ができる。

(3)　豊かな単元を構築する

国語科における学習は、単元を組織して進められる。そこでは、教科書が中心的な役割を果たしている。このため、教科書中心の学習が進められ、教科書を（だけで）学習するようになる。学習に活気が失われる。教科書は、学習する際の教材の一つであって、教科書で（を使って）学習するのである。ここで単元であることを見直す必要がある。

単元学習であることの考えに基づいて、教科書の教材研究をし、その教材の単元の中での位置づけや役割を明確にして、どのように活用するかを考えておかなくてはならない。このことについて、吉田裕久氏の提言(8)（「学力」から出発する国語科授業の実践的研究――「教材」から出発する授業よりの脱却――）が目にとまった。

教材研究が深く行われれば行われるほど、その結果を児童に押しつけてしまう。このため、面白くない授業になってしまい、児童に嫌がられる国語科になってしまう。単元の目標を考えたり、計画をする際に、教材研究の成果を生かしていく（関連づける）ことが大事である。こうした意味からも教材そのものの深い研究をしておかなくてはならない。

国語科教育法演習(9)の中で教材研究をしている。グループの発表を終わった後で、全員に気づき・感想など自由に記録させた。発表した者と発表を聞いた者の記録を三名ずつここにのせておく。

〔発表のもの〕（傍線は執筆者）

① 教材研究を初めてしてみて、一つの物語にも深い意図があることがよくわかった。グループでやってもけっこう時間もかかって、まだ足りない感じだったのに、これを一人でやるのには、何度も何度も読んで味わい、考えなければならないと思った。

今日、私たちが発表したのだけど、他の班の発表を聞いていると、そういうこともあったんだということがよく分かった。それに、指導目標やあらすじも端的にまとめたつもりだったのに、長い方だったので、これだけのことをするのも難しいと感じた。

それと、発表の仕方も語尾を強調していた（自分が）ことに気付いたので、これから注意したいと思う。

② 「かげを見つけたカンガルーぼうや」の教材研究を終えて、こんなに深く教材研究をしたのは初めてなので、最初、何をしてよいかとまどったけど、研究を進めていくうちに、新たなねらいや作者の意図などがはっきり見えてきて、最初に作品を読んだ時の印象と、研究を終えてみてあらためて読んだ時の印象とは、別の物語り読んでいるのではないかと思うぐらい違っていました。

自分が教える立場になった時、自分が深く物語を知り、ねらいなどあいまいに理解しているのではだめだなと改めて思いました。それと、発表の時、みんなに分かる発表の仕方というものを、もっと考えないといけないと思いました。

③ 私は、今日、教材研究をしました。

先生からいただいた指導要領の一覧表を見ながら教材目標と照らしあわせて研究しました。

このように、しっかりと教材研究しておくと、指導案が明確に立てられるなあと思いました。その教材を一通り読んで、すぐ指導案を立てるのではなく、あらゆる方面からまず教材を研究することが大切だと思います。

これから各班の発表が続きますが、私もしっかり教材を読んで、主体的に授業に臨んでいきたいと思います。

〔聞いた者のもの〕

④　各グループともよくまとめてあったと思いました。私個人としては、指導目標を何にするか、子どもたちにどんなことを学ばせたいのか、どんな点を理解してほしいのかという点を中心にこの教材研究をみました。国語科の目標、ねらいなどが頭にないため、本当に適しているのかなと思うこともありました。また、学年に適した内容もあるので、基本は指導書なのかなと思いました。

教材研究をしていくと、作品をより深く読みこんでいけて楽しいです。今日は、全く自分が教材研究していない単元だったので、ああそうかと思う受身的な授業だったので、まずは、自分もある程度教材研究してから取り組みたいと思いました。

⑤　四つのグループの資料と発表を聞いて、どのグループもよく研究がなされていると思いました。私のグループは、「三年とうげ」を研究したのですが、この「かげを見つけたカンガルーぼうや」も研究してみたい教材の一つでした。それは、このような作品は、場面や心情を読みとる上で、想像力を働かせ自分が主人公になって読んでみたりできるからです。

でも、年をとる（大学入試など）につれて、正しい読み方ばかりにとらわれて、なかなか想像力ということに関する評価がなくなってきていると思います。それは、ある程度仕方のないことかもしれませんが、せめて児童期の子どもには、想像力を大切にした読書を教師として教えてあげられたらなあと思います。そのためにも、教材研究は大切だと、今日の授業の中で感じました。

⑥　今日、「かげを見つけたカンガルーぼうや」を研究された班の発表を聞いた。本当によく調べまとめられたなあということを感じました。

特に、十三班の発表では、三年生はじめの授業が「かげを見つけたカンガルーぼうや」ということで、本をひらこう、本に親しもうということをふまえて、ねらいや目標を考えておられたのですばらしいと思いました。また、同じ題材でも研究する人によって場面構成が異なっていたことから、教える人によって微妙に違ってくるのだろうなあと思いました。

今日の発表をきき、自分たちの研究したことが少しはずかしくなりました。私たちの所は、〝人物の気持ちを思いうかべながら読もう〟というねらいの所だったので、もっとそのことをふまえて教材研究をするべきだったと思った。

このような記録の中に、学び取ってほしいこと、意識してほしいこと、意欲をもってほしいこと（以上の傍線の部分）などを窺うことができる。このあとで、それぞれの単元の指導計画や授業計画を立てていくことになる。

(4)　国語科教師として自己を磨く

国語科教育関係の授業では、各期の授業のまとめとして、その授業にかかわって、これからの自己の課題を意識させ、解決について考えさせる（方途など）ために、それぞれに文章化してもらうようにしている。このことは、教師としての今後の自己学習（教育）に結びつくことを願ってのことでもある。

ここでは、「日本語表現法」[10]と「初等国語」[11]の二つの授業のものをのせておく。（文章中の傍線は執筆者による）

「日本語表現法」における文章化

①　胸をはり、大きな声ではっきりと

私が現在行っているアルバイトは、たいへん自分のためになるものだと思っている。私はある塾で塾に通ってくる子供のＨＲ担当のようなことをしているのだ。これは、将来、教師を目指す私にとっては、先生予備軍のような仕事なのでとてもためになる。

ところが私にも頭を悩ませることが一つある。それは授業前の十分間である。この十分間はHRにあてられており、出席をとったあと、時間があれば生徒たちに話をしなくてはならない。私の頭痛の種はそこなのだ。生徒たちの前に出てしまうと、初めはあがってしまって何を話しているのか分からなかった。私がわけのわからぬことを言えば、すかさず生徒たちからの質問の嵐。話をすることがこれほど難しいとは思ってもみなかった。

そこで私は、今、自分にできることから始めようと思った。まず、考えついたのは、声を大きくすること。声が小さいままでは、伝えたいことも相手にきちんと伝っていないことが多いからである。そしてその次に、できるだけはっきりと話すことである。現在は、もっぱら、このことに取り組んでいる。自分の話を聞いていてくれる生徒のためにも、早く上手く話せるようになりたい。

それから、直接には関係ないのだが、「勝手に言葉を作らない」ということも大切だと思う。良識ある母親は、きれいな言葉を子供に伝え、その子供もそれに習うということを最近習った。私達の中で発している言葉は、気づいてみるとやたらに擬音語や、汚ない日本語が多く、勝手に言葉を作り、言葉を汚している。最近の若者に目立った現象だそうだ。日々のテレビからも汚ない言葉が数え切れないほど聞こえてくる。

私は、自分の子供はもちろん、私がかかわる全ての人にきれいな言葉で接していきたい。日本からきちんとした日本語が消えないように、大きな声ではっきりと話すことを心掛けていきたいと思う。

② 私の発声克服法

日本語表現法の授業で、最も印象に残ったことは、録音した自分の声を聞いたことです。私の声は、照れも交じって聞き取りにくく、浮わついた人のような声でした。そんな声を通して描かれる人物像は、私の理想と正反対のものでした。私は人前に出ると緊張して、声がうわずってしまいます。自分では落ち着きのある人間だと思っていたのに、この話し方が私に伴う以上、私のイメージは相当悪いのではないかと気付きました。

私の課題はリズムです。ピアノの先生に、
「自分が弾いている曲のリズムを感じていますか。」
と、よく尋ねられますが、それは話しことばについても同じでした。私の話しことばは単調で、休みがありませんでした。これでは、何が言いたいのか分からないし、インパクトがないので、聞く人も退屈してしまうだろうと考えました。

そこで、発音トレーニングに力を入れて練習しました。どこで休みを入れるか、どの音を強く読むかということに注意しました。言いにくい言葉は口を大きく開いて発声することで解決しました。練習の結果、ゆっくりとまたは、はっきり言うぞという意識下で発声できるようになり、効果があったので、練習の必要性を感じました。

もう一つの課題は話術です。最近、海外青年協力隊に参加された先生のお話を聞く機会がありました。その先生は特に丁寧な言葉でも聞き取りやすい速さでもありませんでした。しかし、私の心に残る話なのです。その原因はすぐ分かりました。表情です。自分の感動を丸ごと伝えてやるという心意気が、私の心に真っすぐに響いてきました。

私は、日本語表現法の授業で学んだ様々な発声の仕方に加えて、相手の心を摑むような表現力向上に努めようと思います。

「初等国語」における文章化

① 新しく気付いた、これからの課題

今回、約半年の間初等国語を学んで、改めて知ったことが多くありました。私は国語という科目は好きで、かつ、多少自信を持っていましたが、私がそう思っていることと教師として子ども達に国語科を教えることとは、少し違うものであると気付きました。

まず、国語の教育がただ単に教科書を使っている間だけのものではなく、一日中において教師が子どもに話しかけたりすることも重要な国語教育の一部であるということ。これは、大学生の今、私達の使用している言葉の中には正しくない使い方をしたものや、あまり望ましくない単語が幾つかあり、このまま教師になってはいけないという大きな課題に気付かせてくれたものでした。そして、低学年においては発音についても正しく指導する必要があるので、自分の日本語が本当にきれいな発音であるのか再確認すると共に、個々の母音、子音についても見直すことが必要だと思いました。

更に、文学作品の理解には、どのように教師が発問して行くか――発問の内容、導き方がいかに大切であるかということも私にとって課題を与えてくれました。今までのように作品を読んで自分なりの解釈をすることで満足するだけでなく、より深く作者の意図していることについて少しずつでも探求して行くことも試みなければならないと思います。

国語は、小学生の時に一生使って行く言葉の基礎を築くという意味で子ども達の将来において最も重要なものであり、教師の責任は想像以上に重いものでした。しかし、逆に言えば、子どもの一生に足跡を残すことのできるということでもあり、その大変さに十分相当するだけのすばらしい仕事だと思います。

今はまだ未熟で、課せられた課題は山のようにありますが、その課題を少しずつでも克服して行けるよう、日々、努力を重ねて行きたいと思います。

②　不断の努力

私が小学校国語科教師になったら、と仮定して教科研究を見返すと自分の無力さに改めて愕然とします。指導者の立場に立つということは、児童にとっての生きた教科書となるよう私自身がまず不断の努力をしなければならないと感じました。

対象が小学生であることを念頭におくと、まず日頃からの自分の言語を見直すことや、学び手に対応していける柔軟さを身に付けることを意識していなければならない《ママ》。教師は児童と接する時間が長いことや、児童の言語能力が未熟であるため、話し言葉から授業中の言葉かけまで根本的な言語に対する意識を見直す必要がある《ママ》。

そして個人に応じる教育という点で、今の私には意欲をおこす学習、学習活動を促進させる具体的な知識もない《ママ》。そのため指導要領に頼りすぎたり、逆に個性を殺す授業になりはしないか、と不安です。これから教材研究に力を入れ、その教材の目的をはっきりと自分の中に位置づけ、学習者からの反応を絶えず注意し、対応していけるだけの能力を持てるよう努力していきたいです。

国語科としての私の最終目標は読書指導です。そのために自分自身が読書を行うことはもちろん、読書指導を行うための本に関する知識を身に付け、児童にも十分読書が楽しめるだけの理解力、読解力をつける授業を考えていかなければと思います。加えて読書を国語科として生かすだけでなく、他教科に拡げていけるだけの独創性、情報、知識を身に付けたいです。

このように考えていくと、指導者は常に努力し、研究して自らが高まることを要求されています。今の私はあまりにも無力で課題は多いですが、根本に、はっきりとした教育理念をもった上で小学校教師としての基礎を細かく身につけていきたいと思います。

（「安田女子大学紀要」二二号　平・6・2）

二つの授業について、それぞれ僅か二例では不十分である。授業について点検し評価するためには、全員の文章に当たり、細かく検討しなくてはならない。学生のこのような授業の反応を今後とも大切にして、よりよい授業を求めて努力していきたい。

注（1）平成二年度から現在まで（平成五年度前期）に行った国語科教育に関する授業は、次の通りである。
平成二年度＝国文学（一年）、国語学概論・教材研究国語Ⅰ（三年）、保育内容の研究言語・教科教育演習国語（四年）
平成三年度＝国文学（一年）、国語学概論・教材研究国語Ⅰ（三年）、保育内容の研究言語・教科教育演習国語（四年）
平成四年度＝児童文学・日本語表現法（一年）、初等国語（二年）、国語学・国語表現法・国語科教育法（三年）、保育内

容の研究言語・教科教育演習国語（四年）
平成五年度＝児童文学（一年）、初等国語（二年）、国語科教育法（三年）、児童文学・教科教育演習国語（四年）
（2）昭和二十八年四月一日、広島市立中島小学校五年月組の担任から昭和五十八年三月三十一日、広島大学附属東雲小学校三年一組までに三十一クラス（途中重なりあり）を担任し、その間に受け持った児童は、六七〇名余である。三十年間、担任として毎日のように国語科の授業をしたことになる。昭和五十八年四月から、昭和六十年三月までの二年間は、複式学級の中学年・高学年の国語科専科として授業をした。
（3）これまでに見ることのできた国語科の授業については、記録を整理中であり、後日発表したい。校内の研究授業、学校外での研究授業、研究会のための事前研究授業、研究会の公開授業など数多く見ている。また、自分自身も校内での研究授業、研究会での公開授業、郊外での研究授業、教育実習生のための示範授業、参観者のための授業など数多くし、多くのことを学んだ。
（4）熊野町立第一小学校（松田海征校長）で、五年生・六年生の研究授業（「大陸は動く」「地図が見せる世界」「さよならの学校」以上五年、「石うすの歌」六年）を見、授業研究をした。また、平成五年十月二十九日（金）の教育研究会での公開授業のために、教育研究と指導案作り（「大造じいさんとガン」五年、「やまなし」六年）をした。
（5）（注1）を参照。これら三年半の授業を通して意識した課題の主なものである。
（6）『新国語科基本用語辞典』（輿水実著　明治図書　一九八一・六〈初版〉）
（7）『新訂小学校学習指導要領の解説と展開　国語編』（古田東朔著　教育出版　一九八九・六・一〈第一刷〉）
（8）『教育科学国語教育六月臨時増刊』（No.四七六「国語科教育研究のキーワード」研究年鑑一九九三年版　一九九三　二四～二五ぺ）
（9）国語科教育法演習、平成五年度前期、受講生、児童教育学科三年生九十二名、平成五年九月十七日（金）記述
（10）日本語表現法、平成四年度後期、受講生、児童教育学科一年生六十九名、平成五年二月二十二日（月）記述
（11）初等国語、平成五年後期、受講生、児童教育学科二年九十五名、平成五年二月二十四日（水）記述

第三章　国語教育個体史から

——回想・随想——

1　ひなのたわごと

「皆さん、私は神田です。今日から皆さんと仲よく勉強し……。」

と、細心の注意を払って初対面のあいさつをする私。

この先生、こわい先生らしいよ――

やさしい先生かも知れないよ――

不安と期待の交錯する眼をじっと私に向ける五十一人の子供達。

あれからもう一年あまりたってしまった。過ぎてしまえば「アッ」という間の出来事、無我夢中で過ごしてしまった。わからぬ事だらけ、失敗も数多くやって来たが、最近になってやっと一応の落着きをとりもどしたように思う。

このような心境に立ってみると、無我夢中であったにせよ、一年あまりの教師生活は何物かを私に残してくれたように思う。

それらの中でもとくに頭の中で広い場所をしめている二、三の事について書いてみたいと思う。

一　ほんとうの教育を

日々の学習指導、生活指導をしてゆきながら、このことは断えず念頭から離れてくれぬ。自分自身指導を進めながらどうも上すべりのような感じがする。何かが不足しているのである。もっと地についた地上にしっかり根を張った指導をしたいと考える。丁度「骨無しくらげ」に似ている。骨無しの指導をしているのである。骨になるものは「学問的裏付け」「理論的裏付け」ではなかろうか。不勉強であった私には特別に身にこたえてくる。当分（いや悪くするとずっと）くらげの生活は続きそうである。

現場の要求しているものはこれではなかろうか。「理論と実践」とよく一緒にして言われるけれども、現実は余りにかけ離れすぎているのである。理論をしっかり身につけた人達が、どし〳〵現場に出て「理論」と「実践」の橋渡しをする日が待たれる。

二　井の中のかわず

子供の指導をしながらフト行き詰る事がある。私自身余りに子供と離れすぎている事に気がつくのである。お山の大将になり、子供の支配者になっているのである。子供を奴隷にし、ロボットにしているのである。周囲からの圧迫がそうさせ、視野のせまさがそうさせる。井の中のかわずにはなりたくないものである。まとまりなく書いて来た。判断つきかねる所も多々ありそうである。からを割って飛び出たひなの書く事である。

お許しをこう。

（昭和29年6月7日）

2　『いとなみ』の中から

――考える子を目指して――

はじめに

「石の上にも三年」という諺があるが、どうしてどうして、中々自分の座は温まりそうにない。依然として暗中模索で手探りを続けている。それに加えて、「このままでいいのか。」「あせってもしようがあるまい。」というような動揺した精神状態の昨今でもある。

このような精神状態であったが、この一年間、四年生五十二名の担任として自分なりの努力をして来た。その中でも特に「児童の生活指導をどのようにしたらよいか。」ということに重点を置いて努力して来たのである。この「児童の生活指導」ということは、私の学校（中島小学校）での本年度教育の努力点でもあった。

これらを中心とした一年間の私の歩みの大要を記し、更に、それらに対する色々な問題点を此処に拾い上げ検討してみたいと思う。

一　生活指導とは

生活指導に取組んだものの、先ず第一に、「生活指導とは一体何か？」の問題にぶち当たった。これを明確にしない限りその計画の立てようもないというわけである。ともかく、生活指導というしつけの面ばかり強調され型にはまった指導に陥り易い。その結果は、ロボットのような子供、生気のない子供を作ることになってしまうのである。一面、そのようなしつけも大事だが、そればかりでは、何か物足りなく、片手落ちのような気がしてならない。真のしつけの意義とか、生活指導の意義を明確にする必要に迫られた。

そこで、私は問題を焦点化して次のように考えて行くことにしたのである。「すなわち、生活指導を、子供に、現実にある自分たちの生活を有りのまま見詰させ、それについて徹底的に考えさせよう。そして、考えた上で理解し、自分達の行動を自分で律して行くようにしよう。」というように考えてゆくことにした。この考えを私の生活指導の根幹として、次のような指導計画を立てたのである。

二　生活指導計画

先ず子供の理想像を「考える子」とし、それをより具体化して、子供には次のように「考える子になりましょう」ということを教室に常掲し徹底させることにした。すなわち、自分達の生活上の問題を――

○なんだろう
○なぜだろう
○どうなるのだろう
○どうすればいいのだろう

という項目に分析して考えさせるようにしたのである。

このように「問題把握（問題意識の向上）」に始まって、「考える」という活動を中核に置き、更にそれを「実践」

にまで指導して行くために、次のような指導の場を求めることにした。すなわち、「問題把握」のためには、児童に自分達の手で問題を見つけさせるように仕向ける場と、児童の刺激剤になるような意味で教師が絶えず問題を見つけては子供に投げかける場をとったのである。

第一に児童自身で問題を把握する具体的な場は次のような場を考えた。一人一人の日記を書くことによって、自分達の生活を有りのまま見つめさせ自分の問題を発見させる。学級のポストを利用して、先生や友達や父兄と手紙の交換をすることにより、相互の問題を発見させる。学級に一冊の「私たちの問題ノート」を用意し、「私たちが仲良く勉強出来るようになるために」「私たちが仲良く楽しく明るく生活出来るようになるために」困ることやもっとこうしたらよくなると思うことなどを記録させることによって問題を発見させる。更に、教師が児童の問題を発見し彼等の前に投げ出すことによって問題把握を刺戟することにした。教師の問題発見の資料は無限にあるけれども、主として、児童の書いた日記や手紙や問題ノートより取り上げることにした。

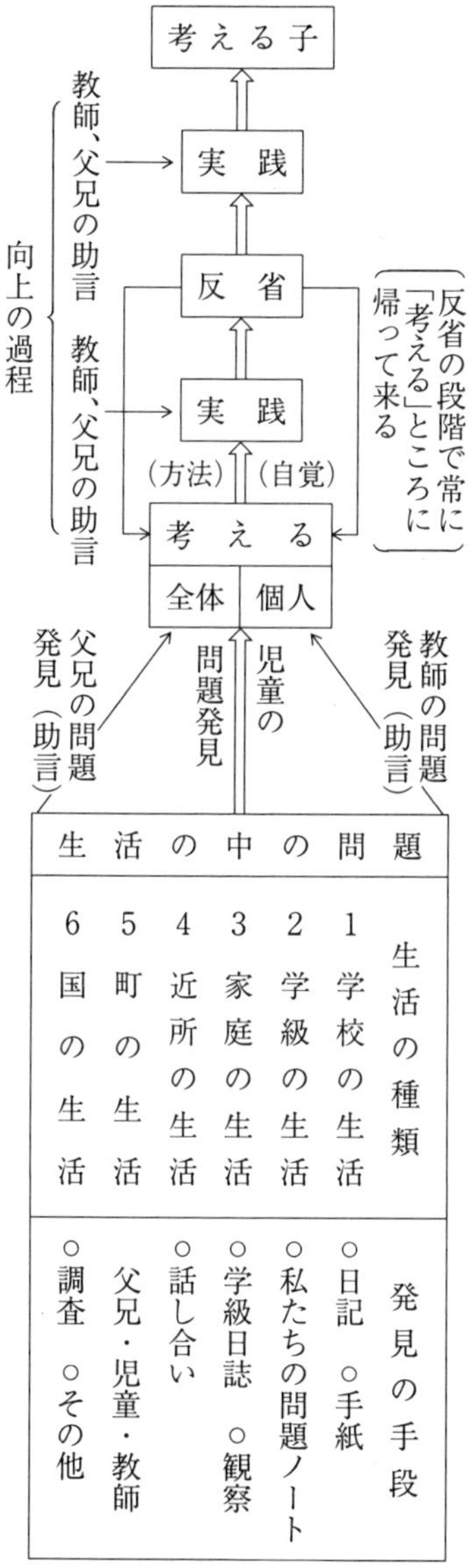

考える子
実践
反省
実践
考える
全体
個人
(方法)
(自覚)
教師、父兄の助言
教師、父兄の助言
向上の過程
反省の段階で常に「考える」ところに帰って来る
教師の問題発見(助言)
児童の問題発見
父兄の問題発見(助言)
生活の中の問題
生活の種類
1 学校の生活
2 学級の生活
3 家庭の生活
4 近所の生活
5 町の生活
6 国の生活
発見の手段
○日記 ○手紙
○私たちの問題ノート
○学級日誌 ○観察
○話し合い
父兄・児童・教師
○調査 ○その他

このようにして、児童に把握された問題は個人的に解決のつく場合は、個人的に処理して行くのである。その方法は、日記に赤ペンで教師の考えを記録したり、手紙で解決したり、教師の所へ呼び、お互いに考え合うようにする。個人的に解決のつかない全体的な問題は学級児童会を中心に全員で考え合って行くようにした。以上述べて来たことを図示すると前ページのようになろう。

三　実践過程における問題

このような計画に基づいて、丸一ヶ年実践して来たのであるが、実践を進めるに従って種々の問題が続出し、その度に再検討をし、毎学期計画に修正を加えて行った。しかし、これで問題は解決したわけではなく、今後に残されている問題も非常に多い状態である。現在はほんの序の口に過ぎない。此の際、実践過程中に起った問題を拾い上げ此処で検討し、今後の足掛りとして行きたいと思うのである。

1　生活指導の方向は、果してこれでよかったのであろうか。

現在の方向は多分に一方的になってはいないかという不安を持っている。というのは、所謂、しつけという面を完全に忘れてはいないか、「考える」を強調し過ぎるために子供達が偏りはしないかということである。そのためには、子供の理想像を「考える」のみに極限しないことであろう。他のあらゆる面についても、絶えず考えなければなるまい。それとももう一つは生活指導の二つの面をはっきり考えて見なくてはなるまい。集団の中での生活指導と個人の生活指導であるこの二つの面をどのように調和して行くかに残された問題である。

2　指導対象である児童の実態は考えられていたか。これを考えない無理な要求をしてはいなかったか。

児童の心身の発達段階を考えてみて、大変無理な要求をして来たように思える。子供達の問題として出て来るものは、大部分が自分本位のものであるという事実から考えてみると、ここら当たりから出発しなければならないであろう。考えるというがどの程度の思考力を持ち判断力を持つのかといったことも明確にして行かなくてはなるまい。このような児童の実態の上に立って指導方法をもう一度再検討しなくてはならないであろう。

3　学校生活指導計画の中における学級生活指導計画の位置づけは考えられていたか。

学級という小さな単位の中に閉じこもってやっても効果は遠いのではないだろうか。学校全体の上に乗せて行く努力が為されなくてはならないと思うのである。しかし、学校生活指導計画自体にも不明な点が沢山あり、再検討の余地があることを感じている。例えば、教育目標や実践計画の不備などである。現在、これらの点については研究委員会以下各委員会が組織され、再検討されつつある。

4　教科指導と生活指導との問題をどのように考えたらよいのか。

教科指導を考えてみると、究極する所すべてが生活指導に通ずるのではないかと考えられる。そのために教科指導の充実ということも十分考えて行かねばならないことのようである。しかし、極限された活動に眼を奪われて、教科指導が形式に陥り生気のないものになっている場合が多い。此処で、教科指導と生活指導との関連をどのように具体的につけたらいいかを明確にしておかなければならないのではないかと思う。

5　児童の生活する環境となっている学校の雰囲気というものに常に考慮が払われていたか。

学級の児童が皆明るくそして楽しそうにしているか、仲良くしているかということ、更に教師と児童との間に壁は無いだろうかというような精神的な環境に始まって、保健的な環境、文化的な環境など、多角的に学校の環境を考えて行く必要があろう。この中でも特に、教師の位置というものは非常に重大で、明確な態度を堅持してしかなければならないであろう。

6　家庭と学校のつながりを絶えず考えているか。

学校教育すべてそうであるが、生活指導と取上げれば特にこの必要を感ずるのである。これを一歩進めて家庭の協力を得るようにもしなければなるまい。そのために常に父兄と親しくなること、何でも話せるように持ちかけること、連絡方法（連絡簿、手紙、面接）などを考えなければならない。更に一層強く働きかけるために、「児童の生活」「児童の学習」をそれぞれ分析して、家庭で受け持つ部面を具体的に明示する必要があろう。例えば「お家での勉強」「お家での生活」というものを明確にし、父兄に協力を求める様にしなければならないのではないか。

7　この様な指導をして教師の負担は耐えられるだろうか。

学級の事だけに専念出来るのなら、この計画実現も今よりずっと楽なのかも知れない。他の仕事も担当しなければならない現状のままなら非常に負担過重である。しかし例え他の仕事がないとしても現在の一学級の児童数というものを考えると、徹底させるという点で不安を感ずる。その上、この生活指導の一番の推進力となる研究活動という事になると全然その余地はない。

（「初等教育研究」第三号　昭・31・3）

3　松永先生からいただいたもの

松永先生と親しく接し、ご指導をいただくようになったのは昭和三十六年からである。そのころ先生は附属東雲小学校の校長であった。そのため、私の採用に当たっては、いろいろとご心配をいただいたわけである。以来十年間にわたって、いろいろとお心づかいをいただいたことを改めて思い出す。

形のあるものとしては、先生からいただいた本やプリントや手紙が手元に残っている。それらのひとつひとつを取り出してみると、先生のお考えの鋭さや思いやりの深さ、お人がらなどがしのばれ、なつかしい笑顔が浮かんでくるのである。

形のないものではあるが、わたしの心に強く残っているものがある。それは、先生の国語教育に対する情熱である。とくに、国語教育に対する新しいお考えやお試みは、機会あるごとにお話しいただいた。それらのひとつひとつは、わたしの実践の活力となり、改善のもとになっていたわけであるが、果たして先生のご満足をいただけるものになっていたかどうか、ついにお聞きすることもできなくなってしまった。わたしの消極的な姿勢が先生にぶつかってお聞きすることをさせなかったわけであるが、心残りのひとつである。

先生からいただいたものは、数限りなくあるように思う。本やプリントのような形あるものとして残り、わたくしの心の中や教育実践の中に形のないものであるが残っている。これらは、いつまでも絶えることなく、わたし自身を励まし力づけてくれるものであることはまちがいない。

安らかにおやすみの先生ではあるが、いつまでも見守っていただきたいような気さえする。（昭和45年10月26日）

4　国語教室の創造

卒業後二十年が近づこうとしている今の時点で、小学校における自分の国語教室の実践をふりかえってみる機会を与えてくださった今回の企画をされた方々に心から感謝申し上げたい。

過ぎ去った十九年あまりの実践をふりかえってみるときに、何かむなしいものを感じてしまう。常に全力投球してきたつもりではあるが、これこそ自分の国語教室の実践だと言えるものを一つでも残しているか、また、わたしの国語教室で学んだ数百人にも及ぶ子どもたちひとりひとりに国語力をじゅうぶん身につけさせたかと尋ねるときに、むなしさはいっそう強いものになる。

わたしの国語教室の実践は、形の上で大きく二つに区切ることができる。すなわち、昭和二十八年から三十五年十二月までの広島市立中島小学校時代（七年九か月）と昭和三十六年一月から現在までの広島大学教育学部附属東雲小学校時代（十二年四か月）とである。

内容的なもので考えると、この区分は当てはまらない。もっと細かく分かれるであろう。

最初の頃は、教科書の理解と消化に追われる毎日であった。それから、作文指導に熱中した。自分の教室から全校にまで及んだ。これはガムシャラなもので、今にして思えば、ひとりよがりで他の先生方にずいぶん迷惑をかけたものであったように思う。組織的な盛り上がりと、計画的な推進でなくてはならなかったと思う。自分の教室の実践もただ書かせて、それを文集にするだけで、ひとりひとりの作文力をほんとうに高めるものになっていなかった。この作文指導の取り組みは、その後、日記指導・詩の指導へと発展して、今日に及んでいる。

東雲附小に来てから、国語研究室の研究が読解に集中していたために、読解指導に重点を置くようになった。それも、最初は文学的なものであったが、非文学へと対象が移っていった。この読解指導は教科書の中の文章が中心であったが、最近は読書との関連、読書への発展を考えるようになっている。取り組めば取り組むほど重要であり、幅の広さと深さを持つ領域である。

大学卒業までは、聞く・話す領域に興味を持ち研究に取り組んでいた。しかし、研究途上の挫折感が、自分の国語教室の実践に生かしたり熱中させたりすることをさせなかった。これは長く尾を引き今日まで及んでいる。しかし、大学在学中に身につけた教師の話し方への感覚は今も生きていると思う。ややもすると教育現場の大勢に押し流されようとしているのであるが――小学校における教師の話法は相変わらず大事である。教育現場に聞く教師の話法、毎年実習に来る教育実習生の話法が、あまりに無関心・無頓着であるのを見ると、これからの国語教育の道の遠いことを思わずにいられない。

指導要領の改正で、小学校における毛筆書写が三年生に繰り上げて行なわれるようになった。書写の乱れに対する手がうたれたわけである。この面についてのわたしの自信は今に至ってもない。小学校時代の習字の時間に大声を出してしかれれたことを思い出すが、書写そのものについての思い出はない。中学高校時代は全くの空白である。書写に対する劣等感だけが育った。大学に入学してから井上桂園先生について習字を習うことになった。「一十日月」から始めて、「永字八法」など習った。手本を書いていただき、それを練習してひとりひとり正していただくものであったが、最後まで続かなかった。今にして思えばたいへん残念なことである。しかし、この経験は、毛筆書写指導をする場合に生かされている。とくに筆法については、子どもに見せてやれると思っている。

昨年と本年続けて一、二年の複式学級担任をしているが、低学年での書写指導の必要を痛感している。この時期の書写をいいかげんなものにしておくと一生書写が乱れるのではないかと思う。自信のもてない書写領域であるが、ことば・文・文章と発展していく言語指導に沿って書写の徹底を考えなくてはならない。

わたしのこれまでの国語教室における実践の概略を大急ぎでふりかえってみたわけであるが、非常にかたよった浅い実践を繰り返してきているように思う。これからは、子どももひとりひとりの上に、理想的な国語使用者の姿を描き、かたよりのない国語能力を身につけた子どもを育てていかなくてはならない。そのためには、まず、自己の国語能力を鍛えなくてはならない。その上に、国語教室における実践のすべてに目を向け、各領域を有機的に関連させ、着実な実践をしていかなくてはならない。ここにわたしの国語教室が創造されていく道があるのではないだろうか。

（「青藍」卒業二十周年記念号　昭・48・8）

5　養護学級と共に

養護学級が東雲附小に創設されたのは、昭和三十六年十月二日となっています。そのときから二十年を経過したわけですが、この二十年という年月は、養護学級の充実ということから重要な意味をもちますが、わたしにとっても大事な意味をもっているものです。と、申しますのは、昭和三十六年は、わたしが東雲附小に来た年なのです。直接養護学級にかかわっていたわけではありませんが、同じ学園にあって、子どもたちや先生と常に接触してきましたので共に歩んだ二十年という気持ちがしております。

養護学級が創設されました昭和三十六年当時のことで、記憶に残っておりますことのいくつかを書いておきます。

広島市立中島小学校から転属してきました当時のわたしは、精神薄弱児教育については全くの無知の状態でした。養護学級の設置に伴う先進校の見学や児童募集や入学調査などを通して、次第にこの教育に対する重要性を教えられました。

先進校の見学としては、岡山大学附属校に設置された特殊学級を見学し、さらに同県の養護学校を見学しました。こうした方面で岡山は進んでいるなと感じました。

養護学級児童の最初の募集については、各小学校に該当児童の応募を要請し、該当児童の調査に当たっては、教官がそれぞれ該当児童の小学校を訪問して調査に当たりました。わたしは、中山小学校を訪問したように記憶しています。ひとり行ったのか、他の方と一緒に行ったのかはっきりしませんが、二階の校長室のような所で児童のことについて、いろいろうかがったように記憶しています。

二十年と申しますと、記憶の方もぼけていますが、その間のことは、この記念誌が明らかにしてくれます。

（「養護学級創立二十年史」　昭・57・10）

6　複式学級指導を通して得たもの

複式学級が創設された昭和四十七年四月から、すでに十年間が過ぎ去り十一年めに入っている。この間、複式低学年担任として、また、国語科の指導を通して得たものはたくさんある。こうしたことを冷静に考えられるのは、やはり十年という年月と、その間の指導の体験の積み上げがあるためであろう。ここでは、十年の複式学級指導の体験を通して得たものを思いつくまま書くことにする。

複式低学年担任当時を思い起こして

まず、複式低学年担任当時のことから思い起こしてみたい。複式低学年担任として最後の年に当たる昭和五十年三月七日（金）に、第二回西日本附属学校複式教育研究会が本校で開催された。そのときの要項の中に、「複式学級とともに」と題して、ガリ刷りのプリントをのせている。次のようなものである。

一年目（昭和四十七年度）

予期しない担任の任命であるし、複式学級設置に対して充分に納得していなかった面もあって、この任命には当惑した。複式学級に対する父兄の心配に対処するためのものとして、年配の教師を配するという意図もあったようである。

複式学級担任の経験は皆無である。五月から一年二年の両学年十六名がそろったが（四月は、担任がなれていないということ、しかも、一年生を預かっているということがあったため、二年生は、単式に入っていた。）、毎日がとまどいの連続であった。授業はまったく戦場であり、一ときも気を許すときが無かった。指導課程もなく、両学年の教科書を単式と同じような扱いで消化していくだけであった。学級経営の方途もつかめぬままに、一年間がまたたく間に過ぎてしまった。二年めこそと思ったが、新しい方式で進むことになり、これまでの十六名のメンバーを全部単式学級に帰すことになった。

二年目（昭和四十八年度）

新メンバーで再出発である。二年生は、市内から応募し、選抜されて編入してきた者である。したがって、新入生を二十名（本年から各学年男女各五名となった。）抱えたと同じである。もとの一年生がそのまま残っていれば、その子たちの活躍する学級づくりを考えていたが駄目になってしまった。

この年は、六年間の複式学級在学ということもあって、父兄の心配が表面に多く出てきた。学習は二分の一しかできないとか、単式学級との関係とか、少人数による人間関係の問題とかである。これらについて一つ一つの解決策を話したがなかなか納得してもらえなかった。こうした不満が一児童の転校という形になって表れた。（表向きは健康のためということであった。しかし、再び学級に帰ってきた。）こうしたことから思うことは、わざわざ障害のある学級をなぜ作らなければならないのか、何のための苦労かということであった。しかし、現場の複式学級担任の方々に接し、本校複式学級への期待を思うと、どんな苦労も乗り越えなければと思うのである。設置された根拠と現実の学級との間にはさまれて常に不安定であった。

三年目（昭和四十九年度）

やっと複式らしい学級ができ始めた。一年間複式学級にいた二年生と、新しく入ってきた一年生。両者のかかわりを重視した学級経営を進めていく。

わたしの研究教科である国語科の学習も三回めになるので、いくらかゆとりも出てきた。複式学級の指導から得たものも生まれてきた。（プリントの「知識・情報を得る読解（読書）指導」「調べ読みへの導き」「話の内容を聞きとれない子」）これらは、ノート指導、手引きの活用などにつながる方向のものである。

前年度に比べて教科の担当時数がふえた。算数・社会・体育を教えなければならなくなり（複式高学年ができたため、指導者が不足した。）、相変わらずゆとりはなかった。

こうした中で、複式の学習指導は、個別指導の徹底こそ大事ではないかという方向に次第に傾いていった。完全に実施するところまでには至らないが、少人数ということを生かした個別指導の方法があるのではないかと考え始めた。こうしたことに最近の教育事情が示唆を与えてくれる。

ここに書いたものを読み返してみると、当時の混乱と当惑の状態がよみがえってくる。しかし、次第に自信めいたものや複式学級の望ましいあり方などを考える意欲が出てきていることもうかがうことができる。

次に、昭和四十八年の研究会発表要項にのせた、複式学級部会のプリントをのせておこう。試行錯誤ではあるが、やらなければならないという意欲が伝わってくる。現在の複式学級における自己の学習指導を、もう一度原点に帰って考え直す、一つの大事な資料になるように思う。

複式学級

複式学級における効果的な学習指導

神田和正・高柴督治

Ⅰ　本校複式学級の使命

1　教育実習生に複式学級における実習の場を提供し、その指導をする。

2　複式学級における指導内容および指導法などについて実践し研究する。この場合協力校（比婆郡東城町立帝釈小学校）と連絡をとりながら、より現場に密着した研究をする。

3　複式学級指導の実践研究の結果を単式学級の実践研究に生かす。

Ⅱ　これまでの経過および今後の計画

47・4・1複式学級（低学年部）開設（視聴覚教室を使用）

47・11・21複式校舎落成式（複式学級教室を使用）

48・4・1複式学級（中学年部）増設　一年～四年各十名を増員（二～四年は編入）

47年より三ヶ年間を準備期間とし、この間に全学年の児童をそろえる。

来年度六年生を募集編入させる。

50年度より整った体制（形成・内容）で歩み始める。

Ⅲ　本校複式学級の経営

1　全教官参加による研究組織の確立（複式学級担任を中核として）

各教科　道徳　特活　施設　設備　など

2　各教科より実際指導に参加

	低学年	中学年
国	神田	神田
社	高柴	高柴
算	本田	西村
理	上野	藤井
音	岩木	三谷
図	柿木	若元
体	木下	高柴
道	神田	高柴
特活	神田	高柴

3　指導資料の整備、収集、活用

○カリキュラムの完備→学習指導案（週案・日案）

各教科　道徳　特活

○学級指導の具体案作製

仕事への参加　保健と安全指導　給食指導　図書館指導など。

○学習資料の完備と活用

教材　学習の手引　ワーク　ドリル　テストなど。

4　指導補助材の完備と活用

各種教具類　各種機器類

5　育成カルテの完備と活用

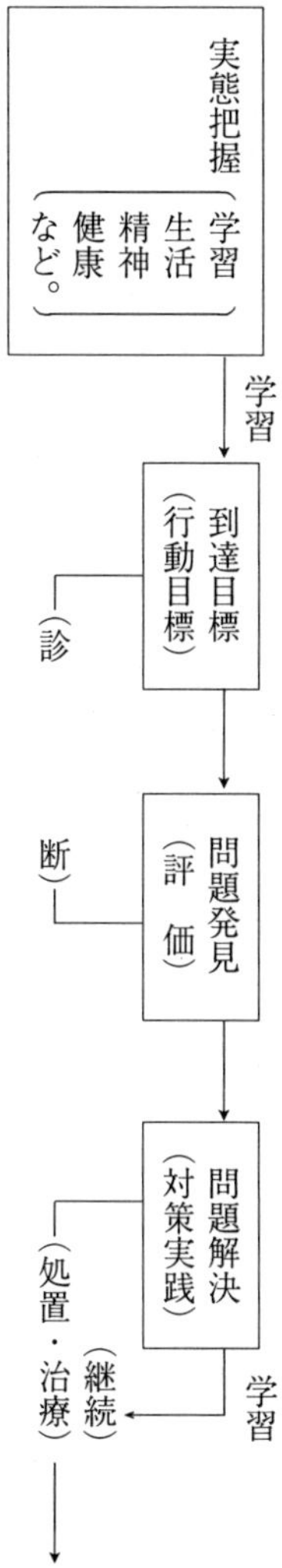

7　家庭との連絡
父母の会のあり方（複式のみの父母の会）
学校、学級参観日の持ち方―学級集会の持ち方
家庭への各種の連絡―学級通信「けやき」発行
｝複式学級に対する理解と協力

Ⅳ　複式学級経営の留意事項
◎　複式学級のよさを生かす
1　少人数である
○ひとりひとり目が届くために、子どものひとりひとりが把握しやすい。
○指導がひとりひとりに徹底する。
○ひとりひとりの把握が素早くできるために指導にむだがない。
2　2個学年同時の指導ができる
○できる子は上学年と同じようにできる。
○できない子は下学年の復習ができる。
○くり返しの学習で、より強化、徹底させることができる。
3　自学自習の態度、方法が身につく
学年別の学習を進めようとすると、自学自習の計画が組まれる。
このため、自然に自主的（主体的）学習の態度、方法が身につく。
◎　複式学級の障害を克服する
1　学習内容の精選
学習指導要項
単式学級指導内容
｝検討→　複式学級カリキュラム
複式学級用教科書編集　←複式学級児童の実態

2　一時間（40分）の充実
○間接、直接指導の効果的な運用
　間接指導は、子どもの主体的な学習の時間である。（ドリルにおいても）
3　指導の効率化
○学習の仕方を身につける。
①　学習のねらいを明確にし、そこに到達したことを自覚させ、学習の意欲を一層高める。（行動目標の明確化）
②　学習の仕方を明確にし、様々に効果的方法を身につける。（学習方法創造）
○基礎的学力を徹底的に身につける。
　例えば、読解（書）力、表現力、計算力など。
○指導法のくふうをする。発問と助言　学習形態　学習課題　学習環境など。
○複式担任として他の教官との連絡調整（育成カルテの作成と保管）
4　集団としての高まり
○協力場面（チーム編成）を多くする。
○発表（表現）活動を強化する。
○全学年同時の学習、生活場面を作るようにする。

V　各地の複式学級の実態把握
1　各種情報の入手　2　各種資料（実践資料、研究資料、文献など）の入手
～（略）～

複式低学年担任を三年間して、複式学級から離れ単式学級の担任になった。このとき自分の中に大きな変化が起きていることに気づいた。それは、授業中における子どものひとりひとりの学習への反応や動きが非常に気に

なるようになったということである。複式学級においては、ひとりひとりが実によくわかる。十名なので一目で全員が掌握できていたため、こうした姿勢が身についていたわけである。この姿勢は、その後の単式学級での指導にずっと残っている。以下三つの事項について書いておきたい。

1　小人数ということを生かしていく

先に書いたように、学習に対する反応や結果がひとりひとりについて非常につかみやすい。このために、直ちに手を打つことができる。また、児童が書いたノートやワークへの学習結果も点検が容易である。その場で多くの時間を取ることなくできる。ひとりひとりを生かす、落ちこぼれを無くすためには、学級の人数を少なくすることの大事さを改めて思う。

授業の中での発言や音読（朗読）、いろいろな練習など、少人数のために何度もやる機会が回ってくる。したがって、自分で確認したり、先生に修正されたり、身についたりすることも多い。練習を必要とするものについては、その回数が多いほどよいわけである。

2　間接学習は自学の機会とする

直接学習と間接学習、そして「わたり」は、複式学級の宿命のように言われている。しかし、ほんとうにそうであろうか。ここらで意識を転換しないといけないことがあるように思う。間接学習は自学（自習）の時間である。授業のねらいに即して出された（生まれてきた）課題に対して、自力で解決する時間なのである。また、とかく宿題として家庭学習とされる練習をする時間なのである。必然的に要求される間接学習も、このように考えて対処すれば、単式学級での指導と変わらない学習計画が設定できる。

今の単式学級の学習指導で、一つの反省として一斉授業の形式がある。先生の発問に従って児童が答え、授業が進んでいく。このとき、先生と子どものやりとりだけで四十五分の授業が終わってしまうことがよくある。このような授業になる前に、児童のひとりひとりが課題にじっくりと取り組み自学（自習）しておかなければならない。この自学（自習）がなかったり、あっても家庭学習に回されていたりする。ここに落ちこぼれの問題が起きてくるのである。

3　上学年と下学年の関係を生かす

一つの学級の中に上学年と下学年の関係がある。これは単式学級では望めないことである。人間社会の中で同一年齢の者ばかりが集まって何かをするというのは、学校だけのシステムである。この点、複式学級は、社会の自然な形が持ちこまれている。同一人間が、兄や妹、弟や姉の関係を学級の中で味わうことになる。兄や姉の立場で、弟や妹のことを考え世話をする。弟や妹の立場で兄や姉の注意を聞き教えを受けることは、単式学級では味わえない。

本年度初めて複式中学年に国語科の授業に出たとき感じたことである。緊張してお行儀のいい三年生、解放された感じで伸び伸びとしている四年生の姿を見た。わたしの先入観だけではないように思う。

複式学級で得たものとして、よいものばかりを挙げてきた。実際はこうしたいいことばかりではない。教師の教材研究、学習計画、指導上の身体的精神的負担、児童の人間関係の問題、相互の刺戟の薄さなど障害となることは多い。

この解決も迫られているが、これも、よい面を最大限に生かすことと共に進めていかなくてはならない。

（「複式学級創設十周年史」　昭・58・7）

7　読書三到

卒業をあと一か月にひかえた六年生が、この時期になるとサインをねだりに来ます。毎年のことであるとわかっていても、さて何を書こうかとしばらく考えてしまいます。そして、歌手や野球選手のスターになった人が、ファンの差し出す色紙にすらすらとシャレタ文字で書いているのを思い出し、あのような調子にいかないものかと思います。

サインに対する抵抗感は、スターでもないのにという気恥しさと同時に、書く内容や文字に対する自信のなさがあります。内容については、子供たちへの気持ちを素直に表現して書けばよいわけです。また、文字については、間違いなくていねいに書いてあげればよいわけです。しかし、それらが子供の手元に一生残るものであるとか、子供の心にいつまでも残るようなものでなくてはならないとか、子供をアッと言わせたいとかいういろいろな雑念がわいてきて、つい、「さて」と構えてしまいます。

いろいろと考えて、今年も「読書三到」でいくことにしました。「今年も」というのは、以前にも二、三度書いたことがあるからです。

この「読書三到」という言葉に初めてお目にかかったのは、十数年前の新聞広告でした。そのときの広告がどういうものであったか覚えておりませんが、「読書三到」という言葉だけが強く残りました。そのときに、漢和辞典で意味を調べたり、出典を調べたりしたこと、また、読書のあり方についていろいろと考えさせられたことなどがあるためです。

子供たちにサインをするに当たって、改めてその意味や出典を調べてみました。

「読書三到」＝読書に際して、心、目、口の三つをそれぞれに集中すべきこと。到は至す、能力を極力用いる意。心を集中し、よく見つめ、一所懸命音読すれば内容がよくわかる。

出典＝朱熹《シュキ》（南宗の儒学者）『訓學齋記』余謂ラク、読書有リ二三到一。心到・眼到・口到ナリ。三到之中、心到最モ急ナリ。

（『廣漢和辞典』大修館より）

この言葉と並んで、読書に関係した次のような言葉のあることも知りました。ついでに書いておきます。

「読書尚友」＝書物を読んで昔の賢人を友とすること。

「読書三余」＝読書に都合のよい、冬・夜・陰雨のときの三つの余暇をいう。

念のために「広辞苑」で調べてみましたら、その意味に多少の違いがあるように思えました。

〔読書三到〕＝（朱熹、童蒙須知）読書の法は口到・眼到・心到にあるということ。即ち、口に余事を言わず、眼に余事を見ず、心を専一にして反覆熟読すれば、その真意をさとることができるということ。

というのです。外にも当たってみたい気がしますが、これで意味調べはおきます。広辞苑の意味の方がわたしにはぴったりとします。

こうした「読書三到」の意味から考えさせられることは、たくさんあります。意味と関連していろいろな言葉が頭に浮んできます。「音読」「黙読」「朗読」「熟読」「味読」「速読」「摘読」「視写」「聴写」「暗写」などです。

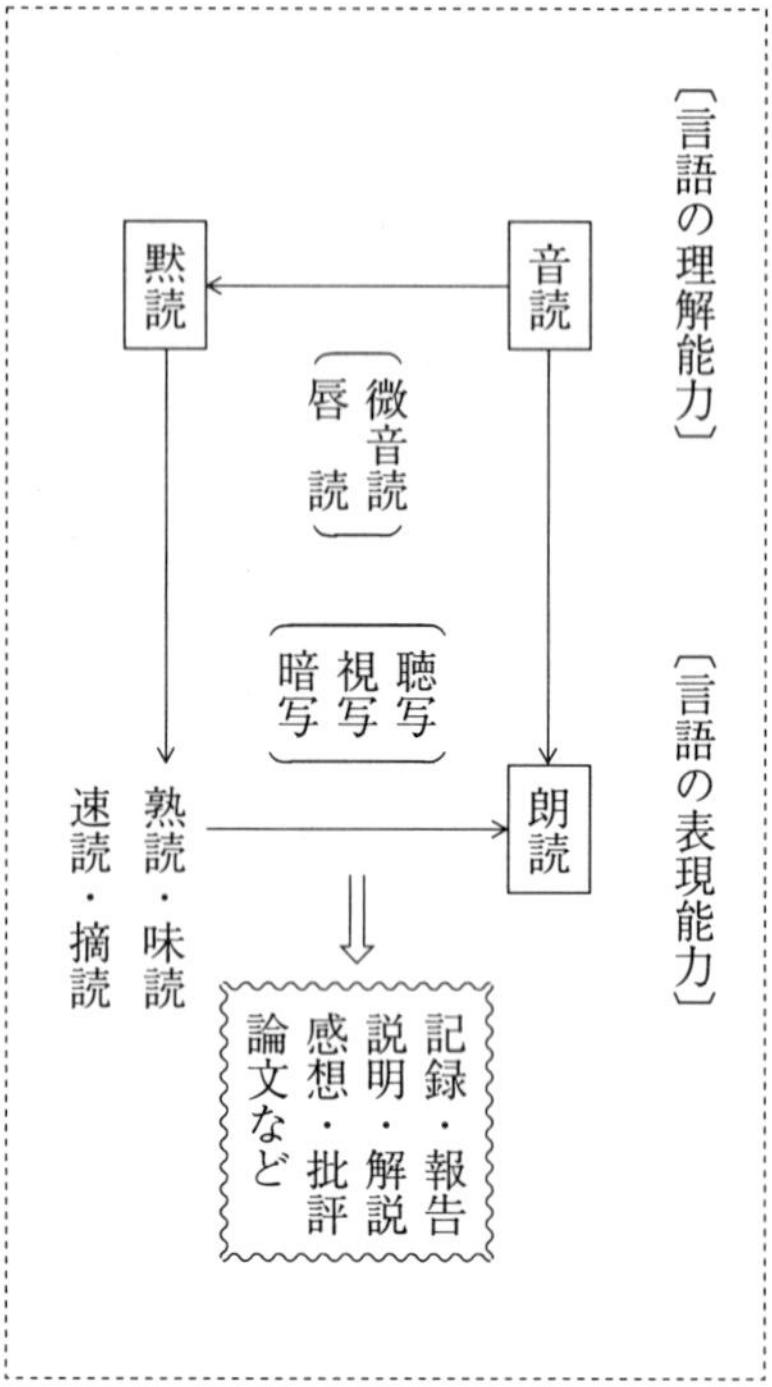

これらは読書に関連して必要な技能を示す言葉で、学校の国語科の授業を通して身につけなければならないものです。それぞれの位置づけを図式的に示すと上のようになります。

「音読」と「黙読」は、教室の授業の中でよく行われています。「音読」と「黙読」の速さが同じ一年生の時期から、まず「音読」で確かに読む力をきたえ、次第に「黙読」の力を身につけていきます。「黙読」の力が急に身についてくる学年が五年生ですから、この学年が「黙読」の指導の中核となります。四年生では、「音読」から「黙読」への移行期ということで、指導に工夫がいります。

「黙読」の力がしっかりと身につけば、熟読（確かに深く読む）や味読（鑑賞しながら読む）も可能になります。さらに情報化社会を生きぬくための読書力として、「速読」や「摘読」の力も身につけていかなくてはなりません。これは、中・高・大学と進むにつれて身につけるものです。この二つは聞きなれない言葉ですが、次のような意味です。

「速読」＝速く読むということです。一目で読める範囲（一語一語を拾って読むのでなく、一行とか二行を一気に目に入れて内容を理解していく）を広げていく読みです。

「摘読」＝「指摘」とか「摘出」とか言う場合の「摘」を当てています。したがって、自分の必要なところを見つけて読むものです。「飛ばし読み」「抜き出し読み」と言ってもよいでしょう。目次とか索引を利用したり、本文中の見出しなどを利用したりする能力も必要です。（速読の一つ）

「朗読」は、聞き手を意識し読み聞かせますので、表現の能力に位置づけます。聞き手に場面、情景や登場人物の言動・心情・性格などを思い描かせるように朗読するためには、かなり読みが深まっていなければできません。また、特別の技能も必要ですからかなり練習しなければなりません。したがって、本格的な取り組みは、五年生からになります。

図式中のかっこ内の言葉「微音読」「唇読」「聴写」「視写」「暗写」は、それぞれの読みの過程に位置づけられて、関係を深めたり、それぞれを強化したりするものです。また、「記録・報告・説明・解説・感想・批評・論文など」は、読み取ったものを自分のものとした結果生まれてくるものです。

以上、読書の能力を分析的・発達的に見てきましたが、こうした中でやはり大事なことは「読書三到」の中の「心到」ということです。「心到最急」と書かれておりますように、心構えが大事なことになってきます。「精神を集中して読むこと」「内容を想像したり思考したり感じたりして自分のものとしながら読むこと」が大事なわけです。図書室で声をかけても気づかぬくらい読書に没頭している子供を見かけることがありますが、外形的にはこのような姿を言うのでしょう。

読書を自分のものとしている子供の例として、次のような文章が目につきました。最近発行された子供用の学習事典にのせられていたものです。

「毎年、夏に『漢字読み書き大会』が、東京と大阪で同時に開かれ、小学校五年生から大人まで三千人以上の人が一堂に集って、漢字の読み書きを競い合う。一九八三年で十二回を迎えた。わたしは、第一回大会以来、出題と採点などを担当していますが、この結果から、いくつかの重要なことがわかってきました。

第一には、毎年、小学生の部で良い成績をあげる子供達に共通していることが一つあります。それは、みんな読書が好きということなのです。ただし、どんな本が好きかという点になると、それぞれ違います。物語の好きな子、地図帳を見るのが大好きな子、星や天文に関する本が好きな子、というふうにじつにばらばらです。このように読書のはん囲はちがっても、本を読むのが好きという点では、ふしぎに毎年一致しているのです。つまり、読書の好きな子は、ほかの子に比べて、みんな言葉や文字の力がついている、ということがわかったのです。」〈百三十頁〉

（『小学学習教科事典二』国語①文字とことば・小学館）

これも「読書三到」の結果であると言えるのではないでしょうか。

「読書三到」という言葉から、次々と連想ゲームのように言葉が浮び上がってきます。それらの言葉が結び会って自分の体験を呼び起こし、さらに、自己の思考・心情・思想などを高めてくれます。こうして書くことによって、それらが定着し、印刷されることで皆さんに読んでもらえ、気づき、感想を言ってもらえ、指導・助言を受ければ、さらに自己の高まりが得られます。こうなれば、まことにありがたいことです。

以上、「読書」に密着して述べてきましたが、以下、思考の広がりの例（蛇足になりましょうが。）として、最後に書いておきます。

「読書三到」の中「三到」は、心・眼・口の三つについて融れているわけですが、これに関して眼・口・耳・手を取り上げた文章を思い出しました。それは、明治二十年に出版された国語教科書にのっていた文章です。

次のようなものです。

口 は 一つ に、耳 二つ。
されば いふ こと 少くて、
多く きく こそ よかりけれ。
口 は 一つ に、 目は 二つ。
されば 多く を 見て 知りて、
えき なき はなし せぬ ぞ よき。
口 は 一つ に、 手 は 二つ。
されば のみ くふ こと より も、
二ばい はたらけ 二ばい はたらけ。

（『尋常小学読本』巻之一・十九課より）

この教科書の頃より、内容に国策に沿った意図が盛りこまれるようになったということですから、そうした意図も含まれているように思います。これが極端に進めば「見ざる・聞かざる・言わざる」の人間になり、人の言いなり、権力者の言いなりの人間になって、戦前の状態と結びつきます。

しかし、一つの真理として素直に読み、現代の子供、中でも東雲附属小学校の子供に当てはめて考えますと、反省させられることがたくさん出てきます。思いつくまま並べてみますと、

○場と時とをわきまえず、いつでもどこでも、その場その場の思いつきを直ぐに口に出して、お互いにおしゃべりをする。

○落ち着いて、話す人に対面して、その人の眼を見ながら、その内容を考えながら話を聞くことができない。
○苦労しないでわかるものは見るが、直ぐにわからないものは見ようとしない。（たとえば「テレビ」と「読書」）
○掃除の時間中に口ばかり動いて手や体が全く動いていない。目と手と体を動かすことが大事なのに。

いろいろと思いつきを書き並べましたが、「落ち着いて、大事なことに集中して取り組める子」「よく見、よく聞き、よく調べて、自分の考えをしっかりもって発言する子」「体を動かして勉強し、仕事することのできる子」などの子供の姿が、この裏にしっかりと描かれていなくてはなりません。

結局、蛇足になってしまいましたが、落ち着くところは、やはり教師としての自分の所でした。これ以上書いていますと、とんでもないところへいきそうですからやめます。

長々とまとまりのない文章を読んでくださってありがとうございました。

（昭和59年2月16日）

8　小学校教師三十年

小学校の教師となって三十年が過ぎたが、この三十年間は、自分にとってどういうものであったのか。多忙に追いまくられただ空転したのではなかったか。それとも、ほんとうに充実し自分として満足してよいものであったか。一つの節目に立って考えさせられる。

今年度は、教務主任で仕事が少しでも出来るように学級担任を外された。しかし、なお複式学級の中学年（三・四年）と高学年（五・六年）の国語の授業を十二時間（中＝七時間・高＝五時間）を担当している。子供との接触は切れないが、小学校における学級担任は、三十年をもってピリオドを打った。ここにも節目がある。

小学校では、学級担任制で数十名の子供を預かり、全教科を教え、その上、道徳や特活の指導をする。日常生活における保健指導や生活指導まで細かく目を注がなくてはならない。こうしたことがひとりひとりの児童にまで及ばなくてはならないので、子供と接しているときは、息をつく間もなしの状態となる。子供を帰したあとも、明日の学習準備・本日の学習の評価など考えていれば勤務時間は、すぐに過ぎてしまう。文集・学級新聞など作ろうものなら夜を徹してすることになる。このような状態が前任校（中島小）では続き、七年と九か月がまたたく間に過ぎた。

現在の学校（東雲付小）は、教育実習校・研究校であるため、専科教官が配置されていて、担当教科が少ない。しかし、公立校と違って、教育実習生の指導、研究会の開催、研究図書の出版、入学児童調査などが毎年のように繰り返される。担当教科は減っても忙しさは前任校の比ではない。最近は、大学との連携で授業研究や教材研究なども行われるようになり、学生の前で話すことも多くなった。

わたしの研究教科は、国語科である。附属に入れば国語科教育研究が十分にできると思っていた。前述したことを通して研究は十分にできた。しかし、心残りで満足できない。学校の立場が前面に出て、それに合わせた研究である場合が多いためである。自己の研究ということで筋が通ったものであれば満足感もあったであろうが、それのないまま、断片的な成果を残しただけの二十二年と七か月であった。

こうして表面的なことに限って見てくると、不満足・不十分なものばかりであったということになる。しかし、かって担任として預かった子どもたちに目を向けるとき、自分が三十年間努力してきたことが重く感じられてくる。この間に担任したクラス三十一クラス（中途で学校を変わったため）、子どもたちは六七〇名（二年間・四年間の子どももいる）あまりになる。各クラスの子供たちの名簿からひとりひとりを拾っていくと、その時その時の子どもの姿が浮かび、一心努力してきた自分が思い起こせる。このことが今日の自分を支えているように思う。小学校の教育について、小学校の国語科教育について自分の考えを述べることが出来るようになったことは、大きな成長である。

定年制が敷かれ、余すところ七年を切ってしまった。しかし、これから先に悲観することは全くない。自己のこれまでの体験を踏まえた小学校教育や小学校国語科教育の研究に、ますます力を注がなければならないと思うからである。

（「青藍」卒業三十周年記念号　昭・58・8）

9　新聞の切り抜き

いつの頃から始めたのか記録が残っていませんのではっきりしないのですが、就職してからのことですので、三十年あまりは続いていることになります。しかし、毎日、意識して切りぬくものを見つけ、少しは系統立って整理し始めたのは、ここ十数年のことです。ですから、新聞の切り抜きをしていると言ってもまだまだほんの序の口だとしか言えません。

初めの頃は、とくに心ひかれるもの（主として教育の問題）をときどき切り抜いておくというもので、それもいつの間にかどこかへ雲隠れしてしまい、必要なときにいくら、探しても出てこないといういいかげんなものでした。教育実践が深まるにつれて次第に切り抜くものがふえ、毎日のように切り抜くようになりましたが相変わらず思いつきの域を出ず、切ってためておくだけ、たまれば袋に入れて積んでおくというようなことで、役にも立たぬ切り抜き（ゴミ）がふえていきました。それでなくても狭い借家に図書と一緒に切りぬき（ゴミ）までがたまって家内をおおいに嘆かせました。

切り抜きをしているうちに、その興味の範囲が、次第に広がってきました。教育の問題だけでなく、国語・文芸・美術・歴史（とくに古代）・科学・医学などです。五十歳を越えると同時に老人問題も気になり始めました。こうなると毎日のように切り抜きがあります。ひどいときには、一日の新聞が穴だらけ、ひどいページは切れ端がちょっと残っているという状態になります。ここでまた家内の嘆きの種が一つふえました。新聞は読み捨てられるものですが、家庭の中では案外に役立っているものです。いざ使おうとしますと穴だらけでぼろぼろ、これでは使えません。

家内の嘆きをよそに、新聞の切り抜きは、今やわたしの日課となり、楽しみの一つとなっています。とくにこれといったテーマはありませんし、系統的に整理して大論文を書こうという野心もありません。ただ、あるのは自分の興味の趣くまま自分なりの整理をしながら切り抜きファイルすることによって、情報を主体的に受けとめることができるようになるのではないかというささやかな気持ちだけです。しかし、心の底には、もっときちんと読み、その切り抜きをきちんと整理し、それを活用すれば大博学者となれるのだという密かな思いがあります。そこで家内の嘆きを見て見ぬふりし、相変わらず来る日も来る日も新聞の反故の山を築いていくのです。

（昭和60年2月27日）

10　本校の教育目標の変遷

副校長という立場に置かれて一年と三か月余り過ぎましたが、教育活動（学校教育）を見る目がこれまでと違って、いろいろな点で変わっていることに気づかされています。学級担任や専科をしている頃には、全く無かったようなことも出てきて、視野の狭い教師であったと改めて反省させられることも数多くあります。本校の教育目標への意識ということもその一つです。

学校教育目標は、その学校にとって一番大事なものです。学校に於いて行われるすべての教育活動は、その目標を踏まえて実践され、その結果として、目標の達成がどうであったかが確認（目標管理）されます。

こうした立場から、本校の教育目標を改めて読み返してみますと、なかなか立派なものだということを強く感じます。それと同時に、この目標を達成するために、これからの本校の教育実践はどうならなければならないかについて、みんなの力を結集して考え、実践していかなければならないと思います。このために必要なことは、非常に抽象的な目標を児童の立場におろして具体化すること、具体化した目標を、どの領域（教科・道徳・特別活動・在校時間など）で、どのように達成するのかを明確にすること（東雲教育課程として）などがあります。現在あるものに検討を加え、より確かなものにしていかなくてはなりません。

本校の現在の教育目標（昭和五十五年改定）を考える過程で、過去の目標についても調べてみました。第二次世界大戦の集結を境として本校の教育目標も大きく変わったと思われますが、その当時のものをここにのせておきます。（「教育方針」としてある。）

あくまでも科学的で創造的なたくましい思考力を育てることを根幹として道徳的心情という豊かな緑したたる葉と、美的情操という輝しい花をつけた、ていていたる大木に子どもたちを育成することを目ざしている。／もちろんこれらの大木は孤立したものではなく、お互いに協力的であり、社会的でなければならない。／以上のような教育理想を、小学校、中学校を貫く子どもたちの発達段階を、科学的に追究することによって能率的に実現しようと努めている。／子どもたちの中なる良きうるわしい素質は、よりよく注意されて、すくすくと伸ばさなければならない。

（／は段落・傍線は執筆者）

これは、小・中学校の校長がひとりであった時代に生まれ、それぞれの校長時代にも生き残って、傍線のところが抜けたのが五十一年度からでした。

このような過去の事実は、今後の小・中の連絡進学を考えていく上で、一つの方向を示してくれているように思います。お配りした学校要覧の目標と読み比べてみてください。

（昭和60年6月25日）

11　図書欠乏症とつんどく

先週の土曜日（二月十四日）は、附属学校部長である小川一夫先生の最終講義があり、それを千田町の教育学部の大講堂一一一号教室で聞いた。午後三時半に終わり、この後にある小学校国語教育研究会（昭和三十七年から毎月一回、野地潤家先生のご指導を受けている研究会）までに二時間の間があり、大学前の書店巡りをすることにした。古本を扱う書店を二軒、新刊本を扱う店三軒を巡り、じっくりと時間をかけて、それぞれの店の書架に並ぶ書名を見たり、取り出して目次を見、ページをめくった。買った本は僅か二冊だけであったが、実に楽しい充実した時間であった。

この頃は、目的をもって書店へ入ることが多く、今日のように目的もなく（時間つぶしのようではあったが……）ゆとりをもって入ることは、ほんとうに久し振りである。学生時代にもどってきた感じもした。目的のあるときは、一店で済むこともある。二店、三店と探すときも目指す書架がわかっているので、そこへ直行してそこしか見ないで、無ければ次の店に移っていく。これは、実に気ぜわしく味気ないものである。今日のようにゆとりをもって、あちらこちらの書架を見て歩き、これはと思う本を取り出して、ページをめくって内容にチョッピリでも触れることは、自己が豊かになっていくような気がしてくる。これで、これはと思う本でも見つかれば最高である。乏しい財布の中から後でどうなるかも考えずについ買ってしまう。

学生時代、若い頃はこうした衝動買いに近い形で本を買い込んでいた。買ってしまえば安心して、いつでも読めると決め込んで「つんどく」である。これでは、全く役に立たないわけで無駄遣いである。こうした傾向は、この年になっても残っていて相変わらずのところがある。最近は、前に買ったことを忘れてしまって、同じものを買ってしまい「しまった」と思うことが二度、三度と出てき始めた。まさに老化現象であるが、「つんどく」の習慣が生む悲劇（?）でもある。

このように本に執着するのは、どうも成長過程における図書欠乏症が原因としてあるように思う。小学校の三年生頃に友だちの家に遊びに行ったときに、童話の本がずらりと並んでいたのを見て、とてもうらやましいと感じた。一冊借りて帰り読んだわけであるが、その中身は覚えていない。しかし、ずらりと並んだ本は目の前に浮んでくる。我が家には、その頃小学生雑誌（毎月とっていなかった。）が何冊かころがっていた。

終戦の時に、ちょうど中学二年生であった。郊外の小さな町（旧可部町）に住んでいたが、家の近所に二軒の貸本屋さんがあった。学校から帰るとその貸本屋さんに行って本を借りて読んだ。借りる本は、重いものでなく極く軽い大衆小説で恋愛を取り上げたものが多かった。太平洋戦争のまっただ中での中学生で、勉強どころではなく、二年生から学徒動員で建物疎開作業や土木作業にかり出され、三年生からは工場で毎日働いた。読書することは全くできなかった。しかし、戦争も終わり、読書することを貸本屋によって満たされた。むさぼるように手当たり次第読んだ。こんな姿を見た母親が大変心配して当時の担任の先生に相談したらしく、「勉強するように。」という注意も受けた。

この頃に重厚な純文学や古典を（貸本屋さんにもあったと思うが）読んでいたら、こんな軽薄な文章も書かないだろうという思いもあるが、済んだことは仕方がない。間もなくやってくる停年にでもなれば、もう一度わたしの読書生活をやり直したいと思っている。

この貸本屋さんの本の利用が、そのまま図書館利用に結びつけばよかったが、残念ながら自分で買うということになってしまった。大学生でありながら、図書館の利用は不十分であった。欲しい本を探して書店を巡り、その本を手に入れることばかりを考えた。これでは、レポートや論文を書くときに不十分であった。内容のあるものが書けるはずはなかった。何事にも徹底しきれないところがこんなところにも出ていたように思う。このようにして書店巡りは今も続いているわけである。

二月十九日付の毎日新聞に「本好きな子はまず親が本好き」という記事がのっていた。全国図書館協議会と毎日新聞社が主催した第三十二回青少年読書感想文コンクールの入賞者の六十五名について、「どのようにして本好きになったのか」について、その生い立ちや家庭環境について調査したことについて報告していた。その結果として見出しのようなことや、「本が身近にあり手に取ることができる」とかが述べられていた。

わたしの書店巡りや不十分な読書の在り方が、わたしの成長過程に大いに関係があるように思うが、今の子供たちは、実に恵まれた読書環境にあり、これを最大限に生かして、読書好きな子供にしてやらないといけないように思う。生涯教育の叫ばれている今日、自己教育のために読書の果たす役割は大きい。

（昭和62年2月19日）

12　国語教育における実践理論の必要性

輿水實先生のご逝去は、新聞や教育誌などで知ることができた。その度に、かつて何度か先生にお会いしたときの温顔を思い浮べ、物静かにお話になったことなど思い出した。直接ご指導をいただくことはなかったが、先生のお書きになった膨大な論文や著書、また、先生がご関係になる会の研究会、会誌、出版物などを通して、実に多くの貴重なご指導をいただいてきた。今回、「輿水實先生追悼集」が刊行されるに際して、先生を追悼し追慕する文章を寄せるようにご連絡をいただき、ほんとうに有難く嬉しくお受けした次第である。

わたしが輿水先生を存じ上げるきっかけをつくってくださったのは、野地潤家先生である。大学の四年生とき、先生の講じられる「児童語研究」を受けたが、そのとき、輿水先生の二冊のご著書をご紹介いただいた。

『国語科概論』（有朋堂　昭二六・九・二〇〈第五版〉）

『国語科教育法』（有朋堂　昭二六・九・二〇〈第六版〉）

この文章を書くことを引き受けたとき、先ず頭に浮んできたものである。国語教育と国語科教育の区別もつかず、その内容とか指導とかについて皆目わからなかった頃に読んだものであるが、その後の国語教育実践の道を拓いていただいたものである。

書棚からこの二冊を取り出すことがきっかけとなって、輿水先生のご著書や編著者となっておられるものをあれこれ取り出して机の上に積上げた。こうしたものをすべて購入しているわけでないが、折りに触れ必要に応じて購入したものがかなりあった。これらの中で、とくによく読み、また、平素の国語教育実践に生かしたものとして、次のようなものがある。

『国語科指導法事典』（明治図書　昭三七・六）

この事典は、後に『新国語科指導法事典』（明治図書　昭五一・七）として生まれ変わった。この事典の一部（3.「言語事項」の学習指導　(2)一・二年）を執筆させていただいている。いずれも折に触れてよく開いている。

『国語科スキル学習入門』（三省堂　昭四〇・一二・一）

『国語科基本的指導課程　講座1　基本的指導課程の理論』（明治図書　昭四一・二）

『国語学力診断指導体系　第一巻　現代の国語学力』（明治図書　昭四一・三）

この三冊からは、当時のわたしの国語教育実践について、全体的視野と、基礎的・基本的な指導の在り方について多くのことを教わった。

『国語科基本用語辞典』（明治図書　昭四五・七）

『新国語科教育基本用語辞典』（明治図書　昭五五・六）

この二冊は、折りに触れ開き、自己の教育実践を確認した。とくに、現場の実践を指導するようになってからは、これによって事前に関係事項を調べておくようにした。

輿水先生が代表理事をしておられた国語教育近代化の会の会誌「国語教育の近代化」を創刊（昭三七・八）に近い頃より手に入れ、以後ずっと送っていただいた。国語教育実践者にとって役立つ論考が数多くあり、貴重な資料である。

全国国語教育研究者集会の復活第五回大会を広島で開催した。この大会から輿水先生が所長をしておられた国語教育研究所の主催で行われるようになった。この大会を開催する際の広島の事務局の一員としてお世話したわけであるが、このときの輿水先生のことが忘れられない。研究会前日（昭五〇・八・七・木）、国際ホテルに輿水先生外の本部の役員の先生方をお迎えし大会の打ち合せをした。そのときに、お世話するわたしたちにいろいろとご配慮いただき、「主催はわたしたちだよ。」と本部の方々に念を押されていた。

以来、この会において二回授業をさせていただいた。次の大会である。

第八回神奈川県南足柄市での研究者集会

第十一回徳島県小松島市での研究者集会

第八回大会では、新国語科の授業形態の創造という基本テーマの第二テーマである「学習事項を集約したみんなにわかる授業」を受け、四年生の作文の推敲の授業をした。

第十一回大会では、新国語科における教科書学習と基礎・基本の指導のテーマを受け、四年生の教科書を使った「言語事項」の授業をした。

輿水先生によってわたしの今日の国語教育、国語実践のありようを、どのように育てていただいたかをざっと思い出してきたが、まだまだ書き足りないことが多くある。それにしても、大きなご恩を受けていることに改めて感じ入っている。

わたしが現在校に就任した当時（昭三六）の校長であった松永信一先生から東京で開催された学会で輿水先生にご紹介いただいて初めてお目にかかったが、今はもうお会いすることも出来ない。心よりご冥福をお祈り申し上げる次第である。

（「輿水実―その人と学問・業績」　昭・62・10）

13　広島大学附属東雲小学校退任の挨拶

停年退職をあと一年残して、勧奨退職をすることになった。あと三か月足らずを残す時点に立って、広島大学で過ごした三十三年間の長い年月を改めて振り返っている。そして、広島大学によって、今日の自分があることを強く感じさせられている。

新制大学発足の昭和二十四年四月に教育学部小学校教育科（小全）の第一回生として入学した。四年間の学業を終え、昭和二十八年三月に卒業し、その年の四月広島市立中島小学校教諭に就任した。ここで七年九か月を過ごし、学年途中の昭和三十六年一月一日付で現任校に就任した。それ以来二十九年間を過ごしたことになる。学生時代・教師時代の広島大学とのかかわりが三十三年間となる。人生の半分以上を広島大学とともに歩んだわけである。

現附属校に来てからは、学校の体制や活動、そして雰囲気などが、わたしを厳しく鍛え大きく成長させてくれた。この中には、自己の意志にかかわらずそうさせる（しなくてはならない）ものが多く厳しくつらい面をもっていた。しかし、それらを乗り越えたときの喜びは大きく、そのつど自己の向上を自覚することができた。今にして思えば感謝することばかりである。

退職後は、自己の教師生活三十七年間の歩みを整理し、その意義づけをしたいと思っている。

＊　＊　＊　＊

昭和三十六年一月、東雲小学校へ着任。昭和四十三年の校舎建設、昭和五十年の創立百周年記念諸行事等、中

心となって活躍。昭和六十年四月、副校長に就任。激動の波をかぶった東雲小学校に微震すら与えず学校経営に専念。充実した安定感のある学校づくりに励まれる。意欲的に研究を積み重ねられた国語科教育。著書・論文等、その業績は極めて大きい。

円満な人柄と多くの功績に懐かしさと寂しさを感じる。ご多幸を祈る。

（本田　積　記）

（「広大フォーラム」二二期七号　平・2・2）

14　心に生きる本田積先生

本田積先生が亡くなられた一月七日から、一か月あまりが過ぎました。それなのに、まだ先生の死が信じられない気持ちが続いています。今でも東雲小学校を訪ねれば、先生に会え、お話ができるような気がしています。

昨年の十二月三十一日の夜、ご危篤の報に接し、翌日の一月一日（火）午前十一時頃に土屋病院の七二六号室にお見舞いにうかがいました。このときは、意識もはっきりしておられ、こちらの話すことが理解できたようで、頷ずかれたり笑顔を見せられたりの反応があり、生命の危機を脱出されたという感じでした。このときから一週間、死との戦いを続けられましたが、一月七日（月）午後十時四十五分、ついに帰らぬ人となられました。

翌日のお通夜の日、家内と一緒にお宅を訪ね、先生とのお別れをしました。安らかなお顔で、話しかければ返事がかえってきそうな感じでした。

こういうことがあったのに、こうして追悼の文章を書いていても、今だに先生の死が信じられないのです。先生とのかかわりが深く長かったこと、先生のこれからのご活躍を強く期待していたこと、ご家族のことを人一倍大切にしておられたことなど考えますと、まだまだ死んではいけない、まだまだ生きていなくてはならない人だという思いが強いためでしょうか。

本田積先生との学校でのかかわりが深く長いということは、いろいろな関係で思い出せます。

まず、同じ学年の学級担任として、何度かコンビを組みました。先生が東雲小学校に来られて三年目の昭和四十五年度と四十六年度に五年生・六年生を担任しました。このとき、私の長男が受け持ってもらいました。続く昭和四十七年度と四十八年度は、梶矢先生と五年生・六年生を担任されました。このとき、私の次男が受け持ってもらいました。

このように二人の息子がお世話になったわけですが、二人の息子を通して本田先生の教師としての力量を強く感じさせられました。担任してもらった二年間二人共算数が好きになり、中学・高校を通して数学については自信をもっていました。親の私は、小学校の五年生ころから算数につまずき、中学・高校の数学はサッパリ駄目人間になってしまったのです。このことを通して、教師の力量、影響力などについて改めて考えさせられました。

昭和五十三年度から五十五年度まで、三年生・四年生・三年生とコンビを組み学級担任をしました。二人のコンビは、先生の在職二十三年間で僅か五回ですが、このように確認するまでは、十回以上もコンビを組んだ気がしていました。先生の学級経営には、常に刺激を受け学ぶことが沢山ありました。年長者ではありましたが、よきライバルという気持ちもありました。

私が教務部の仕事を受け持つようになってからのかかわりも深く長いものでした。それは、先生が昭和五十二年度からのＰＴＡ庶務をしておられた頃から始まります。ＰＴＡ関係では庶務の仕事、施設部の仕事をしてもらいました。五十三年度から六十年度まで教育実習主任として面倒な仕事をしてもらいました。

教務部の仕事は様々な仕事が数多くありましたが、先生には、私の不足であった部分を随分とカバーして助けてもらいました。

昭和六十年度より、私が副校長に就任したため、先生には教頭・教務主任をしてもらうことになりました。このときから五年間、いろいろなことがありましたが、よき補佐役としてしっかりと支えてもらいました。

着任早々、前任者による不祥事件、私の入院、放送教育全国大会などを通して、先生の存在の大きさ有難さを強く感じました。と同時に、早く先生に学校経営の任に当ってもらわないといけないと思いました。

こうしたときに、安田女子大学への話が出てきました。定年をあと一年間残していましたが、本田積先生であれば後をお願いしても大丈夫という気持ちもあって退職を決意しました。本田積先生の方も後任を意欲的に受け止めてもらいました。先生自身の今後の附属の在り方についての構想も次々と芽生え、「やる気」満々の感じが伝わってきました。沢山の課題を残しての退職でしたが、安心して引き継ぎをしました。そして、今後に期待するものには大きなものがありました。

本田積先生のご家族への思いは、ＰＴＡ機関紙「しののめ」に書かれる教育随想でうかがうことができました。毎回のようにご家族のことが登場していました。奥様のこと、長男洋樹君のこと、長女恵さんのこと、次男幹徳君のことです。ほんとうに心残りではなかったかと思います。

葬儀のときの洋樹君の挨拶を聞きながら、これから一家を背負う長男としての自覚と男としての逞ましさを感じほんとうに嬉しく思いました。今後のご家族の皆様のご健康とご多幸を祈らずにはおれません。

こうして本田積先生のことを思い出していますと、あれこれのことが幾らでも浮んできます。私の心の中では、いつまでも生き続ける人で、折に触れて思い出すことでしょう。

心よりご冥福を祈りながらペンをおきます。

（平成３年２月11日）

15　切り抜く楽しみ

最近の新聞記事で興味を持ち、学んだものが二つあった。「広島大発ＮＩＥ」（六月二十七日付）と「新聞切り抜き五十年」（八月二十一日付）である。

私も長年新聞の切り抜きを続けている。いつごろどういうきっかけで始めたかは定かではないが、三十年以上は続いている。仕事と興味にかかわって、「これは」と思うものに出合うと、そのまま捨てることができず切り抜いてきた。

切り抜きの多いときは、穴だらけでばらばらになった。そのうち切り抜きはたまる一方で、ちり紙同然である。これでは役に立たぬと、分類して台紙に張りファイルするようになった。教育一般、国語教育、国語・国文、科学、医学、自然、歴史・考古学など、ジャンルは広がる一方であった。ファイルは次々と増えたが、仕事や生活に役立てることはほとんどなかった。

転宅や転職の度にファイルや切り抜きを処分しなければならなかった。しかし、切り抜きをあきらめることなく、現在も続いている。ジャンルは時と共に変化し、記事も厳選するようになっている。仕事の方では女性問題、生活の方では老人問題が多くなった。

冒頭に取り上げた二つの記事は、私にもかかわりのあるものである。前者は、私のこれまでの仕事に関係してやってきたことである。切り抜きを小学校の授業の教材として、大学の授業の資料として使ってきた。後者は、私が常々思っていたことを実現しておられ、このことが自分にも他人にも役立っていて、教えられることが多い。

このように新聞から学んだり確信を得たりすることは数多い。切り抜きをすることで読みも深まる。自己形成のために死ぬまで続く楽しい作業である。

（中国新聞夕刊「でるた」・平成11年9月22日）

16　広島市の国語教育の歩みに支えられて

はじめに

あと一年で半世紀にわたり教師生活を続けてきたことになる。三十七年間の小学校教師（公立小学校七年九か月、附属小学校二十九年三か月）と十三年間の大学・短大の教師である。

小学校での定年を一年残して、安田女子大学・短期大学に転任した。大学での定年も昨年度で無事終えることができた。引き続き非常勤講師として授業を担当し、今年度も担当することになっている。

間もなく終止符をうつことになるであろうこの時点に立って、これまでの教師生活の様々な場面が浮かび上がっている。それぞれの場面で出会った多くの児童や学生、ご協力をいただいた保護者の方々、わたしを励ましご支援いただいた多くの先生方のお陰で、今のわたしがあることを改めて強く感じ、感謝の気持ちで一杯である。

こうしたときに、これまでのわたしの教師生活を振り返ることのできる素晴らしい企画が提案され、実現に向けて歩み始めた。この機会にわたしのささやかな歩みを振り返り、この中でわたしの歩みを支えていただいた先生方についても書いておきたい。

一　『文集ひろしま』との出会い

昭和二十八年（一九五三）三月に広島大学教育学部小学校教育科を卒業して、四月に広島市立中島小学校に就任し、小学校教師の第一歩を踏み出した。ここで第五学年月組の学級担任として五十一名の児童を任された。このあとの二年間は、新米教師として無我夢中で過ごした。

この二年間で強く印象に残っていることに、『昭和二十九年度文集ひろしま』（第一集・昭和三十年二月二十五日発行）にわたしのクラスの二名の児童の作品（「風と高しお」末沢栄子・「ふろたき」明神正明）を載せてもらった。自分のことのように嬉しくて、自分用の文集も注文し、二人の作品を何度も読み返したことがある。

この『文集ひろしま』の発行の主体は、「ひろしま作文の会」である。この「ひろしま作文の会」と『文集ひろしま』のかかわりについては、『広島市小学校国語教育の歩み――戦後――』（「Ⅶの二　作文クラブ・ひろしま作文の会」一三〇～一三九ぺ）によって、会の誕生や活動の様子がよくわかる。

わたしの手元には、「ひろしま作文の会」の活動状況を報告した冊子が、すべてではないが残っている。これを読むと会の様子がさらに細かくわかる。

「作文研究ひろしま」（第1号・一九五四年（昭・二十九）七月）によると、七月十八日（午後二時半～四時半）第五回ひろしま作文の会があり、作文と詩の合評会が行われている。この時の会場は、竹屋小学校の一年田辺教室で、一年生用の小さな椅子に座って合評会が進められている。この会の参会者は、大学の先生、県・市教委の指導主事、附属小学校の先生、中国新聞社の学芸員と現場の先生が参会されており、メンバーは多彩であり、スゴイ会だったのだなと改めて驚かされる。

二　お世話になった先生方

「ひろしま作文の会」に参会しておられる先生方の中に、わたしがこれまでにお世話になった先生方がたくさんおられる。これらの先生方の中から、小川利雄先生、田辺正先生、安田平一先生、向井信之先生、細井迪先生について触れておきたい。

どの会に参加した時かはっきりしないのであるが、田辺先生からお声を掛けられたことがある。「小川さんが、あんたのことをよろしく頼むと言っとられたよ。」と言われた。この時は、「小川さん」のことをわたしの勤めていた中島小学校の小川節子先生のことかなと思った。この先生と田辺先生とのつながりのはっきりしないまま過ごしていたが、後になって附属小学校の小川利雄先生と確認して、うかつであった自分を認識すると同時に、大変ありがたいことだと思った。このお二人の先生には、折りに触れ激励していただいた。しかし、このお二人はすでに亡くなられお会いできないのは残念である。

小川利雄先生は、広島市小学校国語教育については、亡くなられるまで深くかかわってご指導してこられた。三十八年間にわたって（第三集より第四十集まで）『文集ひろしま』の指導文（文話）を書かれたのもその一つである。毎年、低学年・中学年、高学年と三つの学年用を書いておられたため、指導文の総数は百篇に近い数になっている。

小川利雄先生が平成七年（一九九五）三月十三日㈪午前十時五十分に亡くなられた。お年は七十六歳であった。このため、『文集ひろしま』の指導文がわたしに回ってきて、第四十一集から書くことになった。昨年度は第四十八集が発行され、八集にわたって書いてきたことになる。全部で二十四篇（毎年低・中・高学年を一篇ずつ）の指導文を書いた。毎年締切近くなってもなかなか書けなくて苦労している。小川先生の指導文を読み返し、自分の非力を痛感している。子どもたちにもまことに申し訳ないことだと思う。

安田平一先生には、「作文研究ひろしま」を個人的に送っていただいた。この冊子は、安田先生のご尽力によって作成され、発行の度に市内の全小学校に一部ずつ送られていたものである。各小学校に送られたもの以外に、わたしの名前を書いたものが送られてきた。手元には数冊あり、どこでどのようにわたしを認めていただいたのかわからないが、大変嬉しく思ったものである。

この頃から現在まで、会う度に声を掛け激励をいただいている。現場を去られた後も、太河の会の中核として会を推進しておられ、お元気でいていただけるのはありがたいことである。

向井信之先生は、当時、会にご自身の指導された作品を提出されたり、作文の授業をされたりしておられる。先の安田平一先生も同様で、お二人共大活躍しておられることを冊子に窺うことができる。

向井先生にお会いするようになり、お顔を合わせると必ず声を掛けていただいた。

広島大学附属東雲小学校では、研究会のときに国語科の分科会があり、その司会を何度かお願いした。教科の担当者として司会をしていただく先生をお願いしないといけなかった。いつも快く引き受けていただきありがたい思いをしたものである。現在も太河の会でお会いでき、お話しできることはありがたいことである。

細井迪先生は、当時熱心に会に参加されていたようで、出席者の記録の中に常にお名前がある。作品も提出されている。

先生と親しくお話できるようになったのは、小学校国語教育研究会（小国研）でご一緒するようになってからである。この小国研には毎回きちんと出席され、真面目に真剣に取り組まれた。先生の学習態度に刺激され、自己の努力不足を反省させられたものである。資料作成段階では最後まで助けていただいた。現在でも太河の会でお会いでき、お話しできることはありがたいことである。

三　作文通信の編集

「ひろしま作文の会」は、「作文通信」も生み出した。途中からわたしも編集協力者の仲間に加えていただいた。この編集を通して作文指導の勉強をさせていただいた。「作文通信」の発行については、『広島市小学校国語教育の歩み――戦後――』(Ｖの三　作文通信〔昭和二十九年～平成四年〕一〇四～一〇八ぺ〕) に記述されている。

継続発行の区切りを記念した二つの冊子が発行された。十五巻を記念した『ひろしまの子の作文のすすめ』と二十巻を記念した『ひろしまの子の作文教育』である。この二冊は手元にあり、この中にわたしの執筆した「作文通信」や「作文通信」を使った授業実践を載せてもらった。

『ひろしまの子の作文のすすめ』(四十四年〔一九六九〕三月発行) の中には、安田平一先生の「活動のまとめ」が巻末に載せてあり、十五年間の歩みが述べられている。これまでに編集発行された通信の中から選ばれ、学年順に並べてある。わたしのかかわったものとして、はっきりわかるものが二点ある。

第三学年の「わたしの文集」(五四～五五ぺ) と第四学年の「わたしの写真」(五九～六一ぺ) である。作成した者の記名が無いのだが、この冊子を受け取ったとき、これは自分のものだとメモしたものが残っている。第四学年の「わたしの写真」は、当時受け持っていた児童五名の写真を使っているのではっきり確認できる。

『ひろしまの作文教育』(昭和五十年〔一九七五〕七月一日発行) は、「はじめのことば」として、当時広島市国語教育研究会長であった安田平一先生が、出版の経緯や目的などについて述べておられる。十五年目の記念の冊子の記述に続いて、次のように書かれている。

二十年目の記念としては、教師の作文指導の参考書として、本書の企画を致しました。「作文通信」を使用しての作文の授業の実際を提示し、多くの方の参考に供しご指導をも得たいと思ったものです。そのため、本年度の作文通信編集者全員が、授業案・授業記録・授業によって生まれた児童作品等をありのまま提出し、まとめて一冊にしたのが本書です。

当時、編集者（二十九名）の一人であったわたしも載せていただいている。第四学年の授業で「くらしの中から――詩を書こう」という単元の中に作文通信（第四学年十一月（二十巻第四号））と教科書の詩教材を取り上げて実践したもの（一四〇～一四八ぺ）である。

本時の授業の中で、「作文通信」の三つの詩作品（「せんざい所」「かたっぽのくつ」「だいこんのめ」）を取り上げ、深い読みをさせて自分の詩作に結びつけようと試みた。この授業の結果としては、鑑賞の段階で終わってしまい詩作にまで結びつかなかった。児童一人一人の表現意欲を高め、具体的表現方法などの理解の必要などについて考察している。

「作文通信」は、広島市内の児童の作文指導の参考作品として、また、児童が自力で作文の学習ができるものとして発行し続けていた。しかし、平成五年（一九九三）三月をもって、諸般の事情で発行が終わった。編集に参加することによって、先生方の作文指導力を高めることのできる場が失われ、大変に残念なことである。

四　国語教育夏季講座への参加

国語教育夏季講座は、前年度まで行われていた年四回の教科研究会や時々開かれていた国語同好会を母体として誕生したものである。このことについては、『広島市小学校国語教育の歩み――戦後――』（「Ⅴの一　国語教育夏季講座」六七～八〇ペ）に詳しい。

講座の第一回は、昭和三十六年（一九六一）八月十日から十二日までの二泊三日、湯の山白雲閣を会場として開催された。この会は、途中会場などの変遷があったが現在も続いている。

この会の講師として広島大学の松永信一・野地潤家・森本正一・小川利雄の各先生方をお迎えしている。これ以外にも広島女子大学の木原茂先生・県教委の末田克美先生などもお迎えしている。会の後半では、前記の先生方以外の大学の先生や児童文学者などをお招きし、講師は多彩である。

安田女子大学・短期大学に転任したわたしも平成になって四度（三年・六年・八年・九年）演習をさせていただいた。

講座の第一回には、発表者四人（細井迪・榎野譲・高田亘の各先生と小生）の一人として発表させていただいた。広島市立中島小学校から広島大学附属東雲小学校に転任したばかりの年である。ここで全校的な研究テーマを国語科の授業でどのように実現すればよいかを考え、実践したことを発表した。この時の発表題目は「焦点的読解指導のための具体策」としている。

この講座への参加は、二十回くらいまでは毎回出席していたが、それ以後は、附属小学校での行事（とくに研究会開催が多くなるなど）や教務主任の仕事などで多忙を極め、次第に足が遠のいてしまった。

しかし、昭和五十一年度（一九七六）の第十六回からの研究集録「ひろしま国語教育の創造」が編集発行され、毎年学校に送られてきたので、講座の様子を知ることができ参考になった。

五　小学校国語教育研究の会（小国研）に参加

第一回の夏季講座に参加したとき、高田亘先生より小学校国語教育研究の会に参加するようお誘いがあった。わたしと同年齢の先生であるが、すでに実践・研究を深め、現場の国語教育をリードしておられた。お会いしてお話を聞いていると、わたしよりずっと先輩の感じであった。これ以後、ずっといろんな面でわたしをリードしていただいた。

先生には、『安田女子大学言語文化研究叢書6広島県国語教育実践研究文献目録第一集』（安田女子大学言語文化研究所編・平成十三年三月三十一日・研究所発行）の「Ⅱ　広島県戦後国語教育実践個体史」の小学校の部に、先生の個体史を執筆していただいた。先生の国語教育への情熱・実践・研究の在り方や成果について知ることができ、学ぶことが多い。

小国研については、『広島市小学校国語教育の歩み――戦後――』（Ⅶの四　小学校国語教育研究の会（略称「小国研」））にのせてある。

この会で、野地潤家先生から読解・読書指導と作文指導の基礎的研究の在り方を学んだ。この研究の成果は、『「野口英世」伝の研究――読書指導のための基礎作業――』野地潤家編（明治図書出版・昭和四十七年（一九七二）九月刊）『読書指導事典』野地潤家編（共文社・昭和五十二年（一九七八）十月刊）『戦後作文教育文献解題――昭和二十年代・三十年代――』野地潤家編（渓水社・平成十一年（一九九九）十二月刊）として世に問うことができた。

この会では、それぞれが担当した文献の一冊を詳細に深く読み取り、その結果を文章に表現しプリントしてメンバーに発表した。相互に気づき・問題点などを交換した後、野地先生のご指導をいただいた。一度で合格になることは殆ど無く、二度三度と提出した。こうした基礎作業と研究を進め、この成果を出版に結びつけるため文章化した。これもメンバーに発表し、気づきや問題点を交換した。この後、野地先生から内容・表現などについて厳しいご指導をいただいた。

このような研究活動によって、研究の在り方、研究報告の在り方、文章表現など多くの貴重なご指導をいただいた。昭和三十七年（一九六二）十二月から平成十一年（一九九九）十二月までの三十七年間、毎月一回集まって会をもったことになり、記録によると四五十回くらいになるようである。

ご指導いただいた野地先生には、学生時代に国語・国語教育関係の授業を受講している。卒業後も、夏季講座と小国研の場で引き続きご指導いただけるという幸運を得た。さらに、中島小学校から附属東雲小学校に転出するときと附属東雲小学校から安田女子大学・短期大学に転出するとき、ご推薦の労をとっていただいた。

先生から学んだことは多い。ご研究の姿勢・態度・ご研究の業績、優秀な研究者の育成など、数え上げるときりがない。先生からいただいたものも大きく多く、貴重なものである。これに報いることもできないままでいる自分を悔いるのみである。

おわりに

書き始めてみると、事実の確認や内容の充実のための資料不足を痛感した。こうした中でひろしま国語教育太河の会で編集された『広島市小学校国語教育の歩み――戦後――』から大きな手がかりをいただいた。

四十九年間の実践記録や研究会などの各種の資料をダンボール箱に詰め込んで、家の中や小さな倉庫に積み上げている。どれに何が入っているかわからないため、活用できない。この文章を書くに当たって事実・内容などを確認したくても殆どできず、曖昧な記述になっている。
わたしの成長をこれまで支えてくださった多くの方々にも触れないといけないが枚数制限の中ではできない。お許しをいただくと同時に、心より感謝申し上げたい。

（「人この素晴らしき出会い」　平・14・10）

17　教師の基礎的・基本的言語能力の充実・向上を

——私の大学の授業をもとに——

一　大学における私の授業

三十年近い小学校（広島大学附属東雲小学校）の教師を終え、安田女子大学に勤めることになった。それから十一年間文学部児童教育学科の初等国語教育関係の授業を担当してきた。附小に勤めていたとき、隣接の大学（広島大学学校教育学部）で、併任講師として国語科教育法と国語科授業研究を担当していた。

ここでは、安田女子大学での現在の私の授業について概略紹介し、いくつか取り上げて考察してみたい。私の担当している授業は次の通りである。

○教科基礎論・国語〈一年生前期〉

自己の基礎的言語能力を意識させ、自己の課題を自覚させ、自己の言語能力向上を目指して意欲的に努力する。小学校六年間の国語科教育を思い起こし、国語科教育への方向づけをする。

○保育内容の研究Ⅳ・言葉〈一年生後期〉

乳幼児期の言葉に興味・関心をもたせる。さらに、言葉の発達を理解し、乳幼児の言葉の発達を支援できる幼稚園教諭を目指す。

○初等国語Ⅰ〈二年生前期〉
　小学校の国語科教育の基本的事項を学習指導要領・国語やテキストを中心に理解する。国語科の授業が頭の中にイメージできるようにする。
○国語科教育法Ⅰ〈二年生後期〉
　小学校の国語科教育での指導案が作成できることをねらい、教科書研究、単元の研究、教材研究、授業の事例研究などを行う。これらによって第一回めの指導案を書かせる。
○国語科教育法Ⅱ〈三年生前期〉
　三年生後期には教育実習に行くことになる。このための指導案を作成し、授業ができるようになっていないといけない。ここでは、第二回目の指導案を作成し、模擬授業、授業研究をする。
○初等国語Ⅱ〈三年生後期〉
　国語科教育の基本的知識（国語科教育の歴史・日本語の知識・児童の言語発達・国語科の基本用語など）を再確認する。様々な実践事例を読み、現場の国語科教育への視野を広げる。

こうした授業を通して、小学校の教師として国語科授業を創造的に構築できることをねらっている。

以下、二つの授業を取り上げ考えたい。

二　教科基礎論・国語

この授業の中で、学生自身の言語能力について意識させ自覚させるため、自己の発声・発音や文字などを取り上げている。この授業の最終に書かせた記録の一つを紹介する。

教科基礎論・国語を受講して、様々な新しい知識を身につけることができました。そして、今まで以上に国語科が好きになり、より理解を深めることができました。

発音の授業を受けた時に、私はこの講義が好きになりました。ラジオを聞きながらの発音・発声の練習は、本を見ながら練習する時より身につきやすく、とても楽しみながら学習できました。今後は、参考書だけでなく、直接聞くということを大切にして、もっとよい発音・発声ができるよう、声に出して頑張っていこうと思います。

文字の授業で興味をそそられたのは、やはり書き順でした。私は、普段から誤字や書き順に気をつけている方ですが、それでも間違っていたものがあります。将来は、いずれ小学校の先生になるのだから、児童の前に出ても恥ずかしくないように、日頃からもっと気をつけていきます。

（中略）

この授業を通して、国語科の奥深さを改めて思い知らされた気がします。しかし、全てが今後必要なことであり、役に立つ内容だったと実感しています。小学校教師を目指すために、国語ではまず、正しい発音・発声や文字を身につけた上で、授業についてもっと学びたいです。そして、立派な教師になるために学ぶことをずっと続けていきます。

（一年生女子学生）

授業の様子がいくらかうかがえるものを一つ紹介した。この度、中教審の「中間のまとめ」が報告された。この中に児童の日本語の基礎的・基本的能力の見直しが盛り込まれている。教師の日本語の基礎的・基本的言語能力の向上・充実は不可欠となる。

三　保育内容の研究Ⅳ・言葉

この授業は、幼稚園の保育にかかわる授業であるが、学科の学生の殆どが受講している。小学校教師と幼稚園教師を目指す者が混在している。一年生なので進路未定の者も多い。この授業の最終に書かせた記録を一つ紹介する。

私は、将来小学校の先生になるという夢があります。小学校の教育は、幼稚園や保育園の生活の延長です。ですから、私は、幼児のこともよく知っておかないといけないと思います。

この授業で私は、幼児の言語について学び、そこからとても多くのことを発見することができました。子どもの発する言葉には、一つ一つ意味があること、その言葉から子どもの健康状態、心理状態など、私たちはたくさんのことを知ることができます。

言葉は、子どもたちが発する信号であり、それを私たち大人が敏感に受けとめていく必要があると思います。そのためには、より多くの子どもと触れ合い、話し、関係をもつことが大切なのではないでしょうか。（後略）

（一年生女子学生）

乳幼児期の言語発達を理解しておくことは、保育所の保育士、幼稚園の教諭だけでなく、小学校の教諭としても大事なことである。とくに国語科の授業は、乳幼児の言語発達を踏まえて構築されなければならない。

二つの授業を取り上げ、それぞれの授業で書かせた記録を読んでいただいた。授業の内容に何を盛り込んだらよいか。学生一人一人の学習意欲をどう高め、主体的な学習につなげていくかどうかなど、今後の課題は多い。

（「月刊　国語教育研究」四月号　平・13・4）

付録

小学校国語教育執筆目録

共著・部分執筆の概要

神田和正　履歴

小学校国語教育執筆目録

Ⅰ　著書（文献）

〈共著〉

1　石堂　豊編・著『ほんとうの学力を育てる家庭学習の場づくり』　黎明書房　昭41・6　1966
2　石堂　豊編・著『ほんとうの学力を育てる読書』　黎明書房　昭45・6　1970
3　野地潤家編『「野口英世」伝の研究～読書指導のための基礎研究』　明治図書　昭47・9　1972
　第一章「野口英世」伝研究の意図と方法　第五章「野口英世」伝の評価
4　授業技術双書29『国語学習・遅れる子への対策』　明治図書　昭53・3　1978
　Ⅲ　遅れる子への対策・中学年の国語学習例
5　野地潤家編『読書指導相談事典』［問］と［答］を十章に分類配列　共文社　昭53・10　1978
6　広島大学附属東雲小学校『よい国語科授業を創る表現・理解・言語の指導』　ぎょうせい　昭55・2　1980
7　国語教育研究所・飛田多喜雄編　国語科教育入門第一巻『子どもが伸びる国語教室づくり』　第4章　施設・教具等の工夫された国語教室づくり　明治図書　昭60・3　1985
8　野地潤家編『戦後作文教育文献解題』広島市小学校国語教育研究会メンバー　溪水社　平11・3　1999
9　野地潤家監修・生信勇荘編著『徹底解明　学習指導要領とは何か　小学校国語科その読み方・生かし方』　Ⅲ　正確に読み取る力の育て方　一　正確で主体的な聞く力をどう育てるか（低学年）　東洋館　平5・3　1993

〈部分執筆〉

10 井上敏夫編　小学校新指導要領の指導事例＝2　国語科編第二巻　『作文指導とことばのきまり指導』　Ⅶ　他領域学習と作文指導　一　聞く、話す指導と関連した作文指導　明治図書　昭45・4　1970

11 青木幹勇・他著　授業の基礎技術―7　『発問分析による国語科授業の改善』　Ⅱ　国語科授業における発問分析の視点　三　指名発問の回数、指名者にかたよりはないか　明治図書　昭46・2　1971

12 井上敏夫編　小学校新指導要領の評価研究　国語科編第一巻　『一・二年の学力と評価事例』　Ⅲ　一年生の国語科評価の実際　三　読むこと（文学的文章）の評価　題材　詩を読む「ずこうのじかん」（学図・一年下）　明治図書　昭46・10　1971

13 全国大学国語教育学会編　『国語科指導法の改造2　小学校四・五・六年編』　第Ⅳ章　書くこと指導上の問題点とその改造　5　感想　明治図書　昭47・3　1972

14 倉澤栄吉／井上敏夫編　『講座　説明的文章の教材研究　小学三年』　Ⅱ　三年の説明的文章の教材研究　二　「本の始まり」（学図）の教材研究　明治図書　昭48・2　1973

15 井上敏夫編　『講座　国語科の読書指導　4　自由読書を中心にした読書指導』　Ⅲ　自由読書を中心とした指導の事例　二　やさしい読み物に興味をもたせる指導（一年）　明治図書　昭49・2　1974

16 倉澤栄吉・野地潤家編　『国語の教材研究1　報道　報告　記録　調査』　報告・児童作文　紀行による報告―四年―龍飛崎　国土社　昭51・6　1976

17 野地潤家・藤原宏・室伏武編　『読書指導実践事例集　追補式』　Ⅲ―3―（3）　説明的文章の読書指導（小学校・中）　第一法規　昭53・4　1978

18　輿水　実編『新学習指導要領の実践指針　新国語科指導法辞典』　明治図書　昭54・7　1979
Ⅲ—3—（2）　「言語事項」の学習指導　一・二年
Ⅴ—7—（7）　学習事項を集約したみんなにわかる授業〈第四学年〉
19　国語＝藤原宏・渡辺富美雄編『小学校新教育課程実践事例集　六年国語・社会』　第一法規　昭55・4　1980
1　どろんこ祭り（物語文）
20　全国国語教育実践研究会編『文学重要教材の授業展開　小学三・四年』　明治図書　昭56・2　1981
第Ⅲ章　第四学年の授業展開　八　吉四六話〈実践〉松永一志〈考察〉神田和正
21　輿水　実編『到達基準を明確にした国語科授業　小学校四年』　明治図書　昭56・3　1981
Ⅲ　到達基準を明確にした国語科授業の実際〈文学〉三「村一番のさくらの木」（学図）の学習指導
22　藤原　宏・渡辺富美雄編著『小学校　わかりやすい国語の授業　第三学年』　東洋館出版社　昭56・5　1981
第Ⅳ章　指導の実際　事例14　感想をまとめたり、自分ならどうすると考えることの指導「大きな木がほしい」（学図・三年上）　事例15　意味のまとまりごとに内容を整理して書くことの指導「くらしの中の行事」（学図・三年下）
23　野地潤家・瀬川栄志編『授業に生きる教材研究　小学校国語科・二年』　明治図書　昭56・9　1981
第Ⅴ章「表現・理解の関連」の教材研究　一「楽しい工作」（学図・二年上）
24　須田　実編著『国語科わかる発問の授業展開　小学二年』　明治図書　昭56・9　1981
第Ⅱ章　わかる発問の展開の核心　一　文学教材の発問
25　飛田多喜雄編『新国語科表現力指導法　2表現の練習学習』　明治図書　昭57・3　1982
Ⅲ　練習学習の実践的展開　一　基本的事項の練習学習例　7　目的や意図に応じて文章を書き、生活や学習に役立てる指導（読書・感想・意見）—第六学年

26　輿水　実編著『国語科基礎学力の評価と指導　小学三年』　明治図書　昭57・9　1982
第Ⅲ章　各基礎学力の評価と指導　三　理解の技能〈観賞〉　26　表現の優れたところに気付く能力
27　輿水　実編著『国語科基礎学力の評価と指導　小学四年』　明治図書　昭57・9　1982
第Ⅲ章　各基礎学力の評価と指導　三　理解の技能〈観賞〉　25　表現の優れたところに気付く能力
28　輿水　実編著『国語科基礎学力の評価と指導　小学六年』　明治図書　昭57・5　1982
第Ⅲ章　各基礎学力の評価と指導　三　理解の技能〈観賞〉　24　表現を観賞する能力
29　飛田多喜雄編著『新国語科　理解力指導法　2　理解の練習学習』　明治図書　昭58・2　1983
Ⅲ　練習学習の実践的展開　一　基本的事項の実践的展開　5　表現の細部に注意しながら主題を確実に理解し、自分の感想や意見をまとめることの指導―第五学年
30　飛田多喜雄・瀬川栄志編『国語科　基礎・基本の体系的指導　小学四年』　明治図書　昭58・9　1983
第Ⅶ章　「関連」の基礎・基本の指導実践　三　「文章の書き方を理解しながら読み、書くときに役立てる」授業　説明的文章の指導―「動物のへんそう」
31　野地潤家・青木幹勇編集・解説『国語　子どもの考え方・教師の導き方　四年』　明治図書　昭59・3　1984
Ⅳ　四年生の説明文・読解の授業
32　藤原　宏・長谷川孝士・須田　実編著『小学校　文学教材指導実践事典　上一・二・三年』　Ⅳ　文学教材の指導方法　16　事柄の大体を理解させる　17　語句の意味を考えさせる　教育出版　昭59・6　1984

33 輿水　実監修『国語科の基本的指導過程入門　小学三年』　明治図書　昭59・7　1984
Ⅱ　文学教材の基本的指導過程（展開例）　五　「チロヌップのきつね」（学図・二年下）の授業展開例

34 渡辺富美雄監修『小学校国語科　学習活動ハンドブック　授業改善の新展開』　みずうみ書房　昭60・11　1985
Ⅲ　各学年共通の学習活動　1　話し合い活動　1　話し合い活動のさせ方　2　板書の仕方
3　発問の工夫　8　話し合い活動、発問、板書を関連づけた学習計画例

35 須田　実編著『文学教材の授業選集　六巻　民話・劇・伝記教材』　明治図書　昭61・10　1986
Ⅲ　民話教材の授業展開　2　新教材　「島引きおに」（学図・四年下）

36 本堂　寛編著『小学校授業改革事例集1　国語科の個別化・個性化指導』　明治図書　昭62・2　1987
§4　個人差に応じた言語事項の指導　1　発問・板書の活用

37 全国国語教育実践研究会編『範例国語科授業の実践記録⑤』実践国語研究別冊　明治図書　昭61・9　1986
一九八六年版　No.62「書き方を学ばせる練習学習―ことばの使い方を工夫して書く」〈実践〉壇上健二〈解説〉神田和正

38 国語教育研究所編『国語教材研究大事典』第Ⅱ部文学の教材研究　明治図書　平4・　1992
文学教材二年「海の楽隊」（学図・二年下）

Ⅱ 論文・記録（教育誌・紀要・冊子など）

1 「作文の時間をどうするか」『作文教育』八・九月合併（第五巻・第七号） わたしの実践から　友文社　昭33・9　1958
2 「作品例について」『この子をどう導くか 文集に学ぶ 第Ⅳ集』 広島県文集編集委員会編　広島教育会館出版部　昭37・1　1962
3 「読みを深めるための一つの試み 感想メモを使って」『国語教育研究』第八号 広島大学教育学部光葉会 山根安太郎 井上桂園 清水文雄 還暦記念号　広大・光葉　昭38・12　1963
4 「国語科学習指導におけるつまずき 読解指導における一部面」『国語教育論考』第一集 広島大学教育学部東雲分校 東雲国語の会　広大・東雲分校　昭39・6　1964
5 「説明文の読解指導」 広島大学教育学部附属東雲小学校研究紀要 第三集　広大・東雲　昭40・3　1965
6 「物語文読解指導の方法を求めて」 広島大学教育学部附属東雲小学校研究紀要 第四集　広大・東雲　昭41・3　1966
7 「B 文学的視点から」『国語科教育の研究』 教育養成学部教官研究集会国語研究部会編 第Ⅳ章 現下国語科教育の問題 第2節 各論第一項 小学校 2 読むこと A 言語的視点から　金子書房　昭41・3　1966
8 「子どもを伸ばす授業―詩の学習を通して―」『家庭学習』八月号　東方出版　昭41・8　1966
9 「思考力高める国語科の指導―説明文の読解指導を中心として―」 広島大学教育学部附属小学校研究紀要 第五集　広大・東雲　昭42・11　1967

10 「効を奏した『詩のページ』」 月刊・教育ジャーナル 三号 学習研究社 昭43・3 1968
11 「表現の豊かさ確かさを高める国語科の指導―作文指導の場合」 広島大学教育学部附属東雲小学校研究紀要 第六集 広大・東雲 昭43・11 1968
12 「国語科における読書指導―指導内容の精選のために―」 広島大学教育学部附属東雲小学校研究紀要 第七集 広大・東雲 昭44・11 1969
13 「『ことば』をたいせつにする」 広島実践国語教育 創刊号 広島実践国語研究会 昭44・11 1969
14 「『読むこと』を子どものものに」 広島実践国語教育 第三号 広島実践国語研究会 昭45・7 1970
15 「『聞くこと・話すこと』の指導をするに当たって心がけたいこと」 広島実践国語教育 第五号 広島実践国語研究会 昭45・11 1970
16 「子どもの姿を直視しよう」 広島実践国語教育 第六号 広島実践国語研究会 昭46・8 1971
17 「国語科における読書指導」その二 広島実践国語教育 第七号 広島実践国語研究会 昭46・8 1971
18 「教科書教材・その活用」 広島実践国語教育 第九号 広島実践国語研究会 昭47・9 1972
19 「生き生きと読ませるために」 広島実践国語教育 第一〇号 広島実践国語研究会 昭49・2 1974
20 「調べ読みへの導き」 小二 教育技術（第二六巻第一一号） 考察 野地潤家 小学館 昭49・1 1974
21 「知識・情報を得る読解（読書）指導―説明的文章における読みの取り組みについて」 国語教育誌 第一〇号（第三巻第一号） 新光閣 昭49・1 1974

22 「話の内容を正しく聞きとれない子」 学習の遅れがちな子の特別指導例・2教育科学国語教育 二〇二号 明治図書 昭50・3 1975
23 「子どもを引きつける導入の方法 高学年」どんな導入指導をすればよいか・3授業研究 一四二号 明治図書 昭50・6 1975
24 「国語科における『てびき』の活用—低学年における文学教材による読解指導—」 広島大学教育学部附属東雲小学校 複式学級指導資料集 広大・東雲 昭50・3 1975
25 「『読書する子』の学習システム」 第5回全国国語教育研究者集会紀要 明治図書 昭50・8 1975
26 「第5回全国国語教育研究者集会報告」 教育科学国語教育 二一一号 明治図書 昭50・11 1975
27 「国語科における評価—あいまいさの克服—」 初等教育資料 三六三号 文部省 東洋館 昭53・5 1978
28 「『表現』における基礎指導—視写・聴写によって—」 初等教育 第二号 広島大学教育学部附属東雲小学校教育研究会 広大・東雲 昭53・5 1978
29 「広島へ行って—広島の子どもの反応—」 実践研究（三年） 学図・教科研究国語 No.4 学校図書 昭53・7 1978
30 「国語科との関連で効果を上げる」 学図・教育研究 理科 No.8 学校図書 昭53・12 1978
31 「言語の教育と『日本のことば』」 学図・教科研究 国語 No.16 学校図書 昭54・10 1979
32 「言語能力を高める学習課題」 学習課題を明確化させる教材解釈例（中学年） 教育科学 国語教育 二八三号 明治図書 昭55・12 1980
33 「『表現』と『理解』の関連指導—関連単元の在り方とその指導—」 国語教育 No.118 青玄会 昭56・3 1981
34 「語句の意味をつかませる」 いきいきと読みを深める物語文の指導 物語文指導のアイディア（9） 小学校の国語教育 一号 明治図書 昭56・5 1981

34 「表現に即して読み取る・読みの姿勢を大事にする」 説明文指導のポイントは何か・2 小学校の国語教育 四号 明治図書 昭57・2 1982
35 『関心・態度』を養う国語科授業」 初等教育 第一八号 広島大学教育学部附属東雲小学校教育研究会 広大・東雲 昭57・6 1982
36 「一つの作文を前にして―この子の表現をどう伸ばすか―」 基礎能力を養うために 月刊 実践国語教育情報 五月号（第二巻第二号） 教育出版 昭59・5 1984
37 「中学年における年間指導計画づくり」 国語教育別冊 第一号 楽しい授業をつくる年間指導計画のポイント・2 明治図書 昭59・5 1984
38 「今後に生きる言語能力を目指して『文を作りましょう』他（光村）」 [言語教材] 指導のアイディア―小学校二年 実践国語研究 五八号 明治図書 昭61・1 1986
39 「指導のポイントを明確にした『評』を」 実践国語研究 九二号 読書感想文＝書かせ方と「評」の仕方 明治図書 昭62・7 1987
40 「『全国特色ある国語教育研究校』のここを学ぶ」 教育科学国語教育 四〇五号 特別号 理解力指導の改善 さいきんの実践研究からのヒントをつかむ 明治図書 昭64・1 1989
41 「小学校三年生の『言語事項』指導計画作成の重点」 教育科学国語教育 四一三号 明治図書 平元・6 1989
42 「楽しい国語教室の創造―単元学習の見直しと建て直し―」 平成三年度 ひろしま国語教育の創造 第一六集 広島市小学校国語教育研究会 平4・3 1992
43 「漢字指導の一考察」 児童教育研究 第二号 安田女子大学児童教育学会 平5・1 1993

44　「漢字指導の一考察―小学校時代の漢字体験より―」　安田女子大学　紀要　№21　安田女子大学・短期大学　平5・2　1993

45　「初等国語科教育の展望―大学における『初等国語科教育』の改善のために―」　安田女子大学　紀要　№22　安田女子大学・短期大学　平6・2　1994

46　「学ぶ喜びのある文学教材の読み―『おいの森とざる森、ぬすと森』の場合―」　平成六年度　ひろしま国語教育の創造　第一九集　広島市小学校国語教育研究会　平7・3　1995

47　「『説明的文章を読む』指導―単元学習の中で説明文を読む―」　平成八年度　ひろしま国語教育の創造　第二一集　広島市小学校国語教育研究会　平9・3　1997

48　「『説明的文章を読む』指導―表現と結んだ活動を―」　平成九年度　ひろしま国語教育の創造　第二二集　広島市小学校国語教育研究会　平10・3　1998

Ⅲ　国語教育個体史（回想・随想）

1　「ひなのたわごと―実践の場から見た初等教育」―卒業生からの寄稿―　初等教育研究　創刊号　広島大学初等教育学会　昭29・9　1954

2　「『いとなみ』の中から―考える子を目指して」　初等教育研究　第三号　同　右　昭31・3　1956

3　「松永先生からいただいたもの」―松永先生の思い出―　広島実践国際教育　第五号　広島実践国語研究会　昭45・11　1970

4　「国語教育の創造」「青藍」卒業二十周年記念号　広島大学教育学部国語科一回生　「青藍」卒業二十周年記念号　昭48・8　1973

5　「養護学級と共に」『養護学級創立二十年史』　第七章　障害児教育の充実発展を願って　現教職員の部　広島大学附属東雲小学校養護学級創設二十周年記念事業会　編集委員会　ぎょうせい　昭57・10　1982

6　「複式学級指導を通して得たもの」『複式学級創設十周年史』　3　複式十年史に寄せて（教官の部）　広島大学附属東雲小学校　複式学級創設十周年記念事業会　ぎょうせい　昭58・7　1983

7　「読書三到」　PTA機関誌「しののめ」四九号　広島大学附属東雲小学校PTA　昭58・3　1983

8　「小学校教師三十年」　一回生「青藍」卒業三十周年記念号　広島大学文学部国語国文専攻・教育学部国語科一回生　「青藍」卒業三十周年記念号　編集委員会　昭58・8　1983

9　「新聞の切り抜き」　PTA機関誌「しののめ」　五一号　広島大学附属東雲小学校PTA　昭60・3　1985

10 「本校の教育目標の変遷」 PTA機関誌「しののめ」 五四号 広島大学附属東雲小学校PTA 昭61・7 1986

11 「図書欠乏症とつんどく」 PTA機関誌「しののめ」 五五号 広島大学附属東雲小学校PTA 昭62・3 1987

12 「国語教育における実践理論の必要性」『輿水 実―その人と学問・業績― 1 国語教育の本質の探究―全国小学校国語教育研究者集会を通じて―』 輿水 実追悼集刊行委員会 昭62・10 1987

13 「退任挨拶」 「広大フォーラム」(旧学内通信) 二一期七号 広島大学広報委員会 平2・2 1990

14 「心に生きる本田積先生」 PTA機関誌「しののめ」 六三号 広島大学附属東雲小学校PTA 平3・3 1991

15 「切り抜く楽しみ」 中国新聞(夕刊)「でるた」 中国新聞社 平11・9 1999

16 「八 広島市国語教育の歩みに支えられて」『人・この素晴らしき出会い―国語教師として生きてきて』 ひろしま国語教育太河の会 溪水社 平14・10 2002

17 「教師の基礎的・基本的言語能力の充実・向上を―私の大学の授業をもとに―」「月刊 国語教育研究」四月号 通刊三四八号 日本国語教育学会 平13・4 2001

共著・部分執筆の概要

ここでは、国語教育執筆目録の中の著書（文献）の共著と部分執筆の概要を記しておく。

共著の概要

書名によって内容の予想はつくが、さらに具体的に紹介し、内容を理解していただこうと意図した。共著の中で執筆者名のはっきりしているものについては取り上げて触れた。全部で九冊を共著としている。

部分執筆

部分執筆の二十九冊についても概要を紹介したいが、目録の書名の後に本人が分担した章・節・タイトルなどを示しているので、これをもって概要に代えたい。

1　石堂　豊編・著『ほんとうの学力を育てる家庭学習の場づくり』

石堂　豊先生（当時広島大学教育学部教授）の呼びかけで、広島大学初等教育学会に所属する会員（かつて先生の担当されていた小学校教育科で学んだ現場の教師）七名（神田和正・北川貞雄・木村琢壮・砂古勇荘・林侯文・望月義照）が協議し編集・執筆したものである。

学校の教育は、家庭での生育・生活と深く結びついている。学級で受け持っている子どもを「伸びるだけ伸ばしたい」という思いをもって、家庭での学習の場づくりを考えてみたものである。

四つの中心話題を立て、それぞれの家庭学習の具体的場面を描きながら、望ましい場づくりを考えた。

四つの話題は、第一話題・伸びるだけ伸ばしたい、第二話題・学習の場づくり、第三話題・家庭生活の場づくり、第四話題・伸びる子伸びない子である。付録として「家庭教育学級とそのプログラム」を載せている。

2　石堂　豊編・著『ほんとうの学力を育てる子どもの読書』

前著に引き続き第二集として出版したものである。

前著同様に石堂　豊先生の担当された小学校教育科で学んだ現場の教師七名（生信勇荘・植木昭・岡屋昭雄・神田和正・望月義照・横松正義・吉永正憲）が協議し、編集・執筆した。

現時点での子どもの読書については、学校において十分に指導されているとは言えない。とくに家庭においては全く放任されていたり、学校と結んでの指導も不十分である。こうした子どもの読書の実態を見詰め、これからの家庭における読書の在り方を考えた。

六つの話題を立て、それぞれの中に含まれる様々な読書場面を描きながら、望ましい在り方を考えた。六つの話題は、第一話・教室の子どもたちは、どのように読書しているか、第二話・現代のマスコミと読書、第三話・読書と学力の育つ子、第四話・読書における家庭の役割、第五話・どんな本を、いつ、どのように読ませるか、第六話・読書ずきにする試みである。

3　野地潤家編『「野口英世」伝の研究　読書指導のための基礎作業』

野地潤家先生（当時広島大学教育学部教授・広島大学附属小学校長）のご指導をいただきながら、当時の小学生に最もよく読まれていた「野口英世の伝記」を分析・研究した結果をまとめたものである。

この研究会（広島市小学校国語教育研究会〈広島市小国研〉）に参加していたのは、広島市内の小学校に勤務していた十八名である。それぞれが分析・研究する「野口英世」伝を決め、その結果を発表して、相互に検討し合い、最後に野地潤家先生にご指導をいただき、修正し充実していった。

このうちの第一章「野口英世」伝研究の意図と方法と第五章「野口英世」伝の評価を分担執筆した。「野口英世」伝研究の意図と方法では、「野口英世」伝を研究の対象として取り上げた理由とそれの研究の意図を明確にし、研究の方法について述べた。「野口英世」伝の評価については、低学年の場合、中学年の場合、高学年の場合と発達段階を踏まえて評価し、それぞれにおける望ましい「野口英世」伝の在り方を求めている。

4　授業技術双書29『国語学習・遅れる子への対策』

国語学習の遅れがちな子どもについて、その実態と対策について四名（黒沢修・千葉勲・神田和正・若尾忠）が分担執筆したものである。この中の中学年の場合を担当した。

国語学習において遅れを引き起こす原因を考え、学習結果の表れ方（診断方法）や指導対策などを考えた。遅れを引き起こす要因については、児童の側からと教師の側からとの両面から考察した。また、特別対策として、漢字指導・読解指導・作文指導について具体的に示した。

5　野地潤家編『読書指導相談事典』

野地潤家先生（当時広島大学教育学部教授・附属学校部長〈併任〉・教育学博士）のご指導をいただきながら読書指導の基礎研究を進めている過程で生まれたものである。

読書指導上の問題は多岐にわたっているが、この問題を明らかにするために、まず、先生方お母さん方の困っておられる問題をアンケートによって確かめた。集めたアンケートをメンバーの中の細井迪先生が十類七十三に及ぶ小問を設定された。これらの小問に対して、メンバー（広島市小学校国語教育研究会〈広島市小国研〉の二十二名が分担して解答を文章化した。それぞれの問いに対して、それに応ずるように解答を考え文章化した。この文章を相互に検討し合い、さらに、野地潤家先生のご指導をいただいて完成した。

アンケートの分類によって生まれた十類の項目は以下のようになっている。Ⅰ子どもの読書生活に関する問題、Ⅱ読書興味・読書意欲に関する問題、Ⅲ読む力・読書指導に関する問題、Ⅳ読書習慣・読書会に関する問題、Ⅴ読書感想・読書記録に関する問題、Ⅵ読書傾向・読書偏重に関する問題、Ⅶ図書の選択と購入に関する問題、Ⅷ教科学習と読書指導に関する問題、Ⅸ学校図書館での読書指導の問題、Ⅹ読書指導の参考文献に関する問題。

6 **教育実践シリーズⅩⅧ『よい国語科授業を創る表現・理解・言語の指導』**

広島大学附属東雲小学校に当時勤めていた国語科同人の三名（生信勇荘・神田和正・李木義夫）で協議し分担執筆したものである。

今後の国語科学習の望ましい在り方を求めて、全校的立場から国語科授業の年間計画を作成し、この計画に基づく授業の実践を取り上げ考察をした。

学校における国語科教育の立場、年間授業計画などを明らかにし、これに基づく授業の実践・研究を、「表現」領域での指導、「理解」領域での指導、「表現・理解」を関連させた指導、〔言語事項〕の取り立て指導、合科的な指導などにわたって述べている。

7 **国語教育実践研究所、飛田多喜雄編『子どもが伸びる国語教室づくり』**

子どもが伸びる国語教室づくりについて、飛田多喜雄先生（当時国語教育実践研究所長）のお考えに基づいて五名（飛田多喜雄・今井鑑三・吉永幸司・神田和正・原　文）で分担執筆した。この中で第四学年「施設・設備等の工夫された国語教室づくり」を担当した。

この中で八つの項を立てて考えた。①言語能力を効果的に向上させる施設・教具、②国語科授業における教育機器の活用、③国語科授業に必要な教具の整備、④学級文庫づくりとその活用法、⑤国語科授業に必要な辞書・参考資料の集め方・活かし方、⑥国語科授業に生かす自作の指導資料の工夫、⑦国語科授業における班学習の構成（座席）と導き方、⑧教師の日々の工夫である。

8　野地潤家編『戦後作文教育文献解題—昭和二十年代・三十年代—』

野地潤家先生（当時広島大学名誉教授・鳴門教育大学学長）のご指導をいただきながら、広島市小学校国語教育研究会（広島市小国研）のメンバーが、戦後刊行された作文教育関係の文献を、それぞれでできる限り手に入れ、解題した。出版目録には載っているが手に入らないものは、野地潤家先生からたくさんお借りして解題した。

それぞれの解題したものは文章化してメンバー相互で検討し合い、最後に野地潤家先生のご指導をいただき、再校・三校を重ねて仕上げた。こうした基礎作業をしながら会を重ねた。しかし、戦後の作文教育関係の文献は膨大な数である。その上、次々と新しく出版され、際限ない先の見えない状態になった。

ここで野地先生のご助言をいただき、まず、二十年代・三十年代にしぼって文献を取り上げ解題を仕上げることになった。このことによって一気に出版が実現した。一区切りとして出版は実現したが、今後に残した課題は多く大きい。この著作の続編として、四十年代、五十年代、六十年代、平成時代の作文教育の文献解題が出版されることを期待したい。

9　野地潤家監修・生信勇荘編著『徹底解明学習指導要領とは何か　小学校国語科　その読み方・生かし方』

野地潤家先生（当時鳴門教育大学学長・広島大学名誉教授・教育学博士）の監修、生信勇荘先生（当時広島市立比治山小学校長）の編著により七名（生信勇荘・梶矢文昭・神田和正・壇上健二・福島靖之・藤井秀昭・丸本克巳）が、それぞれ分担執筆した。

新しく告示された小学校学習指導要領（平成元年三月告示）を確かに理解し、それを平素の国語科の学習にどう生かすかを、具体的事例を取り上げて述べたものである。

七名の執筆したものを野地潤家先生に目を通していただき、まえがきを書いていただいた。

神田和正　履歴

昭5・4・7　1930　広島県安芸郡府中町で誕生
昭12・4・1　1937　広島県安芸郡府中尋常高等小学校に入学
昭12・5・1　1937　広島県深安郡大津野尋常高等小学校に転校
昭13・1・7　1938　広島県安佐郡可部尋常高等小学校に転校
昭18・3・26　1943　広島県安佐郡可部国民学校を卒業
昭23・3・1　1948　広島県立第二中学校を卒業
昭24・3・1　1949　広島県立芸陽高等学校を卒業
昭28・3・25　1953　広島大学　教育学部　小学校教育科を卒業
昭28・4・1　1953　広島市立中島小学校　教諭に就任
昭36・1・1　1961　広島大学教育学部附属東雲小学校　教諭に就任
昭46・2・20　1971　昭和45年度教職員等中央研究講座を終了　文部省主催
昭51・10・9　1976　文部省海外視察（ヨーロッパ、アメリカ七か国）参加
昭53・6・17　1978　広島大学附属東雲小学校（政令規定により校名変更）
昭57・4・1　1982　文部省　小学校国語指導資料作成協力者→『小学校国語指導資料　理解の指導』昭57

昭58・4・1　１９８３　広島大学学校教育学部　講師併任（初等国語科教材研究）
昭59・9・14　１９８４　昭和59年度帰国子女教育指導講習会を終了　文部省主催
昭60・4・1　１９８５　広島大学附属東雲小学校　教頭（副校長）に就任
昭61・4・1　１９８６　広島大学学校教育学部　講師併任（初等国語科教育法）
昭62・4・1　１９８７　同上（初等国語科授業研究）
平元・4・1　１９８９　同上（初等国語科教育法）
平2・3・31　１９９０　広島大学附属東雲小学校　勧奨退職（五十九歳）
平2・4・1　１９９０　広島大学学校教育学部　講師兼任（初等国語科授業研究）
平2・4・7　１９９０　安田女子短期大学　助教授に就任（秘書科）（安田女子大学児童教育学科の授業も担当）
平3・4・1　１９９１　広島大学学校教育学部　講師兼任（初等国語科授業研究）
平7・4・1　１９９５　安田女子短期大学　教授に任命（秘書科）（安田女子大学児童教育学科の授業も担当）
平11・4・1　１９９９　安田女子大学　教授で配置換え（児童教育学科）
平13・3・31　２００１　安田女子大学　定年退職（七十歳）
平13・4・1　２００１　安田女子大学・短期大学　非常勤講師
平15・4・1　２００３　安田女子大学　非常勤講師
平16・4・1　２００４　安田女子大学　非常勤講師

あとがき

昭和二十八年（一九五三）三月二十六日に広島大学教育学部小学校教育科を卒業して、四月一日に広島市立中島小学校の教諭として任命された。第五学年児童五十一名（男二十八名・女二十三名）を受け持つことになった。各教科の学習指導・学級経営・生活指導など、どのように進めたらよいか全くわからないままの出発であった。手探り状態のまま無我夢中で二年間を過ごした。次第に学級担任として学級経営も身につき、学習指導・生活指導もできるようになってきた。このときから五十一年余が過ぎたことになる。

この間、広島市立中島小学校に七年九か月、広島大学付属東雲小学校に二十九年三か月、続いて、安田女子大学・短期大学に十四年余り、それぞれ勤めてきた。

最初の学級担任の教育実践については、「初等教育　創刊号」に「ひなのたわごと」と題した随想を載せてもらった。これ以来「小学校国語教育執筆目録（論文・記録）」にのせたように小学校国語科教育の論文・実践記録・随想などを文章化することに恵れ残すことができた。

目録にある文献の方は、必要に応じて図書館・研究室・出版社などで手にすることができるのではないかと思う。しかし、教育誌・紀要・冊子などの場合は、処分されたり散逸したりして手に取りにくいものである。こうしてまとめて出版することも意義のあることではないかと思う。

このように編集して思うことは、自己の実践・研究のテーマに沿い、計画的に実践・研究を積み上げたものではないということである。求めに応じ必要にせまられ、そのときそのときの思いつきで書かれたもので心残りである。ただ、そのときそのときの小学校国語科教育の流れの中で書かれたものであることは間違いない。

読み返してみると、その都度自分なりに一生懸命に取り組んでいる。すなわち与えられたテーマに対して解明に努め、自己の実践を取り上げ、考察を加え、今後の在り方や方向を求めている。こうした実践・研究の根底に、大学在学中から学んできた国語科教育の理念・理論がずっと流れているように感じる。これまでずっと実践と理論の一体化を考えてきたが、少しでもこの実践・研究の中に含まれていれば幸いである。

これらの実践・研究の中で常に心掛けてきたことは、学習の中での児童の表現（口頭や文章による）を大事にするということである。このことは、広島大学学校教育学部・安田女子大学短期大学での学生相手の授業にも引き継いでいる。

学生時代に受けた野地潤家先生の授業（国語音声学＝三年、児童語研究＝三・四年）の中で、記録すること、発表することをよく取り上げられた。いろいろと思い出すことはあるが、記録を取り上げてみんなの前で読んでいただいたり、みんなの前で口頭発表させられたりした。この発表のとき眼鏡が曇り、背筋を冷汗が流れた感覚は忘れることのできないことである。

先生に学んだ授業の中での発表（口頭や記録）は、その後の小学校、大学・短大の実践、研究に生かし続けてきた。

最後になったが、本書に載せた文章を公表させていただいた教育誌・紀要・冊子などの出版社・学会・教育機関などに対して、心よりお礼申し上げたい。

また、これまで非力な私を支え励ましていただいた多くの方々にも心よりお礼申し上げたい。ほんとうにありがとうございました。

平成十六年五月二十四日

著　者

〈著者〉

神 田 和 正（かんだ　かずまさ）

昭和５年（1930）年、広島県安芸郡府中町生まれ。
昭和28年（1953）年、広島大学教育学部小学校教育科卒業。
広島市立中島小学校教諭、広島大学教育学部附属東雲小学校教諭、広島大学附属東雲小学校教諭、広島大学附属東雲小学校副校長、安田女子大学・短期大学助教授、安田女子大学教授、安田女子大学・短期大学非常勤講師を経る。

現在　安田女子大学非常勤講師
専攻　初等国語教育――保育所・幼稚園保育内容（言葉）小学校国語科教育
著書・論文・記録　（付録）小学校国語教育執筆目録参照

小学校国語科教育の実践・研究

平成16年８月25日　発　行

著　者　神 田 和 正

発行所　株式会社 渓 水 社
広島市中区小町１－４（〒730－0041）
電 話（０８２）２４６－７９０９
FAX（０８２）２４６－７８７６
E-mail:info@keisui.co.jp

ＩＳＢＮ４－87440－831－１　C3081